KB194373

프랑스혁명과 종교

센에와즈도를 중심으로

백 인 호

프랑스혁명과 종교

센에와즈도를 중심으로

백 인 호

한국문화사

프랑스혁명과 종교

센에와즈도를 중심으로

인쇄 2007년 2월 27일
발행 2007년 2월 28일

지은이 백 인 호
펴낸이 김 진 수
편 집 문 소 진
펴낸곳 **한국문화사**
주소 서울특별시 성동구 성수1가2동 656-1683번지 두앤캔B/D 502호
전화 (02)464-7708 / 3409-4488
팩시밀리 (02)499-0846
등록번호 제2-1276호
등록일 1991년 11월 9일
홈페이지 www.hankookmunhwasa.co.kr
이메일 hkm77@korea.com
가격 17,000원

ISBN 978-89-5726-443-0 93300

책을 펴내며

필자가 프랑스혁명을 연구하겠다는 꿈을 가지고 프랑스 유학길에 오른 때가 지금으로부터 25년 전인 1983년 여름 어느 날이었다. 이듬해 프랑스 서부에 위치한 낭트대학교에서 이브 뒤랑교수의 지도로 석사논문을 쓰기 시작하였으니, 프랑스혁명과 종교문제를 연구한지도 어언 23년의 세월이 훌쩍 지나버렸다. 석사논문에서 시작한 연구주제는 프랑스혁명기에 가톨릭교회와 혁명의 관계였으며, 특히 성직자들의 문제였다. 낭트대학에서 『프랑스혁명기의 낭뜨교구의 선서신부들에 관한 유형연구』라는 주제로 석사학위를 받은 후에, 박사논문의 주제는 혁명기 종교문제 전반으로 확대하고 그 지리적 범위도 파리근교로 바꾸었다. 파리 1대학에서 『프랑스혁명기 센에와즈도의 종교생활*La vie religieuse en Seine et Oise sous la Revolution*』이라는 제목으로 논문을 완성하였다. 1992년 귀국해서도 줄곧 필자의 관심사인 센에와즈도를 중심으로 본 프랑스혁명과 종교를 다룬 논문들을 발표해왔다.

국내학계에서 이 논문들을 발표하면서 필자가 가장 자주 받았던 질문은 '센에와즈도에서 발생한 일들이 프랑스 전체적으로

도 있었는가? 아직 프랑스혁명기 종교에 대한 개론적 지식도 부족한 학계상황에서 어느 특정지역에 대한 연구가 갖는 의미는 무엇인가?' 하는 것이다. 물론 센에와즈도가 프랑스혁명에서 갖는 특별한 의미가 있지만, 국내학계의 현실을 고려할 때 충분히 납득할 수 있는 질문이라 여겨졌다.

이러한 질문들에 대해 미력하나마 답이 되었으면 하는 바램에서, 프랑스혁명기 종교를 개괄적으로 다룬 "창과 십자가-프랑스혁명과 종교"(소나무)를 2004년 출간하였다.

개설서를 출간한 후에, 이제는 센에와즈도를 중심으로 프랑스혁명과 종교를 다룬 지금까지의 논문들을 모아 책을 냄으로써 그 의미를 관심있는 독자들과 공유하고 싶은 욕심이 생겼다. 이 논문들은 필자가 8년에 걸쳐 파리 근교 6곳의 기록보존소에서 수집한 많은 양의 사료들을 분석하여 개별적으로 다른 시기에 발표했던 것인데, 한국문화사 최도욱 과장의 제안으로 출간이 이루어지게 되었다. 프랑스혁명과 종교에 관심을 가진 분들에게 조금이라도 도움이 되었으면 하는 바램이다. 이 자리를 빌어 한국문화사의 김진수 사장님과 최도욱 과장 그리고 편집진에게 심심한 감사의 말씀을 전한다.

*

이 책에서 필자는 혁명직전 사회전반을 지배하던 가톨릭이 혁명을 거치면서 어떻게 혁명과 갈등하고 화해하였는가에 초점을 두고, 파리 근교의 센에와즈도라는 특정한 지역을 중심으로 구체적인 사례를 통해 살펴보고자 하였다.

프랑스혁명은 가톨릭교회사에서 어떤 의미를 갖는 것일까? 또한 가톨릭교회는 프랑스혁명에서 어떤 의미를 갖는 것일까?

프랑스혁명은 한마디로 프랑스 가톨릭교회사에서 하나의 분수령이었다고 단언할 수 있다. 앙시앙레짐 기에 교회와 국가는 분리될 수 없는 통일체였다. 그러나 프랑스혁명이 일어나자 교회는 돌이킬 수 없을 정도로 파괴되었고, 교회는 가장 큰 피해자가 되었다. 혁명정부는 국토의 10%를 차지하는 교회재산을 국유화하였고, 성직자 민사기본법의 선서를 강요함으로 성직자 집단뿐만 아니라 프랑스 전체를 양분하였다. 급기야 국민공회가 들어서면서 시작된 '혁명력 2년의 비기독교화'*Déchristianisation de l'an II*운동으로 인하여 전국의 모든 성당이 폐쇄되었고, 교회와 성직자들은 탄압을 받았다. 이제 가톨릭은 타도의 대상이 되었던 것이다. 새로운 가치관으로 무장된 혁명종교와 혁명축제가 기독교를 대체하였다. 결국 혁명은 교회에 치명적인 타격을 주었고, 가톨릭교회의 통일성은 깨졌다.

나폴레옹과 비오 7세 사이에 맺은 1801년의 정교협약으로 교회는 정상화되었지만, 가톨릭교회는 '국민 대다수의 종교'로 축소되었다. 1801년의 교회는 이제 더 이상 1789년의 교회가 아니었다. 10여 년의 혁명을 거치면서 지역별 정치적 차이가 뚜렷해졌고, 교회는 급격히 쇠약해졌으며, 신앙문제는 상대적으로 여성의 문제가 되었다. 국가와 종교의 갈등은 잠시 회복되는 듯했으나 19세기 내내 갈등은 지속되었고, 결국 1905년 정교분리법이 정식으로 통과되고서야 비로소 일단락되었다.

교회는 중세의 절정기에 국가권력의 힘겨운 경쟁자였으나, 종교개혁을 기점으로 교회는 점차 종속권력으로 전락하기 시작했다. 절대왕정은 일방적으로 교회에 대하여 우위를 주장하고, 교회를 효율적으로 통제하는 데 성공하였다. 프랑스교회는 1905

년 정교분리로 교회가 수행하던 많은 사회적 기능들을 국가에게 양보하였지만, 국가 내에 독자적인 권력으로 남아 여전히 국가가 침범할 수 없는 고유한 영적 영역을 지켜내는 데에 성공하였다. 20세기말인 오늘날에도, 제도로서의 가톨릭교회는 쇠퇴하였지만 신앙체계로서의 가톨릭교회는 끈질긴 생명력을 가지고 살아남았으며, 여전히 영적 권위를 갖고 시민들에게 영향력을 행사하고 있다는 사실이 이를 입증하고 있다. 이점이 바로 서유럽 문명권에서 가톨릭교회가 차지하는 독특한 점이라고 볼 수 있다.

**

이 책은 프랑스혁명과 종교라는 주제를 다루면서 그 가운데 특히 두 주제에 집중하고자 한다. 두 가지 종교현상이 혁명에 결정적인 영향을 끼쳤다고 보기 때문이다. 하나는 1790년 7월 12일의 성직자 민사기본법*Constitution civile du Clergé*으로 이는 기존의 교회제도를 근본적으로 바꾸었다. 프랑스혁명은 재정적자와 종교문제를 해결하기 위한 타협안으로 성직자민사기본법을 제정하여 교회를 국유화하고자 하였다. 1790년 11월 27일 신부들에게 가해졌던 성직자민사기본법에 대한 충성서약 강요는 성직자집단은 물론 프랑스 전체를 혁명과 반혁명의 두개의 프랑스로 분열시켰다.

다른 하나는 혁명력 2년의 비기독교화운동으로 가톨릭을 비롯한 모든 종교를 뿌리째 뽑고자 한 운동이었으며 짧은 기간 동안에 매우 격렬한 폭력을 수반하며 성직자 집단에 결정타를 가하였다. 비기독교화운동은 혁명전쟁이 치열하던 1793~1794년 겨울 즉 혁명력 2년 브뤼메르*brumaire*에서 프레리알*prairial*까지 약 8개월 동안 전국으로 확산되었는데, 이로 말미암아 전국적으로 5만개의 성당이 폐쇄되고 미사가 금지되었으며 성직자가 신부직을 포기하거나 결혼하는 사태가 속출하였다. 더욱이 기독교가 금지된 바탕에서 새로운 혁명종교가 생겨나는 현상으로까지 이어졌다.

***

그렇다면 구체적으로 지역에서는 어떤 일들이 일어났을까? 필자가 선택한 지역은 파리를 둘러싸고 있는 센에와즈도(道) *Département de Seine-et-Oise*이다. 혁명 당시 센에와즈도라고 불렸던 이 지역은 파리시를 둘러싸고 있는 지역을 지칭한다. 20세기에 파리와 센에와즈도가 인구가 밀집된 대도시 수도권으로 변모하면서, 6개의 도(*Essonne, Val-d'Oise, Hauts-de-Seine, Seine-Saint-Denis, Val-de-Marne, Yvelines*)로 분리되었다. 따라서 센에와즈도는 혁명기에 사용했지만 현재는 존재하지 않는 지명으로 현재의 6개의 도를 합쳐 부른 파리근교를 말한다.

센에와즈도는 앙시앙 레짐기에 7개의 서로 다른 교구가 1790년에 재편성과정에서 합쳐진 하나의 복합적인 새로운 교구였고, 센에와즈도의 수도성직자와 재속성직자 수는 적어도 2,800명 이상으로 추산되었다.

센에와즈도는 전통적인 파리의 식량공급지로서 대경작 중심의 평야와 고원으로 이루어졌다. 앙시앙레짐기의 센에와즈도는 일률적이지만 피상적인 종교관행에 물들어 있었다. 잦은 인구이동으로 인한 이농민의 신앙 쇠퇴, 얀센주의파 신부들의 지나친 엄격주의, 이미 성숙한 교육(낮은 문맹률), 계몽주의 서적의 보급 확산, 삶과 죽음에 대한 태도의 변화, 성도덕의 문란, 신도회의 몰락 등으로 18세기 전반에 걸쳐 종교적 전통이 점진적으로 쇠퇴하고 있었다.

1789~1795년 사이의 흉작과 물가앙등으로 인한 극심한 식량위기는 종종 심각한 농민폭동을 초래했다. 1791년 성직자민사기본법에 대한 사제들의 선서율은 75%(제한선서파를 포함하면 84%)에 달해 혁명에 매우 우호적인 지역이었다. 혁명 초기부터 대대적인 도시, 농촌 민중이 혁명에 참여하였는데, 1792년 30만 군대 징집에 따른 전쟁참여와 지방자치선거에서 보인 열기가 이를 입증한다.

1793년 겨울 이후에도 이곳은 국민공회의 공안위원회정책에 우호적인 민중협회가 광범위하고 조밀하게 퍼져 있었다. 혁명력 2년의 비기독교화에서 센에와즈도는 선도적인 역할을 담당하였다. 리스와 메네시의 두 코뮌은 전국 최초로 자발적으로 신부를 추방하고 교회 성물을 국민공회에 헌납하였다. 혁명력 2년 공포정치기간 중에도 이 지역에서는 반혁명혐의자 체포나 사형집행 없이 지나갔다. 한마디로 센에와즈도는 전국적으로 유명한 '애국적인 지역'의 모델이었다.

따라서 센에와즈도는 혁명과 종교의 갈등을 살펴볼 수 있는 좋은 학문적 토양을 제공한다. 따라서 필자가 이 지역을 선택한 이유는 첫째, 센에와즈도는 대표적인 혁명파 지역이다. 이 지역에 대한 연구를 통해 왜 가톨릭신부들과 본당주민들이 혁명을 지지하는 편에 섰는지를 살펴볼 수 있다. 둘째, 이 지역은 1793~94년 교회를 파괴하는 비기독교화 운동이 가장 먼저 그리고 매우 활발하게 진행되었던 지역이다. 비기독교화운동의 파괴적 양상과 건설적 양상을 상세히 살펴볼 수 있는 좋은 지역이다. 셋째, 센에와즈도는 혁명의 수도인 파리를 둘러싸고 있는 지역이다. 따라서 파리와 지방의 관계를 살펴보기에 좋은 지역이다.

이 책에서 인용하는 일차 사료들은 저자가 10여 년에 걸친 유학시절에 파리를 중심으로 한 6군데의 국립 및 도립 기록보존소들을 돌아다니면서 수집한 사료들이다. 현재 구 센에와즈 도립 및 이블린 도립기록보존소에서 센에와즈도와 관련된 대부분의 사료들을 수집하였다. 또한 두르당군과 에땅프군에 대해서는 에손느 도립기록보존소*Archives Départementales d'Essonnes*, 고네즈 군에 대해서는 발드와즈 도립기록보존소, 그리고 파리 시립기록보존소와 베르사이유 시립기록보존소들에서 사료들을 수집하였다.

****

이 책이 목표하는 바는 센에와즈도라는 한정적 지역을 상세히 살펴봄으로써 프랑스혁명과 종교의 갈등의 문제를 살펴보는 것이다. 이 책의 논문들은 혁명전 교회의 상황에서 혁명 직후 정교협약으로 혁명과 종교가 화해하기까지 혁명의 연대기를 따라가면서 살펴보았다. 이 책은 모두 8장으로 구성되었다. 먼저 1장 「18세기 앙시앙 레짐의 비기독교화」에서는 혁명 전 프랑스인의 종교관행과 망탈리테의 변화를 살펴본 논문이다. 혁명전 프랑스 교회의 전반적 상황을 살펴보고 겉으로 보기에는 견고한 기독교국가로 보이지만, 신자들의 망탈리떼는 이미 기독교신앙으로부터 이탈하고 있었음을 밝히고자 하였다.

2장, 3장, 4장은 프랑스혁명 초기에 종교에 가장 결정적인 영향을 끼친 1791년 성직자민사기본법에 대한 선서에 관한 논문들이다. 비록 늦기는 했지만 교황이 선서를 정죄하였음에도 불구하고, 전국적으로 약 55%에 달하는 사제들이 선서를 철회하지 않고 그 뜻을 그대로 관철하였다는 사실은 필자로서는 이해하기 어려운 충격이었다. 따라서 2장, 3장, 4장에서는 사제들의 선서 선택동기에 초점을 맞추어 다양한 방법론을 가지고 살펴보았다. 2장 「프랑스 혁명시대 센에와즈道의 선서파 사제- '1791년 선서'에 대한 선택 동기의 사회통계학적 분석」은 1791년 성직자민사기본법에 대해 센에와즈도의 사제들 가운데 얼마나 선서하였고, 왜 선서하였고 왜 거부하였는지 그 동기들을 구체적인 통계를 통해 살펴보았다. 이 논문에서는 사제들 가운데 가장 나이든 사람, 20대 젊은 사람, 가장 가난한 사람과 가장 부유한 사람, 상인계층, 다른 교구출신, 신학교 성적이 나쁜 사람들이 선서하는 경향이 상대적으로 높았음을 밝혀냈다. 하지만 이러한 결과는 일부 성직자들의 선택동기를 부분적으로만 설명하는 데에 그쳐, 개인적 성격과 특성을 계량적으로 측정하는 것은 한계가 있었다.

3장 「프랑스 혁명시대 센에와즈도 사제들의 '1791년 선서'에 대한 선택동기 연구-성직자 공동체와 지역공동체가 끼친 영향을 중심으로」은 2장에 이어 선서에 대한 사제들의 선택동기를 사제들을 둘러싸고 있는 성직자 공동체와 지역공동체의 영향력에 집중하여 살펴보았다. 출신신학교, 신부가족, 혁명직전의 정치경험, 사목하던 본당의 특성, 본당신도들과의 관계, 그리고 거주지역의 정치성향이 사제들의 선택동기와 관련이 있음을 밝혔다.

4장 「프랑스혁명시대 선서파 사제의 선서에 관한 기호학적 분석-센에와즈道의 선서파 사제 베르투의 강론을 중심으로」는 그레마스의 기호학적 분석이라고 하는 새로운 방법론을 가지고 선택동기를 살펴보았다. 사제들의 선택동기를 단지 사회통계학적 접근방법만으로는 해결하기 어려운 점을 인식하였기 때문이다. 그레마스의 구조의미론적 분석방법을 통하여 베르투신부는 교회질서보다 세속적 질서를 우선시하는 계몽주의에 영향을 받은 새로운 세계관을 갖고 있음을 밝힐 수 있었다. 또한 베르투신부의 강렬한 표현에서 선서에 대한 강박관념, 본당신도들과 동맹관계를 유지하고 강화해야 한다는 강박관념을 밝혔다.

5장과 6장은 1791년 선서와 함께 혁명기에 가장 중요한 현상이었던 혁명력 2년의 비기독교화운동을 다루었다. 5장 「프랑스 혁명기 혁명력 2년의 센에와즈도의 비기독교화운동」은 비기독교화운동이 센에와즈도에서 어떻게 진행되었으며, 파괴적 운동과 건설적 운동이라는 두 차원에서 어떻게 진행되었는지 그리고 누가 주동하였는지를 살펴보았다. 그리하여 센에와즈도는 비기독교화운동에 선도적인 역할을 하였으며, 가장 활발하게 진행된 지역임을 밝혔다. 비기독교화운동은 소수의 민중조직이 부르주아혁명을 초월하고자 일으킨 운동으로, 전적으로 위에서 강요된 정치음모도 아니고 전적으로 자발적인 민중운동도 아니었음을 알게 되었다. 이 운동은 센에와즈도의 기독교의 기반을 파괴하였고 민중심성에 돌이킬 수 없는 변화를 가져왔고, 19세기 내내 진행된 비기독교화의 기원이 되었다. 센에와즈도는 지금도 가장 미사참여율이 저조한 지역으로 남아있다.

6장 「혁명력 2년(1793. 9~1794. 9) 센에와즈도의 사제직 포기신부에 관한 연구」은 비기독교화운동 가운데 가장 대표적인 현상이었던 사제들의 사제직포기에 대한 연구로, 지역별 포기

비율, 포기의 유형들, 포기선언문의 유형들, 포기자들에 대한 사회학적 통계들을 살펴보았다. 이를 통해 사제직 포기는 기존의 생각처럼 사제들이 자발적으로 참여한 것이라기보다는 혁명당시의 공포에 못 이겨 집단적으로 행한 수동적인 현상이었다는 사실을 밝혔다.

7장 「미사의 재개를 통해본 센에와즈도의 재기독교화(1794~1797)」는 1794년 여름 로베스피에르가 몰락한 후에 혁명정부가 부분적으로 종교의 자유를 허락하면서 센에와즈도에서 어떻게 미사가 재개되었는지를 남아있는 일부 사료들을 통해 살펴보았다. 비기독교화 기간에도 센에와즈도에서는 43개 코뮌에서 비밀리에 미사를 드렸으며, 종교의 자유가 부분적으로 허락되자마자 10%에 달하는 지역에서 미사가 재개되었음을 밝혀냈다. 이는 곧 비기독교화가 활발했던 센에와즈도에서도 지역 주민들이 혁명과 가톨릭교회를 대립적으로 보지 않았으며, 혁명을 환영하면서도 여전히 기독교적 세계관과 종교적 관행을 지속하고자 하였다고 볼 수 있다.

8장 「1802년 복권된 셰노신부의 취임강론의 기호학적 분석」은 나폴레옹 집권 이후 정교협약으로 복권된 한 사제의 강론에 나타난 파란만장했던 그의 삶을 분석해봄으로써, 혁명과 교회가 어떻게 화해하였는지를 살펴본 논문이다. 혁명직전까지 평범한 사제의 삶을 살던 셰노신부가 혁명기에 결혼했다가 이혼하고 심지어 혁명종교의 사제로 변신하였다가 1802년 복권조처에 따라 그해 가을에 안토니 본당에서 행했던 강론을 분석대상으로 삼았다. 그레마스의 기호학적 분석방법을 통해 셰노신부의 삶에 나타난 혁명과 종교의 갈등관계를 분석하였다.

이 책은 필자의 8년간에 걸친 오랜 사료 수집과 분석작업을 거쳐 나온 피땀 어린 노력의 산물들이다. 필자의 부족함으로 인해 아쉬운 점도 많지만, 프랑스혁명에 관심을 가진 역사학도와 일반 독자들에게 이 책이 조금이라도 도움이 되었으면 하는 바램이다. 개별적으로 각각 다른 시기에 발표되었던 논문들을 한자리에 모으면서 전체적으로 일관성을 유지하기 위하여, 각 장 특히 서론부분을 수정하고 보완하였으며 일부 논문들의 중첩부분은 문맥상 필요한 경우에는 그대로 남겨두었다.

마지막으로 이 책이 나오기까지 옆에서 물심양면으로 돌봐준, 하나님께서 내게 주신 보배인 아내 은미와 딸 은실, 아들 성현이에게 고마움을 전한다. 나의 박사논문을 지도해주신 은사이신 소르본대학의 미셸 보벨*Michel Vovelle*교수, 귀중한 학문적 조언을 아끼지 않으신 세르주 비앙키*Serge Bianchi*교수, 티모시 태킷*Timothy Tackett*교수, 그리고 하버드 대학교의 파트리스 이고네*Patrice Higonnet*교수에게 진심으로 감사를 전한다. 이 책의 출간을 흔쾌히 허락해준 한국문화사와 옆에서 학문의 정진을 위해 격려해주신 서강대학교 사학과 교수님들과 한국 프랑스사학회 회원들에게 깊은 감사를 드리는 바이다.

2007년 1월 24일

노고단 언덕에서 저자 드림

차례

3. 프랑스 혁명시대 센에와즈도 사제들의 1791년 선서에 대한 선택동기 연구

성직자 공동체와 지역공동체가 끼친 영향을 중심으로

4. 프랑스 혁명시대 선서파 사제의 선서에 관한 기호학적 분석

센에와즈道의 선서파 사제 베르투의 강론을 중심으로

5. 프랑스혁명기 혁명력 2년의 비기독교화운동

센에와즈道를 중심으로

6. 혁명력 2년(1793.9~1794.9) 센에와즈도의 사제직 포기신부에 관한 연구

7. 미사의 재개를 통해본 센에와즈도의 재기독교화(1794-1797)

8. 1802년 복권된 셰노신부의 취임강론의 기호학적 분석

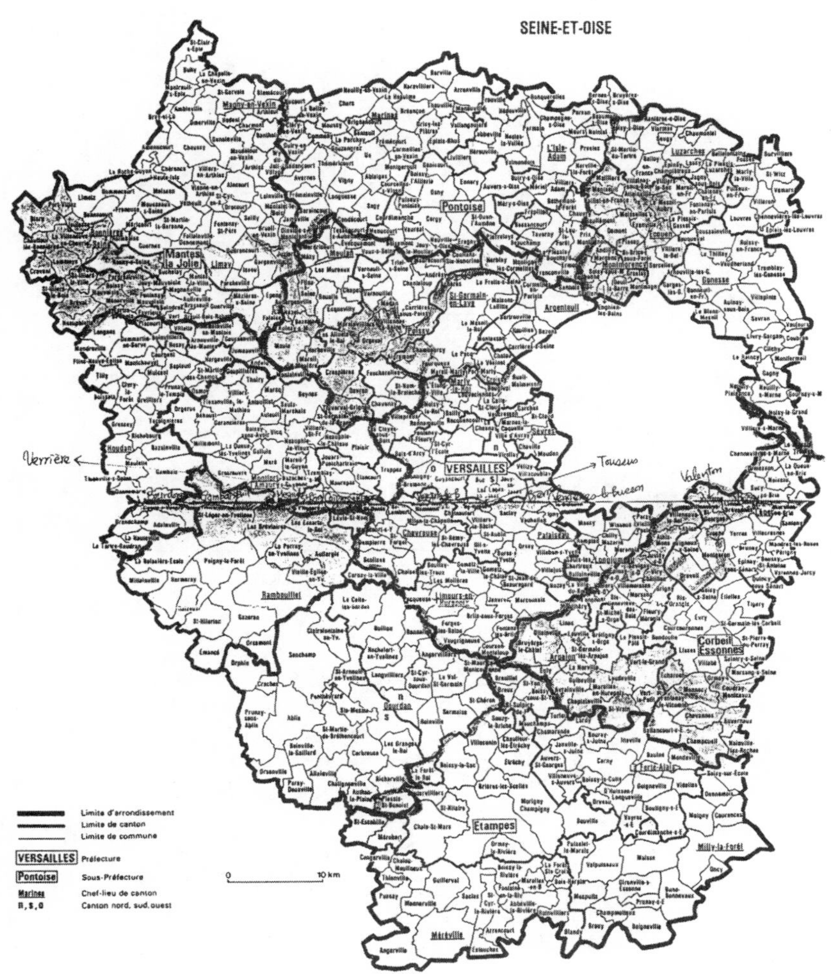

▶ 그림 1 센에와즈도 행정구획(1802년)

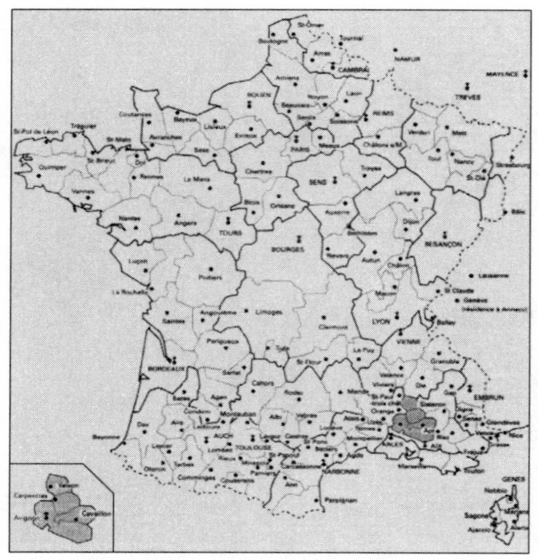

▶ 그림 2 18세기말 교구조직

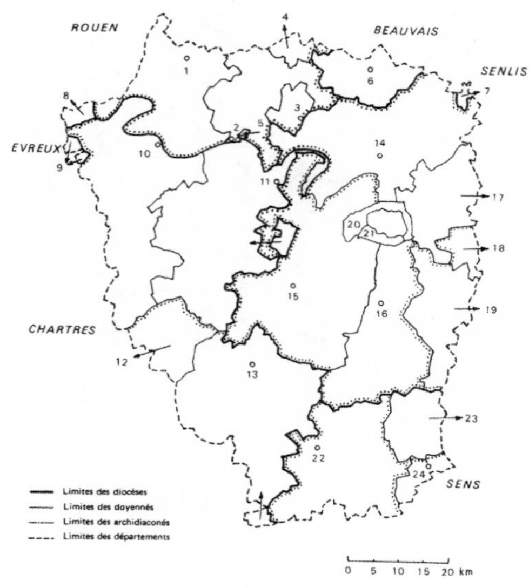

▶ 그림 3 혁명전 센에와즈도의 교구들

▶ 그림 4 모리니-샹피니 성당

▶ 그림 5 아르파종 성당

▶ 그림 6 베르투신부가 시무했던 크론 성당

▶ 그림 7 혁명 전의 세 신분

▶ 그림 8 혁명 후의 세 신분

▶ 그림 9 1790년 2월 16일 수도원 종신허원의 폐지

▶ 그림 10 1790년 수도원을 나서는 수사와 수녀

▶ 그림 11 1790년 8월 24일 공표된 성직자 민사기본법

▶ 그림 12 성직자들을 선서시키는 방법

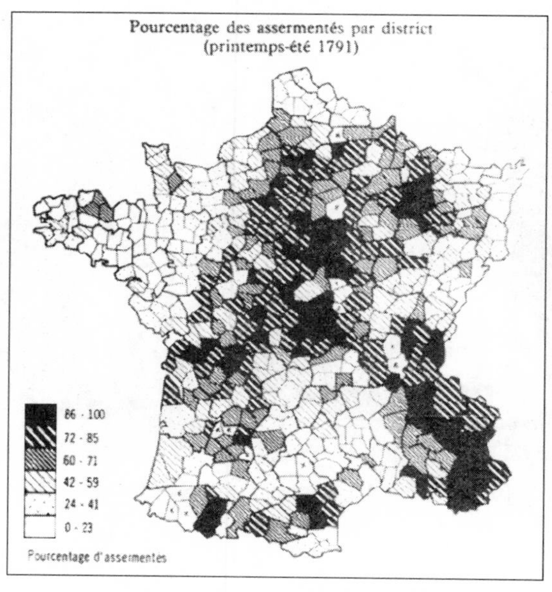

▶ 그림 13 군별 선서파 사제의 비율
(출전: Tackett, *Religion*, p.53)

▶ 그림 14 선서를 거부한 '귀족' 사제　　▶ 그림 15 선서한 '애국파' 사제

▶ 그림 16 시민들에게 공격받는 사제들

▶ 그림 17 1793년 1월 21일 혁명광장에서 열린 루이 16세의 처형식

▶ 그림 18 1793년 국민공회에 성물을 제출한 메네시 코뮌의 주민들

▶ 그림 19 도서관과 감옥으로 바뀐 생퀘노 성당 내부

Je Soussigné, moi curé de St. Clément de la ville d'Arpajon, declare à tous les habitants de cette commune qu'à compter de ce jour, je quitte mes fonctions curiales, et me retire simple citoyen, me proposant de servir la chose publique, sous tout autre emploi dont je serai digne et qui sera regardé l'un des plus favorable paix et fraternité.

Ce 2 frimaire du troisieme mois de la 2eme année de la république une et indivisible.

▶ 그림 20 아르파종 주임신부의 사제직 포기 각서

DISTRICT
de
CORBEIL.

LIBERTÉ ÉGALITÉ FRATERNITE

A Crassous Représentant du peuple, dans les départemens de Seine et Oise, et de Paris.

CONSIDÉRANT que lorsque la Convention nationale a déerété que les biens, meubles et immeubles des fabriques, étoient nati nαux, les communes s'amusoient encore aux mistères des prêtres, que depuis qu'elles y ont renoncé, il entre dans l'esprit de la Convention nationale de faire tourner à leur profit ce qui servoit uniquement à entrenir l'erreur.

J'ai arrêté, que les bancs, planches, chaises, boiseries et autres objets qui étoient uniquement consacrés au culte, sont mis à la disposition des communes qui pouront les employer en nature ou faire servir le prix au remboursement des frais nécessaires pour abolir les signes du fanatisme, et orner les temples de la Raison et les lieux des assemblées Fraternelles, et le surplus, s'il y en a, à secourir les indigens et aux autres besoins de la commune.

Mantes 20 Floréal l'an 2 de la république une et indivisible.

Signé, A. CRASSOUS.

Pour copie conforme à l'original, à moi adressé par le représentant du peuple Crassous.

L'Agent national près le District de Corbeil.

M. LEVACHER

▶ 그림 21 센에와즈도의 파견의원 크라수의 공문

▶ 그림 22 모임의 광장에 세워진 최고 존재를 상징하는 산악 조형물

▶ 그림 23 최고 존재숭배 축제에 사용된 마차

▶ 그림 24 최고 존재숭배의 축제

▶ 그림 25 비기독교화 가장행렬 1

▶ 그림 26 비기독교화 가장행렬 2

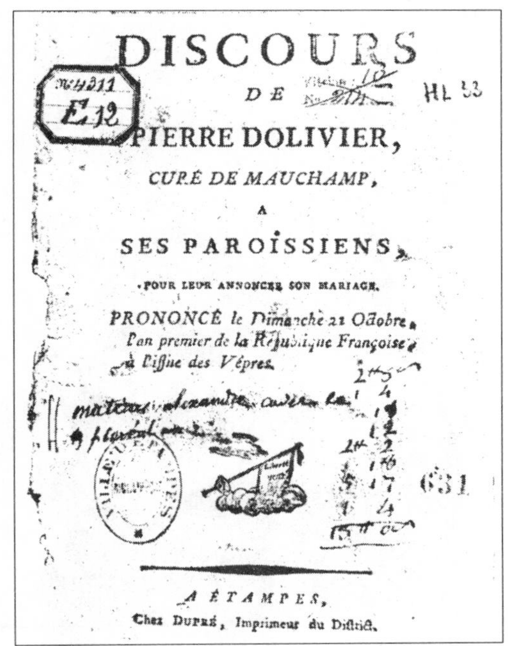

DISCOURS

DE

PIERRE DOLIVIER,

CURÉ DE MAUCHAMP,

A

SES PAROISSIENS,

POUR LEUR ANNONCER SON MARIAGE.

PRONONCÉ *le Dimanche 21 Octobre, l'an premier de la République Françoise, à l'issue des Vêpres.*

A ÉTAMPES,

Chez DUPRÉ, Imprimeur du District.

▶ 그림 27 모샹의 주임신부 피에르 돌리비에의 저서 표지

▶ 그림 28 방데 반혁명 반란에 앞장선 거부파 사제

▶ 그림 29 방데 반혁명 반란에서 나타난 종교적 열정

▶ 그림 30 1801년 7월 12일 정교협약 조인식

▶ 그림 31 1802년 4월 18일에 정교협약을 반포하는 교황 비오 7세 종교의 승리

1. 18세기 앙시앙 레짐 하의 비기독교화

프랑스인의 종교관행과 망탈리테의 변화를 중심으로

Ⅰ. 서론

18세기 앙시앙 레짐 하의 프랑스에 종교적 소수파인 프로테스탄트와 유태인이 존재하기는 했으나, 가톨릭교회는 국교로서 절대적 권위를 누리고 있었다. 교회는 국가 안에 있고 또한 국가는 분명히 교회 안에 존재하여 정교일치 체제를 이루었다. 가톨릭교회는 정치 · 사회 · 도덕 · 사상적인 면에서 첫 번째 위치를 차지하였다. 교회의 사회적 역할도 대단하였다. 교회 달력은 모든 노동의 리듬을 조절하여, 일요일과 교회축일은 의무적으로 지켜졌다. 국가에 대한 교회의 봉사사업으로 교육과 자선사업을 들 수 있는데, 교회는 초등 · 중등교육과 자선사업의 대부분을 담당하였다. 18세기를 풍미한 계몽주의 철학이 이러한 종교적 모습에 일대 공격을 가하였으나, 혁명직전까지도 교회는 외견상 건재한 모습을 유지하였다.

그러나 혁명의 소용돌이를 거치면서 교회는 프랑스 국민의 생각과 행동을 지배하던 그 힘을 잃어버리고 말았다. 1790년 11월 27일 제헌의회가 성직자 민사기본법에 대한 충성선서를 요구하는 법령을 의결함으로써 사제들을 선서파 사제와 거부파 사제의 두 집단으로 분열시켰을 뿐만 아니라 프랑스 전체를 둘로 나누게 되었다.[1] 더욱이 루이 16세의 바렌느 탈주사건으로 인해 제헌의회는 거부파 사제들에 대하여 강력한 제재를 가하게 되었고, 거부파 사제들을 반혁명세력들과 더욱 밀착하게 되었다. 급기야 국민공회가 들어서면서 시작된 '혁명력 2년의 비기독교화*Déchristianisation de l'an II*' 운동으로 인하여 전국의 모든 성당이 폐쇄되었고, 교회와 성직자들은 탄압을 받았으며, 당시의 젊은 세대들은 교회의 교리문답을 거의 받지 못하고 자랐다.[2] 결국 가톨릭의 통일성은 깨져 버렸고 혁명으로 인한 상처의 치유는 불가능하게 되었다.

그렇다면 이러한 엄청난 변화가 혁명 때에 갑작스럽게 나타난 현상이었는가? 아니면 구체제에서 이미 비기독교화의 점진적 진화과정이 있었는가? 급격하게 나타난 혁명력 2년의 비기독교화는 사실상 구체제하 일부 프랑스인들의 가톨릭제도에 대한 점진적 무관심 내지는 종교관행의 후퇴의 필연적인 귀결이 아닐까? 우리는 혁명력 2년의 비기독교화운동이 20세기 프랑스의 종교적 무관심의 기원이 되었다고 결론을 내린바 있다.[3] 따라서 혁명시대의 비기독교화도 마찬가지로, 이미 18세기 전반에 걸쳐 나타난 점진적 진화과정의 결과로 보아야 하지 않을까? 요컨대 혁명력 2년의 비기독교화는 장기지속적 시각에서 그 원인을 찾아야 한다.

본고에서는 무엇보다도 1789년 이전에 프랑스인의 신앙에서 일어난 심층

---

1) 백인호, 「프랑스 혁명 시대 센에와즈도의 선서파 사제-'1791년 선서'에 대한 선택 동기의 사회통계학적 분석」, 『서양사론』 제 50호(1996년 9월), pp.47~87을 참조.
2) 백인호, 「프랑스혁명기 혁명력 2년의 비기독교화운동」, 『서양사론』 제 40호(1993년 5월), pp.69~126을 참조.
3) 백인호, 앞의 논문, p.126.

적 변화를 입증하는 예들을 찾아보고자 한다. 이와 함께 프랑스인들이 종교 전통에 대해 얼마나 집착하였는지도 알아 볼 것이다. 평신도들의 가톨릭신자로써 교회에 대한 충성은 어떠하였을까? 또한 트리엔트 공의회에 어느 정도로 집착하였으며, 새로운 계몽사상에 대하여 어떻게 반응하였을까? 우리는 이러한 질문들을 통하여 18세기 프랑스인의 집단 심성의 한 단면을 깊이 있게 이해하는 길을 열어 보고자 한다.

II. 본론

1. 평신도들의 종교관행의 변화

18세기 프랑스에 비기독교화 현상이 있었는가에 대한 해답을 찾기에 앞서서 먼저 생각해야 할 것은 비기독교화되었다는 가설은 이미 기독교화되었다는 것을 전제로 한다는 사실이다. 과연 구체제의 프랑스인은 얼마나 기독교화되었는가? 들뤼모*Jean Delumeau*교수가 지적하듯이 복음의 메세지와 거의 상관없는 종교관행과 교리의 혼합물이었던 것을 우리가 기독교라고 부르지는 않았는가?[4] 그렇다면, 혁명이 일어났을 때 대중은 실제적으로 얼마나 기독교화 하였는가?

1545년에서 1563년까지 열린 트리엔트 공의회*Concile de Trent* 이후에 가톨릭교회는 지속적으로 기독교화를 위해 노력하였다. 하지만 교회의 부단한 노력에도 불구하고 기독교의 껍데기 속에 깊이 위장된 이교주의를 몰아내지는 못하였다. 프랑스인의 절반이 읽지도 쓰지도 못하던 시대에 기독교화가

---

4) Jean Delumeau, *Le Catholicism entre Luther et Voltaire*(Paris, P.U.F., 1971), p.330.

어떻게 가능했을까? 1786-90년의 통계에 의하면 남자의 47%, 여자의 27%만 이 글을 읽고 쓸 줄 알았다.[5)] 대부분의 민중은 구두로 교리교육을 받았으므로, 교리교육에는 분명한 한계가 있었다. 18세기 프랑스인들이 겉으로는 기독교의 종교관행을 따랐으면서도, 기독교에 무지하고 비기독교적 관습들을 태연히 행하고 있었다는 사실은 그리 놀라운 일이 아니다. 르 브라가 종교관행이란 "가장 눈에 잘 보이면서 가장 피상적인 상징일 뿐"이라고 지적했듯이,[6)] 종교관행 자체가 곧 기독교화를 증명하는 것은 아니라는 점에 유념할 필요가 있다. 트리엔트공의회 이후의 가톨릭과 거리를 두는 것이 곧 기독교 신앙을 포기한 것일까? 들뤼모교수는 신앙심을 잃지 않더라도 종교생활의 측면들에서 변화들이 있을 수 있기 때문에, 대응종교개혁*Counter-Reformation*의 가톨릭만이 기독교를 이해하는 유일한 길로 볼 수 없다고 주장하였다.[7)]

18세기 프랑스인들은 계몽주의의 영향으로 과학 · 예술 · 세계에 대한 새로운 눈을 뜨게 되었다. 교회는 이러한 외부세계에 대한 새로운 관심에 적응하지 못하였다. 대응종교개혁 이후 교회는 세상을 절대로 타협할 수 없는 적으로 간주하였다.[8)] 지나치게 엄격해진 교리는 신자들로 하여금 하나님과 세상 중 양자택일하도록 강요하였고, 세상과 과학을 거부하여 '무서운 하나님*Dieu terrible*'의 신학을 만들어 냈다. 트리엔트공의회의 교리는 원죄를 인간성을 정죄한 우주의 대혼란으로 가르쳤다. 그렇다면 17~18세기의 기독교에

5) 마지올로學長은 전국의 15,928명의 국민학교 선생님들에게 앙케트조사를 의뢰하여 17-19세기에 결혼대장*Acte de Mariage*에 사인한 남녀의 비율을 조사하였다. Ministère de l'Instruction publique. *Statistique rétrospective. Etat récapitulatif et comparatif indiquant, par département, le nombre des conjointes qui ont signé l'acte de leur mariage aux XVIIe, XVIIIe, XIXe siécles. Documents fournis par 15,928 instituteurs, recueillis et classés par M.MAGGIOLO, récteur honoraire, chargé d'une mission spéciale par M.le Ministre de l'Instruction publique* (B.N. Lf 242. 196)

6) Gabriel Le Bras, "Déchristianisation", *Cahiers d'Histoire, IX*, Lyon, 1964, pp.92~97.

7) J. Delumeau, *op.cit.*, pp.336~340.

8) *Ibid.*, pp.266~302.

대한 반란은 사실은 무서운 하나님에 대한 거부는 아니었을까? 또한 앙시앙 레짐의 기독교는 사실상 정통교리와 거리가 먼 교리와 관행의 혼합체는 아니었을까? 그렇다면 과연 비기독교화라는 용어를 사용할 수 있을까?

우리는 이러한 문제의식을 갖고 먼저 18세기 프랑스인은 얼마나 기독교화 되었는가를 살펴보고자 한다. 기독교화*Christianisation*를 "복음을 가르치고 해석하고 복음정신으로 살도록 역사적·문화적으로 결정된 특별한 형식의 행동양식과 행위로의 전환"이라고 정의한다면,[9] 17세기 기독교화의 가장 두드러진 특징은 예전까지 불규칙하고 방만한 신앙생활에 정규성과 보편성을 부여한 것이라고 할 수 있다. 대응종교개혁 이후의 신부들은 특히 주일미사의 정기적 참여와 부활절 미사의 의무적 참여를 신도들에게 강조하였기 때문이다.

16세기와 18세기를 비교해보면 신도들의 부활절 미사참여도의 차이가 매우 큰 것을 알 수 있다. 1215년 라트랑공의회*Concile de Latran*에서 모든 신자들은 본당에서 적어도 일 년에 한번은 영성체를 받아야 한다고 규정하였다. 그러나 16세기에 본당 신도들 모두가 주일미사에 참여한 것은 아니었다. 참여율은 계절에 따라 차이가 심하여, 사순절기간에는 참여율이 매우 높았지만 여름에는 참여율이 매우 저조하였다. 16세기에 부활절 미사참여와 고백성사의 의무는 잘 지켜지지 않았다. 일부 도시에서는 주민의 1/2가량이 부활절 미사에 참여하지 않았다. 뚜사르*Jacques Toussart*의 플랑드르지방에 관한 연구에서 이 지역인구의 약 10%는 지속적인 부활절미사 불참여자, 40%는 비정기적인 참여자, 40%는 정기적인 참여자, 10%는 열성적인 미사참여자로 분류하였다.[10] 농촌지역에서는 외면적으로 잘 준수되는 것 같았으나, 한 해는 부활절미사에 거의 다 참여하고 그 다음해는 극소수만 참여하는 등

9) Roger Chartier, *Les origines culturelles de la Révolution Française*(Paris, Seuil, 1990), p.118.

10) Jacques Toussart, *Le Sentiment religieux en Flandre à la fin du Moyen Age*(Paris, Plon, 1963), pp.122~204.

비정기적이었다.

16세기와 비교하여, 대응종교개혁의 결과로 17세기에 가장 두드러지게 나타난 결과는 정기적이고 대대적인 미사참여이다. 트리엔트공의회에서는 평신도의 신앙생활을 감시하기 위해 주교의 본당순회방문*visites pastorales*을 강조하였다. 이러한 본질적인 신앙생활의 정기적인 참여는 신도들 각자에게 강한 소속감을 제공하여 근본적인 정체성을 갖도록 하였다. 주교의 본당 순회방문 시 작성토록 한 질문서의 분석—질문서 문항 가운데 주일미사와 부활절미사 참여에 관한 질문 등—을 통해 그 성공의 정도를 알 수 있다.[11)]

대응종교개혁 이후에 습관적 부활절미사 불참자는 모든 성례식 즉 결혼식, 약혼식이 금지되었고 헌금도 금지되었다. 또한 세속권력도 직접적으로 감시하지는 않았지만, 주일미사참여를 장려하고 보호하였다. 국가는 주일미사시간동안 카바레 문을 닫도록 하고 주일과 축일에 노동을 금지시켰다. 그러나 이러한 교회와 국가의 검열은 18세기에 들어와 상대적으로 미약해졌다.[12)] 주로 카바레주인과 풍기문란자들에 대한 고발이 많았지만, 경찰들은 본당 주임신부들의 고발을 무시해버리는 경우가 많았다. 어디서건 주임신부들이 고발에 대한 경찰당국의 무관심과 초연함을 불평하는 경우가 많았다. 비록 사법적인 강제가 존재하였지만, 이것이 종교적인 순응주의*conformisme*의 주된 요인은 아니었다. 물론 사법적인 강요가 어느 정도까지 종교적인 전통 순응주의를 조장하였지만, 앙시앙 레짐 하의 농촌사회에서 그보다는 "부족공

---

11) Marie-Hélène et Michel Froeschle-Chopard, *Atlas de la Réforme pastorale en France de 1550 à 1790*(Paris, 1986), pp.64~69.

12) 낭뜨*Nantes*市, 트레귀에*Tréguier*市 등에서 부활절미사 불참자들에 대한 유죄판결기록이 발견되었지만, 상스*Sens*나 랑귀에*Languét* 대교구에서는 이들에 대한 사면기록들이 발견되었다. 르 브라는 "18세기에 이들(부활절미사 불참자)에 대한 고발은 산발적이었고, 일반적으로는 이들에게 단지 경고로 그친 사례가 많았다."고 분석하였다. Gabriel Le Bras, *Etudes de sociologie religieuse*, 2 vol.(Paris, 1955-1956, t.I), p.246.

동체의 관습*coutume du clan*" 다시 말해 가족과 마을의 습관, 지역 주임신부의 권위, 영주의 권위에 의해 더욱 좌우되었다.[13] 18세기 초반 농촌사회에서는 대다수가 부활절미사에 참여한 것으로 보인다.

그러나 18세기 중반부터 이러한 전통 순응주의로부터 이탈하는 현상이 나타났다. 특히 도시에서 부활절 미사 불참자들의 수가 증가하였다. 예를 들어 보르도에서는 1772년에 인구 절반만이 부활절미사에 참여하였다. 르 브라의 샤롱*Chalon*교구에 관한 연구에 따르면, 1740년대부터 부활절미사 불참자가 증가하기 시작하였다 : "1741년 라르지꾸르 본당에서는 1명을 제외하고는 모든 신자들이 고백성사를 드렸지만, 이들 중에서 1/3만이 영성체를 받았다. 1746년에 메닐-쉬르-오제르에서는 부활절에 588명신도 가운데 100명이 미사에 불참하였다."[14]

부활절미사 의무에 대한 복종이 곧 주일미사참여를 의미하지는 않지만, 평신도들은 주일 미사에도 대체로 잘 참여하였다. 대부분의 본당은 본당신자들 전체를 수용하는 데 꼭 필요한 주일 2대의 미사도 드리지 못하는 실정이었다. 이런 이유로 본당은 보좌신부를 요구하였지만, 보좌신부가 있는 본당은 그리 많지 않았다. 단 한 번의 미사, 광대한 본당구역, 다니기 힘든 도로들, 농장의 긴급한 일들, 이러한 변명들이 본당 신자들이 주일미사에 참여하지 못하는 이유였다. 신부는 신자들이 3주일에 한번 꼴로 주일미사에 참석하는 것에 만족해야 했다. 18세기말에 미사참여는 매우 보편적으로 이루어졌다고 볼 수 있다. 물론 일단의 유동인구가 존재하였다.[15] 본당신부들은 목자 · 뱃사공 · 행상인 · 계절노동자 · 여인숙주인 등은 미사에서 도대체 볼 수가 없다고 불평하였지만, 이 문제는 매우 제한적이라 볼 수 있다.

---

13) J. Delumeau, *op.cit.*, p.320.

14) G. Le Bras, *op.cit*. t.I, p.59.

15) 들뤼모교수는 이들을 délocalisé라 불렀다. Jean Delumeau, *Le Christianisme va-t-il mourir*(Paris, Hachette, 1977), pp.200~201.

세례 · 결혼 · 종부 성사도 대체로 잘 준수한 것으로 보인다. 세례는 대개 출생 후 1~2일 이내에 받았다. 첫영성체는 14~16세 때에 행했는데, 이도 잘 지켜졌다. 또한 강림절과 사순절에는 결혼식이 금지되었는데, 이 금지사항도 잘 지켜진 편이었다.[16] 전통적으로 보수적인 노르망디와 브르타뉴지역에서는 잘 지켜졌으나, 일부지역 특히 파리 근교와 남부의 마르세이유에서는 잘 지켜지지 않아 지역에 따라 차이가 났다.[17] 월별 혼인 빈도수 도표를 보면, 사순절 전인 2월과 강림절 전인 11월, 그리고 수확기 직전인 6~7월에 가장 많았고, 3월, 12월, 8월은 혼인율이 매우 낮았다(〈표 1〉 참조). 따라서 출생율도 계절적 리듬이 나타났다. 일반적으로 성사에서 금하는 사항들에 대한 존중이 이루어 진 것을 알 수 있다.

트리엔트 공의회 이후에 교회는 신학교 교육을 강조하여 각 교구마다 신학교를 설립하도록 하였고, 또한 평신도들에 대한 교육을 강조하여 교리문답을 강화하였다. 1660년 이후에는 각 교구별로 교리문답 교재를 개발하여 각 본당에서 활용하도록 하였다.[18] 17세기 후반에 신학교 교육이 강화된 이후로, 18세기에 신부의 절대 수는 감소하였지만 질적으로는 오히려 더욱 우수한 신부들이 증가하였다.[19] 쥬앙랑베르*Join-Lambert*가 조사한 노르망디*Normandie*道의 경우, "16, 17, 18세기를 통틀어 18세기의 신부들이 가장 우

---

16) 센에와즈道의 드라베이유*Draveil*읍과 몽쥐롱*Montgeron*읍의 예를 보면 결혼식이 금지된 사순절기간과 강림절기간 동안에는 단 한 건의 결혼식도 없었다. Serge Bianchi, *La déchristianisation dans le district de Corbeil*, Mémoire et Documents de la Société historique et archéologique de Corbeil, de l'Essonne,et du Hurepoix, 1990, pp.17~18.

17) Jacques Dupaquier, *Histoire de la population française*(Paris, P.U.F., 1988, t.II), pp.296~301.

18) Jean de Viguerie, *Le Catholicisme des français dans l'ancienne france*(Paris, NEL, 1988), pp.19~28.

19) *Ibid*. 특히 1장과 2장을 참조할 것.

수한 신부들이었다."[20] 뻬르와*Louis Pérouas*는 반느*Vannes*교구와 라로셸*La Rochelle* 교구의 1,000여 명의 신부들에 대한 악께신부*P. Fr. Hacquet*의 사료분석을 통해 두 교구신부들의 질이 18세기 전반에 걸쳐 크게 향상되었다는 것을 밝혀냈다.[21]

평신도들에 대한 교육은 주일의 미사 강론과 교리문답 외에도 부정기적으로 방문하는 전도사들의 부흥집회가 있었다. 18세기에 가장 열정적인 신부들은 아마도 국내순회전도사*missionnaires*일 것이다. 1700년부터 1789년까지 부르따뉴 지방의 모든 본당에는 적어도 한번 이상 전도사들이 방문하여 전도집회를 개최하였는데, 이러한 전도집회는 적어도 2,000회는 되었을 것으로 추정된다.[22] 이러한 순회 전도집회를 통한 재속신부들의 지속적인 평신도교육으로 집단 심성의 변화가 일어났다. 하지만 주교의 본당 순회방문시 작성토록 한 질문서들에 대한 최근의 연구 결과, 종교적 열성이 없는 지역들이 발견되었다.[23] 성라자르*Saint-Lazare*회의 전도사들은 1683~1714년 사이에 몽또방지역을 전도한 결과, 보몽-드-로마뉴*Beaumont-de-Lomagne* 등의 전도에 크게 성공한 지역과 베르당-쉬르-가론느*Verdun-sur-Garonne* 등의 실패한 지역을 발견하였다. 불라르*Fernand Boulard*신부는 전도집회의 성공여부(신앙정도)에 따른 지역구분이 20세기 후반에 들어와서도 이 지역에서 그대로 지속되고 있다는 것을 보여주었다.[24]

이러한 연구결과들을 종합해 볼 때, 북부 · 북동부 · 서부의 몇몇 지역을

---

20) M.Join-Lambert, "La pratique religieuse dans le diocèse de Rouen sous Louis XIV, et de 1707 à 1789", *Annales de Normandie*, 1953 et 1955.

21) 1753~1760년에는 우수한 신부비율이 약 30%이던 것이 1761~1770년에는 37%로, 1771~1779년에는 약 50%로 증가하였다. Louis Perouas, *P.Fr.Hacquet, Mémoire des missions des Montfortains dans l'Ouest:1740-1779*(Fontenay-le-Comte, 1964).

22) J.Delumeau, *op.cit.*, pp.284~290.

23) M-H. et M.Froeschle-Chopard, *op.cit.*, pp.64~69.

24) Fernand Boulard, *Premiers itinéraires en sociologie religieuse*(Paris, 1954), pp.44~46.

제외하고는 18세기 가톨릭교회가 주일미사와 부활절미사에 잘 참여하는 '선한 기독교인들의 왕국'을 이룩하였다는 것은 조금도 의심할 여지가 없다. 이러한 본질적인 신앙생활의 정기적인 참여는 신도들 각자에게 강한 소속감을 제공하여 근본적인 동일성을 갖도록 하였다.

그렇다면 앙시앙 레짐 하의 프랑스는 국민 모두가 독실한 가톨릭교도인 가톨릭 국가라고 할 수 있을까?[25] 외견상 보편화된 종교관행이 과연 종교적 열정을 말하는가? 실제적으로 합의된 행위의 이면에는 신자와 교회제도 사이에 커다란 차이가 있었다. 분명한 것은 대응종교개혁이 개인적이고 집단적인 경험의 기본구조를 기독교화하는 데 성공하였지만, 기독교적 열정에 따른 지역적인 차이를 극복하지는 못하였다는 점이다. 예컨대 라로셸 교구의 경우에 신부성소도 많고 로자리오 신도회*Confrérie de Rosario*가 많은 북부지역과 신부도 부족하고 신도회의 활동도 적은 남부지역이 확연하게 구분되었다.[26] 전국적으로 부활절 미사 참여가 보편화되었다고 하더라도, 그것이 곧 자발적인 신앙생활이라고 보아야 할지는 의문이다. 각 교구마다 자발적인 신앙 활동의 참여에서 부정적인 측면이 나타난다. 그 대표적인 예로서 신도회의 쇠퇴와 사제성소의 감소를 들 수 있다.

신도회(信徒會*Confrérie*)란 본래 특별한 헌신, 가난한 자의 구제사업, 고통받는 자의 자선사업을 위한 평신도들의 신심단체를 말한다. 17세기에는 신도회가 전국적으로 크게 확산되었고 번성하여 평신도들의 신앙 활동을 주도하였다. 하지만 18세기 후반에는 새로운 신도회 창립은 매우 드문 일이 되었고, 신도의 지부도 줄어들었으며 전체 회원 수도 감소하였다. 프로방스 지방에서는 특히 엘리트회원의 수가 감소하였다. 또한 신도회의 성격도 상당

---

25) 예컨대 비그리교수는 혁명 직전의 프랑스가 분명히 대다수의 국민이 매우 경건한 가톨릭 국가였다고 주장한다. J.de Viguerie, *op.cit.*, p.33.

26) Louis Perouas, *Le Diocèse de La Rochelle de 1648 à 1724. Sociologie et pastorale*(Paris, 1964).

히 세속화하였다. 재정적인 어려움도 쇠퇴의 한 원인이 되었다. 예컨대 루앙시의 성체신도회(聖體信徒會*Confrérie de Saint-Sacrement*)는 재정상의 어려움으로 인해 신도회가 주최하는 미사수를 줄였고, 18세기말에는 아무도 재정담당서기를 맡으려 하지 않았다.[27)]

센에와즈道의 경우 신도회는 18세기에 들어오면서 일반적으로 쇠퇴기를 맞게 된다.[28)] 죠자스準敎區*Archbidiaconé de Josas*의 경우, 1761년에는 29개의 본당에 성체신도회가, 또한 23개 본당에는 성모마리아 신도회가 존재하였고, 한 본당에 10개의 서로 다른 신도회가 존재하였다. 그러나 1761년 이후 신도회는 계속 회원 수가 감소하였고 아예 이름뿐인 신도회도 많았다.[29)] 18세기말에 이르러 신도회의 활동은 크게 위축되어 많은 신도회가 사라졌거나, 세속화하여 특권을 누리는 엘리트들의 친선 모임으로 전락하였다. 노르망디의 잉고빌*Ingoville*본당의 주임신부는 "점차적으로 생피아크르와 생소버 신도회는 해이해지기 시작했다. 점차 종교에 대해 무관심에서 혐오로, 혐오에서 경멸로 바뀌어 갔다…1789년에 대부분의 신도회는 사라지기 일보직전이었다"고 기록하였다.[30)]

아귈롱*Maurice Agulhon*은 그의 역저인 『프로방스지역의 고행신도회원과 프리메이슨』에서 앙시앙 레짐 말기에 신도회의 열정은 사라졌고, 그들의 활동도 세속화하여 고행신도회*Confrérie de Pénitents*가 아예 마을의 소방서역할을 담당하게 되었으며, 1770년 이후에는 귀족, 부르주아지 등의 엘리트회원들이 신도회에서 이탈하여 프리메이슨 지부에 대거 가입하였다고 밝혔

---

27) M.Join-Lambert, *op.cit.*, p.48.

28) Inho Baik, *La vie religieuse en Seine-et-Oise sous la Révolution*(Thèse de Doctorat, Université de Paris-I, Paris, 1992), pp.16~149.

29) 예를 들어 성스피르 신도회는 1786년 32명의 새 회원이 가입했으나, 1789년에는 11명만이 가입했다.

30) M.Join-Lambert, *op.cit.*, p.48.

다.[31] 이것은 곧 사회유대성*sociabilité*에 큰 이동이 일어난 것을 의미하는데, 평신도 엘리트들이 교회를 떠나 새로운 가치관을 찾아 나섰던 것이다.

18세기 얀센주의*Jansénisme*에 대한 논쟁과 계몽주의 철학 등으로 교회 안팎으로 공격을 당한 가톨릭교회는 내부적으로 성직자들의 성소가 감소하고, 수도원의 기강이 해이해 지는 등 위기에 직면하였다. 1789년 당시 전체 135명의 주교들 가운데는 소수의 부패한 주교들도 있었다. 18세기 재속 성직자들에게 나타난 가장 눈에 보이는 위기는 성소*vocation sacerdotale*의 위기였다. 대부분 지역에서 사제성소가 감소한 것은 분명한 사실이었다.[32] 1740년대에서 1789년 사이에 전국적으로 재속신부*clergé séculier*의 성소는 25%가 감소하였다(〈표 2〉 참조).

예컨대 줄리아*Dominique Julia*의 랑스市에 대한 연구[33]에 의하면, 1760년대부터 신부성소가 감소하였는데, 그 이유로 예수회의 결정적인 약화, 얀센주의의 쇠퇴, 중산층에 퍼진 계몽주의의 확산 등을 들었다. 신부성소의 감소 뿐만 아니라, 신부지망생의 출신계층에도 변화가 나타나 점차적으로 귀족, 상층 부르주아지는 줄어들고 중소 부르주아지와 민중계급출신이 늘어났다. 이러한 전반적인 성소의 감소추세에도 불구하고 18세기 초반의 사목 개혁운동의 열매로 루앙시, 랑스시, 마양스시 등 일부 지역에서는 1780년대에 감소추세였던 신부성소가 다시 증가추세로 돌아서기도 하였다.[34]

재속성직자 뿐만 아니라, 수도성직자에게도 위기는 찾아왔다. 18세기의 수도원은 기강이 해이해지고 수도성소도 감소하여, 수사가 10명 미만인 곳

---

31) Maurice Agulhon, *Pénitents et Francs-MaÇons dans l'ancienne France*(Paris, 1968).

32) Timothy Tackett, "L'histoire sociale du clergé diocèsain dans la France du XVIIIe siècle", *Revue d'Histoire Moderne et Contemporaine*, t.27(1979), pp.198~234.

33) Dominique Julia, "Le clergé paroissial dans le diocèse de Reims à la fin du XVIIIe siècle", *R.H.M.C.*, t.13. 1966.

34) T.Tackett, *La Révolution, L'Eglise, La France*(Paris, Cerf, 1988), pp.260~262.

도 많았다. 1780년 수도원 개혁 위원회*Commission des Réguliers*는 2,966개의 수도원 중 458개를 폐쇄하고 8개 수도단체를 폐쇄하였다.[35] 18세기의 신학과 역사 연구의 쇠락도 수도원 쇠퇴에 일조하였다. 제헌의회가 수도원의 종신허원을 금지하였을 때, 상당수의 수도원 특히 베네딕도 수도회, 쌩뜨-즈느비에브 수도회*Génovéfains*, 도미니크 수도회, 시또 수도회의 수사와 수녀들이 대거 수도원 문을 나섰다.

결국 18세기 프랑스 교회의 역사에는 상승곡선과 하강곡선의 2개의 교차된 경향이 나타난다. 한편으로 복음의 메세지를 더욱 잘 이해하고 이에 충실한 성직자들이 증가하는 질적인 상승곡선과 다른 한편으로 시대의 변화에 따라 나타난 타협주의로 인한 양적인 감소곡선이다. 하지만 18세기 프랑스인들의 마음 깊은 곳을 파헤쳐 들어가 이들의 삶과 죽음에 대한 망탈리테를 살펴보면, 18세기를 주도한 것은 양적인 감소곡선 즉 종교관행의 전반적 후퇴현상이라는 사실을 확인하게 된다.

2. 죽음에 대한 망탈리테의 변화

18세기 동안에 주일미사와 부활절미사 참여의무에 대한 존중은 여전히 사라지지 않았지만, 종교관행의 후퇴현상이 나타났다. 전통에 대한 존중의 이면에는 사람들의 마음 깊은 곳에서부터 근본적인 변화가 일어나고 있었는데, 가장 중요한 변화는 죽음에 대한 망탈리테*mentalités*의 변화였다.

유언장에 대한 연구는 18세기 프랑스인의 죽음에 대한 관행의 변화를 잘 보여준다. 보벨*Michel Vovelle*교수는 남부 프로방스지방의 8개 세네쇼세*sénéchaussée*의 198개 지역에 보전된 20,000여 개의 유언장들 중에서 약 2,000여 개(600여 명의 공증인이 보관)를 선별해서 분석한 결과, 18세기에 프로방스인들의

35) François Lebrun, *Histoire des catholiques*(Paris, Privat, 1980), pp.240~241.

죽음에 대한 망탈리테가 점진적으로 세속화하였다는 것을 밝혔다.[36] 전통적인 견해에 따르면 죽음에 대한 태도가 혁명으로 인하여 세속화되었다고 하지만, 보벨교수는 이미 18세기 전반에 걸쳐 세속화되었고 단지 혁명기에 가속화되었다는 것을 밝혀냈다.

마르세이유市의 경우를 보면, 중재자*intercepteur*를 부르는 전통적 바로크양식의 기원 문구들이 18세기 초의 유언장들 가운데 90%를 차지하였으나, 18세기 말에는 전통양식이 5%에 불과하고, 완전 세속화된 양식이 22%에 이르게 되었다. 18세기 초에는 주로 본인이 본당성당이나 수도원 소성당을 선택하였다. 그러나 18세기 말에는 주로 공동묘지를 선호하게 됨에 따라 이전까지 가족들을 수도원과 본당에 결합시켰던 유대감이 약화되었다. 18세기 초에는 장례식 행렬에 대한 관심—교회 종 타종횟수, 촛대 개수와 가격, 장례식에 참가할 인원과 유증—이 지대하였다. 그러나 점차 과시적이고 사치스러운 장례식을 거부하는 이들이 증가하였다.[37]

유언장에 나타난 연미사요구는 곧 자기 영혼의 구원에 관한 관심을 표현한 것이다. 유족들에게 연미사를 요구하는 경향을 분석해보면, 구원에 대한 당사자들의 관심도를 측정해 볼 수 있다. 프로방스지역의 연미사요구율을 보면, 1700~1720년대에는 75~80%이던 것이 1720~1760년대에 약 80%로 안정적 상승세를 유지하다가, 1760~1780년대에는 명백한 하락곡선을 그린 것을 볼 수 있다. 유언장당 평균 미사요구수를 살펴보면, 1700~1720년대에 평균 400대이던 것이 1710~1740년대에 300대 이하로 하락하였고, 1760~1780년대에는 급격히 100대 이하로 하락하였다[38](〈표 3〉 참조).

---

36) Michel Vovelle, *Piété baroque et déchristianisation en Prvoence au XVIIIe siècle*(Paris, Editions du Seuil, 1978).

37) Provence지역 전체적으로 모두 208개(10-15%)에서 표현하였다. M.Vovelle, *op.cit.*, pp.85~100.

38) *Ibid.*, pp.122~145.

이러한 현상들을 종합해 보면, 1760년대에 급격한 변화가 나타난 것을 알 수 있다. 사후 세계에 대한 두려움이 사라졌으며, 죽음 자체에 대한 종교적 관심이 후퇴한 것이다. 이러한 분석을 통해 1680년에서 1790년까지 프로방스 전역에 걸쳐 일반적인 변화가 있었음을 부인할 수 없다.

쇼뉘*Pierre Chaunu*가 분석한 파리시[39]와 구자르*Pierre Goujard*의 루앙시[40]에 관한 분석에서도 같은 결론이 나왔다. 루앙에서도 17세기 말과 18세기 초에는 바로크적 경건이 지배적이었으나, 18세기 중반에 들어와 쇠퇴하였다. 파리의 연미사 요구율을 보면, 1710~1720년대에 절정을 이룬 후에 1720~1760년대에는 점진적으로 완만하게 쇠퇴하였고 1760년을 기점으로 하여 급속히 감소한 것을 볼 수 있다. 그러나 이러한 변화가 어느 곳에서나 일률적으로 나타난 것은 아니다. 지역별 차이가 존재하였다. 베아른*Bearn*의 경우는 오히려 1740년대 이후 연미사요구율이 상승하여 다른 지역과 상반된 경향을 보였는데, 이 지역은 특히 대응종교개혁이 매우 늦게 전해졌기 때문인 것으로 보인다.[41] 또한 니스공작령*Comté de Nice* 경우에도 18세기 말에 90%의 유언장에서 연미사요구가 나타나, 이 지역에서는 죽음에 대한 태도의 변화가 전혀 나타나지 않은 것으로 보인다.[42]

또한 도시와 농촌 간에도 차이가 존재하였다. 도시는 농촌보다 일찍 기독교화되고 또한 보다 빨리 비기독교화하였다. 농촌은 안정되고 방어적인 반면에 도시는 유동적이고 변화에 개방적이었다. 또한 사회계층별로도 차이가

---

39) Pierre Chaunu, *La mort à Paris XVIe, XVIIe, XVIIIe siècles*(Paris, 1978).

40) Pierre Goujard, "Echec d'une sensibilité baroque:les testaments rouennais au XVIIIe siècle", *A.E.S.C.*, jan.-fev. 1981, pp.26~43.

41) Bernard Cousin, Monique Cubells, Rene Moulinas, *La pique et la croix-histoire religieuse de la Revolution francaise*(Paris, Centurion, 1989), p.42.

42) 사부아*Savoie*에서도 마찬가지였다. 1725~1767년 사이의 연미사요구율은 91%였고, 1768~1777년에는 88%, 1778~1786년에는 86%로 거의 변화하지 않은 것을 확인할 수 있다. R.Chartier, *op.cit.*, p.122.

나타났는데, 엘리트계층에서는 변화가 매우 미약했던 반면에, 부르주아지 계층에서는 18세기에 걸쳐 매우 심각한 변화가 나타났다.

이러한 연구 결과들을 종합해 보면, 18세기 중반부터 프랑스인들의 죽음에 대한 망탈리테에 분명한 변화가 나타났다고 해석할 수 있다.

3. 삶에 대한 망탈리테의 변화 : 성도덕의 쇠퇴

18세기 프랑스인에게 죽음에 대한 망탈리테가 변화한 것과 더불어 삶에 대한 망탈리테도 변화하였다. 대응종교개혁은 육신의 죄에 대한 처벌을 특별히 강조하였고 혼외 성관계와 피임을 신랄하게 비난하고 정죄하였다. 여러 사료들을 통해 교회가 금지하는 사항들이 어떻게 존중되는지를 분석해 볼 수 있는데, 17세기 말에서 18세기 초반까지는 트리엔트공의회 이후 교회에서 주장하는 건전한 성도덕이 유지되었으나, 18세기 중반부터는 가톨릭 교리로부터 벗어나 성도덕에서 이탈하는 현상들이 명확하게 나타났다.

18세기 중반 이후에 성도덕의 문란을 나타내는 중요한 첫 번째 지표는 동거*concubinage* 또는 혼외임신에 의한 사생아 출생율의 증가이다. 16세기에 동거는 예외적인 것이 아닐 정도로 흔한 일이었고, 동거로 태어난 사생아는 보통 아버지 집에서 키웠다. 그러나 17세기에 들어와서는 비적출(非摘出*illégitimate)* 출생아 즉 사생아의 숫자가 특히 농촌지역에서 현격히 감소하였다.[43] 18세기부터는 혼외임신에 의한 비적출 출생아의 증가현상이 나타났다. 18세기 중반부터 대도시에서는 전체 신생아의 6~12%, 농촌지역에서는 1.5%~4% 정도의 혼외임신에 의한 비적출 출생아들이 나타났다. 예를 들어 툴루즈市

43) 파리 북부에 위치한 보베와 보베시 지역에 대한 구베르의 연구에 따르면, 17세기 사생아출생률은 전체 출생아의 1%를 넘은 적이 결코 없었다. Pierre Goubert, *Beauvais et le Bauvaisis de 1600 à 1730*(Paris, 1960), p.31.

*Toulouse*에서는 1700~1720년대에 사생아 출생율이 6%였는데, 1751년에는 13%로 증가하였고, 1788년에는 25%로 크게 증가하였다.[44] 이러한 현상은 보통 도시적인 현상이나, 멀랑*Meulan*과 같은 소도시에서도 나타났다.

두 번째 지표는 피임의 증가이다. 자발적 출산제한 즉 피임은 본래 가톨릭교회에서 '오낭의 범죄*crime d'Onan*'라 하여 교리 상 엄격히 금지하고 있는 것이다.[45] 출생과 사망에 대한 최근의 혁신적인 계량 분석방법들을 통해, 17세기경부터 창녀와 상류사회의 풍기문란한 리베르땅*libertin* 사이에서 은밀히 시행되던 피임이 18세기 후반에는 일반 대중에까지 확산되었다는 사실을 알게 되었다.[46] 부부의 피임여부는 출산 간격과 임신율 분석 등을 조사해보면 확인이 가능하기 때문이다. 이러한 피임에 대한 태도의 변화는 신부들의 통제와 종교도덕에 대한 신도들의 순응정도를 보여주는 것이기도 하다. 루앙市에서는 피임부부가 17세기 말에 5~10%에서, 18세기 초에는 20~30%로, 18세기 말에는 50%에 이르게 되었다.[47] 이러한 현상은 루앙과 인접한 벡생 지역*Vexin français*이나, 노르망디, 멀랑市 등에서도 마찬가지로 나타났다.[48]

---

44) Roger Mols, *Introduction à la démographie historique des villes d'Europe du XIVe au XVIIIe siècle*, 1955, t.II, pp.303~304.

45) 피임에 대한 가톨릭의 입장에 대해서는 다음을 참조할 것. J.T.Noonan, *Contraception, a History of its Treatment by the Catholic Theologians and Canonists*(Cambridge, Massachusetts, 1966) ; Jean-Louis Flandrin, *Le Sexe et l'Occident*(Paris, Seuil, 1981, 『성의 역사』, 동문선, 1994).

46) 완결된 가족의 평균자녀수가 급격히 감소하고, 30세 이후 합법적인 가임율이 확실히 낮아지며, 둘째나 셋째 아이부터 터울이 상당히 길어지고, 마지막 아이를 낳는 나이가 젊어지는 등의 지표를 통해 피임이 실시되었다고 결론을 내릴 수 있다. 앙리*Louis Henry*의 제네바市에 관한 연구를 보면, 18세기 초부터 상류 리베르땅 사이에 시행되기 시작한 영국식 피임법*redingote anglaise*은 중반부터는 상당수의 가족들에 까지도 보급이 되었다. Louis Henry, *Anciennes familles genevoises*(Paris, 1956), p.50.

47) Jacques Dupaquier, *Histoire de la population française*(Paris, P.U.F., 1988, t.II. De la Renaissance à 1789), pp.386~388.

48) 예를 들어 멀랑시에서의 피임한 부부의 비율을 보면, 1740년~1764년에는 전체 부부

18세기 후반부터 피임이 부유층[49]과 도시민들에게, 그리고 농촌 주민들에까지 널리 확산되었다. 혁명기간에 폭발적으로 피임이 증가하였다는 사실이 혁명전부터 피임을 용납할 준비가 되어 있었다는 것을 반증한다.

피임은 농촌지역보다는 도시지역에서 그리고 상인 · 수공업자보다는 특권층에서 더욱 확산되었고, 육신의 죄와 타협할 수 없는 기독교윤리와 근본적인 단절을 의미하는 것이다. 왜 피임을 금하는 가톨릭국가에서 피임이 모든 계층에 확산되었을까?

먼저 아이로니컬하게도 교회의 교육을 피임의 기원으로 들 수 있다. 대응종교개혁 이후에 교회는 독신과 순결에 가치를 두고, 육신과 죄를 밀접히 연관지으면서 성관계 자체가 근본적으로 불순함을 강조하여 왔다. 이러한 교리교육은 평신도들의 결혼시기를 늦추고 부부간의 성관계를 절제하도록 하며 결국 성관계를 중간에 중단하는 행위를 장려하는 결과를 낳고 말았다. 육체를 엄격히 통제하도록 강요하는 교리교육이 신도들로 하여금 육신의 허약함을 숨기도록 하였다. 이런 관점에서 피임의 확산분포와 육신의 죄를 신랄히 정죄한 얀센주의의 확산분포를 비교해 보면, 연관성이 매우 높은 것으로 나타난다.[50]

가운데 8%의 부부가 피임하였고, 1765년~1789년에는 16%, 1790년~1814년에는 40%, 1815~1839년에는 55%로 증가한 것으로 나타났다. 1760년 이후에는 부부의 1/4이 피임하였다. 지역적으로는 부르따뉴, 동부지역일대에는 피임방법이 확산되지 않았다. 피임에 대해서는 J.Dupaquier & M.Lachiver, "Sur les débuts de la contraception en France", *A.E.S.C.*, 1969, pp.1391~1406. 또한 J.Dupaquier(dir.), *Histoire de la population française*, t.II, pp.373~398을 참조할 것.

49) 결혼한 지 5년 된 20~25세 된 귀족여성 1,000명을 조사해본 결과, 17세기 전반에는 460명의 자녀를 출산하였고, 18세기 전반에는 403명, 18세기 후반에는 148명의 자녀를 출산한 것으로 나타나 귀족여성들에게서 피임이 18세기 후반에 급격히 확산된 것으로 보인다. Louis Henry, *Anciennes familles genevoises*(Paris, 1956).

50) Pierre Chaunu, "Malthusianisme démographique et malthusianisme économiques", *A.E.S.C.*, 1972, pp.1~19.

두 번째 원인으로는 교회가 제시한 새로운 가정 도덕이 너무 빈번한 임신 때문에 생명을 위협받는 위험으로부터 여성을 보호해야 할 필요성을 강조한 점을 들 수 있다.[51] 또한 부모의 자녀에 대한 양육의 의무들을 강조한 결과, 부모는 자녀를 양육하기 위해 자녀의 식량과 교육 등을 책임져야하므로 이를 위해 자녀수를 제한해야할 필요성을 느껴 성관계중단*coitus interruptus*이라는 피임법을 사용하게 되었다. 여성과 자녀를 보호하기 위해서는 결국 교회의 성도덕을 지킬 수 없게 된 것이다. 결국 18세기 성직자들이 평신도들에게 새로운 책임감을 강조함으로써 독립적이고 자유로운 부부들로 하여금 전통적 기독교윤리를 파괴하도록 유도한 결과를 가져오게 되었다.

세 번째로 들 수 있는 것은 혼전임신의 증가이다. 17세기부터 이미 혼전임신율이 상승하기 시작하였다. 18세기 후반에 들어서는 혼전임신율이 급상승하였다. 베지에市*Bézier* 근처의 소도시인 세리뇽*Sérignon*에서 17세기 말에는 10.8%이던 것이 1751~1792년 사이에는 40.9%로 크게 증가하였다.[52] 특히 노동자 계급이 집중된 지역에서 높게 나타나는데 출생아동의 10%~20%가 혼전임신으로 나타났다. 이것은 성적 기쁨에 대한 태도의 변화, 부모에 대한 공경의 쇠퇴, 연애결혼의 증가 등을 이유로 들 수 있다.

마지막으로 유아 유기의 증가를 들 수 있다. 유아를 갖다 버리는 현상이 18세기에 들어와 특히 도시에서 크게 증가하였다. 1670년 파리에는 기아들을 위한 구빈원*Hopital des enfants trouvés*이 설립되었다. 들라셀의 연구에 의하면, 1670년에서 1772년 사이에 기아가 점진적으로 증가하였다.[53] 1772년

---

51) 아리에스의 연구에 따르면, 18세기 유럽전반에 걸쳐 가족에 대한 개념이 변화하였고, 계속되는 임신에 대한 여성들의 저항과 아이들에 대한 관심이 높아져서, 맬더스적인 사고방식이 부유층에게 침투하였다는 것이다. Philippe Ariès, *L'enfant et la vie familiale sous l'Ancien Regime*(Paris, 1973). ; P.Ariès, *La prévention des naissances dans la famille. Ses origines dans les temps modernes*(Paris, 1960).

52) B.Cousin, M.Cubells, R.Moulinas, *op.cit.*, p.40.

에 파리에서 7,676명의 기아가 발생하였다. 파리에서 1700년에서 1790년 사이에 219%의 증가율을 기록하였다(1700~1709년에 1,786명에서 1780~1789년에는 5,713명으로 증가). 1772년에 파리에 세례 받은 영아의 40%에 해당하는 7,676명의 기아가 등록되었다. 엑상프로방스에서는 연평균 기아의 수가 1722~1767년에 107명에서 1768~1778년에는 249명으로 증가하였다.

그렇다면 누가 아기들을 버렸는가? 1778년 파리의 기아구빈원에 아기를 버린 부모 1,531명에 대한 연구를 통해 그들의 1/4에 대하여 직업을 추적할 수 있었는데, 파리의 부모의 경우에 그들의 1/3은 "파리의 부르조아"였고, 1/4는 전문수공업자와 상인, 또 1/4는 직공, 노동자, 날품팔이꾼이었다. 지방의 부모의 경우, 대부분은 최하층인 것으로 나타났다. 전통적으로 최극빈계층이 가난해서 버렸다고 생각했으나, 사실상 파리의 부유한 계층들도 아기를 갖다 버린 것으로 나타났다.

그들이 왜 버렸는가? 무엇보다 가난이 가장 중요한 이유였다. 식량부족으로 인해 할 수 없이 내버린 경우가 가장 많았다. 노동자의 실질임금 하락으로 인한 빈곤과 인구증가가 유아 유기현상에 크게 기여하였다. 파리에서 밀의 가격곡선과 버려진 유아의 곡선을 비교해 보면 거의 일치하고 있는데, 빵값이 비쌀 때 유아 유기도 증가하였다.[54] 기아의 수가 정기적으로 증가하는 경향은 곧 불법적인 사생아의 증가와 함께 당대인들의 집단 심성의 변화를 입증하는 것이다. 이러한 사실들을 분석해보면, 18세기 후반에 프랑스인들 심성에 큰 변화가 일어났던 것을 확인 할 수 있다.

또 다른 이유로 비적출 출생과 시골에서 도시로 이주를 들 수 있다.[55] 당대

---

53) C.Delaselle, "Les enfants abandonnés à Paris au XVIIIe siècle", A.E.S.C., janvier-février 1975, pp.187-218.

54) *Ibid.*

55) 유아유기는 유럽 전역에 걸쳐 유사한 원인들로 인해 일어났다. Louise A. Tilly, Rachel G.Fuchs, David I.Kertzer, David L.Ransel, "Child Abandonment in European

사람들의 증언에 따르면 방종과 난봉을 들고 있지만, 이 설명은 불충분하다. 예컨대 시골에서 올라온 수많은 어린 도시의 하녀들이 꾐에 빠져 주인과 관계한 후에 버림받은 경우에 아기를 안전하게 키울 수 없는 환경과 미혼모에 대한 사회의 편견 때문에 아이를 버릴 결심을 해야 했기 때문이다. 방종보다는 물질적 빈곤과 도덕적인 비참함이 더 밀접한 원인이었다고 볼 수 있다.[56)]

이러한 성도덕의 쇠퇴는 프랑스에 독특한 것일까? 아니면 다른 기독교국가에서도 발견되는 현상일까? 영국의 경우에 1730년대와 1790년대 사이에 농촌의 비적출아 출생률은 프랑스보다 2배가 높은 것으로 나타났다. 또한 문자해독률이 높아 기독교의 도덕윤리로부터 비교적 자유로웠던 북서 유럽 전역에 걸쳐 피임이 보급되었고, 프랑스는 이러한 이탈의 선구자였으며 진원지인 것으로 나타났다.[57)]

4. 계몽사상의 확산

18세기에 나타나 기독교 교리를 뿌리부터 흔들어 버린 계몽주의는 가톨릭교회의 힘겨운 투쟁의 대상이었다. 계몽주의 철학이 기독교 교리를 비판하고 하나님 자체를 부정하는 데에 직면하여, 가톨릭교회는 자체 방어에 나섰지만 곧 지쳐 버렸다.

우리는 이미 앞에서 본 바와 같이, 프랑스인들의 종교관행이나 삶과 죽음에 대한 망탈리테가 주로 1750~60년대에 들어와 중대한 변화를 겪게 되었다는 것을 알게 되었다. 여기서 우리는 1750~1760년대가 계몽철학서적들이 쏟아져 나오고 계몽사상이 급격히 확산되었으며 계몽사상가들도 이전보다

History : A Symposium", *Journal of Family History 17*(1991), p.10.

56) François Lebrun, *La vie conjugale sous l'Ancien Régime*(Paris, Armand Colin, 1975, 주명철 역, 『옛프랑스인의 부부생활』, 까치, 1994), pp.156~161.

57) R.Chartier, *op.cit.*, p.99.

더욱 대범하게 기독교를 공격하던 시기라는 사실을 상기할 필요가 있다.

18세기에 일어난 중요한 변화는 문자해독률의 전반적 상승(1686~90년과 1786~90년 사이에 남성은 29%에서 47%로, 여성은 14%에서 27%로)보다는 인쇄물의 폭발적 증가와 책을 소유한 인구의 증가이다.[58] 이러한 독자들의 수요를 만족시키기 위해 새로운 거래방식도 생겨났다. 구체제 말기에 모든 국민들 사이에 독서열이 상당했음을 가늠할 수 있다.

따라서 18세기에 계몽사상이 어느 정도로 어느 계층에게까지 퍼져 나갔는지를 분석할 필요가 있다. 예컨대 서적보급이나 봉납성화*ex-voto*, 문학협회의 활동 등에서 나타난 계몽사상의 확산정도는 평신도에 대한 새로운 사상의 영향을 재는 척도가 되며, 이들이 기독교에서 이탈하는 정도를 가늠해 볼 수 있다.

먼저 계몽서적의 출판 및 보급이 어느 정도로 이루어졌는지를 파악하는 것은 계몽사상의 확산정도를 가늠하는 좋은 방법이 될 수 있다. 앙시앙 레짐하의 서적의 출판 및 보급상황은 도서출판 행정본부*Direction de la librairie*에 기록된 서적의 검열요구 목록을 분석해 보면 어느 정도 확인이 가능하다[59](〈표 4〉 참조). 공식허가*permission publique*와 독점허가*privilège*된 서적들을 주제별로 분석해보면, 종교서적 경우에 1723~27년에 34%에서, 1750~54년에 25%로, 1784~88년에는 8.5%로 대폭 감소한 반면에, 과학 예술분야 서적들은 크게 증가하였다.[60] 께니야르*Jean Quéniart*가 분석한 루앙시에서의 전체 출판물 가운데 종교서적이 차지하는 비율을 보면 〈표 5〉와 같다.[61]

---

58) *Ibid.*, pp.88~90.

59) 도서출판 행정본부는 다양한 형태의 출판허가를 해주었는데, 물론 이 곳에서 전국에서 출판되는 모든 서적들을 다룬 것은 아니다. 지방출판물의 일부와 불법적 비밀출판물이 포함되지 않았기 때문이다. 주명철, 『바스티유의 금서』(문학과 지성사, 1988), pp.180~196.

60) François Furet, *Livre et société dans la France du XVIIIe siècle*(Paris, Mouton & Co., 1965), pp.3~32.

61) Jean Quéniart, *L'impremerie et la librairie à Rouen au XVIIIe siècle, 1701-1789*(Paris, 1969).

▶ 표 1 18세기 루앙市의 전체도서출판물 가운데 종교서적의 비율

연 대	종교서적	전체서적	종교서적 비율
1701~1710	50	145	34.5%
1731~1740	44	119	37%
1741~1750	12	65	18.5%
1751~1760	13	88	15%
1781~1789	16	133	12%

계몽주의 철학서적과 기독교 변론서적*ouvrages d'apologétique*의 인쇄 출판량을 비교해보면, 볼떼르의 책이 26판을 거듭하고 깡디드가 43판, 루소의 책이 18판을 거듭한 반면에, 기독교변론 서적 가운데 단지 30종만이 3판 발행에 그쳐서, 계몽 철학 서적이 기독교 변론서적보다 훨씬 많이 보급된 것으로 보인다.

그렇다면 당대의 엘리트들은 실제로 어떤 책들을 읽었으며, 18세기 동안에 그들의 독서행태는 어떻게 변화하였는가? 1750~1759년에 237명의 파리의 엘리트들의 서고를 분석해보면, 역사분야 서적이 35%, 종교서적이 20%인 것으로 나타났다.[62] 고등법원 판사*parlementaires*들의 경우, 종교서적은 1734~65년에 18.7%에서, 1766~80년에는 12%로, 1781~85년에는 6%로 감소하였다. 성직자의 경우, 신학서적이 18세기 초에 38%에서 18세기 말에는 29%로 감소하였다.

지방의 엘리트계층은 어떻게 계몽주의에 반응하였을까? 이들의 계몽주의의 확산정도를 알 수 있는 중요한 두개의 제도로써 학술원*Académie*과 프리메이슨 지부*loge maçonnique*를 들 수 있다. 학술원은 끊임없이 계몽주의를 주창하였지만, 결코 가톨릭에 대해서는 공개적으로 비판하거나 적대감을 표현

62) M.Marion, *Les bibliothèques privées à Paris au milieu du XVIIIe siècle(1750-1759)* (Bibliothèque Nationale, 1978).

한 적이 없었다. 오히려 앙시앙 레짐 말까지 왕정에 대한 충성의 표현으로 떼데움*Te Deum*을 찬양하기까지 하였다. 하지만 학술원회원들은 교회에 대한 직접적인 비판은 회피하면서도 교회와 일정한 거리를 유지하였다. 17세기에서와 마찬가지로 18세기에도 성직자들은 학술원회원의 20%나 차지할 만큼 적극적으로 참여하였으나, 이들의 활동은 대체적으로 주변적 위치에 머물렀다.[63] 대체로 파리의 엘리트는 새로운 사상에 매우 민감하게 반응한 반면에, 지방의 엘리트는 새 사상에 둔감하고 불평등하게 영향 받은 것으로 보인다.

학술원과 더불어 엘리트계층이 대거 참여한 단체가 바로 프리메이슨지부였다. 1787년 프리메이슨단체는 프랑스에 700여 개의 지부에 70,000여 명의 회원(학술원보다 훨씬 다양한 계층을 포함)을 가지고 있었는데, 이 가운데에는 약 4%에 달하는 성직자들—상당수의 참사회신부*chanoine*와 수사들(주로 오라토리오수도회, 베네딕도수도회, 시또수도회)—이 포함되어 있었다[64] (〈표 6〉 참조). 이들 가운데 상당수는 프리메이슨지부의 지부장직을 담당하였다. 프리메이슨의 축제 때는 수사들이 축제를 위한 특별미사를 집전하기도 하였다. 프랑스 혁명시기에 예수회 신부 바뤼엘*Barruel*은 "혁명은 프랑스 구체제의 악에 대해 내린 신의 심판으로 프리메이슨 비밀결사단체가 꾸민 음모"였으며, 프리메이슨 회원들이 기독교를 조직적으로 파괴하였다고 주장하였다.[65] 이러한 프리메이슨에 대한 다소 과장된 평가는 최근 연구 성과들에 의해 수정되고 있다.[66] 프리메이슨은 알려진 것처럼 반종교적이지 않았

63) Daniel Roche, *Le siècle des Lumières en province*(Paris, 2 vol., 1978).

64) André Le Bihan, *Loges et Chapitres de la Grande Loge et du Grand Orient de France* (Paris, 1967).

65) Abbé Barruel, *Les Mémoires pour servir à l'histoire du jacobinisme*(Hambourg, 5 vol., 1798).

66) 예컨대 Ran Halevi, *Les loges maçonniques dans la France d'Ancien Régime-aux origines de la sociabilité démocratique*(Paris, Armand Colin, 1984).

으며, 오히려 하나님의 존재를 이정표로 인정해 왔다는 것이다. 따라서 18세기에 물밀듯이 퍼져나갔던 프리메이슨의 확산을 종교에 대한 공격으로 보는 것은 과장된 해석이겠지만, 프리메이슨과 학술원은 분명히 기독교와는 다른 세계관에 입각한 세속화된 문화를 상징하였다.

또한 계몽주의의 위대한 업적인 백과전서*Encyclopédie*에 대한 단튼의 연구에 따르면, 1789년에 출간된 25,000벌의 백과전서 가운데 11,500벌이 국내에서 소비되었는데, 대부분 귀족, 성직자, 왕실관료, 자유직업인 등의 엘리트들이 주된 고객이었다.[67] 백과전서는 분명히 反가톨릭적이었는데, 적어도 백과전서의 확산은 엘리트들이 전통적인 신앙을 포기하던 당대의 풍조를 강화하는 데 기여했다고 볼 수 있다.

18세기에 인쇄물이 폭발적으로 증가하고 책을 소유한 인구가 증가함에 따라, 사람들은 1760년 이후에 새로 생겨난 독서방*cabinet de lecture*, 도서대여점이나 헌 책방에서 책을 사지 않고도 읽을 수 있게 되었다. 따라서 구체제 말기에 일반 민중에 이르기까지 모든 국민들 사이에 독서열이 얼마나 대단했는지를 가늠하게 한다. 그렇다면 대다수가 문맹이었던 민중계급은 어떤 책을 읽었을까? 이것을 알아내기는 참으로 쉽지 않은 작업이다. 다만 전국을 누비며 민중을 대상으로 서적을 판매한 서적행상인들*colporteur*의 서적 목록의 분석을 통해 추측해 볼 따름이다. 서적행상인들이 취급한 값싸고 얇은 작은 브로쉬르*brochure* 가운데 특히 종교서적과 연감*almanach*이 가장 많이 팔렸다. 예를 들어 1789년에 트르와시의 서적 행상인인 에띠엔느 가르니에의 서적목록을 보면, 전체의 42%가 종교서적들이다.[68] 민중들에게 항상 책이 있었던 것은 아니었고, 있어도 매우 적은 분량이었다. 가진 책들의 대부분은

67) Robert Darnton, *The Business of Enlightenment-A Publishing History of the Encyclopedie, 1775-1800*(Cambridge, Harvard University Press, 1979), pp.37, 277~81, 298~299.

68) Daniel Roche, *Le peuple de Paris, essai sur la culture populaire au XVIIIe siècle*, (Aubier-Montaigne, 1981).

성인 전기나 경건서적들, 전례규범집 등이었다. 파리의 도시 민중계급(석공, 하인, 수공업장인 등)에서 발견된 책들이 그러하다.

결국 계몽사상의 전파는 전국적으로 이루어졌는가? 그렇지는 않았다. 계몽사상의 전파에 저항하는 지역들도 있었기 때문이다. 예를 들어 아비뇽의 경우, 종교서적의 비율이 33%에서 62%로 18세기 전반에 걸쳐 지속적으로 상승하였다. 또한 1788~89년 지방에서 재판된 출판물을 검토해보면, 63.1%가 종교서적이다. 주로 종교의식서, 기도서, 찬송가들의 얇고 싼 책들로 대중을 위한 책들이었다.

이러한 독서물의 급격한 증가와 확산이 1780년대 사람들의 망탈리테의 급진화를 낳았는가? 확실히 알기는 어렵다. 물론 책들이 혁명을 만든 것이 아니고 혁명이 책들에게 혁명의 선구라는 의미를 부여했다는 샤르띠에의 주장은 상당한 설득력을 갖는다.[69] 하지만 1780~90년대에 구체제에 비판적인 문헌들의 대규모 보급은 절대왕정을 떠받치던 신화를 침식하였다는 것은 부인할 수 없는 사실이다. 계몽철학이 수많은 엘리트들로 하여금 전통신앙에서 이탈하는 데 기여하였다는 수많은 증거들이 있다. 가톨릭을 '광신'이라고 비난한 볼테르는 국민들의 폭발적인 인기를 누렸고, 수많은 엘리트들은 가톨릭과는 전혀 다른 세속적인 문학협회나 프리메이슨 단체들에 탐닉하였으며, 혁명당시의 혁명가들은 사회의 세속화를 결정하는 과정에서 계몽철학자들의 사상을 구체적으로 적용하였던 것이다.

계몽사상의 영향을 살펴보는 또 다른 방식은 평신도들이 성당에 헌납한 봉납성화이다. 성당안의 제단화로써 18세기에 일반 민중과 소부르주아지가 기증한 성화들을 봉납성화라 한다. 이 그림은 주로 그림기증자가 성인들 앞에서 기도하는 모습을 담고 있다. 이러한 봉납성화에 대한 보벨의 연구에서 나타난 기증자들의 모습을 시대별로 조사해보면, 1730년에는 기증자가 전체

69) R.Chartier, *op.cit.*, pp.110~115.

성화 가운데 40%였는데, 1789년에는 15%로 크게 감소한 것을 볼 수 있다.[70] 또한 성화 속에 하늘에서 기도하는 성인들의 모습도 1760년대를 기점으로 76%에서 50%로 감소하였다. 성인들 대신에 여자와 아이들이 기도하는 모습이 증가하였다. 이러한 변화는 특히 1760년대 이후에 증가하였다. 성화의 주제가 세속화한 것이라고 볼 수 있다. 그러나 18세기에는 그렇게 엄청난 변화는 없었고, 19세기에 와서야 큰 변화가 나타나게 된다.

Ⅲ. 결론

과연 18세기에 비기독교화는 있었는가? 18세기의 프랑스는 분명히 외견상 견고한 기독교 국가였다. 대다수의 프랑스인들은 주일미사와 부활절미사 등 본질적인 신앙생활에 정기적으로 참여한 것으로 나타났다. 그렇다면 외견상 종교관행이 보편화되었다고 해서 이것을 종교적 열정이라고 말할 수 있는가? 외견상 통일된 기독교국가의 모습 뒤에는 프랑스인들의 심성의 밑바닥에서부터 분명히 여러 변화가 나타난 것을 확인하였다. 18세기 중반부터 신도회의 쇠퇴, 도시지역에서 부활절미사 참여율의 감소, 신부성소의 감소, 결혼과 자녀에 대한 망탈리테의 변화, 죽음에 대한 망탈리테의 변화, 서적목록의 주제 변화 등의 변화가 나타났다.

이 변화를 어떻게 규정지을 것인가? 前혁명인가? 비기독교화인가? 좌파성향의 역사가 르마르쌍*Guy Lemarchand*에 따르면, 18세기는 부르주아지의 해방의 세기이고 교회는 신분사회의 제 1신분으로써 절대군주국가의 이데올로기의 도구로써 작용하여, 부르주아지가 지배하는 새로운 사회의 등장에 반

70) Gaby et Michel Vovelle, *Vision de la mort et de l'au-delà en Provence*(Cahiers des Annales, 1970), p.59.

대할 수밖에 없었다는 것이다.[71] 봉건적인 앙시앙 레짐에서 교회는 본질적으로 세속권력의 이데올로기질서를 지키는 임무를 갖게 되었다. 계몽주의는 부르주아지가 필요로 하는 이성 · 행복 · 진보 등의 이데올로기를 제공하였다. 비록 일부 성직자들이 계몽주의 철학을 받아들이고 학술원 등의 계몽주의 제도에 가담하였을지라도, 반대파인 부르주아지가 승리하였다. 외형적으로 귀족과 부르주아지는 계몽주의 문화를 공유하는 듯 보이지만, 이들의 가장 깊은 심성은 서로 달랐던 것이다. 죽음에 대한 태도에서, 귀족들은 바로크적 죽음에 집착하고 있었으나, 도시 부르주아지는 이러한 죽음에 대한 전통적 태도에서 대거 이탈하였고, 민중들도 이탈현상을 보였다. 18세기 전반적 사회경제적 변화를 고려해볼 때, 계몽된 부르주아지가 가톨릭교회와 민중문화에 반대해서 동맹했다는 설명이 가능하게 된다. 하지만 이러한 사회 · 경제적 해석은 비기독교화를 단지 부르주아지에만 한정하여 설명하고 있어서 지나치게 도식적일 뿐만 아니라, 종교적 · 사상적 측면을 외면하고 있어서 18세기의 비기독교화를 정확하게 설명하고 있다고 보기 어렵다.

18세기의 여러 현상들을 종합해 볼 때, 분명한 사실은 대응종교개혁이 프랑스 전국을 기독교화하는 데는 성공하였지만, 지역적인 차이를 극복하지 못했다는 것이다. 결국 18세기에 비기독교화가 일어난 원인은 무엇이었는가?

첫째로 계몽주의의 확산을 들 수 있다. 새로운 계시자로서 이성을 신봉하

---

71) Guy Lemarchand, “L'Eglise, Appareil ideologique d'état dans la France d'Ancien Régime(XVIe-XVIIIe siècles)”, *A.H.R.F.*, No.236, pp.250~279. 이것은 또끄빌도 이미 지적한 바 있다 : “당시에는 교회야말로 제 1의 정치권력이라 할 수 있었다. 교회는 가장 억압적이었던 것은 아니지만 누구에게는 가장 널리 증오의 대상이 되어 있었다. 왜냐하면 원래의 소명과 본성에서 벗어나서 정치권력과 결탁하게 된 교회는, 여느 때라면 비난하였을 권력의 악폐를 신성불가침한 것으로 축성하거나 은폐해주었기 때문이다. 교회는 마치 정치권력을 자신과 마찬가지로 불멸의 존재로 만들기를 원하는 듯이 보였다.” 또끄빌, 『구체제와 프랑스혁명』(일월서각, 1989), p.195.

며, 하나님의 개입을 배제한 자연법사상과 무한한 인류의 진보를 신봉하는 계몽사상은 분명히 당대의 가톨릭교회를 침식하였다. 모든 교조주의적인 종교를 거부하고 인본적인 신앙이나 심지어 무신론을 주장하는 이들도 있다. 성직자들도 계몽사상에 직접 · 간접적으로 영향을 받았다. 18세기말의 한 신부는 이성을 증거 하였고, 지방의 학술원들은 기존 질서를 존중하였지만 경제 · 사회 · 과학 · 정치 문제들도 다루었다. 프리메이슨 비밀결사 단체의 회원 대부분은 온건한 경향을 띠었으나, 도덕적 신론과 프리메이슨의 이교적인 축제분위기에 매료되어 있었다. 계몽사상은 분명히 교회를 전면적으로 공격하였으며, 18세기 가톨릭의 영향력을 쇠퇴시키는 데 중요한 역할을 하였다. 하지만 비기독교화의 가장 중대한 원인은 이러한 교회 외부의 공격보다는 교회 내부에 있었다.

둘째로, 성직자들의 사목활동의 실패를 들 수 있다.[72] 프랑스에서 대응종교개혁은 매우 성공적이어서 영적으로 신도들을 강화시키고, 도덕적으로 엄격한 신앙생활을 할 것을 요구하였다. 트리엔트 공의회를 통하여 가톨릭교회가 재확인한 교리에 의하면, 이세상은 악마가 지배하는 곳으로 고통의 장소이고, 모든 영적 주도권은 신부만이 가지며, 신도는 오직 신부에게 복종하고 기도만 하면 되었다. 성직자들의 세상에 대한 관점도 지나치게 단순하여(부자와 빈자의 세상이라는 이분법), 당대에 한창 경제적으로 번영하고 있던 부르주아지의 영감에 부합하지 못하였다. 끊임없이 영혼의 구원을 설교하면서, 사회의 계서제를 유지하고 지나치게 과다한 도덕규범을 준수하도록 하기 위해 '두려움의 종교*Religion de la Peur*'와 '무서운 하나님*Dieu terrible*'만을 지나치게 강조하였다. 그러나 소수의 도시 엘리트에게나 가능한 신앙모델을

72) Ralph Gibson, *A Social History of French Catholicism, 1789-1914*(Routledge, London, 1989), pp.14~29 ; François Lebrun, *Histoire des catholiques en France*(Privat, Paris, 1980), pp.239~320.

일반 평신도들에게 강요하는 것은 실로 어려운 일이었다. 트리엔트 공의회의 신앙모델은 대다수의 민중들이 집착하였던 민간신앙에 적대적이었으며, 무엇보다 도덕적 규범을 강조하였고, 신부가 모든 종교관행에서 주도권을 갖도록 하였다. 18세기 초반까지도 이러한 가톨릭 종교개혁은 놀라운 성공을 거두었으나, 영적으로 민중과 괴리된 상태에서 오래도록 지속될 수는 없었으므로, 18세기 중반부터 앞에서 언급한 비기독교화의 징조들이 나타나게 된 것이다.

셋째로, 교회의 분열을 들 수 있다. 프로테스탄트의 등장으로 이전의 교회의 통일이 깨졌고, 교회 내부에 갈등이 야기되었다. 특히 얀센주의로 인한 비기독교화의 이중적인 효과를 들 수 있다. 성례에 대한 얀센주의 신부들의 엄격주의는 냉담한 평신도들이 교회로부터 멀어지는 전환점을 마련하였다. 다른 한편으로 얀센주의와 예수회간의 치열한 교리논쟁은 정치투쟁(얀센주의편인 고등법원과 예수회편인 국왕)으로 발전하여 성직자의 권위를 손상시켰고 또한 평신도들의 교리에 대한 확신을 흔들리게 하였다. 교리논쟁은 가톨릭 교리와 신앙의 통일성을 결정적으로 붕괴하였고 평신도들을 불확실성과 불신으로 몰아넣었다.

넷째로, 농촌인구의 이농현상에 따른 교회조직의 기본단위인 본당*paroisse*이 평신도를 통제하는 기능이 약화된 것을 들 수 있다.[73] 18세기 중반부터 인구의 이동이 빈번해짐에 따라, 농촌 인구가 직업과 먹을 것을 찾아 도시로 대거 이동하였다. 이러한 이동으로 소식과 출판물 등이 더욱 빨리 확산되었고, 이로 인해 농촌 지역도 새로운 사상과 생활양식들을 접하게 되었다. 또한 이제까지 농촌 본당에 대한 신부들의 전통적인 권위가 위협을 받게 되었다. 농촌을 떠나 대도시로 간다고 하는 사실은 곧 전통적인 교회 교육을 떨쳐 버리고 자유와 자립을 얻는 것을 의미하였다. 예를 들어 센에와즈道는

73) R.Chartier, *op.cit.*, pp.132~133.

전통적인 파리의 식량공급지로서 18세기 내내 파리근교 분지에서는 높은 인구이동률을 나타냈는데, 이는 수도 파리의 매력이 인구이동에 상당한 역할을 맡았기 때문이다.[74] 이러한 잦은 인구 이동은 흔히 행상인과 짐수레꾼들에 의해 이루어지곤 했는데 그들을 통해 빠르게 파리의 소식과 소문들이 전해져서 이곳은 가장 빨리 정보를 접하는 지역이기도 했다. 또한 이미 오래 전부터 교회제도에서 벗어나 있던, 강과 숲에서 일하는 뱃사공, 나무꾼 등의 유동인구가 파리분지에 상당수 있었는데, 이들은 오랜 기간 동안 농촌지역에서 지켜져 오던 많은 규칙들을 종종 뒤엎었으며, 대도시로 이민 온 농민은 예전의 농촌본당에서의 인간관계로부터 소원해져 그 전통사회 구조 틀에서 벗어남으로써 신앙에서 쉽게 이탈하였다.

비기독교화의 원인을 좀 더 장기 지속적인 시각에서 보면, 종교조직에서 정치경제 윤리로 전환한 데서 찾을 수 있다. 세르또*Michel de Certeau*에 따르면, 16세기에서 18세기 사이에 일어난 가장 근본적인 변화는 이제까지 조직의 원리였던 종교가 국가이성과 절대주의의 정치로 대체된 것이다.[75] 18세기 후반의 장기 지속적인 비기독교화는 사회 공리성*utilité sociale*과 양심의 계시에만 따르는 새로운 자주적인 윤리에 비추어볼 때 불필요하게 된 종교관행의 고갈의 징후라고 볼 수 있다.

결국 18세기말에 가톨릭교회는 명백한 위기에 직면하였다. 그러나 이 위기가 전국적으로 일률적인 것은 아니었다. 지역적으로나 사회적으로나 분명한 차이점을 드러내었다. 도시는 농촌보다 더 크게 영향 받았다. 또한 전통을 지키는 보수적인 지역과 전통을 멀리한 진보적인 지역이 존재하였다. 변화에 민감하게 반응한 엘리트에 비해 민중들은 종교전통에 충실하지 않았는

---

74) Dominique Julia, "Déchristianisation ou mutation culturelle? L'exemple du Bassin Parisien au XVIIIe siècle", in Michel Cassan, *Croyances, Pouvoirs et Société-Des Limousins aux Français, Etudes offertes à Louis Perouas*(Les Monédières, 1988), pp.185~239.

75) Michel de Certeau, *L'Ecriture de l'histoire*(Paris, Gallimard, 1975), p.165.

가? 민중문학이나 그림만을 보면 이들이 종교관행에 충실하였다고 해석할 수 있지만, 민중들의 유언장의 분석을 보면 민중들의 망탈리테의 밑바닥에서도 깊은 변화가 나타나고 있었음을 알 수 있다. 부활절 미사 참여자의 감소·혼전임신의 증가·사생아출산의 증가·피임의 증가 등은 모두 민중의 망탈리테가 변하였다는 것을 잘 대변하는 지표들이다.

18세기 후반에 프랑스를 변화시킨 장기지속적인 비기독교화는 대폭적이고 근본적인 변화였지만, '탈신성화*désacralisation*'를 의미하지는 않는다. 혁명력 2년의 단기지속적인 비기독교화를 통해 혁명은 전통적인 가치관을 새로운 개념과 가치관으로 대체시킴으로써 숭배대상의 전이(또는 神性의 轉移: *transfert du sacralité*)를 가져왔다.[76]

결론적으로, 18세기 프랑스는 유럽에서 유례가 없는 기독교관행의 이탈을 겪었다. 프랑스인들이 교회의 가르침으로부터 이탈한 것은 사실이지만 모든 종류의 신앙을 다 거부한 것은 아니었다. 새로운 가치관을 대신 받아들인 것이다. 프랑스 혁명은 신앙과 타협주의를 엄격하게 분리하는 도랑을 파헤쳤고, 많은 신부들이 혁명 기간에 사제직을 사임하였으며, 많은 평신도들이 기독교신앙에서 이탈하였다. 들뤼모교수가 지적했듯이, 혁명의 시련을 겪으면서 "가톨릭교회는 양적으로는 감소하였으나, 질적으로는 오히려 순화"되었던 것이다.[77]

76) Mona Ozouf, *La fête révolutionnaire 1789-1799*(Paris, 1976), pp.317~340.
77) J.Delumeau, *op.cit.*, p.318.

2. 프랑스 혁명시대 센에와즈道의 선서과 사제

'1791년 선서'에 대한 선택 동기의 사회통계학적 분석

Ⅰ. 서론

1789년 프랑스 혁명이 일어난 후에, 제헌국민의회*Assemblée Nationale Constituante*가 실현한 여러 개혁조치들 가운데 가톨릭교회에 대한 개혁만큼 엄청난 것은 없었다. 1789년 8월 26일 제헌의회는 "인간과 시민의 권리 선언"을 공포한 직후, 가톨릭교회의 재조직에 착수하였다. 성직자들은 이미 자신들의 특권(예컨대 성식사례*casuel*와 십일조)을 포기하였고, 1789년 11월 2일에 제헌의회는 "모든 성직자의 재산은 국가의 처분 하에 놓인다"고 선언한 법령을 통과시켰다. 1790년 2월 13일의 법령은 구호나 교육 사업을 하지 않는 수도원의 종신허원을 금지시켰다. 제헌의회는 더욱 근본적인 문제에 관여하여, 1789년 12월과 1790년 1월에 걸쳐 가톨릭 신자가 아닌 사람들 즉 신교도와 유태인들에게도 시민권을 부여하였다.

제헌의회는 총체적인 교회의 재조직이 시급한 사항이라는 것을 인식하고,

1790년 4월 21일에 교회분과위원회*Comité Ecclésiastique*의 마르띠노*Martineau*가 제출한 교회 재조직 법안을 놓고 5월 말까지 약 6주간에 걸쳐서 열띤 토론을 벌였다. 논쟁은 주로 엑스*Aix*의 대주교 브와즐랭*Boisgelin*과 파리의 제3신분 대표인 법률가 뜨레이야르*Treilhard*와 까뮈*Camus*를 중심으로 벌어졌는데, 논쟁의 주된 내용은 제안한 교회의 개혁이 과연 세속권력의 소관인가 하는 것과 그 개혁조치들의 적절성에 관한 것이었다.[1] 논의된 내용들을 종합해 보면, 민사기본법은 구체제 하에서 교회가 직면해 있던 문제들, 즉 고위성직자와 하급성직자의 심각한 경제적 불균등, 귀족의 고위 성직 독점, 교회 내에서의 주교의 전제정치 등을 개혁하는 데 비교적 적합한 것이었다고 볼 수 있다. 대부분의 역사가들은 민사기본법의 제정을 계몽주의나 얀센주의의 영향보다는 로마교회에 대한 프랑스교회의 자유를 내세워 종교적인 문제에 관여하고자 했던 고등법원의 정치적 갈리까니즘의 영향으로 설명하고 있다.[2]

의회는 각 조항에 관한 토론과 수정을 거쳐 1790년 7월 12일 '성직자에 관한 민사기본법*Constitution civile du Clergé*(이하 민사기본법으로 줄임)'을 채택하였다.[3] 채택된 민사기본법은 4개의 절로 묶인 89개의 조항으로 이루어

1) 양희영, 『프랑스 혁명기 성직자들의 입헌선서에 대한 고찰』(서울대 서양사학과 석사논문, 1992)을 참조할 것.

2) B.Cousin, M.Cubells, R.Moulinas, *La pique et la croix-histoire religieuse de la Révolution Française*(Paris, Centurion, 1989), pp.107~159.; J.Leflon, *La crise révolutionnaire 1789-1846*(Paris, Bloud & Gay, 1951), pp.59~61.; A.Latreille, *L'église catholique et la Révolution Française*(Paris, Cerf, 1970). Vol.1, p.100를 참조할 것. 예컨대 레나르는 "민족주의 다시 말해 프랑스인과 관련된 것은 모두 프랑스에서 해결하겠다는 단호한 의지의 표현"이라고 보았다(M.Reinhard, *Religion, Révolution, Contre-révolution,* Paris, 1963). p.61).

3) 성직자 민사 기본법에 대해서는 다음을 참조할 것 : 양희영, 「프랑스 혁명기 성직자들의 입헌선서에 대한 고찰」, 『서양사연구』 17집(1995), pp.43~89.; B.Cousin, M.Cubells, R.Moulinas, *La pique et la croix - Historie religieuse de la Révolution Française*(Paris, Centurion, 1989), pp.107~159.; Jean Leflon, *La crise révolutionnaire 1789-1846*(Paris,

졌다. 제 1절은 교회의 직위들과 경계를 규정한다. 각 도*département*가 하나의 교구*diocèse*가 되어 교구의 수는 135개에서 보다 균등한 크기의 83개로 줄었고 10개의 대주교관구로 묶여졌다. 제 21항과 제 38항은 새로 선출된 주교와 주임사제가 그에게 맡겨진 신도들을 정성껏 돌보고 국가와 법, 왕에게 충성하며 국민의회가 제정하고 왕이 승인한 헌법을 온 힘을 다해 준수할 것을 선서하도록 규정하였다. 제 3절은 국가가 주교좌 도시나 소교구의 인구에 비례하여 성직자에게 지급하는 봉급의 액수를 결정하였다. 주교의 봉급은 12,000~20,000리브르, 대성당보좌신부의 봉급은 2,000~4,000리브르, 주임사제의 봉급은 1,200~4,000리브르, 보좌사제의 봉급은 700~1,200리브르로 결정되었는데, 이러한 규정은 주교들의 수입을 크게 삭감하는 것이었지만, 하위 성직자들에게는 상당히 합리적이었다. 제 4절은 주교, 주임사제, 보좌사제에게 임지에 거주할 경력한 의무를 부과하였다. 이것은 주교들이 자신의 교구보다는 궁정에 거주하였던 악습을 개선하기 위한 조처였다.

1790년 7월 22일 루이 16세는 주교들의 조언에 따라 민사기본법을 승인한다고 제헌의회에 통고하였다. 이미 인권선언을 비난한 바 있는 교황 비오 6세는 7월 10일자의 교서에서 "만일 여러분이 성직자에 관한 법령들을 승인한다면 나라 전체를 오류로 인도하고 왕국을 이교와 아마도 종교내란에 빠뜨리게 될 것"이라고 경고하였으나, 이 교서는 공개되지 않았다. 민사기본법에 대한 교황청의 공식적인 대응은 매우 지체되어 1791년 3월 10일에야 비로소 공표되었다. 교황의 승인을 기다리면서 많은 주교들은 시간을 벌고자 하였다. 이러한 가운데 브와즐랭 주교는 국왕과 교황에게서 민사기본법의 합법적 적용을 보장받고자 10월 30일에 "성직자에 대한 민사기본법에 대한

Bloud & Gay, 1951), pp.59~61.; André Latreille, *L'Eglise catholique et la Révolution Française*(Paris, cerf, Vol. 1, 1970).; Jacques Le Goff et René Remond, *Histoire de la France religieuse*, t. Ⅲ(Paris, Seuil, 9119), pp.73~144, 208~234.; E. Préclin, *Les Jansénisstes du XⅧ siécle et la Constitution civile du clergé*(Paris, J.Gamber, 1928).

원칙제시*Exposition des principes sur la Constitution civile du Clergé*"를 발표하였다. 딸레랑*Talleyrand*과 고벨*Gobel*을 제외한 의회 내의 30명의 주교들이 거기에 서명하였고, 11월 17일에는 역시 제헌의회 의원인 98명의 성직자들이 서명하였다. 그러나 교황은 계속 침묵을 지켰고, 의회는 '원칙제시'를 호의적으로 바라보지 않았다. 기다리는데 지친 제헌의회는 11월 26일 주교들의 불복종 행위를 열거하고 국가와 교회에 대항하는 동맹이 형성되고 있다고 주장하면서 민사기본법에 대한 충성선서를 부과하는 법령을 제안하였다. 11월 27일 의회는 격렬한 논쟁 끝에 모든 공무원 성직자들에게 "맡겨진 소교구의 신도들을 정성껏 돌보고 국민과 법과 왕에게 충성하며 제헌의회가 제정하고 왕이 승인한 (민사기본)법을 온 힘을 다해 준수할 것을 선서"하도록 요구하는 법령을 의결하였다. 선서는 법령이 공고된 후 일주일 내에 주일미사가 끝난 후 관리들과 신도들이 참석한 가운데 실시되어야 했다.

선서에 관한 법령으로 인하여 교회의 분열은 피할 수 없게 되었다. 민사기본법에 의해 공무원으로 대우받게 된 성직자들은 선서를 통해 새로운 민사기본법을 찬성하든 혹은 반대하든 분명한 선택을 하도록 강요당했다. 이제 프랑스 교회는 교황에게 충성하고 민사기본법을 거부하는 신부들, 즉 거부파*réfractaires*사제와 민사기본법을 수락하고 선서한 신부들, 즉 선서파*assermentés*사제로 분열되었다. 의회는 선서하지 않는 성직자들이 새로운 교회조직 하에서 직위를 보유할 수 없다고 선언하는 데 그치지 않고 임무를 계속하고자 하는 거부파 사제들에 대한 기소와 징계를 규정함으로써 그들을 혁명으로부터 단절시켰고 결국 성직자들을 애국파와 반혁명분자 사이의 선택으로 내몰았다. 추기경회의는 만장일치로 모든 양보를 거부하였고, 로마로부터 대답을 듣지 못한 채 왕은 12월 26일 선서에 관한 법령을 승인하였다. 먼저 의회에서 선서가 시작되었다. 12월 27일 장차 입헌교회의 지도자가 되는 앙베르메닐*Embermesnil*의 주임사제 그레구와르*Grégoire*가 동료들을 설득하기 위해 솔선하여 선서하였고, 성직자 대표의 약 1/3에 달하는 109명의 성직자가 선서하였다. 이어 파리와 지방에서 성직자들의 선서가 실시되었다. 가장 지연된 지역에서도 선서의 첫 의식은 1월이나 2월 초에 진행되었다. 선서의식은 흔히 평화로운 분위기 속에서 진행되었고 축제의 기회가 되었다. 무장한 국민방위대, 군악, 삼색띠를 두른 자치시 관리들, 자리를 메운 신도들, 박수와 불평, 떠드는 소리가 1월 내내 주일 미사의 평온을 뒤흔들었다.

성직자 민사기본법에 대한 충성선서의 요구는 결국 교회뿐만 아니라 프랑스 전체를 둘로 분열시켰다. 더욱이 루이 16세의 바렌느 탈주사건(1791. 6. 21)으로 인해 제헌의회는 거부파 사제들에 대하여 강력한 제재(예컨대 1792년 8월의 국외 추방령)를 가하게 되었으며, 거부파 사제들은 반혁명세력들과 더욱 밀착하게 되었다. 급기야 국민공회가 들어서면서 시작된 '혁명력 2년의 비기독교화'는 짧은 기간 동안에 사제, 교회재산과 미사 등 전통 기독교의 존재를 파괴하고 공화국 가치관에 입각한 새로운 혁명 종교와 축제로 대체하였는데, 이것은 곧 1791년 선서의 즉각적인 결과라는 사실을 확인시켜 주었다.[4] 특히 선서파신부가 대다수인 센에와즈道에서는 혁명력 2년의 비기독교화 시기에 기독교가 크게 파괴되었다. 1791년 선서의 위기는 장기지속적인 시각에서 볼 때 20세기 프랑스인의 신앙 쇠퇴의 기원이 되었다.

18~19세기에 선서에 대하여 연구한 이들은 혁명시대 교구의 경험에 대하여 관심이 고무된 지방 성직자들이었다. 이들은 주로 선서의 부과와 그에 대한 성직자들의 대응을 "종교적 박해"라는 시각에서 바라보았고, 따라서 이들의 주요관심은 선서를 거부한 "신앙의 순교자들"이었다. 20세기에 들어오

4) 혁명력 2년의 비기독교화에 대해서는 백인호, 「혁명력 2년의 비기독교화운동-센에와즈도를 중심으로」, 『서양사론』 제 40호(1993년 5월호), pp.69~126.; Michel Vovelle, *La Révolution contre l'Eglise-De la Raison à l'Etre Suprême*(Paris, Editions Complexe, 1988)를 참조.

면서 종교사 연구는 르 브라*Gabriel Le Bras*를 중심으로 한 '종교사회학파'의 영향으로 중대한 발전을 거듭하였고, 특히 르끌레르*Dom Leclercq*신부와 피자니*Paul Pisani*신부는 선서파 사제들의 '입헌교회*Eglise Constitutionnelle*'를 새롭게 평가함으로써 이들에 대한 관심을 고조시켰다. 이에 자극을 받은 일반 역사가들도 선서파 사제들의 선서동기에 대해서 큰 관심을 갖게 되었고, 지방사연구들을 통해 선서동기에 대한 다양한 설명들을 제시하였다. 가족이나 지역 주민들의 영향과 압력, 교회에 대한 개혁기대, 주교의 영향, 직위 상실에 따른 염려 등이 선서의 동기로 제시되었다. 그러나 이들의 연구는 지극히 피상적인 관찰에 불과하였으며, 두 부류의 성직자들에 대한 비교 연구에 별로 도움이 되지 못하였다. 1980년대에 들어와 미국의 역사학자 태킷*Timothy Tackett*은 『18세기 프랑스의 종교, 혁명, 그리고 지역 문화 - 1791년의 성직자 선서(1986년)』라는 책을 출간하였는데, 이 책은 현재 선서에 관한 가장 심도 있는 연구서일 뿐만 아니라, 혁명사연구에 획기적인 연구서로 평가받고 있다.[5)]

태킷의 연구를 통해 선서에 대한 태도가 성직자 개개인의 사회적 지위, 정치적 성향, 그리고 개성과 밀접히 연관되어 있다는 사실을 알게 되었다. 따라서 선서에 대한 모든 연구의 첫 번째 접근 방법은 두 부류의 성직자들에 관한 개개인의 신상을 자세히 조사하는 것이다. 태킷은 체계적인 사회통계학적 방법으로 선서에 직면한 성직자들에 관한 지방사 연구의 모델을 보여주었지만, 불완전하고 방대한 사료의 한계로 인해 상세한 내용들은 지방사연구를 통해 밝혀져야 한다고 고백한 바 있다.[6)] 그는 파리 분지가 프랑스

---

5) Timothy Tackett, *Religion, Revolution and Regional Culture in Eighteenth-Century France-The Ecclesiastical Oath of 1791*(Princeton University Press, 1986). 이 책은 프랑스에서 매우 이례적으로 같은 해에 불어번역판이 출간되었다. Translated by Alain Spiess, *La Révolution, L'Eglise, La France, Cerf*(Paris, 1986). (Préface de Michel Vovelle, Postface de Claude Langlois).

전체 83개道 가운데 선서파 사제가 절대 다수인 대표적인 지역임을 지적하였으나, 그의 정교한 사회통계학적 분석들에서 파리분지는 대부분 제외되었다.

본고는 파리市를 둘러싸고 있는 센에와즈道*Département de Seine-et-Oise*를 중심으로 '민사기본법에 대한 충성선서'가 어떻게 시행되었는지를 알아보고자 한다. 태킷의 탁월한 사회통계학적 방법론을 최대한으로 활용하여 전체 성직자들 가운데 실제로 몇 명이나 선서하였으며, 어떤 이유에서 선서를 수락하거나 거부하게 되었는지를 알아보고자 한다.

Ⅱ. 본론

1. 선서파 사제와 거부파 사제의 통계분석

얼마나 많은 성직자들이 '민사기본법에 대한 충성선서'를 했는가의 문제는 1791년 3월 12일 제헌의회가 선서파의 수에 대한 조사를 지시한 이래 끊임없는 논쟁의 대상이 되어 왔다. 논쟁은 이미 1791년 겨울에 제헌의회가 "선서자가 다수"라고 선전하는 한편, 교황은 압도적 다수의 성직자들이 선서에 반대했다고 주장하면서 시작되었다. 선서파 사제와 거부파 사제의 수치에 대한 논쟁은 당시뿐만 아니라 그 후의 역사가들을 열광시켰다. 19세기에는 지방의 성직자들이 로마교황청의 격려에 고무되어 그들이 속한 교구의 혁명시대 경험에 대하여 관심을 갖고 선서에 관한 자료들을 수집하기 시작하였다. '성인전'류의 집필 경향과 역사 연구의 기술 부족에도 불구하고, 이들은

6) T.Tackett, *op.cit.*, pp.96~97(불어판).

아직도 혁명을 생생하게 기억하는 평신도들의 경험담을 기록하는 중요한 작업을 하였다.

이러한 전통적 연구경향에 대한 획기적인 전환점을 마련한 것은 가톨릭 평신도 역사가인 샤냑*Philippe Sagnac*의 논문이었다.[7] 그는 처음으로 프랑스 전국에 걸쳐 선서의 선택에 대한 통계적인 분석을 시도하였다. 1791년 3월 12일 제헌의회의 지시로 작성된 불완전한 조사 자료를 이용해서 샤냑은 몇 가지 일반화를 시도하였고, 다수의 성직자(57.6%)가 선서를 받아들였다는 결론을 끌어냈다. 그의 방법론과 자료의 신빙성에 대해 많은 비판에도 불구하고, 그의 연구는 최초의 전국적 통계분석이라는 점에서 매우 유용하다. 사냑 이후의 연구들은 방법론에서 더욱 주도면밀하게 되었고, 선서로 인해 궁지에 빠졌던 성직자들의 선서 동기에 대한 복잡성을 잘 이해하였다. 그러나 샤냑에 의해 시작되었던 전국의 규모를 살피는 조사는 오랫동안 정지 상태에 머물렀고, 1980년대에 들어와서 1906년의 조사를 재개한 것은 태킷이었다. 그는 국립 고문서 보관소*Archives Nationales*(이하 A.N.으로 줄임)와 83개 道立 지방 고문서 보관소에 있는 방대한 양의 원사료 뿐만 아니라 19세기 중반 이후 성직자들이 간행한 모든 사료집과 지방 연구서들을 수집·분석하였다. 그의 통계에 따르면 1791년 봄에서 여름까지 재속 성직자*clergé séculier*의 52~55%가 선서했으며(전국적 선서율 분포는 논문 후미에 수록한 〈지도 4〉를 참조할 것), 그들은 적어도 1792년 가을까지 최초의 결정을 굳건하게 유지하였다.[8] 그렇다면 센에와즈도의 사제들 가운데 몇 명이나 선서를 수락하였는가?

---

7) Philippe Sagnac, "Etude statistique sur le clergé constitutionnel et le clergé réfractaire en 1791", *Revue d'Histoire Moderne et Contemporaine*, No. 8, (1906), pp.97~115.

8) T.Tackett, *op.cit.*, pp.56~61.

1) 사료와 통계

제헌의회의 지시에 따라 센에와즈도의 행정관이 선서에 대한 성직자들의 태도를 분류하여 작성한 명단이 존재하는데, 이 사료는 센에와즈도립 고문서보관소에 분류번호 1 LV 758로 보존되어 있다. 태킷은 바로 이 사료를 이용하여 센에와즈도에 대하여 1791년 3월까지 82%의 선서율(805명 가운데 660명)을 제시하였다.[9] 그러나 태킷이 이용한 이 공식 사료는 정확하지도 않을 뿐더러 여러 면에서 불완전하다. 예컨대 에땅쁘郡*District d'Etampes*의 경우에 샹피니 본당의 주임사제인 프리쉐*Frichet*와 모네르빌 본당의 포시에*Fossier* 주임사제가 선서를 거부하였지만, 위에 언급한 공식 명단에는 이들의 이름이 누락되어있다. 그리고 공식 명단에는 "모든 신부들은 법률이 명시한 용어에 따라서 선서를 하였다"고 종종 기록하였는데, 사실 중요한 것은 신부들이 선서할 때 사용한 문장의 내용이다. 일부 신부들은 선서를 하면서 몇 가지 유보조항을 제시하였기 때문이다. 이러한 결점을 보완하기 위하여, 우리는 선서에 대한 태도에 따라 '순수선서파'(선서에 아무런 유보조항을 달지 않고 선서), '제한선서파*serment avec restriction*'(선서하면서 몇 가지 유보조항을 첨부함) 그리고 '거부파'(선서를 아예 언급조차 하지 않거나, 거부 선언함)로 세분하였다.

센에와즈道에서 작성한 공식적 사료의 결점을 보완해주는 사료로 군단위로 작성된 선서파 사제들 명부를 들 수 있다. 센에와즈 道立고문서보관소에 보관된 몽포르군(2 LV 69 MONFORT)과 쌩제르망앙레이군(2 LV 123 SAINT-GERMAIN-EN-LAYE)의 자료들, 에손느(ESSONNE)도립 고문서보관소의 두르당군의 자료(L 88 DOURDAN), 그리고 발두와즈(VAL D'OISE)도립 고문서보관소에서 뽕뚜아즈군(2 LV 74-80 PONTOISE)과 고네스군(2 L 16 GONESSE)

---

9) *Ibid.*, p.417.

에 대한 자료들을 분석하여 보완하였다.

19~20세기에 아마추어 향토사가들이 작성한 혁명당시 활동한 신부들에 대한 신상카드목록이 드물기는 하지만 존재한다. 매우 다행스럽게도 센에와즈도에는 20세기 중반에 센에와즈도 향토사가가 작성한 스타스 신상카드 *Fichier Staes*이 존재한다. 죠르쥬 스타스*Georges Staes*는 센에와즈도의 향토사가로 10여년에 걸친 오랜 작업 끝에 프랑스 혁명시대에 센에와즈도에서 활동한 2,800여 명의 신부들에 대한 6,700여 개의 카드목록을 완성하였다.[10)] 이 카드목록은 센에와즈도와 관련된 모든 고문서보관소의 사료들과 지방연구서들에서 한 신부에 대하여 적어도 10~20여 개의 정보를 기록하여, 이 카드에 기록된 정보의 신빙성을 높여주고 있다. 센에와즈도의 통계표를 작성하는 데 있어서 이 카드목록을 이용하여 모든 신부들에 대한 정보를 이중·삼중으로 확인할 수 있었다. 아래에 제시한 모든 도표들은 스타스 카드목록과 다른 사료들을 복합적으로 검토하여 작성한 것이다.

▶ 표 2 센에와즈道 사제들의 선서수락 수와 비율

(χ^2= 115.706, d.f.=16, $p < .005$)

군	선서파		제한선서파		거부파		합계	
꼬르베이유	97명	81.5%	10명	8.4%	12명	10.1%	119명	100%
두르당	57명	80.3%	6명	8.1%	8명	10.8%	71명	
에땅쁘	79명	91.9%	2명	2%	5명	5.1%	86명	
고네스	92명	78%	8명	6.8%	18명	15.3%	118명	
망뜨	111명	6.7%	7명	3.9%	10명	7.8%	128명	
몽포르	86명	78.9%	11명	10%	12명	11%	109명	
뽕뚜아즈	95명	70.4%	25명	18.5%	15명	11.1%	135명	

10) Archives Départementales des Yvelines et de l'Ancienne Seine-et-Oise(이하 A.D.S.O.로 약함) 35 F 9-14. 스타스 카드목록은 다른 지역에서는 거의 찾아볼 수 없는 매우 귀중한 자료이다.

쌩제르망	102명	73.4%	0명	0%	37명	26.6%	139명	
베르사이유	101명	55.5%	19명	10.4%	62명	34.1%	182명	
합 계	820명	75.4%	88명	8.1%	179명	16.5%	1087명	100%

〈표 2〉[11]과 〈지도 3〉을 함께 살펴보면, 에땅쁘郡이 '선서파 사제'가 가장 많은 지역(91.9%)으로, 베르사이유郡은 선서파 사제가 가장 적은 지역(55.5%)으로 나타났다. 꼬르베이유郡을 제외한 파리市를 둘러싸고 있는 지역들(뽕뚜아즈郡, 쌩제르망郡, 고네스郡, 베르사이유郡)은 파리市에서 멀리 떨어져 있는 농촌지역들(두르당郡, 에땅쁘郡, 망뜨郡, 몽포르郡)에 비해 상대적으로 선서파 사제가 훨씬 적은 것으로 나타났다(각 군의 위치는 논문후미에 수록한 〈지도 1〉을 참조). 파리市에서 지리적으로 멀리 떨어질수록 사제들의 선서율이 높아졌는데, 망뜨군은 86.7%, 몽포르군은 78.9%, 두르당군은 80.3%, 에땅쁘군은 91.9%로 각각 나타났다. 〈지도 3〉에서 파리시와 가까운 지역일수록 선서율이 더욱 낮아졌으며, 파리시에서 서부와 남부로 멀어져가면서 점차 선서율도 높아졌다(〈지도 3〉 참조). 선서에 직면한 성직자들이 활동하던 거주지와 선서율 사이에 분명한 상관관계가 나타났다는 것은 매우 주목할 만한 사실이다(명단은 책 뒤의 부록 1 참조할 것).

선서파 사제의 절대숫자에 의한 통계만으로는 사제들의 선서비율을 정확하게 측정하기가 어렵다. 왜냐하면 군이나 면마다 모두 면적이 다양하고 인구밀도도 다양하기 때문이다(2장 후미에 수록한 〈표 18〉을 참조). 실제 선

11) 도표에 나타난 두 개 이상의 변수들 사이에 연관성이 있는지를 검증하기 위하여, 카이·스퀘어(χ^2)를 이용하였다. 〈표 1〉에서 p〈 .005가 뜻하는 바는 오차가 0.005이하라는 뜻이므로 각 변수들이 서로 밀접하게 연관되어 있다고 판정된다. 상세한 산출방법은 다음을 참조할 것: 이홍탁, 『사회조사방법론-사회조사와 자료분석기법』(법문사, 1994), pp.204~210.; 송인섭, 『S.P.S.S.분석방법을 포함한 통계학의 이해』(학지사, 1992), pp.441~468.

서비율을 측정하기 위해서 인구밀도를 고려해야 한다. 1790년 선서당시의 인구 10,000명당 선서파 사제의 수를 음미해보기로 한다. 1790년의 인구는 1790년에 실시된 제헌의회의 빈민조사위원회*Comité de Mendicité*의 인구조사를 기준으로 하였다.12)

▶ 표 3 인구 10,000명당 선서파 사제의 수(郡단위)

(1790년 인구의 사료출전: A.N.F16.972.A.D.S.O.1LM.442-446)

郡	선서파 사제	1790년의 인구	인구10,000명당 선서파 사제수
꼬르베이유	97명	44,125명	22.0명
두르당	57	30,514	18.7
에땅쁘	79	38,682	0.4
고네스	92	38,627	3.8
망뜨	111	42,727	26.0
몽포르	86	34,136	25.2
뽕뚜아즈	95	45,297	21.0
쌩제르망앙레이	102	63,135	16.2
베르사이유	101	105,775	9.6
총 계	820명	443,018명	18.5명

〈표 3〉를 관찰해보면, 파리시 서쪽의 농촌지역인 망뜨군 · 몽포르군 그리고 파리 동쪽의 고네스군 · 꼬르베이유군을 중심으로 두개의 중심축이 있음을 확인할 수 있다. 사제들의 선서율의 강도에 따라 센에와즈도를 대략 3개 지역으로 구분할 수 있다. 첫째로 망뜨군 · 몽포르군 그리고 고네스군 · 꼬르베이유군은 선서율이 상대적으로 높은 지역(인구 10,000명당 선서파 사제가 평균 22명 이상인 지역)이다. 둘째로 두르당군 · 뽕뚜아즈군 · 에땅쁘군은 선

12) A.N.F16.972. 같은 사료이지만 훨씬 정확한 A.D.S.O.1 LM 442-446과 비교하여 보완하였다.

서율이 대체로 중간적인 지역(17명에서 22명 사이)이다. 셋째로 베르사이유군과 쌩제르망앙레이군은 인구밀도가 높은 도시지역으로 가장 선서율이 낮은 지역(17명 이하)으로 나타났다.

〈표 2〉과 〈표 3〉를 통해 분명하게 확인할 수 있는 사실은 파리시와 근접한 도시지역(베르사이유군과 쌩제르망앙레이군)은 상대적으로 낮은 선서율을 나타낸 반면에, 파리시에서 멀리 떨어진 농촌지역(망뜨군과 몽포르군, 에땅쁘군)은 상대적으로 선서율이 높은 것으로 나타냈다는 것이다.

랑그르와*Claude Langlois*는 태킷의 책 후기에서 1791년 선서에 대한 성직자들의 선택을 나타내는 지도(〈지도 4〉)가 20세기의 종교관행(〈지도 6〉) 및 정치 선거결과나 정당가입에서 나타나는 정치 성향 분포도와 매우 흡사하다는 데 주목하였다.[13] 또한 태킷의 연구 이후에 출간된 보벨교수의 비기독교화의 강도에 대한 지도(〈지도 4〉)를 살펴보면, 태킷의 선서율 지도와 매우 흡사함에 놀라지 않을 수 없다.[14] 민사 기본법과 선서의 위기는 프랑스 사회에 연쇄적인 작용과 반작용을 일으켰고 전국적으로 성직자의 분열을 가속화하였고, 반교권주의를 강화하였다. 1793년에 급작히 시작된 혁명력 2년의 비기독교화는 민사기본법에 대한 충성선서의 위기의 직접적인 결과라고 볼 수 있다. 결국 1791년 선서의 위기는 20세기 프랑스의 신앙의 쇠퇴에 대한 직접적인 기원이라고 해석할 수 있다.

2) 신부들의 다양한 직위에 따른 선서에 대한 다양한 태도

선서에 직면하여 성직자들은 각 직위에 따라 서로 다른 반응을 나타내었다. 우선 고위 성직자와 하위성직자들 사이에는 커다란 대조를 이루었는데,

13) T.Tackett, *op.cit.*, pp.309~323.
14) M.Vovelle, *op.cit.*, p.287. Planche 19를 참조할 것.

164명의 주교들 가운데 7명의 주교만이 선서를 수락하였다. 전국적으로 하위성직자들은 대략 52~55%가 선서한 것으로 나타났으며,15) 하위성직자들 사이에서도 직위에 따라 상당한 차이를 보였다. 센에와즈도의 경우를 살펴보면 다음과 같다(〈표 4〉 참조).

▶ 표 4 성직자의 직위에 따른 선서수락자의 수와 비율

(X^2= 55.413, d.f.= 4, p〈 .005)

	선서파		제한선서파		거부파		합 계
주임신부	530명	80.1%	63명	9.5%	69명	10.4%	662명
보좌신부	213명	69.4%	23명	7.5%	71명	23.1%	307명
일반신부	77명	65.3%	2명	1.7%	39명	33.1%	118명
합 계	820명	75.4%	88명	8.1%	179명	16.5%	1087명

〈표 4〉를 살펴보면, 먼저 662명의 주임신부들*Curé* 가운데 530명 즉 전체의 80%가 선서를 수락하여 다른 직위의 신부들보다 상대적으로 높은 선서율을 나타났다. 주임신부들의 선서율은 道전체 평균 선서율인 75.4%보다 4.7%가 높은 것으로 나타났다.

보좌신부*Vicaire*의 경우, 307명의 보좌신부들 가운데 213명 즉 전체의 69.4%가 선서한 것으로 나타났다. 주임 신부의 선서율 80%와 비교할 때 11.6%나 차이가 나고, 道전체 평균인 75.4%보다도 상대적으로 낮다. 왜 보좌신부와 주임신부는 선서에 대해 서로 다른 태도를 보였을까? 대체적으로 보좌신부들은 주임신부들보다 훨씬 나이가 젊다. 따라서 보좌신부들은 본당에 시무한 기간도 상대적으로 짧아 본당에 뿌리를 덜 내렸다고 볼 수 있다. 그러나 이러한 추측은 각 지역마다 선서율자체가 서로 다르기 때문에 일반

15) T.Tackett, *op.cit.*, p.59.

화해서 결론내리기는 어렵다.

주임신부와 보좌신부를 제외한 나머지 직위의 신부들을 편의상 '일반 신부*prêtres*'로 분류하였는데, 전체 118명 가운데 77명 65.3%가 선서를 수락하였다. '본당 일반신부*desservant*'(본당에서 사목하는 일반 신부)는 23명 가운데 19명 즉 82.6%가 선서하였다. '소성당주임신부*chapelain*'는 24명 가운데 18명 75%가 선서하였다.

3) 선서의 연대기

대다수의 신부들은 1월과 2월에 선서하였다. 선서는 대체로 1월 9일부터 시작되었지만, 남들보다 먼저 선서한 신부들도 있었다. 베르사이유郡에는 다른 누구보다 앞서 1790년 12월에 선서한 4명의 신부들이 있는데, 퐁트네-레-브리 본당의 드그랑*Desgrands*신부와 드노신부는 1790년 12월 26일에, 고메츠 본당의 드마르*Demars*신부와 피코노*Picauenot*신부는 1791년 1월 2일에 선서하였다. 대체적으로 파리市에서는 1791년 1월 9일부터 선서가 시행되었고, 센에와즈道에서는 파리市보다 일주일이 늦은 1월 16일부터 본격적으로 선서가 시행되어 1월 23일에 절정에 이른 것을 연대기표를 통하여 확인할 수 있다(〈표 5〉와 〈그래프 1〉을 참조).

우리는 1087명의 전체 성직자들 가운데 410명에 대하여 선서일자를 추적하였다. 〈표 5〉를 보면, 1월 16일, 23일, 30일에 각각 114명(전체의 25.5%), 132명(30.3%), 74명(17.2%)의 신부들이 선서하였다. 16일, 23일, 30일의 세 일요일 동안에 선서한 신부는 모두 320명으로 전체 410명의 78%에 달하여 절대다수의 신부들이 1월 중에 선서한 것을 알 수 있다.

▶ 표 5 신부들의 선서 연대기

선서일자	신부 수
1790년 12월	9명
1791년 1월 2일	11
1791년 1월 9일	26
1791년 1월 16일	114
1791년 1월 23일	132
1791년 1월 30일	74
1791년 2월 6일	19
1791년 2월 13일	7
1791년 2월 21일	2
1791년 2월 27일	4
1791년 3월	1
1791년 4월	5
1791년 5월	4
1791년 6월	2
합 계	410명

이제까지 역사가들은 대다수의 신부들이 선서 직후에 선서를 철회하였다고 생각하였으나, 태킷의 연구 결과 이것은 사실이 아님이 입증되었다. 전국적으로 1791년 봄부터 여름사이에 대략 6%의 선서파 신부들만이 선서를 철회한 것으로 나타났는데,[16] 센에와즈道에서는 모두 144명의 선서철회 *rétractation du serment*를 발견하였고, 그 가운데 78명에 대해서만 철회한 날짜를 추적할 수 있었다.

16) *Ibid.*, p.57.

▶ 표 6 선서파 신부들의 선서 철회 연대기

선 서 일	신 부 수
1791/1/1에서 1791/3/9	3명
1791/3/10에서 1791/4/13	10
1791/4/14에서 1791/8/8	15
1791/8/9에서 1792/9월까지	6
1792년 10월부터 1799년까지	26
철회 일을 모름	84명
합 계	144명

혁명기간 중에 선서를 철회한 신부들은 선서파 사제 908명(순수한 선서파 820명에 제한선서파 88명을 더한 숫자)가운데 144명(전체의 6.3%)인 것으로 나타났지만, 이들 가운데 단지 60명에 대해서만 철회한 날짜를 추적할 수 있었다. 1792년 가을까지 선서를 철회한 신부들은 34명(선서파 사제의 3.8%)이고, 1791년 여름까지 선서를 철회한 선서파 신부들은 28명(선서파 사제의 3.1%)에 불과하였다. 따라서 센에와즈도의 선서파 사제들의 3%에서 6%만이 선서 후에 선서를 철회한 것으로 나타났다. 결국 사제들은 선서에 직면하여 충분히 심사숙고하고 태도를 결정하였으며, 일단 선서한 후에는 1792년 8월에 혁명정부가 신부들에 대한 억압조처를 내리기 전까지 선서에 대한 일관된 태도를 견지했다고 볼 수 있다.

2. 선서 선택의 동기들

1) 사제들의 강론에 나타난 동기

'성직자 민사기본법에 대한 충성 선서'에 직면한 일부 성직자들은 자신들의 선택을 정당화하기 위해서 편지나 팜플렛의 형식을 통해 자신들의 견해를 제시하였다.[17] 특히 선서파 성직자들이 선서시에 지방행정관리들과 본당 신도들 앞에서 행한 강론은 그들의 선택동기를 살펴볼 수 있는 좋은 자료가 된다.

Ⓐ 거부파 사제*Clergé réfractaire*의 거부동기

거부파 사제들은 그들의 입장을 정당화하기 위해 몇 가지 이유를 제시하였다. 대부분의 거부파 사제들은 신학적 차원에서 민사기본법은 오류로 가득 차있고, 영적인 문제에 도전하는 것으로 종교에 적대적이라고 비판하였다. 이들에게는 권위의 문제가 가장 중요한 문제였다. 일부 신부들은 교황만이 권위를 가지고 있고, 교황이 선서에 관해 아직 언급하지 않았으므로 제한적인 선서 혹은 아예 선서를 유보할 수밖에 없었다. 그러나 이러한 교황권지상주의*Ultramontanisme*보다는 갈리까니즘*Gallicanisme*(프랑스교회지상주의)을 바탕으로 대부분의 거부파 본당신부들은 그들의 주교의 결정에 따라 입장을 취하고자 하였다.

많은 신부들은 트리엔트 공의회의 이상에 따라 철저히 계서화된 교회의 시각으로 선서를 고찰하여, 로마 가톨릭교회에 대한 믿음과 교회 고위성직자에 대한 완전한 복종을 강조하였다. 오직 교황과 공의회만이 영적인 문제들을 다룰 자격이 있고, 세속정부는 이러한 영적인 문제에 절대로 간섭할 수 없다는 것이다. 또한 일부 거부파 사제들은 선서 문제를 계몽철학과 교회의 투쟁으로 이해하였다. 그리고 이들은 제헌의회에 대항해 부르봉왕가를 지지하였다. 이러한 정치적 성향이 이들의 선서 결정에 영향을 주었다고 볼 수 있다.

---

17) *Ibid.*, pp.77~92.

Ⓑ 선서파 사제*Clergé assermenté*의 선서동기

선서파 사제들의 설명은 거부파 사제의 설명보다 훨씬 광범위하고 다양하다. 민사기본법에 찬성하여 선서한 사제들은 전통적인 가톨릭교회의 교의를 부인하고 계몽주의와 가톨릭교리 모두를 수용한 "공화파 기독교*Christianisme républicain*"라는 새로운 교회론을 주장하였다. 이들의 주장은 대략 다음과 같다. 민사기본법은 초대교회의 원칙을 바탕으로 한 가장 존경할 만한 법이다. 따라서 혁명은 '하느님의 뜻'이며 민사기본법은 제헌의회를 통한 '하느님의 기적'이며 '제 2의 종교'라고까지 표현하였다. 상당수의 신부들은 트리엔트공의회 이후 교회의 가르침과는 달리, 사회에서 성직자의 역할에 대한 '사제-시민*prêtre-citoyen*'이라는 새로운 개념을 받아들였다. 이들은 선서를 종교적 행위가 아니라 단지 혁명의 신앙고백 즉 철저히 세속적인 행위로 이해하였다. 또한 선서파 사제는 거부파 사제에 비해 신학과 교리보다 기독교의 윤리와 도덕을 더욱 중시하였다. 기본법이 복음의 도덕과 반대되는 것은 하나도 없다고 보고, 계몽주의적 윤리에 입각하여 새롭게 이 법을 해석하였다.

Ⓒ 제한선서파*Clergé assermenté avec restriction*의 동기

신부들이 모두 선명하게 자신의 입장을 표명한 것은 아니었다. 이미 1791년 1월 9일에서 파리의 신부들에 의해 본격적으로 선서가 시작되었지만, 교황은 여전히 충성선서에 대하여 공식적인 입장을 회피하고 있었다. 따라서 신부들 가운데는 조건부로 선서를 하는 경우가 많았다. 가장 보편적인 경우는 끌레르몽*Clermont* 교구 주교가 제시한 '원칙제시*Expositions des principes*'에 따라 종교의 영적 측면과 관련된 것은 유보하면서 선서한 경우였다. 일부 신부들은 제시된 선서양식에 따라 선서를 하되, 선서의식 후에 행한 강론에서 유보된 의견을 첨가하는 경우도 있었다. 또한 어떤 신부들은 선서의식에서는 조건부 선서를 한 후에 시청에 신고할 때는 유보조항을 삭제하여 '순수한' 선서파 사제로 등록하기도 하였다. 따라서 신부들의 선서여부를 보고하는 행정관료들은 이들의 선서를 어떻게 해석해야 할지 몰라 고심하였다. 상당수의 행정관료들은 이들의 제한적 선서를 거부로 간주하였으며, 일부 관료들은 선서로 간주하기도 하였다. 센에와즈도에서는 1087명 가운데 모두 88명의 신부(전체의 8.1%)가 제한적 선서를 한 것으로 나타났다.

하지만 신부들이 왜 선서를 수락하였는지 혹은 왜 거부하였는지에 대한 설명은 단순히 선서파 사제와 거부파 사제 사이의 신학논쟁으로만 환원할 수는 없다. 신부들의 강론들을 분석해보면 대부분 대동소이한 내용인 것을 발견하게 된다.[18] 대부분의 선서파 사제들은 당시에 떠돌아다니던 모델들을 그대로 베끼거나 인용한 경우가 많아 이러한 강론분석에서 별다른 특별한 해석을 얻기는 어렵다. 여기에 대한 좀 더 상세한 논의는 이미 발표된 논문에서 다루었으므로 여기서는 생략하도록 한다.[19]

문제는 어떻게 해서 신부들이 이러한 서로 다른 세계관을 갖게 되었는가 하는 것이다. 다시 말하면 어떠한 동기와 사회적 맥락에서 이들이 서로 다른 생각들을 하게 되었는가를 연구하는 것이 더 중요한 작업이다. 신학적 의견 외에도 성직자 개인의 특성과 성격을 연구하면 그들의 선택 동기를 쉽게 이해하지는 않을까? 혹시 선서파 사제와 거부파 사제의 이상형을 찾아낼 수는 없을까? 또는 성직자집단 내부에서 성직자집단들이 서로 영향력을 행사하지는 않았을까? 신학교교육, 수입 등이 신부들의 선택 동기를 설명하지는 않을까? 우리는 이러한 질문들을 태킷의 탁월한 방법론을 이용하여 센에와즈도의 신부들에게 적용해 보기로 한다.

18) 양희영, '앞의 논문'을 참조할 것.
19) 백인호, 「프랑스혁명시대 선서파 사제의 선서에 관한 텍스트분석-센에와즈道의 선서파 사제 베르뚜의 선서수락 강론의 기호학적 분석」, 『서강인문논총』, 제4집(1995년 2월), pp.55~90을 참조할 것.

2) 성직자들에 대한 사회통계학적 분석

Ⓐ 나이

성직자의 나이가 그의 인격이나 성품에 영향을 끼치지는 않았을까? '세대차*generation effect*'가 경우에 따라서는 상당히 중요한 영향력을 행사할 수 있다.[20] 일반적으로 젊은 신부들은 개혁을 쉽게 받아들이는 경향이 있고, 나이든 신부들은 보수적이어서 전통을 방어하는 경향이 있다. 각 세대별 교육정도, 얀센주의자와 예수회 사이의 치열한 신학논쟁, 계몽주의 철학의 전파, 1770년 이후 '제 2의 계몽주의'의 보급 등이 성직자 나이집단들에 여러 형태로 영향력을 행사할 수 있다. 인생의 경험과 경륜이 각 세대를 차별화할 수 있는 것이다. 센에와즈도 전체 1087명 가운데 858명(전체의 78.9%)에 대해 나이를 추적한 결과는 다음과 같다.

▶ 표 7 선서파 신부와 거부파 신부의 나이 비교

(χ^2= 10.219, d.f.= 8, p 〉.25)

나 이	선서파	거부파	총 계	나이집단별 선서율
25~29세	44명	19명	63명	44명/63명= 70%
30~34	86	24	110	86/110 = 78%
35~39	102	27	129	102/129 = 79%
40~44	83	17	100	83/100 = 83%
45~49	76	21	97	76/97 = 78%
50~54	77	28	105	77/105 = 73%
55~59	75	17	92	75/92 = 82%
60~64	50	18	68	50/68 = 74%
65세 이상	78	16	94	78/94 = 83%
합 계	671명	187명	858명	671/858 = 78%

20) T.Tackett, *op.cit.*, p.97.

먼저 젊은 신부들과 나이든 신부들 사이에 선서율은 13% 차이가 난다. 5세 단위로 분류한 세대별 선서율을 좀 더 주의 깊게 살펴보면, 25세~29세의 젊은 신부들은 70%의 선서율을 보여 나이집단들 가운데 가장 낮은 비율을 보였다. 나이가 들수록 선서율은 계속 상승하여 40~44세에 83%로 절정에 달한 후에 선서율은 하강곡선을 그리다가, 55~59세에 82%로 다시 상승하고 마지막으로 65세 이상 집단에서 83%로 다시 상승하였다. 결국 25~29세와 50~54세 집단은 상대적으로 선서율이 낮은 것으로 나타났고, 40~44세, 50~59세, 그리고 65세 이상의 집단의 선서율이 높은 것으로 나타났다(〈그래프 2〉 참조).

▶ 표 8 선서파 사제의 나이별 비율(郡단위)
(전국 통계는 Timothy Tackett, *La Révolution, l'Eglise, la France*, Paris, Cerf, 1986, p.100에서 인용함)

郡 / 나이	꼬르베이유	두르당	에땅쁘	고네스	망뜨	몽포르	뽕뚜아즈	생제르망	베르사이유	센에와즈道	프랑스 전국*
25~29세	100%	83%	100%	75%	90%	60%	57%	67%	46%	70%	52%
30~34	67%	78%	100%	92%	60%	75%	64%	89%	70%	78%	54%
35~39	90%	71%	100%	86%	93%	67%	93%	63%	62%	79%	58%
40~44	100%	100%	100%	25%	93%	87%	77%	91%	62%	83%	54%
45~49	84%	73%	100%	50%	78%	100%	100%	91%	47%	78%	54%
50~54	77%	75%	85%	88%	77%	82%	67%	60%	50%	73%	54%
55~59	92%	100%	57%	85%	92%	100%	67%	79%	62%	82%	54%
60~64	100%	60%	90%	86%	80%	80%	50%	91%	50%	74%	58%
65세 이상	100%	100%	100%	89%	89%	100%	69%	87%	64%	83%	56%
합 계	93명	64명	74명	74명	92명	85명	91명	110명	175명	858명	3983명

각 郡별로 나이집단의 선서율을 살펴보면(〈표 8〉 참조), 그 차이가 매우 다양하게 나타난다. 고네스郡의 경우는 25%(40~44세)에서 92%(30~34세)까

지 67%의 매우 큰 폭을 나타내는데 반하여, 에땅쁘郡의 경우는 55~59세(57%)집단을 제외한 6개 집단의 선서율이 100%여서 나이집단별로 차이가 거의 없다고 하겠다. 이렇듯 각 郡마다 선서율의 폭이 다양하지만, 센에와즈道 전체 평균을 살펴보면, 각 집단별 나이차이가 크게 감소하여 70%에서 83%까지 13%의 작은 폭을 나타낸다. 나이집단별로도 차이가 나타나지만, 그 폭이 郡단위에서보다는 훨씬 적은 것으로 나타난 것이다.

프랑스 전국의 신부 3,983명을 대상으로 한 태킷의 분석결과에서는 35~39세 집단의 선서율이 최고 절정(58%)에 이르는 데 반해[21], 센에와즈도에서는 40~44세에 절정(83%)에 달하는 것을 확인할 수 있다. 전국통계와 이러한 차이가 나는 것은 파리근교라는 지역적 특성 때문인 것으로 보인다. 즉 다른 지역에 비해 상당한 매력을 지닌 파리지역에서 신부들은 상대적으로 오랜 기간을 기다려 40~44세에야 비로소 주임사제직을 획득하였는데, 이들은 어렵게 임명된 주임사제직을 놓치고 싶지 않아 상대적으로 선서를 수락하는 경향(선서율 83%)이 강하였다고 해석할 수 있다.

▶ 표 9 郡별 신부들의 평균나이

군	선서파	제한선서파	거부파	선서파와 거부파의 나이차이
꼬르베이유	48.49세	47.33세	44.33세	4.16세
두르당	46.10세	48세	48.50세	2.40세
에땅쁘	47.03세	55세	56.20세	9.17세
고네스	46.82세	48세	45.33세	1.49세
망뜨	47.64세	49.4세	43.50세	4.14세
몽포르	47.30세	42.14세	31.80세	15.50세
뽕뚜아즈	47.20세	45.29세	56.43세	9.23세
쌩제르망	48.03세	42.8세	40.20세	7.83세

21) *Ibid.*, p.100.

베르사이유	45.76세	48.86세	47.24세	1.48세
합 계	47.17세	46.99세	47.17세	0.00세

郡별로 신부들의 평균나이를 분석한 〈표 9〉를 살펴보면, 몽포르군의 경우는 선서파신부의 평균나이가 47.30세인데 반하여 거부파 신부의 나이는 31.80세로 나타나, 선서파 사제와 거부파 사제의 나이 차이가 무려 15.5세나 되었다. 이에 비해 베르사이유군의 경우는 선서파 사제와 거부파 사제의 나이차이가 1.48세로 거부파가 약간 나이가 많은 것으로 나타났다. 각 郡별 나이차이가 1.48세에서 15.50세로 크게 벌어지지만, 센에와즈道의 858명 신부에 대한 평균나이를 보면 선서파 사제가 47.17세, 거부파 사제도 47.17세, 그리고 제한 선서파 신부는 46.99세로 나타났다. 결국 나이가 신부들의 선서선택에 미친 영향은 사실상 거의 없다고 하겠다.

Ⓑ 본당에서 봉직 기간

구체제에서 주임 사제들의 '직업적 유동성'은 극히 적었다. 대부분의 본당 사제들은 일생동안 같은 마을에서 성직을 수행하였다. 그러나 선서에 대한 충성 서약을 강요받았던 본당 사제들이 모두 다 같은 조건과 환경을 가진 것은 아니었다. 서약에 직면하여, 주임 사제들은 자신의 환경과 지방에서의 개인적 관계가 침해당한다고 느꼈는데 반해, 보좌 신부들은 그렇지 않았다. 보좌 사제들의 대부분은 주교와 주임 사제의 의사에 따라 발령 받는 임시직이나 적은 봉급을 받는 열악한 환경에 있었기 때문인 것으로 보인다.

▶ 표 10 봉직기간별 사제들의 선서율

(X^2= 52.889, d.f.= 5, p〈 .005)

봉직기간	신부 수	선서파	선서율
0~4년	227명	186명	82%
5~9	132	106	80%
10~14	59	41	70%
15~19	60	44	73%
20~24	46	35	76%
25년 이상	91	80	88%
총　계	615명	492명	80%

〈표 10〉에서 첫 번째로 주목할 것은 봉직 기간이 25년 이상인 성직자들이 가장 높은 선서율(88%)을 보인 것이다. 두 번째로 가장 최근에 본당에 봉직하게 된 신부들(0~10년)이 가장 높은 선서율을 나타냈다는 점이다. 4년 미만으로 봉직한 신부들의 82%, 그리고 5년에서 9년간 봉직한 신부들의 80%가 선서하였다. 세 번째로는 10년에서 14년간 봉직한 신부들의 선서율이 가장 낮게 나타났으며(70%), 그 후에는 점차로 증가하여 25년 이상 봉직한 성직자들의 선서 비율에서 최고(88%)를 기록하였다는 점이다(〈그래프 3〉 참조). 또한 선서파 사제의 평균 봉직기간이 11.52년, 거부파 사제의 경우는 10.59년으로 나타났는데, 그 차이가 0.93년으로 사실상 선서파와 거부파사이에는 거의 차이가 없다고 하겠다.

지금까지 나이 · 봉직 기간과 선서율과의 상관관계를 분석하면서 성직자들의 나이와 봉직 기간이 성직자들의 심리에 어떠한 영향을 미치는가를 살펴보았다. 태킷은 전국적으로 보좌 신부들의 선서율이 주임 신부들보다 낮다는 것을 밝혀낸 바 있다. 젊은 보좌 신부들은 본인이 소속한 본당에 대하여 연대감이 미약하였고, 따라서 선서 거부를 해도 잃을 것이 별로 없었으므로 선서를 거부하는 경향이 상대적으로 강하였다고 볼 수 있다. 센에와즈道의 경우도 20代 보좌신부들의 선서율이 매우 낮게 나타났지만, 30代 초반의 보좌신부들의 선서율은 상대적으로 높게 나타났다. 30代 초반 신부들은 무엇보다도 전국적으로 가장 매력적인 교구로 알려진 파리근교 교구에 배정받아 멀지 않아 주임사제로 임명되리라는 기대감 때문에 선서에 찬성하지 않았을까 추측해볼 수 있다. 또한 60~70세의 성직자들은 또 다른 이유로 인해 30대 신부들만큼이나 높은 선서율을 보였다. 나이든 사제들은 자신들이 평생 쌓아온 사회적 위치와 그에 따른 수입원을 잃을까 두려워하였을 것으로 생각된다. 이들이 선서할 때 발표한 강론들을 분석해보면 이러한 추측들이 사실임을 쉽게 확인할 수 있다.[22)]

Ⓒ 사회적 출신 계층 분석

프랑스 성직자들의 사회적 출신 분포는 전국적으로 대개 일반적인 현상을 보인다. 상인 · 전문가 · 관리 가문 출신의 성직자가 가장 많았고, 농부 · 장인 · 귀족 출신의 성직자는 소수였다. 1087명 가운데 96명에 대하여 사회적 출신을 추적하였는데, 〈표 11〉을 살펴보면 센에와즈도에서도 성직자들의 사회적 출신 계층의 분포가 전국 분포와 비슷하다. 상인층 출신 성직자들의 선서율은 83%로 평균보다 훨씬 높게 나타난 반면, 명사층*notables*과 장인층 출신 성직자들의 선서율이 평균보다 낮게 나타났다. 상인출신은 선서파 경향이 있고, 명사층과 장인층 출신은 거부파 경향이 있다고 할 수 있다. 그 규모는 작지만, 신뢰도를 계산해본 결과 오차가 0.005 이하였으므로 출신 계층이 선서율에 결정적 영향을 끼쳤다고 볼 수 있다.

---

22) *Ibid.*, pp.85~90.

▶ 표 11 신부들의 출신계층별 선서 비율

(χ^2= 71.82432, d.f.= 4, p〈 .005)

선서출신계층	선서파	거부파	합 계	센에와즈道선서비율	전국의 선서비율
귀 족	1명	0명	1명	100%	25%
명사층	25	12	37	68%	59%
상 인	19	4	23	83%	63%
장 인	14	7	21	67%	69%
농 민	10	4	14	71%	61%
합 계	69명	27명	96명	72%	1120명

Ⓓ 출신 지역별 선서비율

출신 계층과 더불어 살펴보아야 할 것은 출신지역이다. 대부분의 교구들은 본당 신부직을 해당 교구역 출신 성직자들로 충당하곤 하였는데, 중부 프랑스와 파리 근교지역의 경우는 30%에서 50%의 성직자들이 외부 교구 출신으로 충당되었다.

▶ 표 12 센에와즈도 신부들의 출신지역별 선서비율

(χ^2= 12.776, d.f.= 6, .025〈 p〈 .05)

출신 지역	선서파	제한선서파	거부파	합 계
파리市	65명(70%)	8명(9%)	20명(21%)	93명
센에와즈道	124명(79%)	10명(6%)	24명(15%)	158명
센에마르느道	11명(100%)	0	0	11명
[파리지역 소계]	[200명(76%)]	[18명]	[44명]	[262명]
[중앙 지역]	[73명(82%)]	[2명]	[14명]	[89명]
[노르망디 지역]	[158명(83%)]	[10명]	[23명]	[191명]
[기 타 지역]	[172명(71%)]	[24명(10%)]	[48명(19%)]	[244명]
합 계	603명(77%)	54명(7%)	129명(16%)	786명

〈표 12〉를 살펴보면, 외부에서 전입된 성직자가 해당 지역 출신 성직자들보다 더 높은 선서율을 나타냈다. 전체 성직자 1087명 가운데 786명에 대해 출신 지역을 추적할 수 있었는데, 중앙지역(어르에루아르道, 루아레道, 루아레쉐르道, 앵드르에루아르道, 쉐르道)에서 온 89명 가운데 73명(82%), 그리고 노르망디지역(깔바도스도를 비롯한 5개道를 말함)에서 온 191명 가운데 158명(83%)이 선서한 데 반하여, 파리시와 파리근교 출신 성직자들은 전체 262명 가운데 200명(76%)이 선서하였다. 대체적으로 외부에서 전입된 성직자들은 고향과 가족들로부터 떨어져 있었기 때문에 혁명 정부의 요구에 상대적으로 호의적으로 반응하였다고 추측할 수 있다.

▶ 표 13 군별로 살펴본 본교구출신과 타교구출신 신부들의 선서율 비교

(χ^2= 30.821, d.f.= 24, .25〈 p〈 .10)

군	추적 가능한 신부수	本교구 출신	本교구출신의 선서율	他교구 출신	他교구출신의 선서율	전체 신부들 가운데 타교구 출신의 비율
꼬르베이유	86명	27명	22명 82%	59명	52명 88%	69%
두르당	65	18	17 94%	47	40명 85%	72%
에땅쁘	66	19	18 95%	47	43명 92%	71%
고네스	65	22	16 73%	43	38명 88%	69%
망뜨	66	16	11 73%	50	47명 94%	77%
몽포르	84	39	29 74%	45	41명 91%	55%
뽕뚜아즈	85	21	15 71%	64	48명 75%	78%
쌩제르망	103	40	31 78%	63	55명 87%	62%
베르사이유	166	48	31 65%	118	78명 66%	71%
합 계	786명	250명	190명 76%	536명	442명 83%	68%

전체적으로 1087명 가운데 786명에 대하여 출신지역을 추적할 수 있었다.

센에와즈도의 본 교구 즉 파리시와 센에와즈도 태생의 신부들이 250명(전체의 32%)이었다. 본교구출신의 선서율이 76%인데 반하여, 타교구출신의 선서율은 83%로 나타나 타교구출신의 선서율이 훨씬 높은 것으로 나타났다. 군별로 자세히 살펴보면, 두르당군과 에땅쁘군을 제외한 나머지 7개 군에서는 본 교구 출신보다는 타 교구 출신 신부들의 선서율이 높은 것으로 나타났다(〈표 13〉 참조).

Ⓔ 수입

그동안 대다수의 역사가들은 성직자들 간의 부의 불균등한 분포가 구체제의 교회에 반대한 본당신부들에게 결정적인 요인이 되었다고 주장해왔다.[23] 하지만 세베스트르*Emile Sevèstre*신부는 "비교적 가난한 지역의 본당 사제들은 선서를 거부하는 경우가 종종 있는데 이것은 그들이 항상 강한 종교적 열정을 가졌기 때문이다. 반대로 부유한 성직자들은 자신들의 현세적 부가 제공하는 안락함에 젖어 있었기 때문에 선서를 받아들였다"고 주장하였다.[24] 이러한 설명들은 구체제의 주임 사제에 대한 잘못된 판단에서 비롯된 것이다. 본당 사제들이 구체제에서 '매우 가난했다'고 간단히 말할 수 없다. 순수하게 경제적 측면에서 본다면, 본당 사제들 사이의 차이는 하급 성직자와 참사회 사제들의 차이만큼이나 컸기 때문이다. 또한 민사 기본법은 종래 성직자들의 수입을 높이거나 낮추기도 하였고, 또한 아무런 영향을 끼치지 못할 수도 있었다.

---

23) P.Pisani, "Le serment de 1791", *Revue du clerge francais*, 91, 1917, p.490. ; Fernand Bridoux, *Histoire religieuse du département de Seine-et-Marne pendant la Révolution*, 2 vol., Melun, 1953, t.1, pp.41~44.

24) Emile Sévestre, *L'Acceptation de la Constitution civile du Clergé en Normandie*(Paris, 1922), pp.187~188.

▶ 표 14 1790년 망뜨군 성직자 신고문서에 따른 신부들의 수입에 따른 선서비율
(χ^2= 5.237, d.f.= 7, p 〉.25)

직위 / 수입	주임사제 선서파	주임사제 거부파	보좌신부 선서파	보좌신부 거부파	선서파 합계	거부파 합계	선서 비율
100~299Livre	0명	0명	2명	1명	2명	1명	67%
300~499	4	0	6	1	10	1	91%
500~699	3	1	3	0	6	1	86%
700~799	6	2	1	0	7	2	78%
800~999	7	0	0	0	7	0	100%
1000~1499	16	2	0	0	16	2	9%
1500~1999	16	1	0	0	16	1	4%
2000Livre 이상	19	1	0	0	19	1	95%
합 계	86명 (92%)	7명 (8%)	12명 (86%)	2명 (14%)	83명 (90%)	9명 (10%)	92명 (100%)

1790년에 망뜨郡의 성직자들이 혁명정부에 신고한 성직자들의 재산 및 수입 대장을 〈표 14〉에서 살펴보면[25], 100~299리브르 수입의 가난한 성직자 집단은 67%로 상대적으로 선서율이 낮은 것으로 나타났다(〈그래프 4〉 참조). 또한 1500리브르 이상 수입의 가장 부유한 집단의 경우는 94% 이상의 높은 선서율을 보였다. 가장 부유한 성직자가 선서에 가장 호의적인 것으로 나타났다. 또한 보좌신부들 가운데 800리브르 이상의 수입을 가진 신부는 단 한 명도 없는 반면에, 주임신부들은 8명을 제외하고는 최저생계수당인 700리브르 이상의 수입을 가진 것으로 나타났다. 대체적으로 주임신부들이 보좌신부들보다 수입이 높은 것을 확인할 수 있었다. 태킷의 결론과는

25) Emile Grave, *Les déclarations du clergé en 1790 dans le district de Mantes*(Versailles, 1912). 이 책은 도립 고문서보관소에 있는 상세한 교회 부동산 목록과 성직자 수입 목록 사료를 그대로 활자화한 매우 귀중한 사료집이다. 표 13은 이 목록들을 상세히 분석하여 통계 처리한 결과이다.

달리, 센에와즈도의 망뜨군에서는 가난했던 성직자들이 부유한 성직자보다 선서를 거부하는 경향이 나타났다.

하지만 300~499리브르, 500~699리브르 수입의 가난한 성직자 집단도 91%, 86%의 높은 선서율을 보인 점이나, 800리브르 이상의 수입을 가진 성직자 집단에서는 적어도 89% 이상의 높은 선서율을 보인 점이나, 분석결과에 대한 카이 · 스퀘어검증을 통하여(p가 0.25 이상) 변수가 서로 연관되어 있지 않다고 판명된 점으로 보아, 수입이 성직자들의 선서 선택에 대해 중대한 영향을 끼쳤다고 보기는 어렵다.

Ⓕ 지적 및 도덕적 성품

앞에서 논의한 성직자들의 연령이나 사회적 출신계층, 출신 지역, 수입 등과 같은 양적 분석에서 성직자들의 개인 성품과 같은 질적 분석으로 관심을 옮길 필요가 있다. 왜냐하면 오래전부터 많은 역사가들은 사제들의 개인적 성품이 선서에 영향을 끼쳤다고 주장해 왔기 때문이다. 맥매너스*John McManners*는 선서파 사제가 다수인 지역에서 선서파 사제는 그 지역 성직자의 평균적 모습을 보이는 데 반해, 거부파가 다수인 지역에서 소수파인 선서파 사제는 "의심스러운 성격"의 소유자였다고 주장하였다.[26] 동료 성직자들의 일반적 견해에 따르지 않고 독단적으로 행동하는 선서파 성직자들은 여러 측면에서 대다수의 성직자들과 구분된다는 것이다. 세베스트르는 19세기 초에 정리된 성직자들에 대한 자료를 근거로 선서파 신부들은 "무능하고 품위없는"신부들이었다고 결론지었다.[27] 하지만 그가 제시한 대부분의 근거 자료들은 1802년의 정교협약 이후에 선서파를 적대시하는 사람들이 편견을 갖고 쓴 사료들이라는 점에서 많은 비판을 야기한 바 있다.

---

26) John McManners, *The French Revolution and the Church*(London, 1969), p.58.
27) E.Sévestre, *op.cit.*, pp.247~259.

센에와즈道의 경우에 다행스럽게도 파리의 쌩-니꼴라-뒤-샤르도네*St.Nicolas du Chardonnet*신학교의 신학생들 성적표가 국립 파리 고문서보관소에 보존되어 있어서, 이 문서들을 통해 예비신부들의 지적 및 도덕적 성품들을 분석할 수 있었다. 이 신학교에서는 능력*Capitas*, 성격*Indolis* 그리고 신심*Pietas*의 세 기준에 따라 신학생들을 평가하였다. 성적이 탁월한 학생에게는 *optima*나 *sensata*, 우수한 학생에게는 *bona*, 그리고 보통 학생에게는 *mediocris*, 마지막으로 형편없는 학생에게는 *levis*, *sans talent*, *nulla* 등의 성적을 주었다. 모두 26명에 대한 성적을 추적할 수 있었는데, 〈표 15〉에서는 능력에 대한 성적을, 〈표 16〉에서는 신심에 대한 성적을, 〈표 17〉에서는 성격에 대한 성적을 살펴보았다.

▶ 표 15 신부들의 신학교성적(능력*Capitas*)에 따른 선서비율
(출전: A.N. MM. 480: St.Nicolas du Chardonnet 신학교)

신학교 성적	선서파	제한선서파	거부파	합 계
optima	1명	0	0	1명
bona	2	2	1	5
mediocris superior	1	0	0	1
mediocris	8	2	3	13
levis	1	0	1	2
무능력	1	0	0	1
tenuis	0	1	0	1
nulla	0	1	0	1
ignota	1	0	0	1
합 계	15명	6명	5명	26

〈표 15〉에 나타난 능력에 대한 성적표를 살펴보면, 성적 우수자를 bona 이상의 등급으로 정의할 때, 능력 면에서 우수자는 모두 6명으로 3명(50%)이

훗날 선서하였으며, 성적 불량자는 20명 가운데 12명(60%)가 선서하였다.

▶ 표 16 신부들의 신학교 성적(신심*pietas*)에 따른 선서비율

(출전: A.N.MM.480)

신학교 성적	선서파	제한 선서파	거부파	합 계
optima	1명	0	0	1명
bona	5	5	4	14
mediocris	2	1	1	4
levis	2	0	0	2
communis	1	0	0	1
fere nulla	1	0	0	1
Ignota	1	0	0	1
합 계	13명	6명	5명	24명

〈표 16〉에서 신심에 대한 성적 우수자는 모두 15명으로 6명(40%)만이 훗날 선서를 수락하였으며, 성적 불량자는 9명 가운데 7명(78%)이 선서를 수락하였다.

▶ 표 17 신부들의 신학교 성적(성격*indolis*)에 따른 선서비율

(출전: A.N.MM.480)

신학교 성적	선서파	제한선서파	거부파	합 계
optima et clericalis (매우 우수, 사목적)	1명	0명	0명	1명
optima(매우 우수)	2	4	1	7
sensata(지적 탁월)	0	0	1	1
bona et pia (우수하고 경건함)	0	1	0	1
bona(우수)	3	0	2	5

bona sed levis (우수하나 유약함)	0	1	0	1
bona sed oculta (우수하나 비밀스러움)	0	0	1	1
bona sed gamula (우수하나 수다스러움)	1	0	0	1
mediocris(보통)	1	0	0	1
piger(게으름)	1	0	0	1
mundana(세속적)	1	0	0	1
non satis prudans (신중하지 못함)	1	0	0	1
levis nugis dedita (약하고 무례하나 헌신적)	1	0	0	1
sans talent(무능력)	1	0	0	1
ignota(모름)	1	0	0	1
합 계	14명	6명	5명	25명

〈표 17〉에 나타난 성격에 관한 성적을 살펴보면, 성적 우수자는 모두 18명이며, 이들 가운데 7명(39%)만이 1791년에 선서를 택하게 되며, 성적 불량자는 7명으로 모두가 선서하였다.

결론적으로 성적이 우수한 신학생들은 1791년에 선서를 거부하거나 제한선서를 하는 경향이 있고, 성적이 불량한 신학생들은 선서를 수락하는 경향이 있는 것으로 나타났다. 물론 전체 선서해당 성직자 1087명 가운데 26명이라는 극히 제한된 소수라는 사실을 감안하더라도, 이러한 분석결과는 매우 흥미롭다고 할 수 있고, 다른 신학생들의 성적들을 추적할 수 있다면 더욱 흥미로운 결과를 가져올 것으로 생각한다.

신부들의 지적 능력과 선서의 관계를 좀 더 상세히 알아보기 위하여, 신학대학에서 학위를 취득한 성직자 엘리트들의 경우를 살펴보면 다음과 같다.

▶ 표 18 신학대학 및 일반대학 학위소지자의 선서비율

(χ^2= 4.510, d.f.= 9, p 〉.25)

	선서파	거부파	합 계
인문학사*Maitre-ès-arts*	9명(75%)	3명	12명
신학학사*Bachelier*	7명(58%)	5명	12
법학학사*Bachelier*	3명(75%)	1	4
소르본느학사	1명(100%)	0	1
신학석사*Licencié*	2명(67%)	1	3
법학석사	5명(71%)	2	7
신학박사*Docteur*	2명(50%)	2	4
법학박사	0명	1	1
소르본느대학 박사	2명(50%)	2	4
학위소지자*Gradué*	2명(50%)	2	4
합 계	35명(62.5%)	21명	56명

〈표 18〉을 보면, 센에와즈道에서는 적어도 35명이 신학대학 학위를 취득하였다. 이들의 선서율은 62.5%로, 전체 평균 선서율인 75.4%보다 12.9%나 낮다. 학위별로 다시 세분해보면, 인문학사*maitre-ès-arts*의 선서율은 75%인데 반해, 학사*Bachelier*는 65%, 석사*Licencié*는 70%, 그리고 박사*Docteur*는 45%로 나타났다. 대체적으로 학위의 수준이 높을수록, 선서를 거부하는 경향이 높다. 대학에서 학위를 취득한 엘리트들은 학위가 없는 일반 신부들에 비해 상대적으로 선서를 거부하는 경향이 강한 것으로 나타났다.

Ⅲ. 결론

센에와즈道 성직자들의 1791년 '성직자민사기본법에 대한 충성 선서'에

대한 선서율 분석과 선서동기에 대한 사회통계학적 분석을 통하여 선서가 수반하는 유리함 혹은 불리함이 일부 성직자들의 선택에 영향을 끼쳤다는 사실을 알게 되었다. 일부 성직자들의 출신 계층·출신 지역이 성직자들의 선서와 상관관계가 있지만, 성직자들의 출신계층과 출신지역보다는 그들이 사목 활동하던 거주지가 더욱 중요하다는 것을 알게 되었다. 다른 중요한 요소들로 성직자들의 나이와 봉직 기간을 들 수 있다. 젊은 나이의 불안정한 보좌 신부들은 선서를 거부하는 경향이 있는가 하면, 나이든 성직자들은 선서거부에 따른 불확실한 미래에 직면하여 민사 기본법을 받아들이는 나약한 모습을 보였다. 또한 가장 부유한 성직자 집단은 가장 높은 선서율을 보이는 반면, 가장 가난한 성직자 집단은 가장 낮은 선서율을 보였다. 비록 26명의 사제에 대한 제한된 분석이지만, 흥미로운 것은 신학교 때 성적이 불량했던 성직자들은 선서하는 경향이 강하였고, 성적이 보통 이상이었던 성직자들은 선서를 거부하는 경향을 보였다는 것이다.

이러한 흥미로운 분석결과들에도 불구하고 이러한 결과들은 좀더 균형 있게 다루어져야 한다. 가장 나이든 사람, 20대 젊은 사람, 가장 가난한 사람, 가장 부유한 사람, 상인계층 출신, 다른 교구출신, 신학교성적이 불량한 사람, 신학대학 학위소지자- 이들 모두가 상대적으로 제한된 소수에 불과하기 때문이다. 결국 사회통계학적 분석에서 종종 나타나듯이 개인들의 성격과 성향을 계량적으로 측정하는 것은 쉽지 않다는 것이 판명되었다.

따라서 성직자들의 선서 동기는 차후에 개인적 성격과 특성보다 그가 활동하던 지역의 문화적 요인, 교구민의 선택, 성직자 공동체가 선서에 미친 영향 등을 살펴보아야 할 것이다. 출신 신학교별로 선서율의 차이가 나타나는지, 주교가 실제로 센에와즈도에서 어떠한 영향을 끼쳤으며, 신부들이 선서 당시 활동하던 거주지역이 어떠한 영향을 끼쳤는지 등을 살펴볼 필요가 있다. 또한 태킷은 전국적인 표본조사를 통하여 도시의 크기가 커짐에 따라 선서율은 점차 감소하였다는 것을 발견하였는데 이러한 흥미로운 분석결과들에 대해서 좀더 구체적으로 논의되어야 할 것이다.

선서의 위기는 혁명 이전 지역별 문화적 특색과 행동 양식들을 더욱 두드러지게 만들었다. 요컨대 선서는 과거에 실재한 요인들과 관련을 맺어 반응을 표출시켰고 19~20세기의 종교의 지역적 유형에 영향을 미친 것으로 보인다. 랑그르와는 1791년 선서에 대한 성직자들의 선택을 나타내는 지도(〈지도 4〉)가 20세기의 종교관행(〈지도 6〉) 및 정치 선거결과나 정당가입에서 나타나는 정치 성향 분포도와 매우 흡사하다는 데 주목하였다.[28] 또한 태킷의 연구 이후에 출간된 보벨교수의 비기독교화의 강도에 대한 지도(〈지도 5〉)를 살펴보면, 태킷의 선서율 지도와 매우 흡사함에 놀라지 않을 수 없다.[29] 민사 기본법과 선서의 위기는 프랑스 사회에 연쇄적인 작용과 반작용을 일으켰고 전국적으로 성직자의 분열을 가속화하였고, 반교권주의를 강화하였다. 1793년에 급작히 시작된 혁명력 2년의 비기독교화는 민사기본법에 대한 충성선서의 위기의 직접적인 결과라고 볼 수 있다. 따라서 1791년 선서의 위기는 태킷의 표현처럼 "새로운 구조를 확립시킨 역사적 사건*Événement structurant*"으로 이해할 수 있다.[30]

---

28) T.Tackett, *op.cit.*, pp.309~323.

29) M.Vovelle, *op.cit.*, p.287. Planche 19를 참조할 것.

30) T.Tackett, *op.cit.*, p.317.

참고자료

▶ 표 19 센에와즈道의 郡별 인구밀도와 신부 1명당 인구수

군	1790년 인구	면적	본당평균 면적	인구밀도 (명/km^2)	사제수	사제 1명당 인구수
꼬르베이유	44,125명	61,957ha	729a	71.2	120명	368명
두르당	30,514	69,081	1,974	44	71	430
에땅쁘	38,682	84,398	1,029	46	98	395
고네스	38,627	48,666	640	79	99	390
망뜨	42,727	56,868	569	75	128	334
몽포르	34,136	52,835	724	65	108	316
뽕뚜아즈	45,297	61,857	695	73	133	341
쌩제르망	63,135	48,506	746	130	139	454
베르사이유	105,775명	60,054	682	176	172	615
합 계	443,018	544,222		122.8	1,068	415명

〈지도 1〉 1790년 센에와즈道의 행정구획(郡과 面)

1 MAGNY · 2. MARINES · 3. GRISY · 4. L'ISLE-ADAM · 5. BEAUMONT · 6. LUZARCHES · 7. LA ROCHE-SUR-SEINE · 8. FONTENAY-SAINT-PÈRE · 9. VIGNY · 10. Pontoise · 11. TAVERNY · 12. ECOUEN · 13. LOUVRES · 14. ROSNY · 15. BRÉVAL · 16. DAMMARTIN · 17. Mantes · 18 LIMAY · 19. MAULLE · 20. MEULAN · 21. TRIEL · 22. ARGENTEUIL · 23. MONTMORENCY · 24. Gonesse · 25. NANTERRE · 26. COLOMBES · 27. Saint-Denis · 28. PIERREFFITTE · 29. PANTIN · 30. SEPTEUIL · 31. HOUDAN · 32. GARANCIÈRES · 33. Montfort · 34. NEAUPHLE · 35. POISSY · 36 Saint-Germain · 37. MARLY · 38. Versailles · 39. SÈVRES · 40. PASSY · 41. CLICHY · 42. Ville de Paris · 43. BELLEVILLE · 44. MONTREUIL · 45. ISSY · 46. CHÂTILLON · 46bis. VILLEJUIF · 47. Bourg-la-Reine · 47bis. CHOISY-LE-ROI · 48. SAINT-MAUR-DES-FOSSÉS · 49. VINCENNES · 50. RAMBOUILLET · 51. LES ESSARS · 52. CHEVREUSE · 53. JOUY · 54. PALAISEAU · 55. LONGJUMEAU · 56. VILLENEUVE-SAINT-GEORGES · 57. BRUNOY · 58. SUCY · 59. ABLIS · 60. ROCHEFORT · 61 LIMOURS · 62. Dourdan · 63. ARPAJON · 64. MONTLHÉRY · 65. Corbeil · 66 ANGERVILLE · 67. Etampes · 68. CHAMARANDE · 69. LA FERTÉ-ALAIS · 70. MENNECY · 71 SACLAS · 72. MAISSE · 73. MILLY.

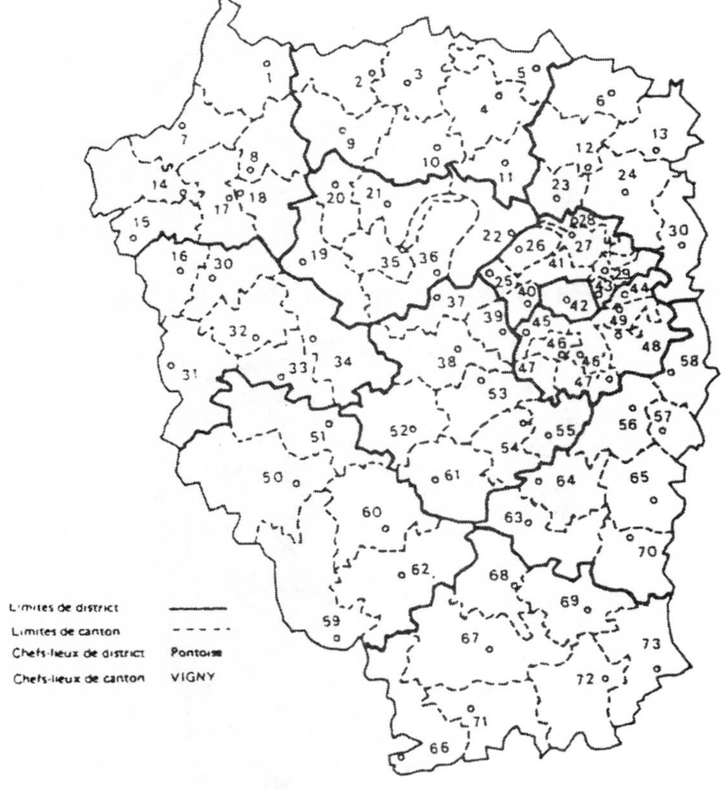

〈지도 2〉 1790년 센에와즈道의 인구밀도(km²당)

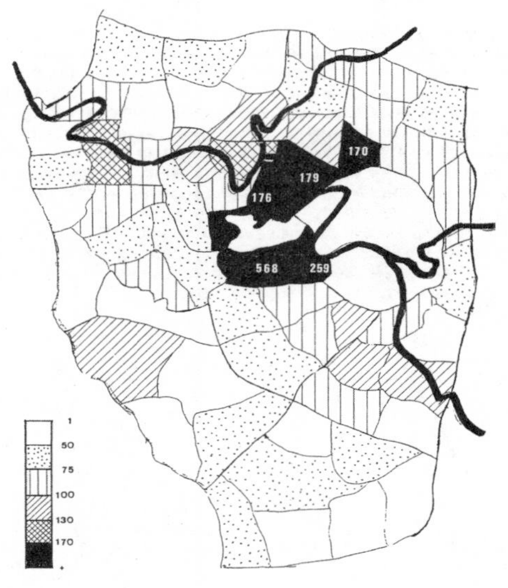

〈지도 3〉 1791년 센에와즈道의 선서파 사제 비율

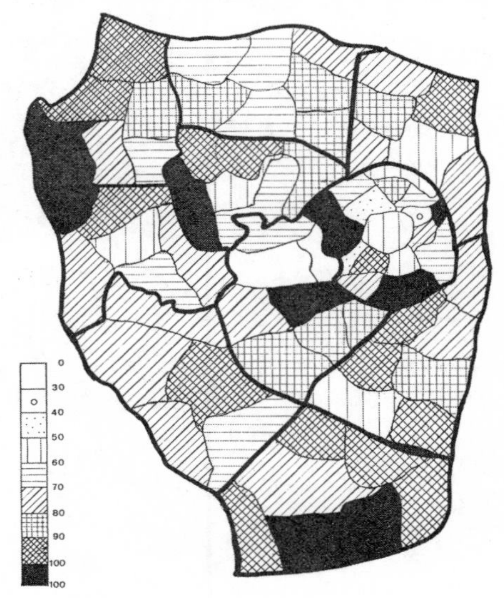

〈지도 4〉 1791년 사제들의 선서율

출전 : T. TACKETT, *La Révolution, L'Eglise, La France*, Cerf, 1986, p. 70.

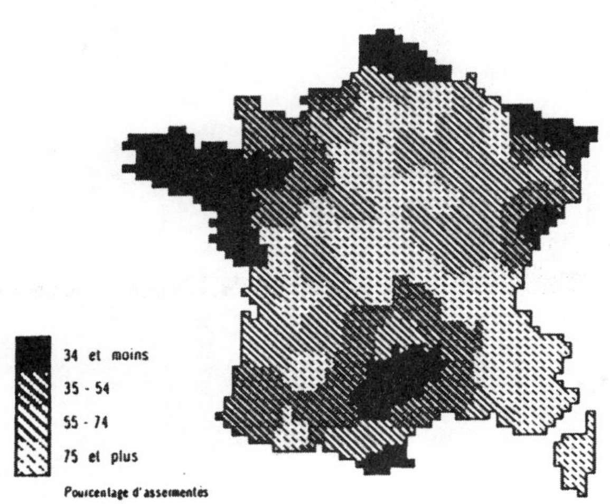

〈지도 5〉 비기독교화의 강도

출전 : M. VOVELLE. La révolution contre l'Eglise. Paris. 1988 p. 288.

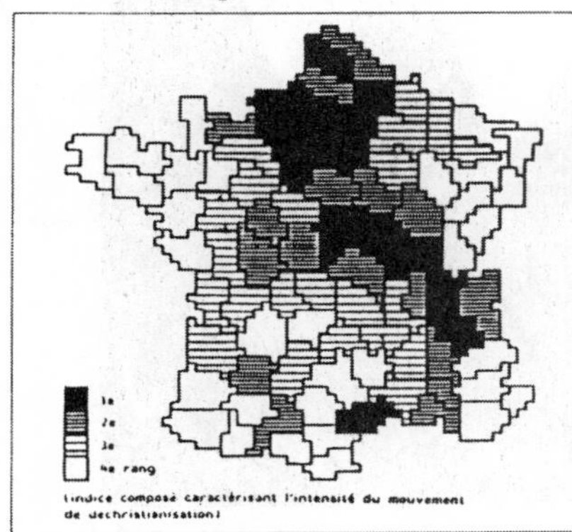

〈지도 6〉 1945- 1966 프랑스인의 미사 참여율

출전 : M. VOVELLE. op. cit. p. 288.

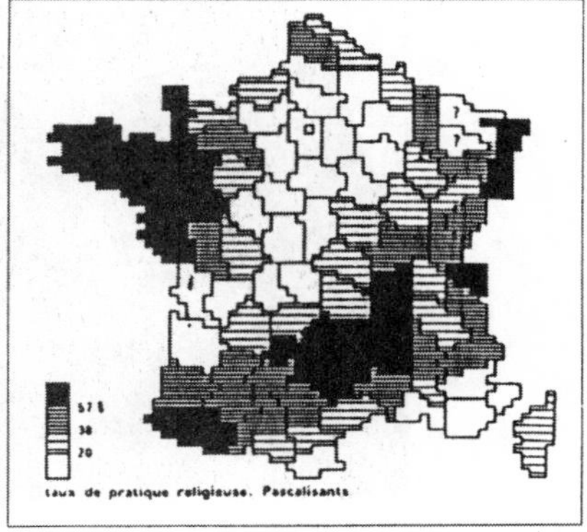

〈그래프 1〉 신부들의 선서연대기

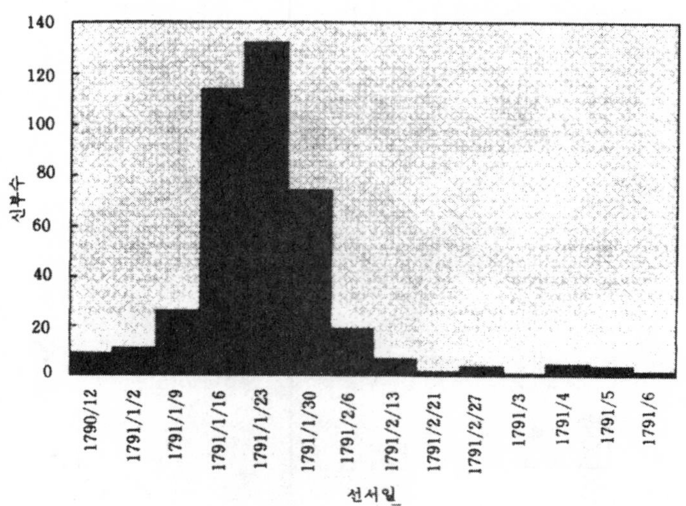

〈그래프 2〉 나이집단별 선서율

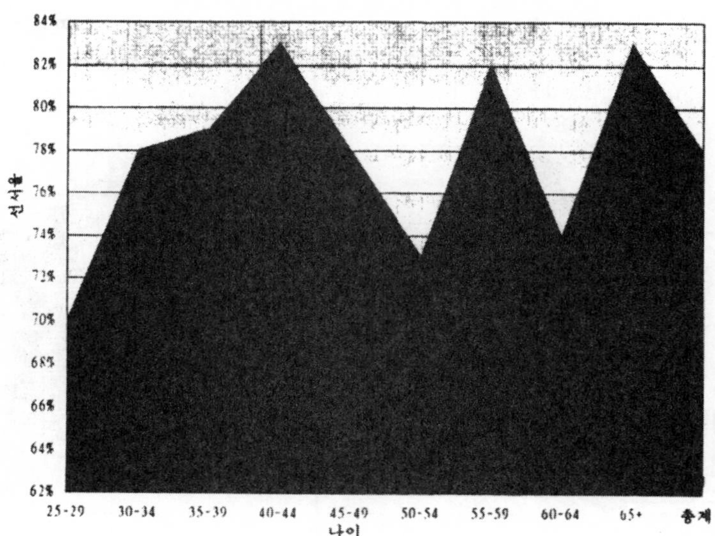

〈그래프 3〉 봉직기간별로 살펴본 사제들의 선서율

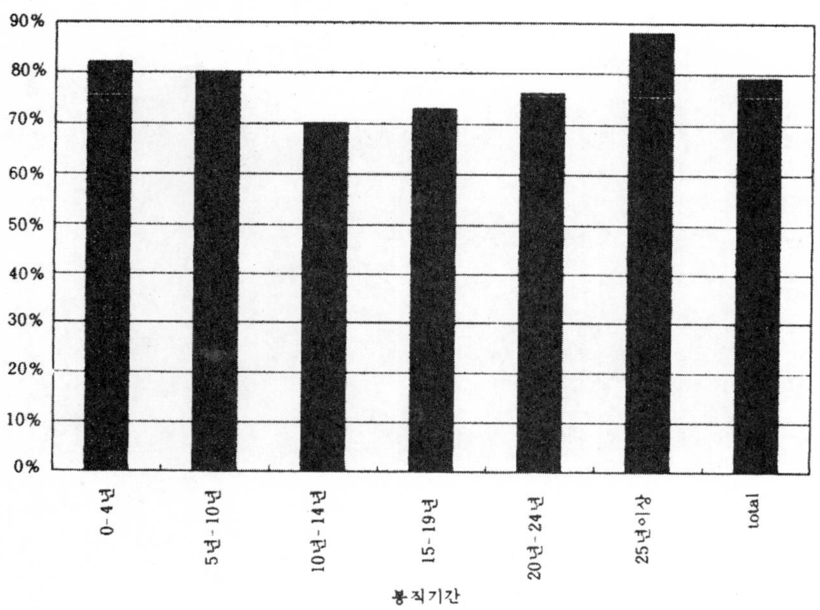

〈그래프 4〉 망뜨군의 성직자의 수입과 선서율

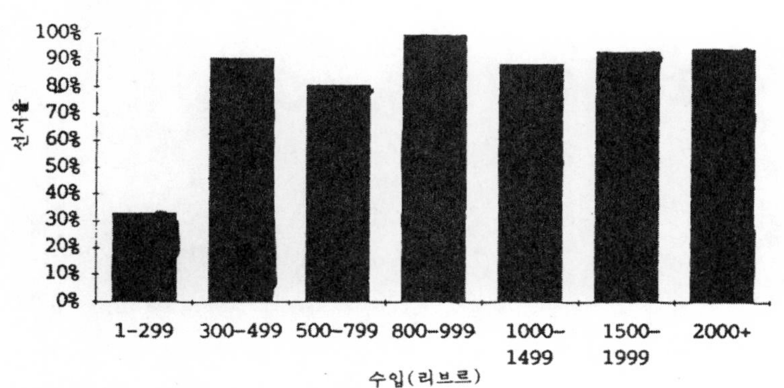

3. 프랑스 혁명시대 센에와즈도 사제들의 1791년 선서에 대한 선택동기 연구

성직자 공동체와 지역공동체가 끼친 영향을 중심으로

Ⅰ. 서론

혁명이 일어난 후에 제헌의회 내의 교회분과위원회는 급진적 의원들로 충원되면서 교회에 대한 과격한 개혁에 착수하였다. 열띤 토론과 논쟁 끝에 주교와 주임사제를 본당신도들이 직접 투표로 선출하며, 기존의 135개 교구를 균등한 크기의 83개의 道와 일치시키며, 국가가 성직자의 봉급을 지급하도록 하는 새로운 법안을 기안하였다. 이 개혁안의 결실이 바로 1790년 7월 12일에 반포된 성직자민사기본법이다.

1791년 1월가 2월에 걸쳐 프랑스 전역에서 본당사제들은 신도들 앞에서 국가와 법, 국왕 그리고 성직자민사기본법에 충성할 것을 서약하도록 강요받았다. 선서 요구로 말미암아 프랑스 교회는 민사기본법을 거부하고 교황에게 충성하는 거부파 사제와 민사기본법을 수락한 선서파 사제로 분열되었다. 이 사건은 1789년의 신분회의의 선거처럼 모든 국민이 지켜보는 가운데 실시되었다는 점에서, 또한 프랑스 전체를 종교적·정치적으로 양분시켰다는 점에서 매우 중요한 사건이다.[1)] 이 선서는 일차적으로는 1789년 혁명과 함께 시작된 프랑스교회에 대한 개혁 작업에 성직자들이 참여할 것인가 아닌가를 구별하는 것이었지만, 선서로 인해 생겨난 분열은 프랑스 혁명과정에서 엄청난 파급효과를 가져오게 되었다.

성직자에 대한 선서요구는 필연적으로 정치적 성격을 내포하고 있는 만큼 선서가 야기한 정치적 파장은 엄청난 것이었다. 파리와 지방의 언론들은 연일 이 문제로 들끓었고, 제헌국민의회 대표들도 자신의 출신구역의 반응에 민감하였다. 마을마다 선서에 대하여 격렬하게 논의가 벌어졌고 성직자들의 선서 여부에 대하여 다양하게 반응하였다. 심지어 가족 사이에도 선서 문제에 대하여 상이한 입장을 취하였으며, 선서에 대한 관심은 선서를 풍자한 연극의 성행, 아이들의 노래에서도 표출되었다. 이와 함께 선서를 거부했던 거부파 사제들에 대한 추방령은 수많은 농촌의 신도들을 당황하게 만들었다. 본당신도들은 왜 그들을 오랫동안 돌보던 인자한 신부가 마을을 떠나야 했으며 전혀 낯선 외지출신의 선서파 신부가 부임해야 하는 지를 이해하지 못했다. 더욱이 루이 16세의 바렌느 탈주사건(1791. 6. 21)으로 인해 제헌의회는 거부파 사제들에 대해 강력한 제재를 가하였으며, 거부파 사제들은 반혁명세력들과 더욱 밀착하였다. 1790~1791년의 종교적 혼란은 1792년 8월의 거부파 사제 추방령 이후에야 일관된 방향으로 나가게 되지만, 위기는 계속 존속하였다.

급기야 국민공회*Convention Nationale*가 들어서면서 1793년 10월경부터 시

---

1) Timothy Tackett, *Religion, Revolution and Regional Culture in Eighteenth-Century France: The Ecclesiastical Oath of 1791*(Princeton, Princeton Univ.Press, 1986), 1장.; Ralph Gibson, *A Social History of French Catholicism 1789-1914*(London, Routledge, 1989), pp.38~41.

작된 '혁명력 2년의 비기독교화'는 가톨릭을 비롯한 모든 종교를 뿌리째 뽑으려 하였고 짧은 기간 동안에 매우 폭력적인 방법을 통해 성직자 집단에 결정타를 가하였다. 혁명력 2년의 비기독교화는 곧 1791년 선서의 즉각적인 결과라는 사실을 확인시켜주는 것으로, 1791년 선서의 위기는 장기지속적인 시각에서 볼 때 20세기 프랑스인의 신앙을 약화시킨 중요한 요인으로 작용하였다. 이런 점에서 대부분의 역사가들은 종교적 · 정치적 성향에 관계없이 선서의 요구가 국민의회의 최대의 오류였음을 인정하고 있다.[2)]

1791년의 선서에 대한 연구는 그 동안 선서가 초래한 결과를 비롯하여 선서파 사제 및 거부파 사제에 대한 통계조사와 선서에 직면한 성직자들의 선택 동기에 주로 관심을 가져 왔다. 20세기에 들어오면서 종교사 연구는 르브라를 중심으로 한 '종교사회학파'의 영향으로, 선서파 사제들의 '입헌교회'를 새롭게 평가함으로써 이들에 대한 관심을 고조시켰다. 하지만 이들의 연구는 지극히 피상적인 관찰에 불과하였으며, 두 부류의 성직자들에 대한 비교 연구에 별로 도움이 되지 못하였다. 이제까지의 연구의 미비한 점을 보완하고 종합하여 티모시 태킷은 1986년에 선서 연구에 대한 종합적인 검토를 지도하였다.[3)]

지금까지의 연구들을 통해 분명하게 알게 된 사실은 선서에 대한 태도가 성직자 개개인의 사회적 지위, 정치적 성향, 그리고 개성과 밀접히 연관되어

---

2) 예컨대 John McManners, *The French Revolution and the Church*(London, 1979), p.38.; Jean Leflon, *La crise révolutionnaire 1789-1846*(Paris, Bloud & Gay, 1951), p.67.; Bernard Plongeron, "Le fait religieux dans l'histoire de la Révolution française", *A.H.R.F.*, No.47, 1975, p.113.; Albert Mathiez, *Rome et le clerge francais sous la Constituante*(Paris, Armand Colin, 1911), p.469.; Albert Soboul, *La Révolution française*, 최갑수 역, 『프랑스대혁명사』(일월서각, 1982), 상권, pp.191~195.; J.M. Mayeur, Ch. et L. Pietri, A. Vauchez, M.Venard, *Histoire du Christianisme*, t. Ⅹ(Paris, Desclée, 1997), pp.319~337.

3) T.Tackett, *op.cit.*

있다는 것이다. 필자는 2장에서 파리市를 둘러싸고 있는 센에와즈도를 연구대상으로 선택하여 선서파 사제와 거부파 사제의 정확한 통제 수치를 제시하고, 개개인의 신상을 파악하여 그들의 구체적인 선서 동기가 무엇이었는지를 살펴본 바 있다. 이 연구를 통하여 선서가 수반하는 유리함 혹은 불리함이 일부 성직자들의 선택에 영향을 끼쳤다는 사실을 알게 되었다. 가장 나이든 사람, 20代 젊은 사람, 가장 가난한 사람, 가장 부유한 사람, 상인계층 출신, 다른 교구 출신, 신학교 성적이 불량한 사람, 신학대학 학위소지자들이 선서를 선택하는 경향이 상대적으로 두드러지게 나타났다. 하지만 선서시행여부에 결정적 영향을 주었을 것으로 생각되던 여러 요인들(연령, 봉직기간, 사회적 출신계층, 출신지역, 수입, 지적 및 도덕적 성품)은 일부 성직자들의 선택 동기를 제한적으로 설명할 뿐이어서, 개개인의 성격과 성향을 계량적으로 측정하는 것은 쉽지 않다는 것이 판명되었다.

이번 연구에서는 성직자들의 선서 동기를 좀 더 면밀하게 살펴보기 위해서 성직자 공동체와 지역 공동체가 성직자들에게 어떤 영향을 끼치는가를 분석해보고자 한다. 성직자 공동체가 사제에게 미친 영향을 알아보기 위하여 신학교교육, 교구의 주교, 같은 지역의 동료 성직자들의 연대감을 살펴볼 필요가 있다. 또한 구체제 하에서 성직자 내부의 정치조직의 전통을 연구하는 것이 중요하다. 사제는 성직자 공동체의 구성원일 뿐만 아니라, 본당신도들의 지도자였다. 그렇다면 성직자가 필연적으로 연관을 맺고 있는 지역공동체는 선서선택에 어떠한 영향을 끼쳤을까? 태킷은 전국적인 표본조사를 통하여 도시의 크기가 커짐에 따라 선서율은 점차 감소하였다는 것을 발견하였는데,[4] 이러한 흥미로운 분석결과에 주목하여 지역 공동체의 물리적 구조와 선서율의 관계를 분석해 보고자한다. 이러한 지역 전통을 이어받은 평신도들은 선서를 어떻게 이해하였고, 본당사제들의 선서선택에 어떻게 반응

---

4) T.Tackett, *op.cit.*, pp.49~51.

하였는지 살펴볼 것이다.

본 연구에서는 분석 대상지역으로 파리를 둘러싸고 있는 센에와즈도를 선택하였는데, 첫째, 이 지역은 전국적으로 선서파 사제가 가장 많은 지역(75%)이고, 둘째, 센에와즈도는 혁명 초기부터 도시와 농촌의 민중들이 대규모로 혁명에 참여하여 전국적으로 대표적인 '애국적인 지역'이기 때문이며,[5] 셋째, 센에와즈도 고문서보관소는 특히 혁명시대 교회관계문서를 상당 수 보존하고 있어서 선서파 사제에 대한 연구가 용이한 이점을 갖고 있기 때문이다.

II. 본론

1. 성직자 공동체와 선서

18세기의 프랑스 성직자들은 트렌토 공의회 이후에 설립된 교구의 신학교에서 상당히 엄격한 훈련과 교육을 통해 자신들이 독특한 성직자 공동체에 속한다는 사실을 잘 인식하고 있었다.[6] 이러한 성직자의 환경이 선서 선택에 어떠한 영향을 끼쳤을까? 성직자 공동체가 선서에 영향을 끼친 요소들로 먼저 그들이 훈련받은 교구 신학교와 그들이 사목하는 교구의 주교를 들 수 있다. 또한 성직자들의 태도와 관점을 형성하는 데에 신학교 교육이나 주교의 영향력 못지않게 주임사제들의 경험도 중요하다. 따라서 18세기에 혁명 이전 40~50년 동안에 성직자 내부의 정치 조직의 전통도 고찰할 필요가 있

---

5) Marcel Reinhard, *Histoire de l'Ile-de-France et de Paris*(Paris, Privat, 1971), pp. 351~354.

6) Bernard Plongeron, *La vie quotidienne du Clergé Français au XVIIIe siècle*(Paris, Hachette, 1974), pp.53~73.

다.

1) 신학교별로 살펴본 선서율

각 교구의 신학교마다 교육에서 강조하는 내용이 달랐던 점을 감안해 볼 때, 출신신학교가 선서에 대해 어떤 영향을 미쳤을까? 예컨대 뫼즈*Meuse*道에 대한 에몽*Charles Aimond*의 연구에 따르면, 라자르*Lazare*수도회가 운영하는 신학교 교육은 매우 느슨하였기 때문에 이 학교 출신 성직자들은 압도적으로 선서파가 많았던 반면, 랑스*Reims* 교구의 경우 술피스*Sulpice*수도회가 운영하는 신학교출신 성직자들은 매우 엄격하고 정통적인 교육을 받았기 때문에 거부파 사제가 압도적으로 많았다는 것이다.[7] 이러한 사실로 보아 신학교의 교육이 선서에 미친 영향이 상당했다고 역사가들은 믿어왔다. 하지만 태킷의 연구에 따르면, 라자르 수도회가 운영하는 46개 신학교출신 성직자의 선서율은 10%에서 90%까지 다양하였고, 술피스 수도회가 운영하는 15개의 신학교 출신의 경우도 22%에서 88%로 다양하였다. 이들의 평균 선서율은 각각 52.5%, 56.9%로 술피스 수도회의 신학교출신이 라자르 수도회의 신학교출신보다 4.4%가 높은 것으로 나타났다. 따라서 신학교 별로 차이가 있기는 하지만. 신학교와 선서 사이의 연관성이 상당히 약하게 나타났다. 그렇다면 센에와즈도의 경우는 어떠한지 알아보도록 하자.

---

7) Charles Aimond, *Histoire religieuse de la Révolution dans le département de la Meuse et le diocèse de Verdun(1789-1802)*(Paris, 1949), pp.15~16. ; Jean Leflon, "Le clergé des Ardennes et la Constitution civile", *Présence ardennaise*, 13, 1952, p.9. T.Tackett, op.cit., pp.99~100에서 재인용.

▶ 표 20 출신 신학교별 선서파 신부들의 수

(X^2= 5.936, d.f.= 8, p〉 .25) ( ) 안은 신부수

출신 신학교	선서파	제한선서파	거부파	합계
쌩 니꼴라 드 샤르도네	18명(62%)	6명	5명	29명
쌩 루이	19명(83%)	3	1	23명
쌩 피르망	1명(100%)	0	0	1명
쌩 마르셀	1명(100%)	0	0	1명
기타 파리所在 신학교	14명(58%)	4	6	24명
합 계	53명(68%)	13명	12명	78명

〈표 20〉에서 파리의 쌩-루이*Saint-Louis* 신학교출신 성직자들은 83%(23명 가운데 19명)의 높은 선서율을 보인 반면, 술피스 수도회가 운영하는 파리의 쌩-니콜라-드-샤르도네*Saint-Nicolas-de-Chardonnet* 신학교 출신들은 62%(29명 가운데 18명)의 상대적으로 낮은 선서율을 보여, 출신 신학교별로 21%나 되는 차이를 나타냈다. 전체적으로 파리에 소재한 신학교 출신들 78명 가운데 53명 즉 68%가 선서를 하였다. 물론 쌩-루이 신학교 출신 19명과 쌩-니콜라-드-샤르도네 신학교 출신 18명에만 제한되고 〈표 20〉의 신뢰도가 너무 낮기도(p.〉 .25 즉 오차가 0.25 이상) 하지만, 적어도 센에와즈도에서는 신학교 교육에 이들 37명의 선서 선택에 분명히 영향을 끼친 것으로 판단된다.

2) 주교의 영향력

성직자 집단의 유대성이 선서에 미친 영향력을 살펴보는 데 다른 중요한 요인으로 주교를 들 수 있다. 주교는 교구의 행정적·신학적 통일성을 구현하는 인물로서, 18세기에 들어와 하위성직자들과의 결속력을 공고히 하였다. 성직자 민사기본법에 대해서 7명을 제외한 모든 주교들은 선서를 거부하였

다. 이미 1790년 가을부터 주교들은 성직자들이 선서를 거부하도록 만들기 위해 노력을 경주하였다. 예컨대 주교단은 179년 10월 블로뉴의 주교가 작성한 『성직자민사기본법에 대한 원칙제시』라는 소책자를 널리 배포하여, 수많은 사제들이 선서를 거부하도록 영향력을 행사하였다. 하지만 주교들이 자신의 교구에서 보여준 이러한 행동들이 전국적으로 보편적인 것은 아니었다.

특히 센에와즈 교구는 1790년에 갑자기 생겨난 새로운 교구라는 특별한 상황 때문에, 주교의 영향은 다른 지역과는 상당히 다를 수밖에 없었다. 혁명정부는 구체제의 복잡한 행정구획들을 합리적으로 개혁하기 위해, 1790년 1월 15일에 이전에 서로 중첩되거나 다르게 구획되었던 사법 · 재정 · 군사 · 종교 구역들을 하나의 행정단위인 도*département*로 재통합하였다.[8)] 이러한 행정개혁에 따라 센에와즈 교구는 구체제 하의 7개 교구(파리교구 289개 본당, 샤르트르 교구의 234개 본당, 루앙 교구의 119개 본당, 상스 교구의 62개 본당, 보베 교구의 21개 본당, 에브뢰 교구의 4개 본당과 상리스 교구의 1개 본당)의 730개 본당을 재통합하여 새롭게 창설되었다.[9)] 오랫동안 서로 다른 전통 속에 있었던 여러 교구들이 한 개의 교구로 통합되는 작업은 당연하게도 어려움을 표출하였다. 과연 이제 막 출범한 센에와즈교구가 독자

---

8) 1790년 2월 19일 제헌의회는 모두 83개의 도*Département*로 전국 行政區劃을 결정하였는데, 센에와즈도는 모두 9개의 디스트릭트*District*(郡단위 규모 행정단위)와 59개 캉통(面 규모 행정단위)과 코뮌*commune*(里 규모 행정단위)로 구분되고, 1790년 현재 443,018명의 인구와 572,547 헥타르 규모의 넓이를 가진 도이다. 베르사이유가 새로 형성된 센에와즈도의 도청소재지(주교성당소재지)로 결정되었다. A.N. F16.972 Comité de Mendicité ; A.D.S.O.I LM 442-446의 통계자료.

9) A. Longnon, "L'Ancien Diocèse de Paris et ses subversions", *Bulletin Comité d'Histoeue et d'Aechéologie du Diocèse de Paris*, No.1., 1883, p.17. ; Mgr.O.J.M. Delarc, *L'Eglise de Paris pendant la Révolution Française*(Paris, 1884, T.1.), pp.9-10. ; *Paroisses et communes de France: Dictinnaire d'histoire administrative et demographique, Region parisenne* (CNRS, 1974), pp.8-20.

적인 정체성을 확보할 수 있으며, 새로이 선출된 주교는 과연 교구 성직자들에게 지도력을 행사할 수 있을까?

1791년 1월부터 성직자 민사기본법에 대한 선서가 진행되던 시점에, 구체제하의 파리교구의 드 쥐네*Amtoine-Elonore de Juigné* 추기경을 비롯하여, 옛 교구의 주교들 대부분은 이미 망명을 떠나 옛 부하성직자들에게 실질적인 영향력을 행사할 수 없었던 것 같다. 물론 파리 추기경의 경우 『파리교구의 성직자들과 신자들에게 보내는 파리 추기경의 사목편지*Lettre Pastorale de Mgr. l'Archeveque de Paris au Clergé Séculier et Régulier et aux fidèles de Son Diocèse*』를 옛 파리 교구에 배포하면서 선서 거부를 촉구하였다. 예컨대 미니에신부는 주일 설교대에서 이 편지를 읽으며, "본당신도들이 제헌의회 의원들이 반포한 법령에 대항하여 일어날 것을 촉구"하였지만 곧바로 코뮌 관료들의 정항에 부딪쳐 좌절되었다.[10)]

혁명 이후 새로 편성된 센에와즈도에서는 1790년 12월 5일에 베르사이유의 노트르담성당에서 주교 선거가 실시되었다. 여기서 고메꾸르*Gomécourt* 본당의 주임사제인 아부안*Avoine*가 선거인단 전체 513표 가운데 241표(전체의 47%)를 얻어 센에와즈교구의 주교로 당선되었다.[11)] 선서가 시행되기 한 달 전인 1790년 12월에 새로 선출된 아부안 주교는 교구의 모든 신부들에게 선서에 대하여 영향력을 행사하기에는 너무 늦은 상황이었다. 더욱이 아부안 주교는 선출되고 1791년 2월까지도 축성을 받지 못한 상태였다. 1791년 2월 16일부터 아부안 주교를 선출했던 선거인단들은 센에와즈도 행정부에 하루속히 축성식*sacre*을 베풀 것을 건의하였다. 1791년 3월 27일에 가서야 비로

10) 예컨대 아르누이유-레-고네스*Arnouille-les-Gonesse*코뮌의 미니에 신부는 1791년 2월 27일 주일에 파리 추기경의 서한을 읽었다. A.N.DXXIXdis 21. D227. pièce 16-17. 미니에신부의 바랑귀에 보자사제의 미시민성을 고발하는 아르누이유-레-고네스코뮌의 회의록(1791. 2. 27).

11) A.N. F19.474. 센에와즈도의 교회문서.

소 다른 8명의 주교들과 함께 고벨*Jean-Baptiste Gobel* 파리추기경으로부터 축성을 받았고, 1791년 4월 3일에 베르사이유에 정착할 수 있었다.[12)] 아부안 주교는 축성식의 지연으로 뒤늦게 취임하였고, 통상 18명이어야 할 주교참사회원*conseil episcopal* 가운데 13명만 가까스로 충원하였다. 따라서 1791년 1월 당시에 예전 교구의 주교이든 새로 선출된 주교이든 어느 누구도 실질적으로 신부들에게 영향력을 행사하기는 어려웠다. 따라서 주교의 영향력보다는 성직자들 사이에 존재한 긴밀한 유대관계를 살펴볼 필요가 있다.

3) 성직자들의 유대감

1791년 선서 결정에 따르는 복잡한 문제들과 싸워야 했던 많은 사제들에게 교계 지도자들과 신학자들은 너무도 멀리 떨어진 존재들이었고, 이들이 친밀하게 논의할 수 있는 상대는 바로 동료 신부들이었다. 혁명 전부터 성직자들의 소규모 집단들과 연락망이 존재하였다.[13)] 선서 당시 사제들의 비망록이나 편지들은 성직자들의 사적 토론에 대한 일화로 가득 차 있다. 때때로 농촌지역의 일부 성직자들이 그들 거주 지역의 전체 성향과 반대되는 입장을 택한 것은 아마도 동료신부들의 영향력과 압력에 의한 것으로 보인다. 하지만 1791년 선서에 대해 이들 신부들 상호간의 유대감이 얼마나 영향력을 행사하였는지를 측정하는 것은 간단한 문제가 아니다.

우리가 쉽게 살펴볼 수 있는 것은 구체제에서 흔히 발견되는 '신부가족들'의 선서 선택 경향이다. 형과 동생 혹은 조카와 삼촌이 함께 신부가 된 경

---

12) F. Lorin, "Deux éveques constitutionnels de Seine et Oise", *Mémoire de la Société Archéologique de Rombouillet*, t.22, 1913, pp.359~360.

13) 예컨대 에땅쁘군의 삐에르 돌리비에*Pierre Dolivier*신부와 그 주위의 동료 신부들을 들 수 있다. Rémi Chatel, *Recherches sur la déchristiansation dans le district d'Etampes*, Paris-I 대학 석사학위논문, pp.19~23.

우에, 그들은 서로 같은 선택을 하였을까? 예를 들어 에피네-쉬르오르쥬 본당의 주임사제인 프랑수와 르피트르*François Lepitre*와 쌩제르망-레-아르파죵 본당의 주임사제인 앙리 르피트르*Henri Lepitre*는 한 형제이다.[14) 1791년 2월 4일에 프랑수와는 유보조항 없이 선서하였으나, 앙리는 2월 6일에 유보조항을 첨부한 제한적 선서를 하였다.

프랑스와와 앙리는 이후에 같은 길을 걸었다. 1792년에 함께 자유와 평등의 선서*serment de Liberté-Egalité*를 하였고, 1794년 11월 24일과 27일에 같이 사제직을 포기하고 사제서품장을 반납하였다. 그러나 형 프랑수와는 혁명력 2년 니보스 8일(1794. 1. 6)에 브뢰이유*hanmeau du Breuil*에서 비밀리에 미사를 집전하고 세례식을 행한 사실이 발각되어 체포되어 베르사이유에 투옥되었다. 동생 앙리도 비밀리에 미사를 집전하였는지는 기록에 남아있지 않지만, 앙리도 1794년 2월에 체포되어 꼬르베이유 감옥에 투옥된 사실로 보아 형과 같이 비밀리에 사제활동을 계속했던 것으로 추측할 수 있다. 혁명력 3년에 종교의 자유가 다시 허용되자, 형 프랑수와는 테르미도르 8일(1795. 7. 26)에 혁명 전에 시무했던 생-제르망-레-아르파종 본당의 주임사제로, 동생 앙리도 1795년 4월에 에피네-쉬르-오르쥬 본당의 주임 사제로 각각 복귀하였다. 결국 두 형제는 혁명기간 내내 같은 길을 걸었음을 알 수 있다. 우리는 센에와즈도에서 모두 20 신부가족을 확인하였고, 이들 가운데 9가족 19명의 선서 선택여부를 추적할 수 있었다(〈표 21〉 참조). 이들 가운데 한 가족*Renouvin*을 제외하고는 8가족(89%)이 모두 같은 길을 택하였다.

---

14) Michèle Pluquet, "Duex destins parallèles: Henri et François Lepitre", *89 en Essonne*, No.4-5, pp.58~63. 형 프랑수와 르피트르(1734년생)와 앙리 르피트르(1740년생)는 아브지 프랑수와가 두 번 결혼하면서 얻게 된 이복형제이다. 아버지 작끄-프랑스와는 아르파종의 식료잡화상인이었다. 삼촌의 뒤를 이어 앙리와 프랑스와는 같이 생-니꼴라-뒤-샤르도네 신학교를 거쳐 사제의 길에 들어섰다. 이들은 사제 서품 직후인 6 리외*lieue* 밖에 안되는 지척에 위치한 본당의 사제로 봉직하였다.

▶ 표 21 신부가족의 선택

성 명	직위	사목본당	민사기본법 선서
1. LEFORT Benjamin	보좌	쌩모리스	선서
LEFORT Marie H.F.(형제)	보좌	르발쌩제르망	선서
2. DELANOE Louis	주임	장브리	선서후 철회
VAUDRY Jean-François (사촌)	보좌	모르쿠시	선서후 철회
3. GANDILHON Jean	보좌	쌩뜨제느비에브데브와	선서
GANDILHON Antoine (삼촌)	주임	모르상쉬르오르쥬	선서
4. LEPITRE Jacques	주임	쌩제르망레아르빵	제한선서후 사제직포기
LEPITRE Henri(형제)	주임	에피네쉬르오르쥬	선서후 사제직 포기
5. RENOUVIN G.Fr.	보좌	에라니	제한 선서
RENOUVIN(형제)	보좌	앙드레시	거부
6. HUA	주임	망뜨의 쌩마꼬롱	거부
HUA(형제)	주임	망뜨의 쌩삐에르	거부
7. LAIN	주임	브왕빌	선서
YVERT Pierre(조카)	주임	몽드빌	선서
8. NATIVELLE Jean Baptiste	보좌	롱쥬모	거부 후 학살당함
NATIVELLE René(형제)	보좌	아르쟝떠이	거부 후 학살당함
9. POLLET Jean Ignace	보좌	쌩제르망	거부
POLLET François(형제)	보좌	쌩제르망	거부
POLLET Jean Martin (형제)	주임	쌩놈라브르떼슈	거부

형제들이나 사촌들 혹은 조카-삼촌 관계는 사실상 흔하지 않은 경우이므로, 같은 본당에서 사목하는 주임사제와 보좌사제의 관계를 살펴보도록 하자. 이들은 오랜 기간 같이 활동하였으므로, 선서에 대해서도 진지하게 서로

토론하고 같은 길을 선택하기 쉬웠을 것이라는 가설을 세워볼 수 있다. 우리는 통계분석의 표준화와 단순화를 위해서 두 명의 신부가 한 본당에서 사목한 경우만을 선택하였고, 이 경우에 선서에 대한 두 사람의 선택이 어떠하였는가를 검토해보기로 한다.[15] 센에와즈도에서 685개 본당 가운데, 1명의 주임사제와 1명의 보좌사제가 같이 사목하는 본당은 모두 203개(전체의 29%)였다.[16]

▶ 표 22 같은 본당에서 사목하는 주임신부와 보좌신부의 선서비율

비율 / 군	분석대상 본당수	2명 모두 선서파인 본당수	1명선서파+1명 거부파본당수	2명 모두 거부파인 본당수	1명 주임신부와 1명 보좌신부만 이 있는 본당의 선서율	1명의 신부만 사목하는 본당의 선서율
꼬르베이유	28개본당	21개본당	6개본당	1개본당	48명/56명=86%	23명/33명=70%
두르당	16	9	4	3	22/32=69%	26/29=90%
에땅쁘	15	13	1	1	27/30=90%	64/67=96%
고네스	24	13	6	5	32/48=67%	30/43=70%
망뜨	24	19	4	1	42/48=88%	44/51=86%
몽포르	24	17	4	3	38/48=79%	41/49=84%
뽕뚜아즈	19	11	4	4	26/38=68%	47/62=76%
쌩제르망	20	16	3	1	35/40=88%	34/37=92%
베르사이유	33	21	10	2	52/66=79%	27/41=66%
합 계	203개본당	140명	42명	21명	322/406=79.3%	336/412=81.6%

〈표 22〉에서 신부들이 동일한 선택을 한 경우를 살펴보면, 2명 모두 선서한 경우가 140개 본당, 그리고 2명 모두 거부한 경우가 21개 본당이었다. 결

15) T.Tackett, *op.cit.*, pp.121~123을 참조함.
16) 〈표 3〉의 통계에서 성직자통계는 A.D.S.O. 35 F 9-14. Fichier Staes, 인구통계는 A.N.F16 972 빈민조사위원회의 인구조사를 기준으로 산출하였다.

국 전체 203개 본당 가운데 161개 본당(전체 본당의 79.3%, 406명 가운데 322명)의 신부들이 선서에 대해서 동일한 선택을 한 것으로 나타났다. 그러나 홀로 사목하는 신부들의 선서율(81.6%, 412명 가운데 336명)이 둘이 같이 사목하는 신부들의 선서율(79.3%)보다 2.3%가 높았다. 같이 사목하는 신부들이 공동으로 행동을 결정할 경우에 교회의 계서제를 존중하여 주교의 입장을 지지하는 경향을 보였으므로, 고립된 주임사제들에 비해 상대적으로 선서를 거부하는 경향이 강했다고 태킷은 주장하였다.[17] 그러나 센에와즈도의 경우는 2.3%의 차이에 불과하므로, 태킷의 주장과 달리 이 지역에서 성직자들 사이에 형성된 인간관계가 선서에 중대한 영향을 끼쳤다고 보기는 어렵다.

4) 얀센주의의 영향

앞의 분석에서 성직자들의 태도와 관점을 형성하는데 신학교 교육이나 성직자들의 유대감이 어느 정도 중요하다는 사실을 발견하였다. 그러나 성직자의 태도와 관점이 형성되는 데는 신학교 교육뿐만 아니라 오랜 기간 교구에서 성직자 공동체에서 겪은 본당 사제들의 경험도 중요하였다. 17세기 이래로 재속 성직자들 사이이서 경제적인 문제와 신학적 · 교회적 문제로 소요와 불만이 조직적으로 표출되기 시작했다. 1650년대의 "종교적 프롱드의 난"에서 파리와 몇몇 도시의 본당 사제들은 주교에 대하여 반발하였고, 이러한 반발은 교회의 계서제와 국가에 심각한 위협으로 작용하였다. 1659년 법령을 통해 주임신부가 독립적인 조직을 형성하거나 주교가 허락하지 않은 모임을 금하는 조처를 취하였지만, 18세기에도 여전히 일부 지역에서는 본당 사제들의 불법모임이 지속되었다.

---

17) T.Tackett. *op.cit,*. p.140.

18세기 전반부에 교회 정치를 지배한 것은 얀센주의였다.[18] 얀센주의는 넓은 지역에서 지지자를 확보하였지만, 특히 북부에 편중되어 있었다. 우니게니투스 칙서 이후로 1750년대까지는 왕국에서 얀센주의 지지자가 거의 소멸하였지만, 소수의 지지자들은 주교의 교구행정에 본당사제들이 함께 참여할 권리를 요구하는 리셰리즘*Richérisme*을 받아들여 지역의 주교행정에 더욱 집중하였다. 18세기 말에 얀센주의자들이 얼마나 남아있었는지는 아직 연구된 바가 없어 알 수 없고, 더욱이 1791년의 선서파 사제와 1713년 우르게니투스 칙서에 반대한 얀센주의자들 사이에는 78년이라는 엄청난 시간의 차이로 인해 어떤 명확한 관계가 존재한다고 보기 어렵다.

그러나 얀센주의가 광범위하게 퍼졌던 지역에서는 상대적으로 다른 지역에 비해 본당 사제들의 독립성과 교회계서제에 대한 저항의 전통이 쉽게 형성될 수 있었다. 따라서 18세기 중반이후로 얀센주의가 급속히 쇠퇴했을지라도, 다른 경제적 · 정치적 · 이데올로기적 문제들에 대하여 본당사제들이 혁명 이전부터 여러 방식으로 집단적으로 행동했던 것은 확실하다. 특히 18세기 후반에 성직자들의 집단행동에 대한 태킷의 연구에 따르면, 남서부, 남동부와 북부 지역에 사제들의 집단행동이 집중되어 있으며, 서부지역에서는 리셰리즘의 영향이 그리고 파리 분지에서는 얀센주의의 영향력이 강하게 나

18) 얀센주의는 17세기에 일어난 가톨릭의 교회개혁사상과 운동을 말한다. 얀센주의는 네덜란드의 꼬르넬리우스 얀세니우스*Cornelius Jansenius*주교의 이름을 따라 붙인 이름이다. 이 사상은 벨기에, 네덜란드 지역에서 시작하여 점차 프랑스, 이탈리아, 스페인, 오스트리아로 확산되었다. 특히 17~18세기 프랑스에서는 신학의 영역을 넘어서 공공생활에까지 커다란 영향을 끼쳤다. 얀센주의는 19세기 초에 이르면 주변적 현상으로 전락하게 된다. 얀센주의의 선구자는 루뱅대학의 바이우스*Baius*인데, 그는 엄격한 아우구스티누스주의의 원칙들로 이루어진 은총설을 강조하였다. 은총설의 강조로 인해 1567년 스페인의 예수회로부터 혹독한 탄압을 받았고 이단으로 정죄당했다. 이프르*Ypres*의 주교인 얀세니우스주교는 바이우스의 사상을 이어받아, 『아우구스티누스』(1640년)를 출간하였다.

타났다. 이렇듯 집단 저항의 전통이 오래된 지역에서는 선서파 사제가 훨씬 많이 나타났다는 것이다.[19]

그렇다면 17세기와 18세기 전반까지 센에와즈도에서 활발하게 활동하였던 얀센주의는 선서에 어떤 영향을 끼쳤을까? 이 지역의 얀센주의에 대해서는 조자스 준교구*archidiaconé de Josas*와 벡생지역*Vexin Français*에 대한 연구가 있다. 1750~1789년 사이에 몇몇 사제들은 여전히 얀센주의파였다. 이들 대부분은 노아이유 주교*Mgr. de Noailles*에 의하여 임명되어 일정기간 동안 이 지역에서 사목한 얀센주의파 사제들이다. 1791년에는 단 한 명의 얀센주의 사제도 남아있지 않았다. 1750년 이후에 주교들은 얀센주의 사제들을 추방하고 얀센주의의 비협조적인 사제들로 대체하였기 때문이다. 스타스*Jacques Staes*는 얀센주의 사제가 있었던 본당의 평신도들은 이미 떠나버린 얀센주의 사제에 여전히 집착하고 있었다고 언급하였다.[20] 이런 점에서 혹시 얀센주의가 강력한 영향력을 행사했던 지역들의 경우에 선서 당시 사제들이 얀센주의의 영향을 받지 않았을까하고 추측해볼 수 있다.

파리 남부에 위치한 조자스 준교구에 대한 스타스의 연구에 따르면, 1720년부터 1789년 사이에 14개 본당에 얀센주의 사제들이 사목하였다.[21] 이들 본당의 후임자들의 선서 여부를 조사해본 결과, 전체 21명 가운데 16명이 선서하였고, 2명은 제한적으로 선서하였으며, 3명이 거부한 것으로 나타났으며, 전체 14개 본당 가운데 10개 본당(71%)에서 선서하였다. 이는 이 지역의 평균 선서율에 못 미치는 것으로, 오히려 얀센주의의 영향이 강했던 지역에서 사제들의 선서율이 평균 이하로 나타났다.

---

19) T.Tackett, *op.cit,*. pp.127~141.

20) Jacques Staes, *La vie religieuse dans l'archidiaconé de Josas à la fin de l'Ancien Régime, 1750-1789*, Thèse de l'Ecole de Chartes, 1969, pp.817~826.

21) *Ibid.*, pp.817~826. 스타스는 이들의 명단을 얀센주의를 표방하는 잡지인 "교회소식 *Nouvelles Ecclésiastiques*"에서 주로 수집하였다.

한편 파리 북부에 위치한 벡생지역의 얀센주의 사제에 대한 뒤빠뀌에*Jacques Dupâquier*의 조사에 따르면[22], 18세기에 24개 본당에 얀센주의 사제가 존재하였다. 1791년에 이 지역의 사제들은 전체 29명 가운데(2명에 대해서는 알 수 없음) 24명이 선서하였고, 2명이 제한적으로 선서하고, 1명은 거부한 것으로 나타났다. 벡생지역의 경우에, 얀센주의의 영향이 가장 강했던 지역에서 사제들은 상대적으로 선서율이 높은 것으로 나타났다.

결국 센에와즈도의 남부와 북부의 2개 지역을 대상으로 조사한 결과에 따르면, 얀센주의가 강했던 지역과 선서율은 별로 상관관계가 없는 것으로 해석할 수 있다.

5) 1787~89년 성직자들의 정치활동

18세기 내내 지속된 성직자들의 정치활동은 점차 증가하여 1779~1780년에 절정을 이르렀다. 마침내 국왕은 1782년에 주교의 허락 없이 개최되는 주임사제의 모든 회합을 금지하는 포고를 반포하였다. 그러나 1786년 이후에는 이 포고를 무시하는 사제들의 집단행동이 주로 1779~89년에 집중되어 나타났다. 1787년 28명에서 50명으로 구성되는 지방의회*assemblée provinciale*를 조직하려는 정부의 계획은 자연스럽게 재속성직자들을 지방 정치에 공식적으로 참여하기도 하였고, 성직자들을 자동적으로 시의원으로 만들었다.[23] 그러나 고위성직자들은 지방의회에 하위성직자들이 참여하는 것을 배제시키거나 제한하는 데 성공하였다. 1788~89년에 이러한 고위성직자들의 책략은 하위성직자들의 적개심을 불러 일으켰으며, 저항의 전통이 강한 도피네 같

22) Jacques Dupâquier, "Le Jansénosme dans le Vexin Français", *Bulletin de la société de l'Histoire de Paris et de l'Ile-de-France*, 115e, 1989, p.77.

23) T.Tackett, *op.cit.*, pp.141~142. ; Lucien Bély, *Dictionnaire de l'Ancien Régime*(Paris, PUF, 1996), pp.97~98.

은 지역에서는 상황이 더욱 양극화되어, 마침내 1789년 주임사제들이 기존 교회의 위계질서로부터 독립할 것을 주장하는 반란을 일으키게 되었다.[24)]

1788년 7월에 삼부회소집이 공고되자. 프랑스 전역에서 재속 성직자들은 지방의회의 부당성을 고발하고 주임사제들에게 그들의 수에 비례하여 대표권을 주어야 한다고 요구하는 수많은 팜플렛을 배포하였다. 1789년 1월부터 3월까지 하위성직자들은 선거법을 최대한으로 이용하기 위해 동료들을 규합하는 데 노력을 집중하였다.

센에와즈도의 일부 성직자들도 1789년부터 정치에 참여하였다. 몽티니-르-브르또노*Montigny-le-Bretonneux*의 주임사제인 드 샹뽀*Joseph Nicolas De Champeaux*는 제헌의원으로 선출되자, 본당신도들의 불평에도 불구하고 보르네 보자신부에게 본당사목을 위임하고 베르사이유로 떠나갔다. 또한 상당수의 사제들도 1790년 최초로 실시된 지방자치선거에 출마하여 시장, 郡의원, 市의원, 道의원 등으로 선출되었다. 베르사이유시 노트르담성당의 보좌신부인 바잘*Jean Bassal*은 1790년 6월에 베르사이유郡의 군의원으로, 이어서 郡의장*President du District*으로 선출되었으며, 1달 후에는 센에와즈도의 도의원으로 선출되기에 이른다.

스타스 카드를 분석한 결과, 1087명의 본당사제들 가운데 저어도 34명의 사제들이 1789~1790년 사이에 지방행정에 참여하였다.[25)] 34명 가운데 11명은 코뮌 의장*maire*으로, 17명은 코뮌의 의원*officier municipal ou publique*으로, 1명은 선거인단 의장, 1명은 생-제르망군의 서기, 1명은 코뮌 검사, 1명은 대소인(代訴人*partie*)으로 활동하였다. 물론 사료의 한계성 때문에 이 수치는 실제 활동했던 사제들의 일부에 불과한 것이다.

---

24) T.Tackett, *Priest and Parish in in Eighteenth-Century France*(Princeton, 1977), 10장을 참조할 것.

25) A.D.S.O. 35 F 9-14. Fichier Staes.

성직자들은 지방행정에 참여하는 것 외에도, 郡 혹은 道의 선거인단으로 활발하게 정치활동에 참여하였다. 아뛰엘*Jean-Claude Attuel*의 연구에 따르면 성직자들은 전체 선거인단의 2.6%(20명)을 차지하는 반면, 농민은 전체의 43.3%, 부르주아는 39.6%, 장인은 8.6%, 귀족은 4.3%를 차지하였다. 성직자 집단은 선거인단 가운데 가장 적은 집단이지만, 혁명기에 성직자들이 결코 정치활동에서 배제되지 않았다는 증거로 볼 수 있다.[26)]

일부 성직자들의 정치활동은 과연 성직자민사기본법의 서약과는 어떤 관계가 있을까? 다시 말해 혁명 초부터 정치활동에 뛰어든 성직자들은 대부분 1791년의 선서에 서약하지 않았을까 추측해본다. 위에 언급한 34명의 선서 여부를 조사해본 결과, 선서여부를 확인할 수 없었던 멜레 주임신부를 제외하고는 33명 모두가 민사기본법에 서약하였다. 물론 33명은 소수에 불과하기 때문에 성급하게 그 관련성을 논하기는 어렵더라도, 혁명기 초부터 활발하게 정치활동에 참여했던 성직자들이 성직자민사기본법에 서약했다는 사실은 그리 놀라운 일이 아니라고 하겠다.

지금까지 성직자 공동체가 선서에 미친 영향을 여러 측면에서 살펴보았다. 신학교별 교육에 따라 선서율이 다르게 나타났지만 분석 자료의 제한으로 인해 판단하기 어려웠고, 주교나 동료성직자가 선서에 미친 영향은 미미한 것으로 판명되었다. 혁명 이전의 얀센주의가 선선에 끼친 영향을 조사해보았으나, 제한된 사료로 인해 별다른 상관관계를 발견하지 못했다. 한편 1787~1789년 정치활동에 참여했던 극소수의 신부들은 모두가 선서를 한 것으로 나타났다. 결과적으로 성직자공동체가 선서선택에 끼친 영향은 결정적인 것으로 보기 어렵다.

---

26) Jean Claude Attuel, *La Justice, La Nation, Versailles sous la Révolution:1789-1792*(Thèse de Doctorat d'Etat, Univ. de Paris-XII, 1988), pp.220~254.

2. 지역 공동체가 선서에 미친 영향

1791년 선서에 직면했던 성직자들은 성직자 공동체에 속할 뿐만 아니라, 본당 신도들로 이루어진 지역 공동체에도 속한다. 도시지역에서 사목하던 사제들과 농촌지역에서 사목하던 사제들은 사목지역의 성격에 따라 상당히 영향을 받았던 것으로 보인다. 따라서 이들이 사목하던 지역 공동체와 선서율의 관계를 좀 더 구체적으로 살펴볼 필요가 있다. 또한 지역공동체가 역사적으로 형성해온 지역문화는 지역별로 매우 다양하다. 센에와즈도의 지역문화는 어떠하였으며, 실제로 성직자의 선서에 어떤 영향을 끼쳤을까?

구체제에서 재속성직자들은 본당 신도들의 지도자이자 교사였으며, 사회적 응집력과 안정성의 유지에 중추적 역할을 담당하였다. 트렌토 공의회 이후로 주교들과 신학교수들은 사제를 세상과 분리된 존재로 만들고자 하였으나, 어떠한 사제도 평신도들의 의견에서 완전히 벗어날 수는 없었다. 오래 전부터 역사가들은 본당신도들의 견해가 본당사제들이 선서에 대하여 태도를 결정할 때 중요한 영향을 끼쳤다는 점에 동의하고 있다.[27] 그렇다면 성직자와 평신도가 서로 영향을 끼치는 가운데 궁극적으로 누가 영향력을 가장 많이 행사하였을까?

1) 공동체의 물리적 구조

사제들이 사목하던 지역 공동체의 크기와 선서율의 관계를 구체적으로 살펴보기 위해, 도시를 '적어도 2,000명 이상의 인구를 가진 지역'으로 정의하면,[28] 센에와즈도의 695개 본당 가운데 21개(전체의 3%) 본당만이 적어도

---

27) T.Tackett, *Religion*, p.159와 제 1장을 참조할 것.

28) 태킷의 전국 통계와 비교하기 위하여 태킷이 선정한 기준을 따르기로 하였다. T.

2,000명 이상의 인구를 가진 도시지역에 속한다. 여기서는 섬세한 분석을 위하여 2,000명 이하의 인구를 가진 촌락 지역도 검토하였다.[29)]

▶ 표 23 촌락과 도시에 거주하는 신부들의 선서율
(X^2= 108.333, d.f.= 6, p〉.005)

도시 유형 / 선서율	선서해당성직자	선서파	선서비율	해당도시수
0-1,000명의 촌락	724명	578명	79.8%	607개 촌락
1,000-2,000명의 촌락	161	136	84.5%	67개 촌락
2,000-3,000명의 소도시	73	52	71.2%	13개 도시
3,000-5,000명의 소도시	17	10	58.8%	3개 도시
5,000-8,000명의 소도시	35	20	57.1%	3개 도시
8,000-20,000명의 중도시	35	14	40%	1개 도시
20,000명 이상의 대도시	42	10	23.8%	1개 도시
(파리시)	(119명	57명	47.9%	1개 도시)

〈표 23〉을 살펴보면, 1,000명 이하의 607개 촌락의 선서율은 道평균 선서율(75%)보다 훨씬 높은 79.8%, 인구 1,000명에서 2,000명의 67개 촌락의 선서율은 84.5%인데 반하여, 2,000명에서 3,000명의 13개 도시의 선서율은 71.2%, 3,000명에서 5,000명의 3개 도시에서는 58.8%, 5,000명에서 8,000명 사이의 1개 중도시에서는 57.1%인 것으로 나타났다. 또한 8,000명 이상의 인구가 사는 대도시인 쌩제르망-앙-레이*Saint-Germain-en-Laye*(인구 12,500명)와 베르사이유*Versailles*(인구 51,085명)의 선서율은 道평균 선서율 뿐만 아니라 프랑스 전체 선서율(52~55%)보다 훨씬 낮은 수준이 40%와 23.8%인 것으로 나타났다. 이 표에서 발견되는 매우 중요한 사실은 1,000명 이하의 촌

Tackett, *op.cit.*, pp.50~51.

29) 〈표 4〉의 성직자통계는 A.D.S.O. 35 F 9-14. Fichier Staes, 인구통계는 A.N F16. 972 빈민조사위원회의 인구조사를 기준으로 산출하였다.

락을 제외하면, 신부들의 선서율이 도시의 크기에 정확히 반비례한다는 것이다.

센에와즈도에서 도시의 크기가 커짐에 따라 신부들의 선서율은 점차 감소하였다. 도시 지역의 신부들과 농촌지역의 신부들 사이에는 분명한 차이가 존재하였다. 2,000명 이하의 촌락(885명)에서는 모두 79.8%(724명), 84.8%(161명)의 선서율을 보여 道의 평균 선서율보다 훨씬 높은 반면에, 2,000명 이상의 도시지역(202명)에서는 모두 도의 평균 선서율보다 더 낮은 것으로 나타났다. 다시 말해 도시지역의 신부들은 일반적으로 선서에 대해 거부하는 성향을 나타냈고, 농촌지역의 신부들은 찬성하는 성향을 나타냈다. 이러한 현상은 〈표 24〉에서 보듯이, 태킷의 전국 분석 결과와도 일치한다. 이러한 반비례현상에서 대도시인 파리시만이(선서율 47.9%) 예외인 것으로 태킷의 조사결과에 나타났다. 하지만 유감스럽게도 태킷은 이러한 공동체의 규모와 선서의 관계에 대해서 앞으로 좀 더 연구되어야 할 분야라고 지적하면서 더 이상의 이유를 설명하고 있지 않다.[30]

▶ 표 24 인구 2,000명 이상의 도시에 거주하는 신부들의 선서율 비교

(X^2= 24.657, d.f.= 2, p〈 .005)

선서율 / 도시유형	해당도시 수	선서해당 성직자	선서파	센에와즈道의 선서율	프랑스 전국의 선서율
2000-8000명의 소도시	16개 도시	125명	82명	65.6%	52.3%
8000-20000명의 중도시	1	35명	14명	40%	40.7%
20000-50000명의 대도시	0	0	0	- %	32.1%
650000명 이상의 대도시	1	42명	10명	23.8%	25%

왜 공동체의 물리적 공간구조에 따라 이런 차이가 존재하는 것일까? 브와

30) T.Tackett, *op.cit.*, p.50.

*Paul Bois*는 사르트르*Sartre*道의 농민에 대한 연구에서 이 지역에서 거부파 사제와 올빼미당(슈앙당*chouannerie*)의 반란이 서부지역에서만 출현하게 된 원인을 지역의 사회 경제적 조건 특히 도시화로 설명하였다.31) 그는 도시와 농촌 사이의 상호관계를 강조하면서, 도시의 경제체제에 종속되지 않았던 서부지역의 농촌은 혁명이 진행되면서 혁명에 크게 실망하게 되었다고 강조하였다. 왜냐하면 평소에 적대감을 가지고 있던 도시 부르주아지가 혁명세력으로 등장하면서, 국유재산의 매각과정에서 도시 부르주아지만 이들을 보게 되었기 때문이다. 결국 일찍이 도시의 경제체제에 종속되어 도시문화와 친숙했던 동부지역의 농민들은 도시 부르주아지 중심의 혁명에 적극 가담한 반면에, 서부지역의 농민들은 혁명에 반대하여 반 혁명대열에 참여하였다고 주장하였다. 따라서 동부지역의 사제들의 대다수가 선서파였고, 서부지역의 사제들이 거의 다 거부파였던 것은 바로 각 지역민의 심성과 정치성향을 그대로 반영하는 것으로 해석해야 한다고 주장하였다.32)

반면 틸리*Charles Tilly*는 방데지역에 대한 연구에서 도시 상인과 국가 관료의 중대한 영향력이 농촌 엘리트와 전통 사회를 위협하여 농촌은 혁명 정부에 적대적이 되었다고 주장하였다.33) 브와와 틸리는 주로 서부지역을 예로 들어 농촌이 왜 도시에 비해 상대적으로 혁명에 적대적이었는가를 설명하였다.

하지만 서부지역과는 정반대로, 센에와즈도에서는 농촌지역이 도시지역보다 혁명에 더 적극적인 것으로 나타났다. 왜 센에와즈도에서는 서부지역과 정반대의 현상이 일어난 것일까? 한 지역의 사회 · 경제적 구조 문제와 선서의 관계를 살피는 것은 매우 흥미롭고 중대한 작업이지만, 센에와즈도에 대

---

31) Paul Bois, *Paysans de l'Ouest*(Paris, Flammarion, 1971), pp.148~149, 268~271.

32) *Ibid.*, pp.290~294.

33) Charles Tilly, *The Vendee: A Sociological Analysis of the Counterrevolution of 1793*(Cambridge, Mass., 1964), pp.35~37, 157~158.

한 사회·경제적 구조분석이 아직 없으므로 현재로서는 이에 대한 연구를 차후로 미루어야 하겠다.

도시와 농촌의 공간적 규모가 주민들에게 어떤 영향을 끼쳤으며 궁극적으로 사제의 선서선택에 어떤 영향을 끼쳤는가를 연구하는 데 있어서, 영국 산업혁명 전후의 군중 행동과 공동체의 관계에 대한 연구들은 우리에게 시사하는 바가 크다. 물론 선서의 문제와 군중폭동의 문제를 같은 차원에서 비교하는 것이 무리이긴 하지만, 사지의 선서선택이 대부분의 경우에 공동체 주민의 의견과 일치한다는 점을 감안한다면, 이들의 연구는 우리에게 설득력 있는 가설을 제공한다.

캘훈*C.J.Calhoun*은 산업혁명기 급진주의 운동이 본질적으로 전통적인 공동체를 보존하기 위한 것으로, 이 운동의 군중행동에서 공동체가 중요한 역할을 하였다고 강조하였다.[34] 캘훈은 산업혁명의 과도기에 공동체의 구성원들이 집단적으로 저항운동에 동원되는 데에는 세 가지 공동체의 특성 즉 긴밀성, 구성원들 사이의 조직력, 그리고 구성원들이 맺고 있는 관계의 다중성이 작용하였다고 보았다.

캘훈이 공동체의 특성이 군중행동에 중대한 영향을 RL쳤다는 점을 지적했다면, 보스테트*John Bohstedt*는 공동체의 구조가 폭동에 어떠한 영향을 미쳤는가를 더욱 구체적으로 분석하고 있다.[35] 보스테트는 1790년에서 1810년에 이르는 시기에 잉글랜드와 웨일즈에서 발생한 식량폭동을 분석하면서, 톰슨*E.P.Thompson*의 도덕경제*moral economy*개념이 폭동의 동기에만 초점을 맞추고 있기 때문에 폭동의 범위와 행동양식에 대해서는 설명하지 못한다고

---

34) C. J. Calhoun, *The Question of Class Struggle: Social Foundation of Popular Radicalism During the Industrial Revolution*(Chicago, University of Chicago Press, 1982).

35) John Bohstedt, "The Moral Economy and the Discipline of Historical Context", *Journal of Social History*, No.26(1992), p.274.; J.Bohstedt, *Riots and Community Politics in England and Wales, 1790-1810*(Cambridge, Harvaed Univ. Press, 1983).

비판하였다. 톰슨이 주장하듯이 도덕적 분노라는 동기만으로는 왜 어떤 지역에서는 폭동이 발생하고 다른 지역에서는 발생하지 않았는지를 설명하지 못한다는 것이다.

보스테트에 따르면, 폭도들에게서 나타나는 다양한 행동 양식은 공동체의 구조에 따라 달랐으며, 공동체의 구조는 민중들 사이에 수평적 관계, 그리고 민중과 엘리트 사이의 수직적 관계에 따라 달랐다는 것이다.[36] 공동체의 결속이 긴밀할수록 구성원들은 집단행동에 동원될 준비가 더 잘 되었으며, 이러한 공동체가 어떻게 조직되었는가하는 문제는 역사적 · 사회적 맥락에 달려있다고 보았다.

보스테트는 1790~1810년에 이르는 시기에 식량폭동과 관련하여 공동체를 다섯 유형으로 구분하였다. 첫째, 소규모의 농촌촌락, 둘째, 데본과 같은 중간 크기의 안정된 도시, 셋째, 농촌의 산업지구로, 넷째, 맨체스터와 같은 대산업도시로, 다섯째, 런던과 같은 대도시이다. 보스테트는 공동체의 유형에 따라 폭동에 대한 참여의 정도도 달랐다고 파악한다. 그는 공동체 내의 민중과 엘리트의 관계, 민중들 사이의 관계가 식량폭동을 일으키는 데 중요한 역할을 했다고 본다. 이들 사이의 역동적 권력관계가 식량폭동에 지대한 영향을 미쳤다는 것이다.

이러한 보스테트의 주장은 1775년 4월부터 곡물 거래의 자유화에 반대하여 파리분지*Bassin Parisien*에서 발생한 밀가루전쟁에 대한 부통*Cynthia a.Bouton*의 연구에서도 상당히 유사하게 나타난다.[37] 캘훈, 보스테트, 부통은 18세기 영국과 프랑스의 식량축동에 대한 연구에서 군중들의 의식과 태도라는 문화적 요소뿐만 아니라 공동체의 유형이라는 물질적인 토대도 중요하다는 것을

36) J.Bohstedt, "The Moral Economy", pp.274~275.

37) Cynthia a. Bouton, *The Flour War: Gender, Class, and Community in Late Ancien Régime French Society*(Pennsylvania, Pennsylvania State University Press, 1993).

강조하고 있다.

이들의 연구들에서 공통된 주장은 공동체의 규모가 구성원들에게 상당한 영향을 끼쳤다는 것이다. 보스테트의 설명방식에 따라 지역 공동체의 구조가 선서에 끼친 영향을 설명해보자면, 공동체의 규모가 아주 작은 경우에는 서로 인간관계의 망이 너무 산재해있기 때문에 결속력이 그다지 강하지 못하였으며, 따라서 이 지역의 사제들은 오히려 독자적으로 선서에 대해 입장을 취하였으며, 대체로 선서하는 경향이 강하다고 하겠다. 하지만 중간크기의 도시에서는 이웃, 정치조직, 조동 조직 등에서 긴밀한 망이 구성되어, 지역 엘리트와 민중들 사이에 상호 후원관계가 성립되었다. 따라서 이 지역의 사제들은 긴밀한 관계망을 형성하고 있어서, 선서할 때 공동으로 결정하는 경향이 강하였으며, 그 경우 대체로 선서를 거부하는 경향을 보였다. 이와 같은 설명방식은 아직은 가설 수준에 불과하며, 앞으로 이를 입증할 사료를 발굴하고 분석하는 작업이 뒤따라야 할 것이다.

2) 성직자들과 평신도의 관계

오래 전부터 역사가들은 본당 신도들의 견해가 본당 사제들이 선서에 대하여 태도를 결정할 때 중요한 영향을 끼쳤다는 점에 동의하고 있다. 브와에 따르면, 사제들의 선서는 소속된 지역주민의 여론과 정치성향을 그대로 반영한다.[38] 사제들이 선서에 대하여 본당신도들의 정치성향을 거스르는 결정을 취하는 것은 매우 어려운 일이었으며, 결국 선서는 본당 주민들의 정치성향을 그대로 반영하였다는 것이다. 그렇다면 성직자와 평신도가 서로 영향을 끼치는 가운데 궁극적으로 누가 누구의 영향력을 더 받았을까?

성직자와 평신도의 관계를 밝히는 연구는 드물기도 하지만, 논의의 성격

---

38) P.Bois, *op.cit.*, pp.290~294.

상 이를 밝혀줄 사료를 찾아내기가 쉽지 않다. 르페브르는 노르*Nord*道의 농민에 대한 연구에서 본당 신도들은 민사기본법을 거의 이해하지 못했을 뿐만 아니라, 관심도 없었고, 본당신도들이 관심을 표명하고 분노하기 시작한 것은 본당사제가 선서 거부 때문에 교체되었을 때였다고 서술하였다.[39] 그의 견해는 이후 많은 학자들의 동의를 얻었다. 하지만 최근 태킷의 연구에 따르면, 본당신도들이 선서 투쟁에서 성직자들이 논의했던 어려운 신학논쟁들을 이해할 수는 없었더라도, 그들 나름대로 명확한 성직자의 상을 가지고 있었고, 이것을 성직자들에게 요구하였다는 것이다.[40]

따라서 혁명정부가 사제들의 선서를 수행하는 과정에서 평신도들은 분노를 표현했고, 선서식 자체를 저지하기도 하였다. 전국적으로 사제들의 선서율이 가장 높은 지역(전체 1,087명의 신부들 가운데 820명, 75.4%)에 속하는 센에와즈도에서, 사제들의 선서의식은 평신도들의 환영 분위기 속에서 전반적으로 순조롭게 진행되었다. 선서를 거부한 사제들(1,087명 가운데 179명, 16.5%)은 본당에서 추방당하였고, 공석이 되어버린 주임사제직에 대한 선거가 시행되었다.[41] 새로 선출된 주임사제들은 같은 지역에서 오랫동안 보좌사제로 봉직해온 이들이 대부분이어서 외부인은 극히 드물었다. 주임사제의 교체는 순조롭게 진행된 반면에, 보좌사제의 교체는 상당한 어려움이 뒤따랐다.[42]

---

39) Georges Lefébvre, *Les paysans du Nord pendant la Révolution Française*(Paris, 1924), p.780.

40) T.Tackett. *op.cit.*, p.166.

41) 거부파 사제들이 상대적으로 가장 많은 베르사이유군(34.1%)의 경우에는 모두 26개의 주임사제직이 공석이 되었다. 주임사제 선거는 베르사이유시에서 1791년 2월 13일, 5월 10일, 9월 18일, 12월 11일에 4번에 걸쳐 실시되었고, 모두 21명의 주임사제가 선출되었다. J. M. Alliot, "Le clergé pendant la Révolution dans le district d'Etampes", *Annales de la Société Historque et Archéologique du Gatinais*, t.33., 1916-1917, pp.189~249.

간접적이지만 성직자와 평신도의 관계를 살펴보는 첫 번째 방법은 거부파 사제의 활동과 그에 대한 평신도들의 반응을 살펴보는 것이다. 새로 주임사제로 선출된 선서파 사제가 본당에 부임했을 때, 거부파 사제나 혹은 본당신도들은 각 지역에서 소요를 일으키거나 저항하는 경우가 전국적으로 목격되었다. 선서파 사제가 지배적인 지역이라고 해서 거부파 사제들과 본당신도들의 저항이 전혀 없었던 것은 아니다. 이를 입증하는 사료들은 드물고, 695개에 달하는 코뮌마다 평신도들의 반응이 어떠했는가를 알기는 사실상 어려운 일이다. 다만 국립고문서보관소에 남아 있는 제헌의회에 들어온 서신들을 보면 일부 거부파 사제들이 문제를 일으켰다는 증거가 있어서,[43] 여기에 나타나는 몇몇 사례들을 통해 평신도들의 반응을 살펴보기로 한다.

1791년 4월 1일 뽕뚜아즈의 한 거부파 사제는 "교회에서 활동하는 것으로 만족하지 않고, 신자들의 가택을 직접 찾아다니며, 신자들에게 자신이 주임사제로 남아있도록 종용하였다."[44] 심지어 릴-아담의 거부파 사제는 신도들에게 종교를 지키기 위해 단두대에 올라갈 것을 종용하기까지 하였다. 부르생*Broussin*이라는 18세 청년의 증언에 따르면, 1791년 6월 12일 일요일에 릴-아담코뮌의 교회에서 어느 거부파 사제가 강대상에서 "지금 종교는 모든 면에서 공격받고 있습니다. 여러분들이 예수그리스도의 진정한 상속자라면, 전

---

42) 1790년까지 베르사이유군에는 모두 91명의 보좌사제가 있었으나, 1792년 초에는 50여 명에 불과하였고, 1792년 3월에는 12명으로 줄어들었다. 베르사이유군의 농촌지역 대부분의 본당에서는 공석이 된 보좌신부직이 채워지는 일은 극히 드물었다. Bénédicte Mariolles, *Le district de Versailles comme test du nouveau diocèse constitutionnelle de Seine et Oise: 1789-1794*, Mémoire de maîtrise, Institut Catholique de Paris, 1988, pp.128~178.

43) A.N. DXXIXbis 20-25. 여기에는 주로 선서 당시 발생했던 어려움들과 관련된 문서들이 수집되어 있다.

44) A.N. DXXIXbis d.233. pièce 22-24. 뽕뚜아즈시 헌법의 친구 협회가 거부파 주임사제와 그리시코뮌을 고발하는 편지(1791년 3월 30일~4월 8일).

혀 알지도 못하면서 아는 체하고 진정한 과학을 믿는다고 주장하는 사람들의 말을 듣고 놀래서는 안 됩니다.…우리 조상들의 종교를 지키기 위하여 단두대에 올라가십시오. 아무것도 두려워하지 마십시오. 주님은 여러분들을 포기하지 않을 것입니다."라고 외치며 본당신도들에게 반란을 선동하였다는 것이다.[45] 이들의 활동에 분개하여 제헌의회에 고발한다는 내용이지만, 이러한 사례들은 실제 거부파 사제의 활동에 대한 평신도들의 반응이 분명하게 설명되어 있지 않다.

반면 고네스郡의 몽모랑시*Montmorency* 코뮌에 대한 사료에는 본당신도들의 반응이 잘 나타나 있다. 이곳의 본당신도들은 거부파 사제를 지지하는 집회를 소집하여 코뮌의 치안판사에게 주먹을 휘두르는 소동을 일으켰다. 1791년 1월 28일에 몽모랑시의 치안판사*juge de paix*는 제헌의회 의장에게 보낸 편지에서 주민들의 불법집회를 다음과 같이 고발하였다:

> "이들의 집회는 본인이 판단하기에 불법이며, 이 집회에 모인 주민들은 몽모랑시의 선을 위해서는 아무 것도 하지 않는 사람들로써, 본인은 이 귀족적인 집회*assemblée aristocratique*를 고발하는 바이다. 이들은 몽모랑시의 회계*trésorier*인 주임사제를 보호하기 위하여, 코뮌 치안판사인 본인과 검사에 대항하여 소동을 일으켰으며, 서로 주먹을 휘두르며 언쟁을 벌여서 더욱 큰 소동으로 발전할 뻔했지만, 헌법의 진정한 도움으로 질서를 회복할 수 있었다. 얼마 후 주임사제의 보호자인 오라토리오회 수사의 조언을 받아들여 코뮌 의장*maire*은 집회가 해산되었음을 선언하였다.…주민들은 피신한 거부파 주임사제가 다시 돌아와 사제직을 수행하기를 원했다.…다음날인 27일에 주민들의 집회가 다시 열렸다. 이 집회에서 코뮌의장과 오라토리오회 수사는 선서를 거부한 주임사제를 찾으러

45) A.N. DXXIXbis 23. d.246 pièce 16. 릴-아담코뮌에서 발생한 반란을 선동하는 집회를 고발하는 파리 시민 부르생의 편지(1791년 6월 13일).

갔으며, 거부파 사제는 사목활동을 재개한 것으로 보인다.…고네스군에는 이와 비슷한 예가 많이 있다. 이에 본인은 코뮌의 서기에게 본인의 항의서를 발송할 것을 요구하였지만 서기는 이를 거절하였다. 이리하여 우리가 선출한 코뮌의 관리들*nos élus*은 헌법이 요구하는 권력을 남용하며 우리를 억압하는 자들*nos oppresseur*이 되었다."[46)]

거부파 사제를 지지하는 사례에서 보듯이, 평신도들의 반응은 지역마다 다양하였다. 거부파 사제를 지지하는 사례에 대한 사료들이 그다지 많지 않은 점으로 보아, 센에와즈도에서는 다른 지역에 비하여 상대적으로 선서로 인한 사제와 평신도의 갈등이 그리 많지 않았던 것으로 보인다.

성직자와 평신도의 관계를 살펴보는 또 다른 방법은 선서로 인해 발생하는 충돌을 주의 깊게 살펴보는 것이다. 구체제의 정치활동에서, 성직자들은 공동체의 정신적 지도자였던 만큼, 공동체 내의 권력투쟁에서 빗겨갈 수는 없었다. 혁명 초기에 있었던 지방자치선거에서 사제와 선출된 시장 혹은 시의 관료들 사이에는 빈번하게 충돌이 일어났으며, 이러한 충돌들의 대부분은 구체제의 엘리트 내부의 경쟁의 연속이었다고 볼 수 있다.[47)]

1791년의 선서에서 나타나는 사제와 마을의 영주와 새로운 혁명 권력층 사이의 갈등은 구체제의 갈등구조에서 그 원인을 찾아볼 수 있다. 생-미셸-쉬르-오르쥬*Saint-Michel-sur-orge*본당에서 선서여부를 두고 벌어진 신부측과 공안위원장의 갈등은 이미 혁명 전부터 있었던 갈등에서 그 원인을 찾을 수 있다. 술피스 부지나르*Sulpice Bouzinard*는 생-미셸-쉬르-오르쥬의 카바레 주인으로, 훗날 바랭신부의 숙적이 될 꼬스므 부지나르*Cosme Bozinard*의 형제이다. 1775년 주임사제인 앙부르와즈 바랭*Ambroise Varin*은 술피스를 주일

---

46) A.N. DXXIXbis 21. d.221. p.10. 주민들의 불법집회에서 거부파 주임사제의 소환 주장을 고발하는 몽모랑시코뮌 치안판사의 편지(1791년 1월 26일과 27일).

47) T.Tackett, *op.cit.*, pp.177~180.

미사 시간에 포도주를 판매한 혐의로 고발하였다. 2년 후에도 술피스는 같은 혐의로 재판에 회부되었다. 이때 재판부는 술피스와 그의 아내를 매우 엄중하게 처벌하였고, 이 사건 이후부터 부지나르가문은 바랭신부를 증오하게 되었다.[48)]

바랭신부는 1791년 초에 선서하였지만, 코뮌의회 서기는 이를 기록하지 않았다. 처음에는 이 사실이 별로 주목받지 못했지만, 곧 중대한 사건으로 발전하였다. 선서를 거부했다는 소문이 퍼지면서 본당의 평신도들은 두 진영으로 분열되었다. 바랭신부가 의심을 받게 되자, 19명의 주민들은 꼬르베이유시에 출두하여 바랭신부의 선서사실을 증언하였고, 이로 인해 문제는 해결된 듯이 보였다.

하지만 1793년 3월 포도재배농인 꼬스므 부지나르가 생-미셸-쉬르-오르쥬의 공안위원장으로 부임하여, 바랭신부를 선서를 거부했다는 죄목으로 고발하면서 사건은 더욱 복잡해졌다. 1793년 5월 15일 바랭신부는 체포되어 베르사이유감옥에 투옥되었다. 6월 9일에 열린 재판에서 바랭신부의 선서가 사실로 입증됨에 따라 바랭신부는 6월 10일에 석방되었다. 하지만 부지나르는 "바랭신부가 아니면 나 둘 중에 하나는 길로틴의 이슬로 사라져야한다."고 주장하였고, 1793년 11월 21일에 교회는 폐쇄되었으며 바랭신부는 공식적으로 내쫓겼다. 부지나르의 개인적인 복수심을 인식하게 된 혁명재판소는 1793년 12월 중순 뺄레*Pellé*를 파견하여 진상을 조사한 결과, 바랭신부 사건의 유일한 선동자는 부지나르라고 결론짓고, "1793년 9월 17일 법률의 제 4조를 위배한 혐의로 부지나르를 형사 재판소에 고발"할 것을 결정하였다.

꼬르베이유군의 메네시*Mennecy*코뮌의 드라네*Jean-Michel-Delanney*신부가 선서했을 때 일어난 빌루아공작*Doc de Villeroy*과의 충돌도 이미 구체제에 존재

---

48) Annie et Marcel Simond, "Crise relogoeuse ou reglement de comptes a Saint-Michel-sur-Orge", *89 en Essonne*, No.4/5, 1990, p.42.

했던 엘리트들 사이의 경쟁에서 원인을 찾을 수 있다.[49] 메네시의 권력층을 보면, 한편으로 메네시의 영주인 빌루와광작은메네시의 토지의 50% 이상(적어도 1,000ha의 면적)을 소유하고 있는 지주이며, 꼬르베이유郡에서 가장 수입이 많은 인물이었다. 메네시 코뮌 주민의 적어도 1/3이 그를 위해서 일하고 있었으므로, 발루아공작은 이곳 주민들의 상당한 지지기반을 가지고 있었다. 다른 한편으로 1778년에 메네시에 부임한 주임신부 장-미셸 드라네를 들 수 있다.[50] 그는 석공, 날품팔이노동자, 빈민, 포도재배농, 장인들의 지지를 받았다.

드라네신부는 1788년 메네시본당의 진정서 작성에 열정적으로 참여하였으나, 이때부터 갈등은 표면화되어 빌루와공작은 그가 작성한 진정서를 소멸시켰다. 드라네신부는 1790년 87표 가운데 74표를 얻어 38세에 메네시코뮌의 초대시장으로 선출되었다. 이때부터 드라네신부는 주임신부보다 시장이라는 직함을 선호하였으며, 자신의 하녀 파넬 사이에 한 명의 자녀가 있음을 공포하였다.

1790년 2월부터 드라네신부 진영과 빌루와공작 진영 사이에 갈등이 표출되기 시작하였다. 빌루와공작은 보좌신부 르블랑*Leblanc*과 상인 게랑*Guérin*을 부추겨 드라네신부 진영을 괴롭혔다. 1790년 11월에는 몇몇 메네시 주민들이 르블랑 보좌신부의 가택수색에 항의하면서 소요가 발생하였다. 1790년 12월 23일에 드라네는 성직자민사기본법에 선서하자마자 드라네신부의 사무실은 혼란에 빠졌고, 1791년 3월 사순절의 성회주일*cérémonie des Cendres*과 4월 종려주일*cérémonie des Rameaux*의 종교행사는 빌루와공작 진영의 방해로

---

49) "Le Destin extraordinaire du" Marat de Mennecy "Jean-Michel Delanney", *89 En Essonne*, No.4/5, 1990, pp.39~43.

50) 89 *en Essonne*, No.4/5, 1990, pp.46~47. 드라네는 1752년 노르망디의 깡 근교에서 상인의 아들로 출생하였다. 24세에 사제서품을 받았고, 25세에 신학박사가 되었으며, 26세에 메네시 본당의 보좌신부로 부임하였다.

조롱거리가 되었다. 드라네신부는 공개적으로 모욕을 받았으며, "징세청부인의 친구*ami des fermoers*"라는 명목으로 고발당하였고, 시장 직에서 물러날 것을 강요당했다. 1791년 11월에 드라네는 시장 직을 게랑에게 물려주기에 이르렀고, 드라네신부와 지지자들은 국방경비대의 지지를 받아 새 시장을 비판하였다.[51]

여기서 예시한 갈등들은 단지 두 코뮌의 예에 불과하지만, 분명한 것은 신부의 선서 문제를 놓고 벌어진 본당신도들과의 갈등은 구체제부터 존재했던 세력들 간의 케케묵은 갈등의 결과였다는 것이다. 마을의 지도자들은 경쟁자였던 사제들에 대한 통제권을 획득하고자 선서를 이용했던 것으로 볼 수 있다. 본당사제들과 평신도들이 서로 어떻게 작용하였는지를 몇몇 사례만으로 정확히 측정하기란 어렵다. 다만 센에와즈도의 평신도들과 사제들의 정치성향은 대부분 선서에 호의적이었으므로, 선서로 인한 갈등은 그다지 흔치 않았던 것 같다. 그렇다면 이러한 평신도들의 정치성향은 어떻게 형성된 것일까?

3) 센에와즈도의 지역문화

프랑스는 특히 지역별로 매우 다양한 문화를 발전시켰다. 각 지역의 문화는 역사적으로 오랜 기간을 두고 형성되어 온 것으로 센에와즈도의 평신도

51) 1793년이 되면 두 진영 사이의 갈등은 극에 달하게 된다. 빌루와공작의 진영이 주도하던 민중협회는 1793년 11월 3일에 교회와 미사기구들을 징발할 것을 결정하였으며, 더 이상 드라네신부의 월급을 지불하지 말 것을 결정하였다. 하지만 이러한 결정을 한 민중협회의 회원들이 결코 기독교에 적대적인 것은 아니었다. 이 시기에 드라네신부는 메네시의 혁명위원회와 상퀼로트들의 지지를 받으며 사제직 포기를 선언하였다. 빌루와공작은 혁명력 2년 제르미날에 고발당하였고 프로레알에 처형당하였다. Serge Bianchi, *La Déchristianisation dans le district de Corbeil 1793-1797*, corbeil, 1990, pp.42~43.

들이 선서에 호의적인 정치성향을 갖게 만든 주요한 원인이라고 볼 수 있다. 센에와즈도의 종교적 지역문화는 어떠하였을까? 1791년에 전국적으로 가장 많은 선서파 사제가 나온 지역으로서, 18세기부터 이미 다른 지역과는 다르게 진화하지 않았을까?[52)]

태킷은 선서율이 각 지역별로 뚜렷하게 구별되는 이유를 위에 언급한 성직자들의 개인적인 성격과 특성보다는 혁명 이전부터 존재하였던 지역 특성에서 찾아야 한다고 주장하였다. 태킷은 지역별 선서율의 차이를 살피는 데 기준이 되는 요인들을 네 가지로 제시하였다.[53)] 첫째, 17세기 가톨릭 종교개혁의 성공 정도, 둘째, 얀센주의의 지역적 전파정도, 셋째, 성직자의 정치화정도, 넷째, 신교도의 분포정도이다. 그의 결론에 따르면, 선서파 사제가 우세했던 지역들은 17세기 이래 성직자의 충원이 제대로 이루어지지 않아 외부로부터 성직자들을 받아들였거나 얀센주의나 계몽사상 또는 민간신앙의 전통 등 지역마다 다양한 이유들로 인해 교권주의가 미약한 지역들이었다. 또한 교회의 경제구조 개혁을 목표로 한 오랜 소요의 전통을 지닌 지역들이 선서에 긍정적이었고, 신교도들과 가톨릭교도들 사이에 갈등을 겪은 지역은 선서에 분명히 부정적이었다.

결국 교황권지상주의 전통의 비중, 트렌토 공의회 이후의 가톨릭교회의 확산 정도, 농촌 지역 성직자들의 계서제에 대한 결집력, 주임사제의 정치적 활동의 목적과 그 강약의 정도에 따라서, 한 지역에서 '트렌토 공의회의 성직자 모델'(가톨릭교회 계서제에 충실하여 교회에 대한 완전한 복종을 주장)과 '사제-시민모델'(전통적 교회의 가르침과는 달리 세속 사회 속에서의 사제들의 역할을 중시) 가운데 어느 한 쪽이 우세한가를 결정하였다고 태킷은

52) 불라르신부가 이미 1947년에 센에와즈도에 대해 "기독교 전통에 무관심한" 지역이라고 지적한 바 있다. Chanoine BOULARD, *Premiers itinéraires en sociologie religieuse* (Paris, 1954).

53) T.Tackett, *op.cit.*, pp.251~272.

보았다.54) 그렇다면 센에와즈도의 지역문화의 특성은 어떠하였는가?

센에와즈도는 전통적인 파리의 식량공급지로서 대경작 중심의 평야와 고원으로 이루어졌다. 18세기 내내 파리근교 분지는 높은 인구이동률을 보였는데 이는 수도 파리의 매력이 인구이동에 상당한 역할을 맡았기 때문이다. 파리조세관구*Généralité de Paris*(대부분의 센에와즈도 지역이 포함되는 구체제하의 조세행정구역)에서는 1700년에 인구 850,000명이었던 것이 1784년에는 1,150,000명으로 급증하였다. 30%가 넘는 인구증가는 주로 이 지역으로 이주해온 이민의 증가에 기인한다.55) 대도시로 이민 온 농민은 예전의 농촌 본당에서의 인간관계로부터 소원해져 전통적 사회구조 틀에서 벗어나게 되어 신앙에서 이탈하는 경향이 강하게 나타났다.

17세기 파리분지의 대부분의 지역에서 대응종교개혁은 그다지 성공을 거두지 못했다. 트렌토 공의회 이후에 교구마다 신학교를 설립하고 엄격하고 경건한 사제들을 길러내기 위한 신학교교육에 심혈을 기울였지만, 센에와즈도의 경우는 그다지 성공을 거두지 못한 것으로 나타났다. 센에와즈도의 전체 본당 성직자 1087명 가운데 786명에 대한 출신지역을 추적하였는데, 이들 가운데 센에와즈도 출신은 158명으로 전체 20%에 불과하였다. 파리 출신 93명을 포함해도 전체의 32%에 불과하여, 성직자들이 남아도는 노르망디 지역과는 상반된 양상을 보인다. 따라서 외부에서 68%에 달하는 성직자들을 충원하였음에도 불구하고, 주임사제 1명 당 보좌사제의 비율은 0.35명~0.50명에 불과하여, 보좌신부 없이 주임사제가 홀로 사목하는 본당이 상당히 많았다.

앙시앵레짐 하에서 센에와즈도의 신도들은 종교관행을 대체로 잘 지켰으나, 매우 피상적인 관행이 불과하였다. 신도들은 주일미사와 부활절미사를

54) *Ibid.*, pp.308~309.

55) M.Reinhard, *op.cit*.

대체로 잘 지킨 편이었다. 영세, 결혼, 종부성사 등도 대체로 잘 지킨 것으로 보인다.

그렇다면 일상적인 종교관행은 어떠한가? 농촌지역의 종교적 축제나 순례는 종종 미신과 결합된 형태로 나타났고, 성체침례(聖禮浸禮*Fête-Dieu*)와 같은 종교축제나 성지순례는 종종 풍기문란의 기회를 제공하여 주임신부들의 인상을 찌푸리게 만들었다. 성지순례나 병자방문, 기도회 등의 영적인 신앙활동을 목적으로 조직된 신도회*Confréries*는 18세기에 들어오면서 전반적인 쇠퇴기를 맞게 된다.

그뿐만 아니라 결혼과 자녀에 대한 태도(피임의 확산, 혼전임신의 증가 등)와 죽음에 대한 태도(유언장의 세속화, 연미사 요구의 감소 등)에도 큰 변화가 있었다.[56] 17세기 말에서 18세기 초까지도 건전한 성도덕이 유지되었으나, 18세기 중반부터는 이러한 성도덕이 해이해졌다. 센에와즈도에 대한 죽음의 연구는 아직 이루어지지 않았지만, 근접한 파리와 루앙에 대한 연구결과를 보아 죽음에 대한 태도가 18세기 중반에 변했을 것으로 추측할 수 있다.[57]

18세기 초반에 얀센주의가 특히 센에와즈도에 가장 활발하게 확산되었다. 성사에 있어 얀센주의파 신부들의 지나친 엄격주의는 많은 신도들로 하여금 고백성사에 소원하게 하였고 결국 교회와 신앙에서 멀어지게 하였으며, 또한 반교권주의를 발전시키는 역할을 하였다.[58] 센에와즈도는 문맹률이 상대

56) 좀 더 자세한 내용은 백인호, 「18세기 앙시앙 레짐 하의 비기독교화-프랑스인의 종교관행과 망탈리테의 변화를 중심으로」, 『서강인문논총』 6집(1997), pp.137~171을 참고할 것.

57) Pierre Chaunu, *La mort à Paris, 16e,17e,18e siècles*(Fatard, Paris, 1978) ; Philippe Goujard, "Echec d'une sensibilité baroque: les testaments rouennais au XVIIIe siècle", *A.E.S.C.*, 1981, No.1., pp.26~43.

58) Dominique Julia, "Déchristianisation ou mutation culturelle? L'exemple du Bassin Parisien au XVIIIe siècle", in Michel Cassan, *Croyances, Pouvoirs et Société-Des*

적으로 낮은 지역에 속하여, 파리를 중심으로 18세기 초부터 확산되기 시작한 계몽사상이 센에와즈도에 깊이 침투했을 것이라는 것을 가늠케 한다. 계몽사상이 깊이 침투했다는 사실은 당대에 계몽사상을 확산시킨 단체들인 프리메이슨 지부와 학술원들이 다른 지역들보다 상대적으로 파리와 파리 근교에 집중되어 있었다는 사실에서 잘 나타난다.[59] 도서목록에서도 1750~1760년대를 정점으로 하여 종교서적이 크게 감소하였고, 계몽철학서적, 과학서적과 예술서적들이 급증하였다.[60]

이처럼 외견상 종교관행은 잘 지켜지고 있었지만, 성직자들의 사목활동은 그다지 성공을 거두지 못하였으며, 계몽사상이 확산되면서 종교적 열정은 식어버렸고, 센에와즈 사람들의 망탈리테의 밑바닥에서는 깊은 변화가 나타나, 18세기 내내 근본적인 비기독교화가 진행되고 있었다고 하겠다. 이러한 센에와즈도의 지역문화를 감안한다면, 센에와즈도의 75%가 넘는 사제들이 기꺼이 성직자민사기본법에 서약하였다는 사실은 그다지 놀랄만한 일도 아니다. 센에와즈도의 사제들은 루소의 계몽사상의 영향을 받아 사제를 전체 평신도 사회 안에서 사회적 중재자나 공무원으로 파악하며 공공의 행복과 유용성을 강조하는 '성직자-시민' 모델을 선택하였다.[61] 대다수의 성직자들과 평신도들은 이러한 새로운 성직자 모델을 기꺼이 받아들인 것으로 보이며, 소수의 거부파 성직자에게는 상대적으로 무관심하여 특별히 비판적 행동을 보이지 않았다.

Limousins aux Français, Etudes offertes aLouis Pérouas, Les Monédières; 1988, pp.185~239.

59) Ran Halévi, *Les loges maçonniques dans la France d'Ancien Régime-oux origines de la sociabilité démocratique*(Paris, Armand Colin, 1984), p.56.

60) François Furet, "La librairie du royaume de France au XVIIIe siècle", F. Furet(éd.), *Livre et Société dans la France du XVIIIe siècle*(Paris, Mouton&Co., t.I, 1965), pp.3~.

61) 백인호, 「프랑스혁명시대 선서파 사제의 선서에 관한 기호학적 분석-센에와즈도의 선서파 사제 베르투의 강론을 중심으로」, 『기호학연구』 2집(1996), pp.177~210.

Ⅲ. 결론

센에와즈도 성직자들의 1791년 '성직자민사기본법에 대한 충성 선서'에 대한 선서율과 선서동기에 대한 사회학적 분석을 통하여 선서가 수반하는 유리함 혹은 불리함이 일부 성직자들의 선택에 영향을 끼쳤다는 사실을 알게 되었다. 하지만 선서 시행 여부에 결정적 영향을 주었다고 생각되었던 여러 요인들(연령, 봉직기간, 사회적 출신계층, 출신지역, 수입, 지적 및 도덕적 성품)은 제한된 일부 성직자들의 선택 동기를 부분적으로만 설명하는 데에 그쳤을 뿐이다.

이번 연구에서는 성직자들의 선서 동기를 좀 더 면밀히 살펴보기 위해서 그가 속한 성직자 공동체와 지역 공동체가 성직자들에게 어떤 영향을 끼치는가를 분석하였다. 먼저 성직자 공동체가 선서에 미친 영향을 살펴보기 위하여 53명에 대한 출신 신학교별 선서율을 조사해본 결과, 신학교별로 분명히 선서율의 차이가 나타났다. 한편 센에와즈교구는 1790년에 구체제 하의 7개 교구에 흩어진 730개 본당을 통폐합하여 만들어낸 새로운 교구여서, 주교가 사제들의 선서선택에 끼친 영향력은 미미하였다. 신부들 사이의 유대감이 선서선택에 미친 영향을 살펴보기 위하여, 같은 본당에서 사목하는 신부들과 신부가족들의 선서율을 분석해보았다. '신부가족'들이 모두 동일한 결정하는 하는 경향을 보였다면, 같은 본당에서 사목하는 신부들의 선서(79.3%)는 홀로 사목하는 신부들의 선서율(81.6%)과 크게 다르지 않았다. 요컨대 신부들 사이에 형성된 유대감이 선서에 중대한 영향을 끼친 것으로 보기는 어렵다.

그렇다면 센에와즈도에서 17~18세기에 성직자들이 겪은 경험들은 어떤 영향을 끼쳤을까? 먼저 17~18세기에 파리분지를 중심으로 성직자들에게 중대한 영향을 끼친 얀센주의가 사제들의 선서 선택에 미친 영향을 분석해본 결과는 자못 실망스러운 것으로, 얀센주의가 강했던 지역과 선서율은 아무런 상관관계가 없는 것으로 나타났다. 또한 혁명직전인 1779~1789년의 사제들의 정치참여도와 선서선택의 관계에 대하여 조사해보았다. 센에와즈도에서는 적어도 34명의 사제들이 지방 정치에 코뮌의장이나 의원 등으로 적극 참여하였는데, 1명을 제외한 33명 모두가 선서에 서약하였다. 혁명 직전 정치참여와 선서선택 사이에 상관관계가 있음을 알 수 있었다.

지역공동체가 사제들의 선서선택에 미친 영향은 어떠하였을까? 센에와즈도에서 선서율이 매우 높았던 이유는 위에 언급한 성직자 공동체의 영향보다는 혁명 이전부터 존재하였던 지역공동체의 특성에서 찾아볼 수 있다. 먼저 사제들이 선서 당시 활동하던 거주지역과 선서율의 관계를 분석하면서, 매우 흥미로운 결과를 발견하였다. 도시의 크기가 커짐에 따라 선서율이 점차 감소하였던 것이다. 보스테트의 설명방식은 공동체의 규모가 사제의 선서선택에 미친 영향을 설명할 수 있을 것으로 판단되나, 앞으로 이를 설명하고 입증할 자료를 발굴하고 제시해야 할 것이다.

지금까지 많은 역사가들은 평신도들의 견해가 본당사제들이 선서에 대한 태도를 결정할 때 중요한 양향을 끼쳤다고 보았다. 하지만 사료의 제약으로 평신도들과 사제들의 관계를 밝히는 것은 그리 쉽지 않은 작업이다. 다만 일부 거부파 사제들이 직접 신도들을 방문하며 민사기본법에 대항할 것을 촉구한 사건, 몽모랑시 코뮌처럼 평신도들이 직접 거부파 사제를 지지하는 집회를 소집하고 이에 격분한 코뮌의 행정 관료들과 대항한 사건, 또는 드라네 신부와 빌루와 공작의 갈등관계를 통해, 성직자와 평신도의 다양한 관계를 엿볼 수 있었다. 그러나 이러한 몇몇 사례만으로 성직자와 평신도의 관계를 정확히 측정하기는 어렵다. 센에와즈도의 경우 대다수의 성직자들과 평신도들은 선서에 호의적이었고, 선서로 인한 갈등은 드물었던 것으로 보인다. 그렇다면 센에와즈도의 평신도들이 선서에 호의적이었던 정치성향은 어떻게 형성된 것일까?

혁명 이전부터 존재했던 센에와즈도의 지역특성을 살펴보면 센에와즈도의 정치성향을 좀더 잘 파악할 수 있다. 17세기 이래 파리근교의 대부분 지역에서 대응 종교 개혁은 성공하지 못했다. 해당교구에서 성직자 충원은 점차 줄어들었고, 이에 따라 외부 교구 출신의 성직자 수가 증가하였다. 반교권주의*anticléricalisme*를 주장한 도시의 계몽주의자들의 활동은 가톨릭 신앙의 쇠퇴를 가져왔고, 파리근교 농촌 지역을 중심으로 강력한 영향을 끼친 얀센주의로 인해 주교와 주임사제, 그리고 성직자와 평신도 사이의 괴리감이 증대되었다. 센에와즈도는 일률적이지만 피상적인 종교관행에 물들어 있었다. 또한 이미 성숙한 교육(낮은 문맹률), 계몽주의 서적의 보급 확산, 삶과 죽음에 대한 태도의 변화, 성도덕의 문란, 신도회의 몰락, 얀센주의의 엄격주의, 성소의 감소 등으로 18세기 전반에 걸쳐 센에와즈도에서 종교적 전통은 점진적으로 쇠퇴하고 있었다.

혁명시대에 센에와즈도의 성직자들은 성직자민사기본법을 기꺼이 받아들였다. 이들은 좀더 현실적인 성직자像, 다시 말하면 루소의 계몽사상의 영향을 받아 사제를 전체 평신도 사회 안에서 사회적 중재자나 공무원으로 파악하며 공공의 행복과 유용성을 강조하는 '성직자-시민' 모델을 선택하였다. 센에와즈도에서 대다수의 성직자들과 평신도들은 이러한 새로운 성직자 모델을 기꺼이 받아들인 것으로 보인다.

민사기본법과 선서의 위기는 프랑스 사회에 연쇄적인 작용과 반작용을 일으켰고 전국적으로 성직자의 분열을 가속화하였고, 반교권주의를 강화하였다. 1793년에 급작히 시작된 혁명력 2년의 비기독교화는 민사기본법에 대한 충성선서의 위기의 직접적인 결과라고 볼 수 있다.[62] 특히 선서파 사제가 대다수였던 센에와즈도에서는 비기독교화 시기에 기독교가 크게 파괴되었으

62) M.Vovelle, *La Révolution contre l'Eglise*, p.287. Planche 19를 참조할 것.

며,[63] 종교가 정상화된 후에도 다시는 혁명 이전 상황으로 회복되지 않았다. 20세기에도 여전히 센에와즈도는 전국적으로 가장 미사참여율이 낮은 지역(10%)으로 남게 되었다.[64] 랑그르와*Claude Langlois*는 1791년 성직자들의 선서율 분포가 20세기의 종교관행과 매우 흡사하다는 점을 강조한 바 있다.[65] 결국 1791년 선서의 위기는 20세기 프랑스의 신앙의 쇠퇴의 중요한 원인이라고 해석할 수 있다. 따라서 1791년 선서의 위기를 "새로운 구조를 확립시킨 역사적 사건*Evènement structurant*"으로 파악하는 태킷의 주장은 매우 적절한 표현이라고 하겠다.[66] 선서의 위기는 혁명 이전 지역별 문화적 특색과 행동양식들을 더욱 두드러지게 만들었다. 요컨대 선서는 과거에 실재한 요인들과 관련을 맺어 반응을 표출시켰고 19~20세기의 종교의 지역적 유형에 영향을 미친 것으로 보인다. 차후에 선서에 대한 연구는 센에와즈도의 17~18세기의 지역문화의 특성을 좀 더 집중적으로 다룰 필요가 있겠다.

---

63) *Ibid.*, pp.256~269.

64) 불라르신부가 조사한 1945~1966년의 프랑스인의 미사참여율을 조사해보면, 센에와즈도는 전국에서 미사참여율이 가장 낮은 지역 가운데 하나였다. Fernand Boulard, *Matériaux pour l'Histoire religieuse du peuple français, XIXe-XXe siècles*(Paris, E.H.E.S.S., 1982-1987).

65) T.Tackett, *op.cit.*, pp.309~323.

66) *Ibid.*, p.300.

4. 프랑스혁명시대 선서파 사제의 선서에 관한 기호학적 분석

센에와즈道의 선서파 사제 베르투의 강론을 중심으로

Ⅰ. 서론

1. 성직자 민사기본법과 1791년의 충성 선서

지금까지 1791년의 선서에서 주요한 관심의 대상이 되어온 것은 선서가 초래한 결과와 선서파와 거부파의 수량적 통계, 선서에 직면한 성직자들의 선택 동기 등이다. 19세기에는 주로교구의 혁명적 경험에 관심을 가진 지방 성직자들이 연구하였는데 선서의 부과와 그에 대한 성직자들의 대응을 '종교적 박해'라는 시각에서 바라보았고, 따라서 이들의 주요관심은 선서를 거부한 '신앙의 순교자들'이었다.

20세기에 들어와 종교사 연구는 르 브라를 중심으로 한 '종교사회학파'의 영향으로 중대한 발전을 거듭하였고, 특히 르끌레르*Dom Leclercq*신부와 피자니*Paul Pisani*신부에 의해 입헌교회*Eglise Constitutionnelle*에 대한 새로운 평가가 이루어졌다. 이에 자극을 받은 역사가들은 선서파 사제들의 선서동기에 대해서도 더욱 큰 관심을 갖게 되었고, 지방사연구들을 통해 이에 대한 다양한 설명들을 제시하였다. 가족이나 지역 주민들의 영향과 압력, 주교의 영향, 직위 상실에 따른 염려, 개혁에 대한 기대 등이 선서의 동기로 제시되었다. 그러나 이러한 설명들에는 대부분 민사기본법의 여러 조항들에 대한 판단, 혁명에 대한 견해, 교회의 개혁에 대한 기대 등 성직자들 자신의 구체적인 입장에 대한 주의와 설명이 부족하거나 결여되어 있다. 최근에 들어와 미국의 역사학자 태킷은 1986년에 『18세기 프랑스의 종교, 혁명, 그리고 지역 문화-1791년의 성직자 선서』라는 책을 출간하였다.[1] 그는 83개 道의 고문서보관소를 일일이 방문하여 1791년의 선서에 관한 모든 사료들과 지방사 연구서들을 총망라하여 선서에 관한 전국적인 통계를 제시하였다. 이 책은 현재 선서에 관한 가장 심도 깊은 연구서로 평가받고 있다.

2. 선서파 사제와 거부파 사제의 선서 동기

'성직자에 관한 민사기본법'에 대한 선서에 직면한 성직자들은 때로는 자신들의 선택을 정당화하기 위해서 편지나 팜플렛의 형식을 통해 자신들의 견해를 제시하였다. 특히 선서파 성직자들이 선서 시에 지방 행정관리들과 본당신도들 앞에서 행한 강론은 그들의 선택 동기를 살펴볼 수 있는 좋은 자료가 된다. 태킷은 파리 국립 고문서보관소*Archives Nationales*에 소장되어

---

1) T.Tackett, *Religion, Revolution and Regional Culture in Eighteenth-Century France-The Ecclesiastical Oath of 1791*(Princeton University Press, 1986). Translated by Alain SPIESS, *La Révolution, L'Eglise, La France, Cerf*(Paris, 1986). (Préface de M.Vovelle, Postface de C.Lnaglois) 그에 의하면, 전국적으로 대략 52%에서 55%에 달하는 사제들이 1791년의 선서를 수락하였다.

있는 약 200여 명의 본당신부들의 선서 수락 선언문들을 분석하여 성직자들의 선택이 개인적 경험과 경력 외에도 그들이 시무했던 지역의 독특한 문화나 집단적 저항운동의 경험, 다양한 신학적 전통에 의한 것이었음을 설명하고자 하였다.[2)]

1) 거부파 사제*Clergé réfractaire*

태킷에 따르면, 거부파 사제들은 그들의 입장을 정당화하기 위해 몇 가지 이유를 들고 있다. 대부분의 거부파 사제들은 주로 신학적 차원에서 민사기본법은 오류로 가득 차있고, 영적인 문제에 도전하는 것이므로 종교에 적대적이라고 비판하였다. 이들에게는 권위의 문제가 가장 중요하였다. 일부 신부들은 교황만이 권위를 가지고 있고, 교황이 선서에 관해 아직 언급하지 않았으므로 제한적인 선서를 하거나, 아예 선서를 유보할 수밖에 없었다.

많은 신부들은 트리엔트 공의회 이후 철저히 계서화 되고 훈련된 교회의 시각에서 선서를 고찰하여, 로마 가톨릭교회에 대한 믿음과 교회 고위성직자에 대한 완전한 복종을 강조하였다. 오직 교황과 공의회만이 영적인 문제들을 다룰 자격이 있고, 세속정부는 절대로 영적인 문제에 간섭할 수 없다는 것이다. 일부 거부파 사제들은 선서 문제를 계몽철학과 교회와의 투쟁으로 이해하였다. 또한 이들은 전통적으로 가톨릭 군주제를 옹호하였으므로 제헌의회에 대항해 부르봉왕가를 지지하였다. 이러한 정치적 성향이 선서에 영향을 주었다고 볼 수 있다.

2) 선서파 사제*Clergé assermenté*

선서파 사제들의 선서에 대한 설명은 거부파 사제의 설명보다 더 광범위

---

2) T.Tackett, *op.cit.*, pp.77~92.

하고 다양하다. 성직자 민사기본법에 찬성하여 선서한 사제들은 전통적인 가톨릭교회의 교의를 부인하고 계몽주의와 가톨릭교회 모두를 수용한 "공화파 기독교"의 새로운 교회론을 주장하였다. 이들은 성직자 민사기본법이 초대교회의 원칙을 바탕으로 한 가장 존경할 만한 법이라고 주장하면서, 혁명이 '하느님의 뜻'임을 강조하고 민사기본법을 제헌의회를 통한 '하느님의 기적'이며 '제 2의 종교'라고까지 표현하였다. 상당수의 신부들은 트리엔트공의회 이후의 교회의 가르침과는 달리 사회 속에서의 신부의 역할에 대한 새로운 개념인 '사제-시민'을 받아들였다. 이들은 선서를 종교적 행위가 아니고 단지 혁명에 대한 신앙고백, 즉 철저히 세속적인 행위로 이해하였다. 또한 선서파 사제는 거부파 사제에 비해 신학과 교리보다 기독교의 윤리와 도덕을 더 중시하였다. 기본법이 복음의 도덕과 반대되는 것은 하나도 없다고 보고, 계몽주의적 윤리에 입각하여 새롭게 이 법을 해석하였다.

3) 선서파 사제와 거부파 사제의 동기 비교

태킷이 분석한 선언문에 나타난 성직자 자신들의 설명만으로 동기에 관해 어떤 결론을 내린다는 것은 위험한 일이다. 그러나 태킷이 분석한 200여 개의 문서들은 전국을 대변하지 못하지만, 거부파 사제와 선서파 사제의 선서에 대한 설명의 차이를 파악하는데 도움이 된다.

선서파 사제와 거부파 사제의 설명에서 사회에서의 성직자 역할에 대한 견해의 차이가 명확하게 나타난다. 하나는 가톨릭 개혁시기에 강조되었던 정통적인 모델과 관련된 역할이고, 다른 하나는 루소의 계몽주의의 영향을 받아 나타난 것이다. 만약 거부파 사제가 자신의 역할을 성직자 계서제 안에 한정시켰다면, 선서파 사제는 자신을 전체 평신도 사회 안에서 파악하고자 하였다. 따라서 전자가 자신을 하느님의 시종으로 보는 반면, 후자는 자신을 인류의 시종으로 보았다. 거부파 사제는 구원과 진리를 강조하는데 반해, 선서파 사제는 공공 행복과 유용성을 강조하였다. 이는 세계관과 내세관에 대한 둘 사이의 근본적인 차이가 있음을 잘 말해주는 것이다. 그러므로 선서가 갖는 의미는 각각 다를 수밖에 없다. 거부파 사제가 선서에 대한 선택을 개인적 결정으로 보는 반면, 선서파 사제는 이를 공동체의 화합을 이루는 축하의식으로 보았다. 거부파 사제에게 선서는 신부들의 우애 공동체 안에서 취하는 개인적 선택이었던 반면에, 선서파 사제에게는 선서가 공동체 전체가 함께 모이는 기회로서 신부의 애국주의를 재확인하는 기회가 되었다. 선서는 무엇보다도 대중 앞에서 공적인 입장을 취하는 것이고 아는 것 이상으로 떠들어야 하는 심리적인 부담감을 가지고 있었다. 그러므로 대다수의 신부들에게 있어 1791년의 선서는 지적인 딜레마였을 뿐만 아니라, 심리적으로 매우 비통한 경험이었다. 따라서 사제들은 이 문제를 놓고 심각한 심리적인 고통을 겪어야 했다.

3. 텍스트 분석에 들어가면서

이와 같이 태킷의 연구를 통해 우리는 선서파 사제와 거부파 사제의 주장을 이해할 수 있게 되었지만, 태킷은 그들의 설명을 단지 주제별로 유형을 분류하였을 뿐이다. 이러한 태킷의 유형 분석은 텍스트를 단순히 연구하는 것(이를 사상사에서는 원전주의*Textualism*라고 부름)[3]으로 여러 가지 역사적 오류를 범할 위험이 있다. 스키너*Quentin Skinner*는 이것을 '교의에 관한 신

---

3) 원전주의란 원전 즉 텍스트 그 자체에 독자적인 자율적인 의미가 있으며, 결국 원전은 하나의 자기충족적 대상이라는 주장이다. 이것은 과거의 문학적 철학적 저술에 내포된 영속적 요소, 보편적 관념 등을 추출 분석하는 것을 목적으로 하고 있다. 차하순, 『서양 근대사상사 연구』(탐구당, 1994). pp.39~43.

화*mythology of doctrines*'라고 부르는데, 즉 원저자가 저술 속에 여기저기 산재해 있거나 부수적으로 말한 것들에 대해 어떤 이론의 제창으로 간주하려는 오류를 말한다.[4] 또한 원저자의 견해는 항상 일관성 있는 것으로 단정하는 경향이 있으며 이미 상정해 놓은 입장과 설정한 주제에 따라 분석하는 경향이 있다.

서양 사상사학계에 1960년대 이후에 본격적으로 등장한 스키너, 포커크*J.G.A.Pocock*, 던*John Dunn*, 새먼*J.H.M.Salmon* 등을 중심으로 한 수정주의자들은 전통적 사상사가들의 방법인 원전주의를 전적으로 부정하고 있다. 이들의 주장의 출발점은 종래의 전통적인 텍스트 중심의 사상 분석보다도 차라리 텍스트와 컨텍스트*context*의 상호관계를 어떻게 정확하게 구명하는가 하는 물음이었다.[5] 수정주의자들은 사상사의 원전이란 옳고 그른 것을 가려주는 진술이나 명제가 아니며, 그것은 정치적 '담론*discourse*'으로서 행위의 한 형태라는 것이다. 그리하여 역사가는 그 담론이 속했던 문법을 파악해야 하고 그 담론을 당시대의 언어학적 관습 속에서의 위상을 매겨야 한다는 것이다.[6] 수정주의자들은 우리가 텍스트의 의미를 회복하기 위해서는 그 텍스트를 정확한 언어학적 컨텍스트 안에서 위상을 확정할 필요가 있다고 주장하였다. 컨텍스트는 텍스트에 앞서 "주어져 있는 것"이 아니라, 텍스트와의 상호 관련성*intertextuality* 속에서 서로를 만들어 나아가는 것이며,[7] 따라서 컨

4) Quentin Skinner, "Meaning and Understanding in the History of Ideas", History and Theory 8:1(1969), p.7.

5) 차하순, 『서양 근대 사상사 연구』(탐구당, 1994), pp.33~56 ; 임상우, 「역사 서술과 문학적 상상력」『문학과 사회』 19(1992) ; 김응종, 「아날-역사와 사회과학」『문학과 사회』(1994)를 참조할 것.

6) 차하순, 앞의 책, pp.33~34.

7) John E.Toews, "Intellectual History after the Linguistic Turn", *American Historical Review*, No.4(1987), p.886 ; Lynn Hunt, *The New Cultural History*(University of California Press, Berkeley, 1989), p.114 ; Dominick LaCapra, *Rethinking Intellectual*

텍스트는 그 자체가 이해되고 설명되어야 하는 텍스트라는 것이다.[8] 이러한 텍스트읽기는 사료 해석이라는 기본적인 문제에 항상 몰두하고 있는 역사가들에게는 대단히 유익한 것으로 보인다.

우리는 이러한 새로운 텍스트읽기를 위해서 1970년대 이후에 널리 알려진 그레마스*A.J.Greimas*의 구조의미론*sémantique structurale*의 분석방법론을 본문 분석에 적용해보고자 한다. 그의 기호학적 분석 방법론은 불어권지역에서 특히 문학, 성서학과 기호신학 등에서 많이 적용되고 있는 실정이다.[9] 본고의 목적은 선별된 사료를 그레마스의 분석방법을 통하여 새롭게 읽음으로써 사제들의 선서동기를 심도 깊게 고찰해 보고자 하는 것이다. 과연 태킷이 분석하였듯이, 선서파 사제들이 예컨대 "민사기본법이 제2의 종교"라는 식으로 혁명이념에 대한 강력한 동조를 나타내고 있었는가? 트리엔트공의회 이후의 가톨릭의 가르침을 완전히 부정하고 18세기에 유포된 계몽주의를 받아들인 결과 전통적인 가톨릭의 가르침과 실제로 다른 주장을 하였는가? 이들이 사용한 사회적, 정치적 어휘들은 그 당시에는 어떠한 의미로써 사용되었는가? 그들은 혹시 그 지역 주민의 혁명 동조성향을 배신하지 말아야 한다는 강박관념 때문에 혹은 시대상황에 밀려서 마음에도 없는 주장을 내세운 것은 아닐까?

우리는 이러한 질문들에 대한 해답을 모색하기 위하여, 태킷이 인용한 선

History-Texts, Contexts, Language(Cornell University Press, 1983), pp.26~27.

8) Dominick LaCapra, *Rethinking Intellectual History*, pp.95~96.

9) A.J.Greimas, *Sémantique structurale*(Paris, 1966) ; A.J.Greimas, *Du sens-Essais sémiotiques*(Editions du Seuil, Paris, 1970). 국내 문헌으로는 송효섭, 『삼국 유사 설화와 기호학』(일조각, 1990) ; 성현경, 「南原古詞 본 春香傳의 구조와 의미」(한국 고전문학연구회 편저, 『고전소설 연구의 방향』, 새문사, 1985) pp.299~331. ; 최현무 엮음, 『한국문학과 기호학』(문학과 비평사, 1988) ; 서인석, 『성서와 언어과학-구조분석의 이론과 실천』(성바오로 출판사, 1984) ; 서인석, 『기호학 교육론-복음서의 이야기』(성바오로출판사, 1989)을 참조할 것.

서파 사제들의 주장들 가운데 매우 강렬한 어조로 그들을 대변한 베르투신부의 선언문 전체를 분석해 보기로 하였다.[10] 베르투신부는 당대인들에게 매우 강렬한 표현이었던 '민사기본법은 제 2의 종교'라고 하면서 적극적으로 민사기본법을 옹호하였다. 선서파 사제 베르투의 텍스트 분석은 프랑스혁명 당시 대부분의 사제들 간의 성직자 민사기본법에 대한 충성 선서를 둘러싼 논쟁의 내용을 심도 깊게 이해하는데 매우 유용할 것이다.

Ⅱ. 본론 - 선서파 사제의 텍스트 분석

1. 텍스트

제목: 크론 본당의 주임사제이며 읍장과 이어서 선거인단 위원을 역임하였고 현재 코르베이유郡의 行政官이 1791년 1월 30일 선서에 앞서 행한 강론의 사본.

[출전: Archives Nationales(파리국립문서보관소) F19.474: 혁명시대 센에와즈道의 교회관계문서들]

만약 같은 조국*patrie*의 자녀들, 즉 한 가족의 구성원들이 그들의 공동의 행복을 보장해주는 동맹관계를 새롭게 하고 강화하기 위해 마련된 이 날을 진정 축제의 날로 여긴다면: 어찌 이 감정이 사제이자 한 사람의 시민인 나의 영혼속에 달콤한 도취감으로 퍼져들지 않겠습니까?

여러분들도 아시다시피, 나의 형제들이여, 나는 여러분들에게 다음의 사실들을 다시 얘기할 필요가 없습니다. ; 여러분들은 훌륭한 우리의 기본법(성직자에 관한 민사기

10) T.Tackett, *La Révolution,* p.88.

본법)을 내가 얼마나 사랑하는지 알고 있습니다. ; 여러분들은 나의 기본법 주장에 대한 노력, 이 기본법의 준수에 대한 나의 열정, 기본법의 권리를 행하려는 나의 용기, 이 법을 널리 전파하려는 나의 끈기를 알고 있습니다. ; 여러분은 이 기본법이 위협받았을 때 내가 가졌던 불쾌함과 이 기본법이 승리했을 때의 나의 기쁨에 대한 성실한 증인들이었습니다.

여러분들은 이 기본법이 나에게는 제 2의 종교*seconde religion*였다는 것을 확신할 수 있었습니다. ; 왜냐하면 은혜로운 자유와 온유한 평등, 사랑스러운 우애의 창조주 하느님은 또한 우리에게 신앙을 주시고 완성시키시는 분으로서 우리의 예배를 받을 자격이 있기 때문입니다.

그래서, 자기 제단보다는 자기가 누리는 특권에 대해 더 염려하는 어느(거부파)사제가 행한 최근의 공격, 우리의 제헌의회 의원이 공표한 새로운 조직에 반대하는 비난 연설의 홍수, 또한 국민주권에 반대하는 모든 계층의 사제들의 반란과 목자와 양떼들 사이에서 빈번히 일어나는 추한 분열 속에서도, 여러분들이 나를 공적인 일과 부패할 수 없는 애국주의의 가장 엄격한 수호자들 가운데 한사람으로 인정해준다고 확신합니다. 그렇습니다. 여러분들은 가족의 최연장자인 내가 우리의 공동의 집을 버리거나, 나에게 부여한 읍장, 선거인단 위원, 郡행정관으로써의 시민적 명예를 훼손시키는 것을 찬성하지 않았다는 것을 한 순간도 의심하지 않았습니다.

내가 여러분들 손안에 놓고자하는 거룩한 서약은 그러므로 나의 바람과 감정, 작업, 그리고 나의 양심과 행동에 따른 지속적인 표현, 즉 성실한 표현 외에는 아무것도 아닙니다.

또한 이렇듯 만용을 부리는 음모가들인 레위족*lévites*들은 무엇을 원하는 것입니까? 그들은 이 기본법에 원한을 품은 것입니까? 이 법은 절대 패배할 수 없습니다. 그들이 열망하고 (기본법 반대를)서두르는 것은 예전에 그들이 누렸던 쾌락 때문입니까? 그들의 노력은 그들의 후회만큼이나 소용없는 일입니다. 그들은 거룩한 계약의 궤*arche sainte*을 중심으로 다시 모인 것입니까? 이 계약의 궤는 그들의 보호를 필요로 하지 않습니다. 그러면 복음의 경륜*économie évangélique*이 그들을 깨우고 그들에게 무기를 손에 지니게 했습니까? 이 무슨 망상입니까? 그들은 그들의 왕국이 이 세상이 아니라는 것, 그들에게 본질적으로 속한 재치권이 단지 거룩한 말씀의 설교와 성사의 집행에 있다는 것, 德과 智가 다스리던 고대가 다른 것을 알지 못했다는 것을 그들이 잊었다는 것입니까? 필연적인 결과로서 영적인 재치권이 모든 외적, 정치적 지배에 무관하다는 것을 잊었습니까? 그러므로 만약 상황이 그들의 행복을 위해 희생되기를 요구한다면, 그들은 민중을 가르치고, 도덕심을 훈련시키는 것, 평화와 구원으로 이끄는 것 외에 또 다른 임무를 받았다는 말입니까? 가난, 겸손, 자비, 자기 자신을 포기하는 것, 세속 군주와 그 법에 대한 복종, 세속적인 것으로부터의 도피, 속세에서 멸시받는 것을 행하는 것을 기초로 그 위에 자신의 교회를 세우신 하느님의 사도들이 반역적인 사치와 야욕적인 지배를 좋아하게 되었다니 이 얼마나 야릇한 모순입니까?

저의 하늘의 주인의 교훈과 선례들에 순종하며, 사도적인 근원으로부터 분출해 나오는 순수한 살아있는 빛에 의해 인도되며, 그리스도교의 황금 시대라고 불리우는 이 시대를 비추는 숭고한 진리와 고상한 감정에 젖은 제가 교만과 탐욕의 위선적인 억지에 의해 흔들리고, 스콜라파 학자들의 간교한 주장에 의해 뒤흔들릴 수 있습니까? 제가 인류의 적인 불확실한 세속적인 전통에 귀를 기울일 수가 있겠습니까?

사회의 목적은 종교사회에서도 통치하는 이들이 아니라, 통치 받는 이들의 이익을 제공해주는 것이라고 확신하면서, 제헌의회가 주님의 영역을 차지하는 가라지들을 뿌리째 뽑으면서, (주님의 밭을) 폐허로 만들고 동시에 불모지로 만든 만용과 독직의 괴물스런 복합체를 파괴시키면서, 목자들에게 초대교회의 질서로 다시 상기시키면서, 교회제도를 왕국의 모든 제도들에 적응시키면서, 복음과 자유를 공공행복에 기여하게 함으로서, 제헌의회의 권리를 행사한 것을 내가 인정하고 어찌 큰소리로 공표하지 않을 수 있겠습니까? 결과적으로, 나는 여러분들에게 진리에 대한 찬사를 보내기 위해, 또한 법의 명령에 순종하기 위해, 나는 [국민*Nation*과 법과 국왕에게 충성하며, 제헌의회*Assemblée Nationale*가 결정하고 국왕이 받아들인 민사기본법 *Constitution*을 내 모든 힘을 다해 지킬 것을 선서합니다.]

2. 텍스트의 성격과 저자

이 글은 1791년 1월 30일 파리 근교에 위치한 크론 성당에서 베르투신부가 본당신자들(크론읍의 주민들)과 읍행정관들*officier municipal* 앞에서 성직자 민사기본법에 대한 충성서약을 하면서 행한 강론의 사본이다. 이 사본은 파리국립문서보관소의 분류번호 F19.474.(혁명기간의 센에와즈道의 교회관계문서들)의 상자 속에서 발견한 크론읍의 1791년 1월 31일자 행정일지에 기록된 것이다. 이 강론은 센에와즈道에서 발견된 선서파 사제들(센에와즈道의 총 1087명의 본당신부들 가운데서 908명이 선서함)의 강론들 가운데서 선택되어[11] 제헌의회의 교회분과위원회에 보내졌다.

이 글이 강론 후에 인쇄되었는지는 아직 밝혀지지 않았으나, 당시 여러 상황으로 보아 이 글이 여러 사람에 의해 읽혀졌다는 것은 분명하다. 그렇다면 이 글은 정치적인 선전을 목적으로 강론 후에 다시 세밀한 검토를 거쳐 가필 수정되었을 것으로 보인다. 따라서 이 글은 베르투신부가 "듣는 사람"을 위해서가 아니라, "읽는 사람"을 위해서 쓴 글이라고 할 수 있다. 우리는 이런 점들을 염두에 두고 이 글을 분석해 볼 필요가 있다.

이 글의 저자 삐에르-기욤 베르투*Pierre-Guillaume Berthou*는 쌩브리외*Saint-Brieuc*에서 1751년에 출생하였다.[12] 우수한 성적으로 신학교를 졸업한 후에 파리 소르본대학 신학과의 학사(*Bachelier*와 *Licencié*)를 획득한 당대의 수재이다. 26세에 파리근교의 모*Meaux*市에서 사제서품을 받았다. 1787년에 37세에 크론 본당의 주임사제로 임명되어 혁명을 맞게 된다. 1790년에 크론읍 최초의 읍장*maire*으로 선출되었고, 같은 해 6월에는 코르베이유郡*District de*

11) 이 글 바로 앞에 있는 크론읍 행정일지 1791년 1월 30일에 실린 내용을 보면 그의 강론은 "모든 참석자들의 박수를 받았다"고 기록되어 있다.

12) Serge Bianchi, "Le curé citoyen de Crosne, Pierre-Guillaume Berthou", *89 en Essonne*, No.4-5, pp.54~57.

*Corbeil*의 행정관이 되었다. 1791년 1월 30일에 민사기본법에 대한 선서를 하였고, 혁명력 2년 브뤼메르 19일(1793. 11. 9)에는 사제직을 포기*abdication* 하였다. 신부직 포기 후에도 읍주민들의 요청에 따라 베르투는 1794년 3월에 체포될 때까지 읍행정관으로 크론읍에 거주하였다. 체포 후에 곧바로 풀려난 베르투는 크론을 떠났고, 혁명력 8년(1800년)에는 뫼즈*Meuse*軍隊의 회계관으로 근무하였다. 1803년 정교협약 이후에 센에와즈道로 돌아와 주임사제로서 여러 본당(*Ambleville* 등)에서 활동한 후에, 1827년 2월 6일에 쌩브랭*Saint-Vrain*에서 사망하였다.

3. 텍스트 분석의 기초 작업

1) 行爲項의 역할

이 텍스트의 구조와 의미를 제대로 밝히기 위해서는 우선 이 텍스트 속의 작중 인물들을 규명해야 한다. 이 글에 등장하는 작중 인물들은 각자 서로 다른 기능들을 하고 있는데, 이러한 기능들을 그레마스는 행위항*actant*이라 부른다. 이 행위항들은 텍스트 안에서 그들이 갖는 상호관계와 그들이 갖는 기능에 따라서 정의된다. 그레마스는 6명의 행위항들로 구성되어 있는 텍스트의 모델을 아래의 도식으로 제안하고 있다.

▶ 그림 1

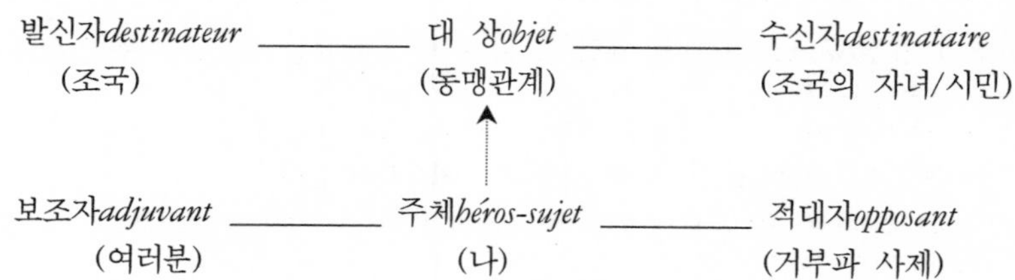

그레마스의 행위항 모델로 본문을 분석해보면, 이 글에서 이야기에 발동을 거는 행위항인 '발신자*destinateur*'는 조국이다. '주체*sujet*'는 나(베르투신부)이며, 나는 조국의 호소에 응답하여 민사기본법을 통해 조국과 협상을 맺으며 결핍된 대상인 동맹 관계를 찾아나서는 자이다. '대상*objet*'이란 주체가 탐색하는 것, 결핍되어 있는 것, 곧 찾아와야 하는 대상을 말한다. 이 글에서는 베르투신부와 조국과 결핍된 동맹관계를 말한다. '적대자*opposant*'는 주체의 탐색 행위를 방해하는 거부파 사제들이다. '보조자*adjuvant*'는 탐색을 도와주는 자들로 "여러분들"이다. '수신자*destinataire*'는 주체의 선서를 통해 조국과 동맹관계를 맺음으로써 혜택을 받는 자인데, 구체적으로는 본당신도들, 넓게 본다면 '조국의 자녀들' 즉 프랑스의 시민들이라고 할 수 있다.

2) 텍스트의 기본적 범주들

이 텍스트의 구조와 의미를 제대로 밝히기 위해서는 우선 이 텍스트 속의 대립적 양항들이 어떻게 맺어지고, 또 이들이 어떻게 계기적으로 이어지는가를 살필 필요가 있다. 이 텍스트는 베르투신부가 조국이 요구하는 선서(계약의 체결)를 하고 난 후, 거부파 사제들을 비판하는 이야기이다. 그런데, 이 글속에는 계약의 체결 이후 신부/시민, 종교/조국, 분리/통합, 음모가인 레위족/선서파 사제, 스콜라파 학자/선서파 사제, 민사기본법/종교, 제헌의회/교회, 복음/자유 등의 상호 대립적인 요소들이 존재하여, 각각 병렬적인 관계*paradigmatic relation*를 이루면서, 한편으로 계기적 관계*syntagmatic relation*를 형성하고 있다. 즉 이들 병렬체들이 계기적으로 결합되면서 이야기가 진행되고 있는 것이다.

그러나 보다 근본적인 대립 양항은 결핍/충족이라고 볼 수 있다. 신부인 베르투가 조국과의 동맹관계를 탐색대상으로 삼고 있지만, 그는 신부라는 신분상의 제약으로 인해 조국과 동맹관계가 결핍되어 있는 존재이다. 이 자격 결핍/자격 획득 을 근간으로 하여 주인공의 조국과 동맹관계의 성취 과정을 보여주는 것이 바로 이 텍스트라고 할 수 있다. 따라서 이 글은 '결핍의 상황→결핍 극복을 위한 시련과 투쟁(과업의 수행)→결핍의 지양, 해소(과업의 완수)', '불완전한 결합→선서→완전한 결합'의 제 과정을 보여준다.

이러한 서사구조를 가진 텍스트는 자격 결핍의 상황(도입부), 극복과정(전개부), 지양, 해소(종결부)라는 세 단계로 구성되어 있다. 이들은 각각 도입부 · 전개부 · 종결부를 이루면서 전개, 완결된다. 전개부에서 자격 결핍의 극복과정, 자격의 획득과정은 필연적으로 위기를 거쳐 발생한다. 위기의 개념은 텍스트에서 가장 중대한 사항으로서 범주들의 체계 밑바닥에 깔려있다. 여기서 그레마스는 세 가지 형태의 시련—자격시련, 본격시련, 영광시련—을 제안한다.[13] 세 가지 형태의 시련은 다음과 같은 방식으로 행위항 모델 안에 배치시킬 수 있다.

▶ 그림 2

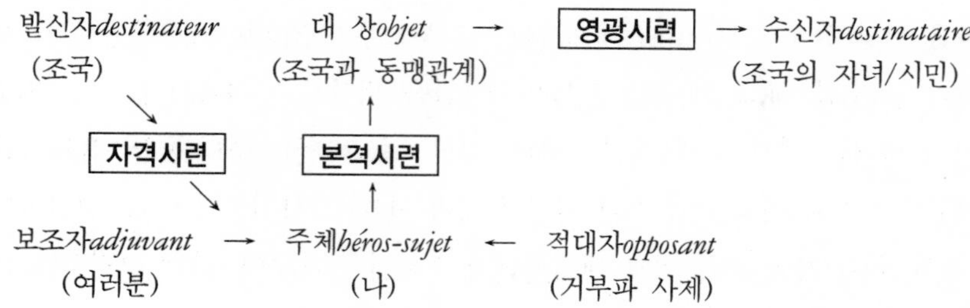

자격시련*épreuve qualifiante*, 본격시련*épreuve principale*, 영광시련*épreuve glorifiante*이라는 세 가지 시련들은 텍스트의 도식 안에서 결과를 통해 현시된 의미론적 가능성의 부여 때문에 서로 구별된다. 즉 자격시련은 능력*compétence*의 취

13) A.J.Greimas, *Sémantique structurale*(Paris, 1966).

득에, 본격시련은 수행*performance*에, 영광시련은 인정*sanction*에 해당된다. 이 세 가지 시련 중 자격시련·본격시련은 실천적 차원에 속하고 영광시련은 인식적 차원에 속한다. 그러므로 이 계기의 논리에 의하면 인정은 실천을 전제하고 있고 수행은 그에 해당되는 능력과 자격을 전제하고 있는 것이다. 텍스트 안에서 영광시련이 성립되는 것은 그에 선행하는 본격시련을 비준한다는 것 때문이요, 또한 본격시련은 자격시련이라는 전제가 없이는 성립될 수가 없다.

4. 텍스트의 계기적 구조분석

1) 도입부(결핍의 상황) : 첫째 문단

우선 제목을 주목해보면, 필자가 열거한 정치경력에 이미 그 자신이 가지고 있는 기준이 나타난다. 필자는 먼저 본당 주임신부 그리고 전(前) 읍장임을 내세운 다음에 점차 선거인단 위원, 郡행정관이라는 높은 관직으로 강화시켜 나가고 있다. 이러한 정치경력들은 모두 크론본당 주임신부라는 직책 뒤에 나타나는데, 이것은 곧 그의 정치경력들이 모두 그의 성직에 비해 이차적인 경력이며, 동시에 그가 정치적 책임도 갖고 있다는 것을 표현하고 있다.

이 텍스트에 발동을 거는 결핍의 상황은 무엇인가? 첫 번째 문단에서부터 "여러분"과 "나"와의 동맹관계에 대한 결핍이 나타난다. 텍스트는 '발신자'인 조국의 조정*manipulation*으로 시작한다. 발신자인 조국은 "나"를 주체의 자리에 배치시킨다. 나는 조국의 조종을 받아 결핍의 대상을 찾아 즉시 실행에 옮긴다. 내가 이행해야 할 임무는 조국이 명령하는 기본법에 대한 선서를 수락하는 것이다. 이 같은 임무를 성공적으로 끝내기 위해서는 능력이 있는 주체가 전제되어야 한다. 사제인 주체에게 결핍된 것은 조국과의 동맹관계이다. 여기서 결핍은 이 이야기의 지배적인 원동력인 것을 기억할 필요가 있다.

그리하여 주체인 "나"는 글 서두를 주체의 선서식에 참석한 신도들 및 읍 행정관들과 주체와의 관계를 살펴보는 것으로 시작한다. 즉 조국을 대표하는 "여러분"들과 주체인 "나" 사이에 동맹관계가 결핍되어 있다는 것을 먼저 확인하고 있다. 1~2줄에 나타난 "자녀들과 조국" 그리고 "구성원들과 가족"은 곧 오늘 모인 "여러분들"을 지칭하는 용어들로, 이들은 각각 사회적 요소와 생물학적 요소를 나타내고 있어, 다음과 같은 도식을 도출해 볼 수 있다.

▶ 그림 3

자녀들/조국 : 정치 · 사회적 요소들
구성원들/가족 : 생물학적 요소들

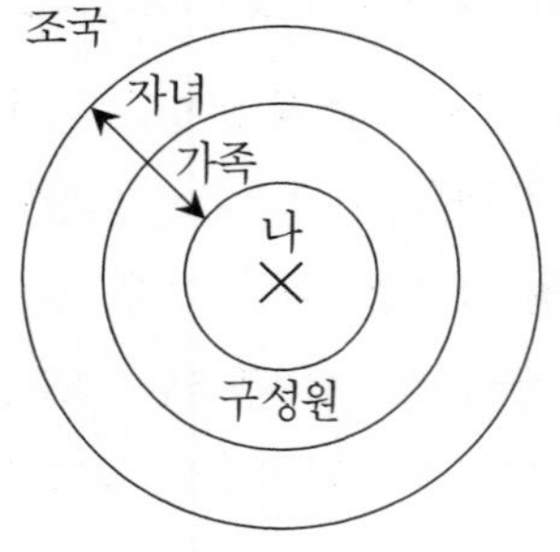

이 요소들이 모두 "그의 가족" 안에서 서로를 보완하고 있다. 이중에서 "조국의 자녀들"이 가장 큰 원을 그리면서 "같은 가족의 구성원들*membres*"의 원을 감싸고 있어서, 이 두 원은 사실상 하나의 큰 동심원을 이루고 있다. 이 원의 중심에는 주체인 "내"가 위치하고 있고, 조국(발신자)이 나(주체)에게 번져 나온다. 또한 "구성원들"이 사회적 용어인 데 반해, "조국의 자녀들"은 생물학적인 용어라는 데 주목할 필요가 있다. "여러분들"은 조국이라는

정치적인 유기체*corps politique*와 구성원이라는 사회적인 유기체*corps sociale* 그리고 자녀라는 생물학적인 유기체*corps biologique*를 갖는다.

"같은 조국의 자녀들, 한 가족의 구성원들"이 하나의 유기체를 이루어 두 개의 주어가 하나의 동사인 "여긴다면"에 걸린다. 주체인 "나"와 "여러분"은 이제 조국과 한 몸을 이루는 동맹관계를 과시한다. 그리하여 필자는 이 정치사회적인 유기체를 이루는 그들의 마을의 한가운데(즉 성당)에서 말하고 있는 것이다. "그들의 공동의 행복을 보장해주는 동맹관계를 새롭게 하고 강화하기 위해 마련된 이 날을 진정 축제의 날로 여긴다면"에서 "다시 새롭게 하다*re-nouveler*"가 첫 번째 행동이고 "강화하다*re-sserer* : 다시 조이다"가 두 번째 행동이다. 둘째 문단 중에 나타나는 동사들—"재생하다*re-nouveler*", "강화하다*re-serrer*", "재론하다*re-dire*"—은 모두 재생, 회복 혹은 새로운 동맹을 나타내는 동사들이다. "축복의 날"(선서하는 날) 즉 새로운 동맹을 맺는 날의 의미를 거듭 강조하고 있는 동사들이다. 필자는 그가 위치하고 있는 이 두 개의 유기체를 그려내고, 다시 조직하려는 작업으로 이 글을 시작하고 있다.

또한 "우리들의 공동의*notre commune*"가 아니라 "그들의 공동의*leur commune*"인 것에 주목하자. 필자는 3인칭으로 첫 문단을 시작하였다. 그러다가 "이 감정이 어찌 사제-시민의 영혼 속에 달콤한 도취감으로 퍼지지 않겠는가?"에서부터 3인칭으로 표현된 1인칭 즉 신부-시민인 "나"가 등장하기 시작한다. 이 문장에는 운동이 있다. 왜냐하면 "그들의 공동의 행복"이 나에게 "퍼져야" 하기 때문이다. 발신자인 조국은 내가 "선서를 하는 것"을 얻기 위하여 실현해야할 프로그램(조국과 동맹관계)을 주체인 나에게 주지시키고 또한 주체로 하여금 행동하도록 설득작업을 하는 것이다.

여기서 중요한 것은 이 정치사회적 유기체가 생물학적 유기체와 결합하여 유기체를 재조직하는 문제이다. 그들은 "시민들"이 아니라, "나의 자녀들"이다. 자녀들에게는 어머니가 있게 마련인데, 그 어머니가 바로 조국이다. 이

제야 비로소 정치적 유기체에 속하게 되는 것이다. 조국은 이미 생물학적 의미를 담고 있고, 한 개인이 이러한 이중적 집단에 속하게 될 때, 비로소 필자도 신부이면서 시민일 수 있다. 여러분들이 이 동맹관계를 새롭게 하고 강화하는 경우에만, 필자의 [신부-시민으로서의] 선서도 비로소 그 의미를 갖게 된다. "축제의 날"은 우리에게 결핍된 동맹관계를 다시 하고, 필자가 선서를 하는 날이다.

2) 전개부 : 변형의 생성(둘째~일곱째 문단)

① 자격시련 : 두 번째 문단

주체인 "나"는 조국과의 동맹관계가 결핍되었다는 것을 확인한 후에 첫째 시련에 들어간다. 이 시련을 통하여 나는 주체로서 "능력을 취득*acquisition de compétence*"하게 된다. 크론본당 주임신부가 어떻게 시민이 될 수 있는가? '나'는 신부이면서, 또한 전읍장과 전선거인단위원이요, 현재 군행정관이기 때문에 시민이 될 수 있다. 나는 조국의 자녀요, 가족의 일원이 되었기에 비로소 조국과의 결핍된 동맹관계를 이룰 수 있는 주체의 자격을 얻게 된다.

자격시련을 거친 후에 나는 비로소 새로운 '보조자'들을 얻게 되는 데, 그들이 바로 "여러분들"이다. 이 보조자는 내가 조국과의 동맹관계를 이루는데 도움을 주는 자들이다. 그리하여 주체인 나는 여러분들에게 드디어 "나의 형제들"이라고 호칭할 수 있게 된다. 필자가 이 글의 서두를 "나의 형제들이여"로 시작하지 않았다는 사실은 매우 중요하다. 이 글은 분명히 "나의 형제들이여"로 서두를 시작해도 무방했기 때문이다. 필자는 "조국의 자녀", "가족의 구성원"부터 언급한 다음에야 비로소 "나의 형제들"를 부르는데, 그 순서에 주목할 필요가 있다. 그는 시민적 우애(조국)와 인간적 우애(가족)안에서 비로소 "여러분들"의 형제가 되는 것이다. 따라서 새로운 정치 동맹 관계를 맺은 여러분들은 이제 나 자신의 동맹(선서)의 필수적인 증인이 된다. 이러한 동맹의 결과로 여러분들과 내가 공유하게 되는 것이 있는데, 그것이 바로 민사기본법이다.

▶ 그림 4

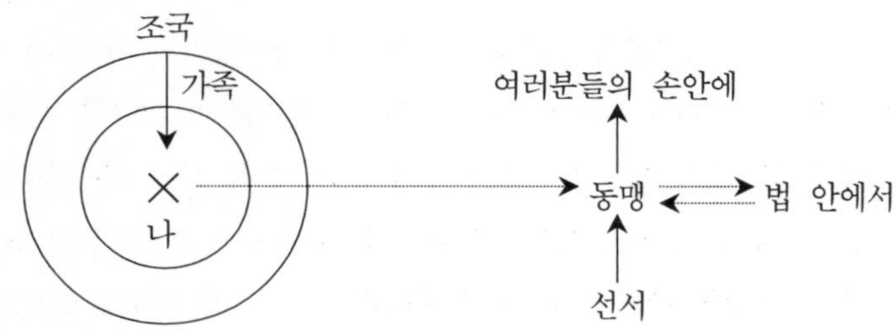

필자는 동맹을 맺고 또한 선서를 하는데, 이것은 곧 기본법을 향해서이다. '기본법'이 곧 우리의 보증인이다. 필자는 "여러분들은 나의 증인"으로서 한 몸을 이룬 유기체임을 확인하고 난 다음, 이제는 기본법 안에서 이 유기체의 정당성을 보여주고자 하는 것이다.

② 본격시련 : 세 번째~네 번째 문단

자격시련을 통하여 주체로서의 자격을 갖춘 후에, 주체는 본격시련에 직면하게 된다. 세 번째 문단에서 본격시련은 민사기본법에 결핍되어 있는 종교와의 동맹관계를 확인시켜주는 것으로 진행된다. 민사기본법에 결핍되어 있던 '하느님과의 동맹관계'가 이루어지면서 주체인 나는 본격시련을 극복하게 된다.

주체는 "기본법은 제 2의 종교"라는 매우 강렬한 표현을 통하여 "여러분과 내"가 이루는 유기체의 정당성을 강조하고 있다. 다시 말하면 기본법에 결핍되어 있는 하느님과의 동맹관계를 강조하고자 한다. 이 문장은 텍스트전체에서 가장 중요하다고 할 수 있다. 이 표현에서 베르투신부는 초대교회의 교부 떼르뚤리아누스*Tertulianus*와 17세기 신학자 보쉬에*Bossuet*신부의 용어를 주로 인용하고 있다. "법은 제 2의 종교"에는 다음의 세 가지 용어가 내포되어있다. 첫째, 왕권신수설로 저명한 보쉬에신부는 "국왕은 곧 제 2의 종교*la Majesté du roi est une seconde religion*"라고 말한 바 있는데, 필자의 "제2의 종교"는 곧 보쉬에신부의 용어를 그대로 표절한 것이다. 보수에 신부의 "국왕" 대신 "법"으로 대체하였다. 둘째, 필자는 신부로써, "제2의 종교"라는 표현에서 민사기본법의 종교적 성격을 강조하고 있다. 종교라는 용어의 어원을 보면(종교 *religion*는 라틴어로 *religio* 또는 *religare*인데 그 뜻은 *re-lier* 다시 묶다), "각 사람들 간의 관계를 맺음"이라는 뜻을 내포하고 있다. 정치적 유기체가 인간들을 한 유기체로 다시 묶는 것을 말한다. 다시묶음*religio* 즉 종교 없이는 정치도 없는 것이다. 셋째, 종교라는 단어는 또한 신심을 뜻하는 종교적 성격을 표현한다.

필자는 먼저 그리스도인이다. "여러분과 나"의 보증인이 되는 성직자 민사기본법이 제 2의 종교이므로, 이 법은 또한 제 1의 종교인 가톨릭교회 다시 말하면 창조주 하느님과 밀접하게 연결*religio*(다시 묶다)되어 있다. 그리하여 필자가 선서한 민사기본법은 자유 · 평등 · 우애의 가치들에 의해 창조주를 향해 나아가게 된다.

▶ 그림 5

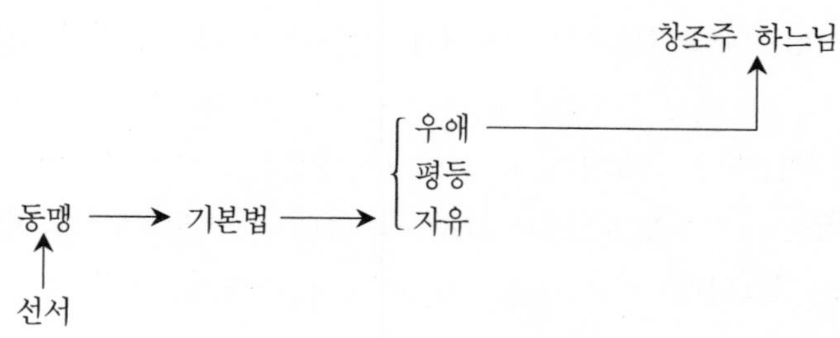

창조주는 자유 · 평등 · 우애를 창조하신 분이다. 그러므로 자유, 평등, 우애는 우리의 예배를 받을 자격이 있다. "오늘 축제의 날"에 "여러분들"은 다시 동맹을 맺고, 또한 "내"가 선서를 맺는 것*re-ligio*은 종교적인 행동인 동시에 정치적 행동이다. 우리는 여기서 문장 전체에 걸친 적절한 용어들의 활용을 통하여 필자가 라틴어를 완벽하게 구사하고 있다는 것을 알 수 있으며 이 강론을 라틴어로 구상하였다는 것을 알 수 있다. "여러분들은 확신할 수 있다"에서 내가 주장하는 것을 기억할 사람들은 바로 여러분들이고 여러분들은 나의 증인이 된다. 이 선서는 분명히 '*religio*' 즉 다시 맺어져야 하는데, '*religio*'는 공적인 행동을 전제로 한다. 예배*culte*는 바로 공적으로 인정받아야 하는 대외적인 사회적 행동이다. 그러므로 자유와 우애는 "우리의 예배"를 받을 자격이 있다. 하느님은 우리의 신앙의 창조주인 동시에 혁명정부의 이념인 자유 · 평등 · 박애의 창조주이시다. 따라서 민사기본법은 제헌의회의 작품인 동시에 하느님의 작품인 것이다. 민사기본법에 결핍되어 있던 하느님과의 동맹관계가 이루어지면서 주체인 나는 본격시련을 극복하게 된다.

네 번째 문단부터는 주체가 본격시련을 극복하면서 본격적이고도 결정적인 투쟁의 주역들이 모습을 드러낸다. 이제 주체가 탐색의 대상인 동맹관계를 획득하는 것을 방해하는 적대자 즉 거부파 사제들이 등장하여, 주체와 정면으로 대립하게 된다. 여기서부터 필자는 '공격 · 비난 · 반란 · 결별' 등의 격렬한 용어들을 통하여 적대자인 거부파 사제에 대한 공격을 시작한다.

"그렇습니다*Non*"는 이 문장 전체 중 전개부의 절정을 이룬다. 필자는 가족의 구성원이었는데, 여기서는 "가족의 최연장자"로 등장한다. 또한 "저는 여러분들이…의심하지 않았습니다."에서 필자가 "버리는", "훼손시키는" 등의 행동을 하지 않았기 때문에 구성된 두 유기체를 파괴하지 아니하고 다시 맺을 수*religio* 있게 된다. 만약에 필자가 버리고 훼손시키는 행동을 하였다면, '*religio*'를 파괴하여 두 유기체를 파괴하였을 것이다. 불어원문의 동사들을 주목해보면, '*voulu desserter*(버리기를 원하다)'라 하지 않고 '*consentit à desserter*(버리는 것에 동의하다)'라고 한 것은 그가 억압을 느끼고 있었다는 것을 말한다. 이러한 사실은 텍스트전체에서 그가 사용하는 강렬한 표현과는 달리 사실상 그가 본당신자들과 동맹관계를 유지해야 한다는 강박관념을 가지고 있었다고 볼 수 있다.

"나"는 본격시련을 통하여 즉 선서를 행함으로써 실현된 주체*sujet réalisé*의 위치를 차지하였고, 그 결과로서 "가족의 최연장자"의 위치를 차지하게 된다. 여기서 우리는 왜 필자가 문장 서두부터 주임신부이면서 전 읍장, 선거인단 위원, 행정관이었다는 사실을 강조한 이유를 다시 한 번 확인하게 된다. 이러한 세속적 직위 없이는, 여러분들과의 *religio*는 없기 때문이다. "공동의 집"은 곧 시청을 말하고, "형제들의 신뢰"는 곧 선거인단의 선거를 말하는데, 이러한 세속 활동들이 나를 보장해주는 것들이다.

③ 영광시련 : 다섯 째~일곱 째 문단

이제 마지막 시련이 온다. 주체인 나는 "조국과의 동맹관계, 하느님과의 동맹관계를 이루는 자"로서 시민을 대표하는 여러분들로부터 인정을 받아야 한다. 이것은 선서를 통해서 이루어지고 영광시련은 성공을 거두게 된다. 여러분들은 나의 자격을 인정하게 되었기 때문이다. 따라서 이제부터 여러분들은 선서의 증인에서 선서의 수신자로 바뀌게 된다.

다섯 번째 문단에서 내가 '주교의 손에' 선서하는 것이 아니라 "여러분들의 손에" 선서함으로써, 나의 선서는 하느님의 대리자인 주교를 통해서가 아니라 평신도인 여러분들의 손을 통해서 하느님께 전달이 된다. 여러분들은 이제 선서의 단순한 증인에서 선서를 하느님을 대신하여 받는 대리자로 바뀌는 것이다. 나의 선서를 받음으로써 여러분들은 나를 '조국과 동맹관계, 하느님과 동맹관계를 이루는 자'로서 인정해주었기 때문에 주체로서의 '조국

그리고 하느님과의 동맹관계를 이루는' 임무를 실현하게 된다. 이제 여러분들은 동맹관계를 새롭게 하였고, 나도 선서를 하여 동맹과 선서 사이에 평등한 관계가 성립되었다. 주체는 영광시련을 성공적으로 끝낸 후에, 가짜 주체 즉 우리의 '적대자'를 본격적으로 등장시키고 적대자를 처벌한다. 그러기 위해서 먼저 적대자의 정체를 밝혀내는 것으로 시작한다. 주체는 교회를 '영적인 교회'와 '세속적인 교회'로 이분하고, 주체는 '영적인 교회'에, 적대자는 '세속적인 교회'에 속한 것으로 본다. "그들은 그들의 왕국이 이 세상이 아니라는 것"에서 필자는 영적인 교회와 세속적인 교회의 두 세력이 존재하는 것을 말하고 있다. "그들에게 본질적으로…그들은 잊었다는 것입니까?"는 영적인 교회를 말하고 있고, "그러므로 만약…이 얼마나 야릇한 모순입니까?"는 영적인 교회와 반대되는 세속적인 교회를 의미한다. "복음의 경륜 *économie évangélique*"은 외적인 지배나 정치 지배를 말하는 것이 아니고, 영적 권력의 지배를 말한다. 여기서 *économie*의 그리스 어원은 *oikonomia*로, 세상의 통치를 의미한다. "이 무슨 망상입니까?"에서 "망상*délire*"은 "경륜*économie*"과는 서로 반대되는 개념이다. 여기서 적대자들은 통치할 능력이 없고 망상에 쌓여 있으므로, 주체가 구성한 것과 같은 또 다른 유기체를 결코 구성할 수 없다는 것이 잘 나타난다. 주체와 적대자 즉 선서파 사제와 거부파 사제 사이의 대립관계, 이들이 속한 영적인 교회와 세속적인 교회간의 대립관계를 아래와 같이 그림화 할 수 있다.

▶ 그림 6 기호론적 사각형: 영적인 교회와 세속적인 교회의 대립

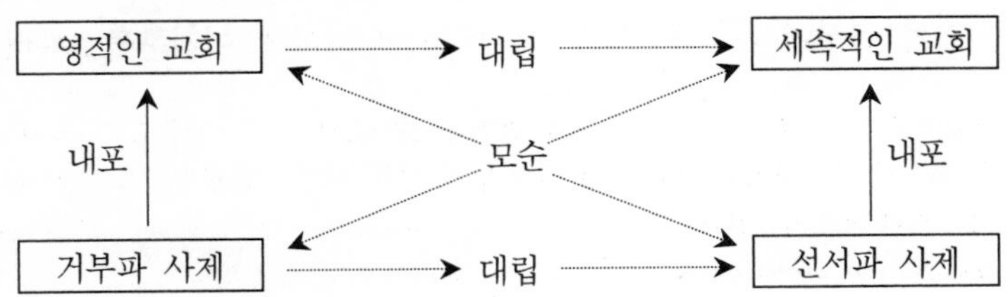

일곱 번째 문단에서는 왜 내가 버리는 데 동의하지 않았는지를 설명하고 있다. 또한 내가 가족의 최연장자라는 것을 다시 내보이고 있다. 앞의 문장에서와는 달리 나는 여러분들에게 문의하지 않는데, 그 이유는 내가 세속적인 것과 거룩한 것을 구별하기 때문이다. 모든 세속적인 것에 대해서는 여러분들이 심판관이지만, 모든 거룩하고 성스러운 것, 즉 신부에게 속한 것은 여러분들에게 문의하지 않고 내가 알아서 한다는 것이다. 이제 주체는 영광시련을 성공적으로 통과하여 여러분들로부터 인정받은 주체임을 과시한다.

"인류의 적인 불확실한 세속적인 전통"은 곧 스콜라 철학에서 말하는 교회가 세속국가보다 우위를 차지한다는 주장을 말한다. 필자는 스콜라 철학을 신봉하는 전통적인 교회를 '세속적인 교회'로 분류하고, 이러한 전통적인 가톨릭교회의 주장을 '인류의 적'이라고 비판하였다.

3) 종결부 : 새로운 질서의 회복 : 여덟 번째 문단(54~65줄)

종결부에 이르러 주체에게 결핍된 동맹관계가 회복되고 자격을 인정받은 주체는 이제 새로운 질서의 회복에 나서게 된다. "종교사회에서도*même religieuse*"라는 표현은 인권선언의 제 10조에서 인용한 것이다.[14] 문단 서두에서 한편으로는 여러분들도 모두 종교사회에 있다는 것을 인식시키면서, 다른 한편으로는 "사회"라는 정치용어들을 사용하여 세속적인 질서를 강조하였다. 주체는 이제 세속적인 질서 즉 제헌의회 가운데에 있는 것이다. 마치 하느님은 영적 질서에 의해 움직이듯이, 제헌의회는 세속 질서에 의해 움직인다. 하느님은 영적인 질서에서 자유, 평등, 우애의 창조자이신 것과 같이, 제헌의회는 정치 질서에서 같은 방식으로 행동한다. 이제 여러분들로부터 인정

---

14) 인권선언의 제 10조는 종교의 자유를 천명한 조항으로서 "그 누구도 그 의사에 있어서 종교적인 것이라 할지라도 그 표현이 법에 의해 설정된 공공질서를 교란시키지 않는 한, 방해받을 수 없다. "*Nul ne doit etre inquiété pour ses opinions, même religieuses, pourvu que leur manifestation ne trouble pas l'ordre public établi par la loi.*"

받은 주체는 "가라지"나 "괴물스런 복합체" 등의 구질서를 완전히 파괴하고 복음과 자유를 공공행복에 기여하게 하는 등의 새 질서 확립에 적극 참여하게 된다.

여기서 '복음'과 '자유'라는 두 단어를 주목할 필요가 있다. 복음과 자유는 두개의 '*religio*'로, 서로가 서로를 보완한다. 필자는 마치 하느님의 질서와 세속적인 질서가 따로 따로 분리되어 있으면서 서로를 보완하는 것처럼 앞에서 언급하였지만, 실제로는 그 중심이 세속적인 질서에 있는 것을 알 수 있다. "복음과 자유를 공공행복에 기여하게 함으로"에서는 분명히 하느님의 복음과 세속적인 자유가 "공공행복"이라는 최종목표를 위해 사용되는 도구라는 것을 밝히고 있다. "공공행복"이라는 단어는 거부파 사제들에게서는 결코 발견할 수 없는 것으로 루소가 『사회계약론』에서 강조한 용어로서, 베르투 신부가 계몽주의 철학에 의해 중대한 영향을 받았다는 것을 확인시켜주는 증거이기도 하다. 결국 베르투신부에게 있어서 세속적인 질서가 교회 질서보다 우선한다는 것을 확인하게 된다.

Ⅲ. 결론

그레마스의 구조의미론의 계기적 구조분석에 따르면, 이 텍스트는 다음과 같이 요약될 수 있다. 도입부(첫째 문단)에서 조국과 "나"와의 동맹관계의 결핍이 나타난다. 발신자인 조국은 주체인 "나"에게 결핍된 대상(즉 동맹관계)을 찾아 나설 것을 요구한다. 전개부(둘째~일곱째 문단)는 변형의 생성으로 크게 세 개의 시련으로 나누어진다. 주체가 겪는 첫 번째 시련은 자격시련으로 "내"가 이 시련을 성공리에 끝마치게 되면 주체의 자격(시민-신부로서의 나)을 인정받게 된다. "나"는 시민으로서 자격을 인정받은 후에야 비로소 보조자들을 얻게 된다. "보조자"들은 오늘 선서하는 날에 성당에 모인 "여러분"들이다. 이 보조자들은 주체가 곧 이어 치르게 될 본격시련을 극복하는 데 도움을 주는 자들이다. 이제 주체는 결핍의 대상을 찾아 나서게 된다. 두 번째 시련인 본격시련에서, 주체는 싸움을 치르고 나서 적대자가 빼앗아 간 대상을 다시 찾아온다. 즉 "나"는 적대자인 거부파 사제들이 빼앗아 간 동맹관계를 회복하는 것이다. 주체는 적대자들로부터 공격당하며 그동안에 보조자들의 도움을 받게 된다. 세 번째 시련은 영광시련으로, 주체는 마지막으로 조국과 동맹관계 그리고 하느님과 동맹관계를 이루는 영광시련을 치르게 되고, 이 시련이 끝난 후에 주체는 충성 선서를 여러분들의 손에 함으로써, 주체로서의 임무를 완수하여 사람들로부터 인정을 받는다. 드디어 주체의 성공이 확인되고, 수신자는 더 이상 주체에 대해 인정의 양식을 발화 *énoncé*하지 않게 된다. 이때 적대자(혹은 가짜 주체)인 거부파 사제들의 가면이 벗겨지면서 그들은 처벌을 받는다. 종결부(여덟 째 문단)는 해소 단계로 초장의 결핍이 메워지고 새로운 질서가 회복된다. 주체는 구질서를 파괴하고 혁명에 의한 새로운 질서의 회복운동에 적극 참여하게 된다.

이러한 설명방식을 통해 우리는 발화자의 의도를 역사적 맥락 속에서 설명할 수 있게 되었고, 하나의 언어행위가 어느만큼 독창적인가 혹은 관습적인가를 이해할 수 있게 되었다. 또한 태킷의 피상적인 분석에서 나타난 선서파 사제들의 강력한 선서의 당위성에 대한 주장들이 사실상 어느 정도까지는 당시 시대 상황에 따른 선택이었다는 새로운 사실을 베르투신부의 텍스트를 통하여 알게 되었다. 물론 베르투신부의 텍스트 하나만으로 선서파 사제들에 대한 전체적인 주장의 정당성을 논의할 수는 없는 일이다. 하지만 그레마스의 구조의미론적 분석방법을 통하여 베르투신부의 강렬한 표현들에서 선서에 대한 강박관념, 본당신도들과 동맹관계를 유지하고 강화해야 한다는 강박관념이 잘 드러나게 되었다. 물론 그레마스의 분석방법이 이 텍스트를 분석하는 유일한 방법일 수는 없으나, 이 분석방법을 통하여 이제까지 전혀 생각지 않았던 새로운 면을 발견하게 되었다는 성과를 거두게 된 것이다.

과연 역사가들이 지극히 낯설어 하는 기호학적 방법론을 도입하여 한 텍스트를 분석한 결과로 우리가 얻은 것은 무엇인가? 사실상 기호학은 학문적 최신 유행을 따르기 위하여 역사학에서의 '읽기'행위를 쓸데없이 복잡하게 만든 것은 아닐까? 기호학은 오히려 텍스트를 일정한 도식 속에 가두어 버리는 것은 아닐까? 이러한 질문들에 대하여 필자가 기호학에서 발견한 바는 기호학적 분석방법이 이제까지의 읽기행위(*lire* 즉 사료판독)의 방법 가운데 가장 과학적이고 뛰어난 방법 가운데 하나라는 사실이다. 이제까지 우리는 읽기행위의 기계장치에 대해서 생각해보지도 않고 거의 무의식적으로 텍스트를 읽어 왔다. 그러나 선서파 사제의 강론과 같은 사료를 판독하면서 매우 면밀하게 하나의 사료를 이모저모로 분석할 필요를 종종 느끼곤 하였다. 우리는 이러한 경우에 '정보취득의 읽기행위'가 아닌 '작업하는 읽기행위'로 옮겨갈 필요가 있는 것이다. 텍스트 의미작용의 소상한 조직 속에서 모든 것을 확인하는 총괄적이고도 상세한 방식으로 텍스트에 접근하는 것이다. 이것이 바로 텍스트에 대한 기호학적인 접근 방식이다. 기호학적 읽기행위는 텍스트들 속에서 언어에 대한 주의력을 일깨워줄 뿐만 아니라 독자가 스스로에게 텍스트들은 어떻게 말하고 있으며 또한 우리는 어떻게 말하고 있는가? 등의 질문들을 던지게 한다. 라카프라는 "기존의 역사가들은 기본적으로 수사학적 언어로 씌어져 있는 텍스트 읽기 훈련을 해야 한다"고 까지 주장한다.[15] 이렇게 될 때 역사도 드디어 19세기의 낡은 패러다임에서 벗어나 현대성을 획득할 수 있으리라는 것이다.

필자가 분석한 선서파 사제의 강론은 선서파 사제와 거부파 사제의 서로

15) Dominick LaCapra, *History and Criticism*(Cornell University Press, 1985), p.38.

다른 세계관, 교회관들을 이해하기 위한 하나의 출발점에 지나지 않는다. 차후에 거부파 사제의 텍스트들도 정밀하게 분석하여 좀 더 종합적으로 선서파 사제의 텍스트들과 비교 분석해 볼 필요가 있을 것이다.

참고자료

텍스트의 불어 원문

COPIE DU DISCOURS PRONONCE PAR M.LE CURE DE CROSNE ANCIEN MAIRE DE LADITTE PAROISSE, PUIS ELECTEUR ET ACTUELLEMENT ADMINISTRATEUR DU DISTRICT DE CORBEIL AVANT LA PRESTATION DU SERMENT LE 30 JANVIER 1791

Si les enfants d'une même Patrie, les membres d'une même famille, regardent comme un jour de fête celui où ils sont invités à renouveler et à resserrer l'alliance protectrice de leur commune félicité: avec quelle délicieuse ivresse ce sentiment ne doit-il pas se répandre dans l'âme d'un prêtre citoyen?

Vous savez, Mes frères, et je n'ai pas besoin de vous le redire;vous savez combien je chéris notre admirable Constitution; vous connaissez mon application à en méditer la doctrine, et mon zèle à en suivre les progrès, et mon courage à venger ses droits et ma persévérance à étendre ses conquêtes; vous avez été les témoins assidus et de mes déplaisirs, quand elle est menacée, et de ma joie, quand elle triomphe.

Vous avez pu vous convaincre qu'elle était pour moi une seconde religion; parce que le dieu Créateur de la bienfaisante liberté, de la douce égalité, de l'aimable fraternité,de la justice universelle, ne mérite pas moins notre culte que l'auteur et le consommateur de notre foi.

Aussi, dans cette dernière agression d'un sacerdoce inquiet pour ses prérogatives encore plus que pour ses autels, dans ce torrent de déclamation calomnieuse contre la nouvelle organisation que nos représentants ont décrétée, dans cette rébellion des ministres de toutes les classes contre la Souveraineté Nationale, dans ces divorces frequents et scandaleux entre les pasteurs et leurs troupeaux, je suis bien sûr que vous n'avez cessé de me compter au nombre des plus intrépides défenseurs de la chose publique et de l'incorruptible patriotisme. Non, vous n'avez pas craint un seul instant que l'aîné de la famille consentit à déserter la maison commune, à trahir la confiance de ses frères, à flétrir les honneurs civiques de maire, d'électeur et d'administrateur qui lui avaient été décernés.

Le serment solennel que je vais déposer entre vos mains ne saurait donc être autre chose que l'expression sincère, l'expression constante de mes voeux, de mes sentiments, de mes travaux, de ma conscience et de ma conduite. Et que prétendent ces lévites abusés et conspirateurs? Est-ce à la Constitution qu'ils en veulent? Elle est invincible. Est-ce après leurs anciennes jouissances qu'ils soupirent et se précipitent? Leurs efforts sont ussi vains que leurs regrets. Est-ce autour de l'arche sainte qu'ils se réunissent? Elle n'a pas besoin de leur bouclier. Est-ce l'économie évangélique qui les éveille et leur met les armes à la main? Quel délire! Ont-ils donc oublié que leur regne n'est pas de ce monde, que la juridiction qui leur appartient essentiellement, est concentrée dans la prédication de la parole sainte et l'administration des sacremens, que la vertueuse et docte antiquité n'en a point connu d'autres; et par une consequence necessaire que cette juridiction toute spirituelle demeure étrangere à tout gouvernement exterieur et politique? Ont-ils donc recu un autre ministère que celui d'instruire les peuples, de les former à la vertu de leur apporter la paix et le salut; et si les circonstances l'exigèrent de s'immoler à leur bonheur? Par quel étrange contraste les disciples d'un Dieu qui a fondé son église sur la pauvreté, l'humilité, la charité, le renoncement à soi-même, la soumission au souverain et à ses lois, la fuite de ce que le monde préconise, la pratique de ce qu'il dédaigne, affectent-ils aujourd'hui une factieuse opulence, une ambitieuse domination?

Docile aux leçons et aux exemples de mon divin maître, guidé par les pures et vives lumières qui jaillissent des sources apostoliques, pénétré des nobles sentiments et des sublimes vérités qui illustrèrent cet âge justement nommé l'âge d'or du christianisme, pourrais-je être ébranlé par les raisonnement hypocrites de l'orgueil, de la cupidité, par les arguments subtils de la scolastique? Pourrais-je écouter les traditions profanes incertaines, ennemis du genre humain?

Bien convaincu que le but de la société, même religieuse, est de procurer l'avantage de ceux qui sont gouvernés et non de ceux qui gouvernent, pourrais-je ne pas reconnaître et publier hautement que l'Assemblée nationale a usé de son droit en extirpant l'ivraie qui couvrait le champ du Seigneur, en moissonnant ce monstrueux assemblage d'abus et de prévarications qui le rendaient tout à la fois informe et stérile, en ramenant les pasteurs, à l'ordre primitif, en adaptant le régime ecclésiastique à toutes les institutions de l'empire, en faisant concourir au système du bonheur public, l'evangile et la liberté. En conséquence pour rendre hommage à la vérité que je vous devois, obeissans à la loi qui commande, Je jure &c....

5. 프랑스혁명기 혁명력 2년의 비기독교화운동

센에와즈道를 중심으로[1)]

Ⅰ. 서론 : 프랑스혁명과 종교

앙시앙 레짐 하에서 절대다수의 프랑스인들은 가톨릭교회의 시간과 공간의 틀 안에서 살고 있었다. 18세기를 풍미한 계몽주의 철학은 이러한 종교적 모습에 일대 타격을 가하였으나, 1789년에도 교회는 외견상 아직 건재한 모습을 유지하고 있었다. 1789년의 프랑스혁명은 앙시앙 레짐 하 교회의 우월권을 박탈하고, 1793~1794년의 약 1년에 걸친 기간에는 교회의 존재자체를 파괴하여 교회와 프랑스인과의 관계를 완전히 차단시켰다. 1802년 정교협약을 통해 교회의 정상화가 이루어지기는 했지만 혁명의 깊은 상처는 아물지 않은 채, 19세기 내내 교회와 국가권력 간의 갈등은 지속되다가 결국

1) 본고는 필자의 프랑스 소르본느대학 프랑스혁명사연구소 박사학위논문 "프랑스혁명하의 센에와즈도에서의 종교사회사연구"(*La vie religieuse en Seine-et-Oise sous la Révolution*, Thèse de nouveau Doctorat, Université de Paris-I, 1992)의 총 5부 중 제 3부 비기독교화운동 pp.316~555의 내용을 축약한 것임.

1905년에 이르러서야 비로소 교회와 국가의 분리가 결정적으로 이루어지게 된다.[2)]

그러므로 프랑스혁명해석에 있어서 종교는 본질적으로 중요한 문제를 이룬다. 특히 두 가지 종교현상이 혁명에 가장 결정적인 영향을 끼쳤다.

그 하나는 1790년 7월 12일의 성직자민사기본법으로 이는 프랑스 교회제도를 근본적으로 바꾸었다. 프랑스혁명은 재정적자와 종교문제를 해결하기 위한 즉흥적 타협안으로, 교회재산을 국유화하고, 성직자민사기본법을 제정하여 교회를 국유화하고자 하였다. 1790년 11월 27일 신부들에게 가해졌던 성직자민사기본법에 대한 충성서약 강요는 성직자집단은 물론 프랑스 전체를 혁명과 반혁명의 두개의 프랑스로 분열시켰다.[3)]

또 다른 현상으로서, 혁명력 2년의 비기독교화운동은 가톨릭을 비롯한 모든 종교를 뿌리째 뽑고자 하였고 짧은 기간 동안에 매우 격렬한 폭력을 수반하여 성직자 집단에 결정타를 가하였다. 비기독교화운동은 혁명전쟁이 치열하던 1793~1794년 겨울 즉 혁명력 2년 브뤼메르*brumaire*에서 프레리알*prairial*까지 약 8개월 동안 전국으로 확산되었는데, 이로 말미암아 전국적으로 4만 여 개의 성당이 폐쇄되고 미사가 금지되었으며 성직자가 신부직을 사임하거나 결혼하는 사태가 속출하게 되었다. 이는 기독교가 금지된 바탕에서 새로운 혁명종교가 생겨나는 현상으로까지 이어졌다.

혁명시대 당대인들은 프랑스혁명에서 종교문제의 중요성을 분명히 인식하고 있었다.[4)] 예수회 신부 바뤼엘은 "혁명은 프랑스구체제의 악에 대해 내린

---

2) 여기에 관해서는 Jean-Marie Mayer, *La séparation de l'Eglise et de l'Etat*(Paris, 1966) ; Gabriel Lepointe, *Les rapports de l'Eglise et de l'Etat en France*(PUF, Paris, 1960) ; A.Soboul, *Dictionnaire historique de la Révolution française*(PUF, 1989). article "Eglise (La séparation de l'Eglise et de l'Etat" pp.404~405를 참조.

3) 전국적으로 과반수의 신부들(약 52~55%)이 선서에 서약하였다. T.Tackett, *La Révolution, L'Eglise, La France, Paris*(CERF, 1986), pp.56-61.

신의 심판으로 프리메이슨 비밀결사단체가 꾸민 음모였다"고 주장하였다. 그에게 있어 성직자 민사기본법은 중대한 실책이었다.[5)]

19세기의 역사가들은 혁명을 기독교와 민주주의 이념사이의 갈등의 긴 역사의 에피소드로 해석하였다. 미쉴레*Jules Michelet*는 기독교와 혁명을 본질적으로 서로 대립되는 원리로 보면서 "종교혁명을 뺀 프랑스혁명은 아무것도 아니다"고 보았다.[6)] 끼네*Edgar Quinet*는 종교적 불화에 의하여 혁명이 실패했다고 해석하였다.

19세기 후반 20세기 초반에 올라르*Alphonse Aulard*와 마띠에즈*Albert Mathiez* 두 역사가들은 특히 혁명과 종교에 대해 관심을 기울여, 근대적인 방법론을 확립하였다.[7)] 이들은 권력투쟁에 있어 종교문제를 핵심적인 문제로서 언급하였다. 이탈리아 맑시스트인 그람시*Gramsci*의 분석체계에 있어서도 종교문제는 본질적인 주제였다. 그는 1789년 혁명 때의 갈등은 혁명과 가톨릭 민중 사이의 갈등이 아니라, 이데올로기 생산계층인 성직자 및 지식인 계층과 민중 사이의 갈등이었다고 주장했다.[8)]

---

4) 샤또브리앙*Chateaubriand*, 조셉 드 메스트르*Joseph De Maistre*, 루이 드 보날드*Louis DE Bonald* 등의 주장은 구체제사회의 도덕적, 종교적 타락의 결과로써 일어난 혁명은 신이 주도한 것으로, 혁명만이 신정국가체제*le régime théocratique*를 沮止할 수 있었다는 것이다. F.R.De Chateaubriand, *Génie du christianisme*(1802) ; A.Cassagne, *La vie politique de Fr. de Chateaubriand*(Paris, 1911) ; Joseph de Maistre, *Considérations sur la France*(Editions Compléxe, Paris, 1988) ; R.Mauduit, *Les conditions politiques et sociales de Bonald*(Paris, Oudin, 1913) ; Jacques Godechot, *La contre-révolution(1789-1804)*(PUF, Paris, 1961).

5) Abbé Barruel, *Les Mémoires pour servir à l'histoire du jacobinisme*(Hambourg, 1798, 5 vol.).

6) Edgar Quinet, *La Révolution*(Paris, 1865, 2vol.) ; Jules Michelet, *La Révolution française*(Paris, 1847-1853, 2vol.).

7) 올라르와 마띠에즈 모두 혁명종교에 특히 관심을 기울였다. A.Aulard, *Le culte de la Raison et de l'Etre Suprême*(Paris, 1892) ; A.Mathiez, *Les origines des cultes révolutionnaires*, 1789-1792(Paris, 1904) ; A.Mathiez, *La Révolution et l'Eglise*(Paris, 1910).

혁명 하의 종교사에 대한 연구가 집중적으로 이루어진 것은 2차 세계대전 직후로 앙드레 라트레이유*André Latreille*와 쟝 르플롱*Jean Leflon* 등의 가톨릭계 역사가들을 중심으로 이루어졌다.[9)]

20세기 후반 특히 1960년대 이후에 들어와 가브리엘 르 브라[10)]와 불라르 신부[11)]를 중심으로 한 종교사회학의 영향으로 프랑스인들의 집단적 종교심성이 새로운 관점, 새로운 연구 분야, 새로운 기준들에 의해 계량적으로 분석되었다.[12)] 미사참여도, 부활절 미사 참여도*communion pascale*, 성도덕에 관한 기독교 교리의 실천정도, 종교의식 참여도 등 공식적 신앙 형태와 또 다른 신앙의 형태 즉 순례, 신도회 참여도, 성화들, 성인 숭배 등에 대한 계량적 통계분석을 통해서, 엘리트와 익명의 민중의 집단심성을 밝히게 되었다. 보벨*Michel Vovelle*의 '18세기 프로방스지방에서 16,000여 개의 유언장에 대한 계량적 통계분석'은 그 대표적인 예라 할 수 있다.[13)]

---

8) H.Portelli, *Gramsci et la question religieuse*(Paris, 1974), pp.111~121.

9) André Latreille, *L'Eglise catholique et la Révolution Française*, 2 vol. 1946-1950 ; Jean Leflon, "La crise révolutionnaire 1789-1846", *in Histoire de l'Eglise*(dir. Fliche & Martin), t.20(Paris, 1949).

10) Gabriel Le Bras, *Introduction à l'histoire de la pratique religieuse en France*(Paris, 1942-1945) ; G.Le Bras, *Etudes de sociologie religieuse*(Paris, PUF, 1955).

11) Fernand Boulard, *Matériaux pour l'Histoire religieuse du peuple français, XIXe-XXe siècles*(EHESS, 1982-87).

12) 20세기 후반에 들어와서 최근 수십 년 사이에 종교사는 "새로운 역사*la nouvelle histoire*"의 한 장으로서 각광을 받아왔다. 1955~1957년을 기점으로 종교사 연구가 급증하기 시작하여, 1955년부터 1985년까지 프랑스대학 박사학위 주제를 보면 16~20세기의 "종교와 사회" 문제를 다룬 학위 논문이 12.4%에서 14.7%로 증가추세를 보여(이 기간 중) 평균 13%의 높은 비율을 보인다. Claude Langlois, "Trente ans d'histoire religieuse. Suggestions pour une future enquête", *in Archives des Sciences Sociales des Religions* (jan-mars 1987), No 63/1. pp.85~114 ; 1989년 프랑스혁명 200주년 기념으로 열린 전 세계의 학술대회의 주요 테마를 검토해보면, 총 549개 중에서 종교사가 33개, 심성사가 26개로 모두 59개로서 10%가 넘는 높은 비중을 나타내고 있다. Michel Vovelle, *Les Colloques du Bicentenaires, La découverte*, I.H.R.F.(Paris, 1992), pp.XXVIII~XXXV.

물론 이러한 새로운 연구 분야는 새로운 사료의 발굴에 기인한다. 새로운 사료는 기본적으로 문서사료로 유언장, 호적대장, 데빠르뜨망*département*(道), 디스트릭트*district*(郡), 코뮌*commune* 행정회의록, 민중협회회의록, 국민공회에 보낸 의견서*adresses à la Convention*, 거부파 신부가 보관한 호적대장 등이다. 문서사료 외에도 화보, 교회 등의 고고학적 유적, 봉납물 등도 포함된다.

1960년대에 레나르*Marcel Reinhard*와 소불*Albert Soboul*은 종교사회학의 영향아래 종교사를 심성사의 차원으로 발전적 방향전환을 이루었다. 1963년 리용*Lyon*에서 열린 국제비교종교사학술대회에서 처음으로 비기독교화운동에 관심을 갖기 시작했다. 1964년에는 제 89회 전국 학술학회 연합 대회*Congrès Nationale des Sociétés Savantes*에서 소르본느대학 프랑스 혁명사 연구소 소장 레나르교수 주도하에, 당시 소장과 역사학자인 보벨, 플롱주롱*Bernard Plongeron* 등에 의하여 신부들의 사제직사임에 관한 전국적 사료수집분석이 시작되었다. 1970년대에 보벨과 비앙키*Sergeh Bianchi* 등에 의하여 비기독교화운동에 관한 본격적인 연구가 진행되었다.[14] 특히 1976년의 보벨의 '혁명력 2년의

---

13) 보벨은 '18세기의 프로방스지방의 바로크적 경건과 비기독교화운동'이라는 국가박사학위논문을 통해, 18세기 전반에 걸쳐 익명의 민중의 죽음에 대한 태도가 세속화되어 비기독교화운동이 서서히 진행되었다는 사실을 밝혔다. *M.Vovelle Piété baroque et déchristianisation en Provence au XVIIIe siècle*(Paris, Editions du Séuil, 1978). 또한 1985년에 나온 태킷의 연구는 1791년 신부들의 성직자 민사기본법에 대한 서약을 전국적인 규모의 통계사료를 이용해 심도 있게 분석하여 혁명기의 집단적 선택의 결정 요인들을 밝힘으로써, 혁명 시기의 종교사와 심성사에 새로운 지평을 열었다. T.Tackett, *op.cit*.

14) 프랑스혁명 하의 종교사는 19세기와 20세기 초반까지만 해도 가톨릭 역사가들에 의해 주로 종교박해사로서 연구되어 왔다. 더구나 보벨 이전까지 비기독교화운동에 관한 전문적인 연구서는 양적으로 소수였고, 또는 있어도 너무 오래된 문헌들로 이용하기 어려웠다. 이미 1903년 조레스, 1930년에 마띠에즈, 1969년에 플롱주롱 등은 이러한 연구 부재현상을 한탄하였다. 많은 저서들이 극히 제한된 시각에서 문제를 취급하였다. 도망제*Maurice Dommanget*의 "보베와 와즈에서의 비기독교화운동"에서 보듯이 풍부한 사료수집과 정확한 사료분석은 이루어졌지만, 총체적 전국적 현상의 분석을

비기독교화운동에 관한 연구'[15]는 새로운 사료와 새로운 계량적 분석방법을 통해 종교적인 집단심성의 변화를 밝힘으로써, 혁명 시기의 종교사와 심성사에 새로운 지평을 열었다.

필자가 여기서 비기독교화운동에 관심을 갖는 것은 이 운동이 매우 중요한 연구사적 문제들을 제기하기 때문이다. 구체제를 전복시키는 시점에서의 프랑스인의 집단 심성*mentalités collectives*의 한 단면을 비기독교화운동을 통해 깊이 있게 연구할 수 있다. 또한 카톨릭교회제도에 대한 일부 프랑스인들의 점진적 무관심에 의하여 18세기 내내 진행되었던 장기지속적 비기독교화운동*déchristianisation dans la longue durée*과 잠정적이고 급격한 혁명력 2년의 단기적인 비기독교화운동*déchristianisation du temps court*간의 미묘한 관계라는 또 하나의 문제가 제기될 수 있다.

비기독교화운동*déchristianisation*은 아마도 프랑스혁명 중에서 가장 논란의 여지가 많은 현상이 아닌가 한다.[16] '비기독교화운동'이란 용어 자체는 혁명 당대 사람들의 용어가 아니다.[17] '비기독교화운동'은 1840년대에 뒤빵

위한 첫 단계에 불과했다.
1970년대에 본격적인 연구서들은 다음과 같다 : Michel Vovelle, *Religion et Révolution, la déchristianisation de l'an II*(Hachette, 1976) 이하 *Religion et Révolution*으로 약함 ; Serge Bianchi, *Recherches sur la déchristianisation dans le district de Corbeil(1793-1797), Thèse de doctorat du 3e cycle*(Université de Paris-I, 1974); Bernard Plongeron, *Conscience religieuse en Révolution*(Paris, 1969).

15) M.Vovelle, *Religion et Révolution*. ; Michel Vovelle, *La Révolution contre l'Eglise-De la Raison a l'Etre Supreme*(Paris, Editions Complexe, 1988). 이하 *La Révolution contre l'Eglise*로 약함.

16) 비기독교화운동의 설명과 해석에는 입장에 따라 첨예하고도 미묘한 차이가 난다. "성물파괴", "종교 탄압"과 "과감한" 사제직 사임 등으로 단죄한 대부분의 신부 역사가들과 국가이성의 이름으로 비기독교화운동을 정당화하는 반교권주의적인 역사가들 사이에서 엄격하고도 객관적인 분석평가를 한다는 것은 참으로 어려운 일인 것 같다.

17) 혁명당대 사람들은 정치, 사회적 측면에서 기독교에 대한공격을 의미하는 "탈광신주의*la défanatisation*" 또는 신앙사회에서 도덕의 소멸을 뜻하는 "비도덕화*la démoralisation*",

루*Dupanloup*주교가 처음 사용하였다. 여기서 비기독교화운동이란 역사전반에 걸쳐 기독교신앙을 소멸시키고 기독교예배의식을 금지시키고 모든 성직자들의 활동을 중지시키는 모든 행동양식을 의미한다고 할 수 있다.[18] 즉 자발적인 성격의 폭력적 행동들을 의미한다. 오늘날 비기독교화운동은 '기독교에 대한 무관심, 예배의식에 대한 점진적 포기, 사제직 성소의 소멸을 가져온 모든 느린 진화의 결과'를 의미하기도 한다.

그러나 본고에서는 이 단어를 1793년 가을(혁명력 2년)부터 시작된 종교와 혁명과의 관계를 규정짓는 일련의 종교현상이라는 제한적인 의미로 국한하여 사용하고자 한다. 또한 우리는 이 연구를 하면서 일단의 방법론의 비판들을 없애기 위해[19] 넓은 의미의 개념을 취하고자 한다. 우리는 비기독교화운동을 "한 나라나 한 인간 집단에서 기독교(성직자, 재산, 예배의식)와 그 종교 생활을 후퇴시키기 위한 모든 내적, 외적인 그리고 건설적, 부정적 측

그리고 미라보는 탈가톨릭화*décatholiciser*"라는 용어를 사용하였다. 이 세 용어는 모두 기독교에 대한 공격을 의미하였다.

18) 사전에 용어 정의에서부터 애매모호하다. 르 쁘띠 로베르*Le Petit Robert*사전은 "비기독교화운동이란 한나라, 한 인간 집단에서 더이상 기독교인이 되지못하도록 하는 행동들"이라고 정의하였다. 이는 단지 파괴적인 측면만을 반영하는 것으로 지나치게 단순화된 정의이다. 르 브라에 따르면, 기독교란 사제와 신자들 간의 언약(성사)의 교환, 매개를 의미한다. 그러므로 장기 지속적 시각에서 포착 가능한 내적 요소와 파괴에 관련된 부정적 요소인 외적 요소 들을 구별해야 한다.

19) 이미 여러 사가들에 의해 개념에 대한 문제가 제기되었다. 종교사회학파 창시자인 르 브라는 '비기독교화운동'이란 용어를 '허위단어*le mot fallacieux*'라고, 또한 플롱주롱은 "인문과학과 신학이 만든 바벨탑*La Babel des sciences humaines et théologiques*"이라고 비판하였다. 비기독교화운동의 개념과 정의에 관한 대립된 견해에 관해서는 다음을 참조 : Louis Perouas, *Refus d'une religion, religion d'un refus en Limousin rural(1880-1940)*(Paris, 1985), p.200 ; René Remond, *Recherche d'une méthode d'analyse historique de la déchristianisation depuis le milieu du XIXe siècle*(Colloque d'histoire religieuse. Grenoble, 1963), pp.123~154 ; Jean Delumeau, *Le catholicisme entre Luther et Voltaire* (Paris, 1971) ; B.Plongeron, *op.cit*.

면의 총체적 요소들"로 정의한다.[20]

비기독교화운동은 혁명과 함께 시작되었는가? 아니면 구체제 하에서 이미 존재하였던가? 이에 대한 답변에 따라 혁명력 2년의 비기독교화운동의 충격 자체가 다르게 파악될 수 있을 것이다. 비기독교화운동이 혁명기동안에 가속화된 것이라 본다면, 18세기 후반의 변화가 비기독교화운동의 시초라고 할 수 있다. 이 경우에 변화는 심층적이고 본질적이며, 또한 겉으로 드러나지 않으나, 그렇기 때문에 더욱 자발적인 변화라고 할 수 있다. 또는 혁명적 심성에 의한 문화의 변화를 원인으로 볼 수도 있다. 이 경우에는 비기독교화운동을 짧은 기간 동안에 돌발적으로 일어난 사고이며 피상적인 변화로 보게 된다.

요컨대 비기독교화운동은 단기적인 사건차원에서 장기지속적인 느린 진화 차원으로 바꾸어 생각할 필요가 있을 것이다. 혁명은 전통적 가치의 파괴, 양심의 구조적 파괴, 기독교의 뿌리를 뽑아버린다는 관점에서 많은 이들에게 커다란 충격을 주었으며, 혁명을 통해 새로운 가치관, 새로운 인간, 새 가치를 창조하는 기회가 제공되었던 것이다.

이러한 급격한 변화, 혹은 부분적 변화 그리고 변화에 대한 소극적 저항 등의 반응은 사실상 혁명 이전의 장기 지속적 시각에서 원인을 찾을 수 있으며 찾아야 할 것이다. 먼저 1789년 이전의 느린 변화에 대해서 종교 신앙의 심층적 변화를 입증하는 예들에 대해서 질문해야 한다. 이와 함께 프랑스인들의 종교전통에 대한 집착력이 어떠했는가에 대해서도 역시 물어야 한다. 이러한 문제의식은 혁명력 2년 브뤼메르의 충격이 앙시앙 레짐 때부터 진행되어온 장기 지속적 비기독교화 현상들을 어느 정도로 입증하고 있으

---

20) 이것은 비앙키의 정의이다. Serge Bianchi, *La déchristianisation dans le district de Corbeil 1793-1797*, Mémoires et Documents de la Société historique et archéologique de Corbeil, de l'Essonne et du Hurepoix, 1990, p.7(이하 *Corbeil*로 약함).

며, 또한 이후에 종교생활뿐만 아니라 사회전반에 어떠한 영향을 끼치는가 하는 매우 중요한 질문들로 이어지지만 이에 대한 답변은 충분히 제시되지 않은 채로 남아 있다.

그러나 이제까지 혁명력 2년의 비기독교화운동이 국내에 본격적으로 소개되지 않은 점을 감안하고자 한다. 본고에서는 비기독교화운동을 혁명력2년에 국한하여 개괄적으로 살펴보고자 한다. 비기독교화운동은 혁명정부와 민중운동과의 관계를 비롯한 어떤 구체적인 정치상황에서 벌어졌는가? 이 운동은 구체적으로 어떤 양상을 띠고 진행되었는가? 등이다. 특히 주목하고자 하는 것은 비기독교화운동의 민중적 측면이다. 비기독교화운동의 주동자들이 어떤 사회문화적 계층이었으며 의식적이든 잠재적이든 그들의 동기는 무엇이었을까 하는 것이다.

이제까지 대부분의 역사학자들은 비기독교화운동의 민중적 성격을 대체로 부인하였다. 1945년 이전에 가장 보편적이던 가설은 "위로부터 강요되고 일부 민중이 개입한 정치음모"라는 것이다. 조레스*Jean Jaures*는 "민중은 결정적인 기간 중에 제외되었다. 비기독교화는 민중과 소원한 사람들에 의해 일어난 것이다"라고 말하면서 '소수 정치투사에 의한 운동*mouvement démagogique*'으로 규정하였다.[21] 그렇다면 주도권을 잡은 이들은 어느 계층이었는가?

여기에 관해서는 매우 다양한 해석이 존재한다. 퓌레*François Furet*와 리셰*Denis Richet*는 그 운동이 분명하게 "에베르파*hébertistes*에 의해 시도된 반교권적인 선전"으로서 책임자가 에베르파라고 지목하였다.[22] 아나키스트 다니엘

21) Jean Jaures, *Histoire socialiste de la Révolution française*(Paris, 1968), t.I. p.333, t.VI. p.290.
22) F.Furet et D.Richet, *La Révolution française*(Paris, 1965), t.I, p.329.
알베르 마띠에즈는 정치음모라는 가설을 지지하면서도 책임은 당통과 엥뒬장파, 꼬르들리에파 일부에게 묻는다. 엥뒬장파*Indulgents*가 주도하고 에베르파는 단지 그들에게 협조하였을 뿐이라는 것이다. 마띠에즈에게 비기독교화운동은 권력 장악을 위한 당파간의 투쟁으로 야기된 한 에피소드에 불과한 것이다. Albert Mathiez, *Robespierre et la*

계랑*Daniel Guerin*과 가톨릭계 역사학자인 당세뜨*Adrien Dansette*도 대체로 같은 의견이다.[23)]

그러나 비앙키*Serge Bianchi*는 이러한 전통적인 해석이 본질적인 요소들을 고려하지 않았기 때문에 편파적이고 오류를 범하고 있음을 처음으로 지적했다.[24)] 이전의 주장들은 당대 사람들에게 크나큰 충격이었던 비기독교화의 폭력을 과소평가한 결과라는 것이다. 포레스티에 의원은 프리메르 2일에 "화산폭발 같은*d'irruption volcanique* 운동"으로, 또한 로베스삐에르와 당통은 '격류*torrent*'로 각각 이 운동을 표현했는데, 이러한 표현들은 곧 비기독교화 운동의 파장이 당대 사람들의 예측을 뛰어넘는 크나큰 충격이었다는 것을 말해주는 것으로, 우리는 여기서 과소평가된 인민대중의 역할을 다시 생각해보지 않을 수 없다. 다니엘 게랑도 이미 "비기독교화는 상뀔로뜨의 깊은 심성과 관계가 있다"고 몇 번이나 지적했고, 알베르 소불 또한 "비기독교화 운동은 민중의 새로운 추진력*nouvelle forme de poussée populaire*"으로서 "종교와 성직자에 대한 혐오는 분명한 민중심성의 경향"이라고 규정하였다.[25)]

---

déchristianisation(Paris, 1909), p.8, 17, 64.

23) Daniel Guerin, *La lutte des classes sous la Premiere République*(Paris, 1968), t.I, p.279, 285 ; Adrien Dansette, *Histoire religieuse de la France contemporaine*(Paris, Flammarion), p.96, 893. 이들의 설명은 대체로 다음과 같다. 비기독교화운동은 에베르파가 1793년 9월의 최고가격제 실시 이후에 민중선동을 목적으로 사용한 수단이다. 혁명력 2년 브뤼메르 직전에 파리 지구*Section*(섹시옹)의 회의록들을 보면 종교가 민중에게는 그리 중요하지 않은 문제였음을 알 수 있다. 따라서 그것은 소수의 산악파 부르주아지들의 주도하에 오직 정치적인 목적을 위하여 인위적으로 시도된 운동이었다. 대다수 민중이 소수 투사가 주도한 혁명종교에 소극적이었고 성당문의 재개를 열망한 것 등이 이를 입증한다. 그러므로 민중은 외부로부터 강요된 이 운동에 적극 가담하지 않았고 비기독교화 운동은 전염병처럼 짧은 기간 타오르듯 번지다가 멈추어 버린 것이다.

24) Serge Bianchi, "La déchristianisation de l'an II, Essai d'interprètation", *Annales Historiques de la Révolution Française*(이하 *A.H.R.F.*로 약함)(1978), pp.341~371 ; S.Bianchi, "Manifestations et formes de la déchristianisation dans le district de Corbeil", *Revue d'Histoire Moderne et Contemporaine*(1979), pp.256~286.

본고에서는 이 운동이 구체적으로 어떻게 일어났는가 하는 것을 파리를 둘러싸고 있는 센에와즈道를 중심으로 알아보고자 한다. 이 지역의 연구가 중요한 것은 센에와즈道가 18세기 내내 꾸준히 종교적 관심이 감소하고 종교관행이 쇠퇴했고, 혁명 초부터 대다수 사제들이 혁명에 찬성하고 예외적으로 많은 사제들(84%)이 1791년 선서에 서약한 지역이었기 때문이다. 특히 리스*Ris*와 메네시*Mennecy*의 두 코뮌은 전국 최초로 자발적으로 신부를 추방하고 교회 성물을 국민공회에 헌납하였으며 기독교를 "광신주의", "미신"이라고 비난함으로써 비기독교화운동에 선도적 역할을 담당하였고, 이것을 계기로 비기독교화운동은 전국적으로 확산되었던 것이다.[26] 이렇듯 지역적으로 중요한 의미를 갖는 센에와즈道는 이제껏 리스와 메네시 코뮌을 중심으로 꼬르베이유군과 에땅쁘군에 대한 지역적 연구 이외에는 아직까지 종합적인 연구가 이루어지지 않았었다.

II. 본론

1. 혁명과 비기독교화운동의 시작

무엇보다도 혁명력 2년 브뤼메르에 시작된 비기독교화운동은 역사의 한

---

25) D.Guerin, *op.cit.*, p.264 ; A.Soboul, *Les sans-culottes de l'an II*(Paris, Clavreuil, 1958), p.282, 이하 *Les sans-culottes*로 약함.

26) 혁명력 2년 브뤼메르 9일(1793. 10. 30) 꼬르베이유군의 리스코뮌은 수호신으로 블레즈성인*Saint Blaise* 대신에 브뤼투스를 모시겠다고 국민공회에 알려왔다. 브뤼메르 16일(11. 6)에 메네시코뮌은 전국 최초로 카톨릭 미사를 포기한다고 선언하고, 코뮌 성당을 폐쇄할 것을 요구했으며, 국민공회장 로비에서 반종교적인 가장행렬*mascarade anti-religieuse*을 주최하였다. 브뤼메르 16일에 국민공회는 각 코뮌은 카톨릭 미사를 포기할 권리를 지닌다고 선언했다. S.Bianchi, *Corbeil*. p.8, pp.48~50.

돌발사건으로 인식될 수 없다. 비기독교화운동은 성직자와 민중혁명투사 간의 균열이 계속 커져온 진행과정의 연장이요, 귀결이다. 그러므로 비기독교화운동직전의 이러한 균열의 일반적인 상황을 살펴보아야한다.

1792년 이전까지는 종교제도 자체가 문제시 되지는 않았다. 연맹제 축제가 상징하듯이 혁명과 종교의 동거는 가능한 것으로 보였다. 센에와즈道의 수많은 시민-신부*citoyen-prêtre*들이 이미 혁명 초부터(1789~1791년) 도의 군수, 郡의 행정관, 시 행정부의 시장, 시행정관*officier public*, 선거인 등으로 선출되어 활동하였다.[27] 1790~1791년에 적극적인 사제들은 연맹제 축제나 혁명군 군기 강복식 등에 참석하여 미사를 집전하거나 강론을 통해 우애*fraternité*, 애국주의*patriotisme*, 재생*régénération* 등의 단어를 강조하며 혁명정부와의 협력을 다짐하였다. 더구나 대다수 사제들은 1790년 11월 27일의 성직자 민사기본법에 대한 충성서약에 대폭적인 찬성률을 보였다. 1,087명의 선서해당 성직자들 가운데 908명(83.5%)이 선서에 서약하였다[28](〈지도 2〉 참조). 한편 민중 편에서는 정치적으로 종교적 무관심이 나타나고 있었다. 1791년 거부파 신부를 대체하는 신부선거에서 코뮌주민들은 극소수만이 참가하는 매우 저조한 참가율을 보였다.[29] 그렇지만 미사를 거부하거나 성당을 폐쇄하고 신부를 박해할 의지는 조금도 나타나지 않았다.

그러나 1792년 초부터 1793년 7월까지 성직자와 민중의 여론사이에 균열양상이 나타났는데, 이는 3가지의 주요한 현상과 관련하여 생각해볼 수 있

27) 베르사이유군에서만도 적어도 34명의 사제가 코뮌 시장이나 코뮌 자치위원으로 선출되었다. 바잘*Jean Bassal*은 1790년 베르사이유군의 부군수*Vice-Président*가 되었다. Bénédicte Mariolle, *Le district de Versailles comme test du nouveau diocèse constitutionnelle de Seine-et-Oise: 1789-1794*, mémoire de maîtrise, Univ. Paris-IV, 1988.

28) 서약내용은 "나는 국가와 법과 국왕에게 충성할 것과 제헌의회에 의해 발의되고 국왕이 인준한 헌법에 온 힘을 다해 지켜나갈 것을 맹세합니다." 여기에 관해서는 필자의 학위논문 제 2부를 참조할 것.

29) 1790년 690명 주민들 가진 *Soisy-sur-Etiolles*에서는 9명만이 선거에 참석했다.

다. 먼저 신부에 대한 억압조처는 군사적 어려움과 궤를 같이 한다. 패전이 계속됨에 따라서 "외국과 공모한 내부의 적"에 대한 비난이 나타났고, 첫 번째로 성직자가 주목되었다. 1792년 5월에는 20명 이상의 시민이 고발하면 신부들의 국외추방, 유형이 가능하다는 법령이 포고되었다. 심지어 혁명군대의 출발을 앞두고 내부의 적을 제거하려는 욕망이 1792년 9월의 학살로 나타났다. 1,400여 명의 희생자 중 270명 신부가 포함되어 있다.[30] 센에와즈道에서도 1792년에 1,087명 성직자 중 112명(10%)이 국외유형에 처해졌고, 13명(1.2%)이 학살당하였다. 또한 1792년에는 50명, 1793년에는 14명으로 모두 64명(5%)이 체포당했다.

두 번째로는 민중의 일상생활 가운데 경제적 어려움, 특히 식량의 문제와 깊은 관련이 있다. 레나르와 비앙키에 의하면 식량문제로 심각한 갈등을 야기했던 지역에서 가장 적극적으로 귀족과 성직자들을 반혁명 혐의자로 고발하였다.[31] 1791년과 1792년 3~4월에는 주로 나무꾼, 날품팔이 일꾼 등 3,000여 명이 식량폭동에 가담하여 식량운반차량을 약탈하고 밀에 관세를 매기고 밀판매상을 살해하였다. 이처럼 민중이 신부를 혐오하고 내부의 적으로 몰아세우는 데에는 식량위기도 분명히 하나의 요소로서 영향을 주었을 것으로 보인다.

셋째로 정치적 사태발전이 또한 성직자를 억압하는 조처를 가속화시켰다는 것이다. 1792년 8월 10일 이후, 1793년 1월 21일 왕의 처형 등의 과격한

30) Bernard Plongeron, "Martyrs de Septembre 1792 à Paris", *Histoire des saints et de la sainteté chrétienne*, t.9(Paris, 1987).

31) 특히 꼬르베이유, 에땅쁘, 고네스郡 등이 식량위기로 첨예한 갈등을 보인 지역인데, 이 지역들의 주요 경제활동은 수도 파리에 빵과 케익류를 공급하는 것이었다. 꼬르베이유市의 경우 꼬르베이유, 아르빠종, 몽떼리, 메네시 네 곳의 밀시장이 있었는데, 밀가격과 운반가격이 늘 문제가 되어왔다. M.Reinhard, *Paris pendant la Révolution* (Cours de Sorbonne, Paris, 1971), pp.346~408 ; S.Bianchi, *op.cit.*, pp.36~43.

정치적 조처는 선서파 신부들에게 큰 타격을 주었다. 또한 방데 반혁명반란에서 두드러졌던 거부파 신부들의 역할 등이 국민공회로 하여금 억압적 조처를 취하도록 하였다. 1793년 7월 이전에 이러한 제 요소들은 교회 및 그 제도를 궁지에 몰아넣었다. 1792년 남성 및 여성 수도회의 해체와 호적대장(출생, 결혼, 사망)의 세속화로 그 근본적 기능을 박탈당한 데 이어, 교회는 또한 이혼 허용 등의 조처로 말미암아 교리 및 교회성사와 관련된 고유의 영적 영역도 침범을 받았다. 지방행정당국들은 1793년 봄과 여름에 선서파 신부들에게 확실한 애국시민으로서의 증거*preuve de civisme*를 요구하였다. 1793년 여름에는 이러한 상황이 더욱 악화되고, 억압정책은 가속화되어 비기독교화운동의 폭발에 이르게 된다.

그렇다면 비기독교화운동은 돌발적 사고이며 피상적인 운동이었을까? 아니면 오랜 점진적 진화의 귀결이었을까? 이 문제에 답하기 위해서는 먼저 비기독교화운동의 정확한 연대기곡선을 작성하는 것으로 시작해야 한다. 우리는 센에와즈道의 여러 조직이나 개인이 국민공회에 보낸 의견서*adresses à la Convention*를 통해 비기독교화운동의 연대기곡선을 그려볼 수 있다.

▶ 표 25 센에와즈道에서 국민공회에 보낸 의견서*les adresses à la Convention*에 나타난 비기독교화운동의 연대기곡선

(출전: *Archives Parlementaires* t.76 - t.96)

혁명월	브뤼메르	프리메르	니보즈	쁠리보즈	방또즈	제르미날	프로레알	쁘레리알	메시도르	떼르미도르	프뤽띠도르	합계
의견서 수	61	79	32	35	32	28	15	19	10	9	6	326

그 시기는 비기독교화운동이 전개된 1년 기간(1793년 10월~1794년 9월)으로 제한하였는데, 비기독교화운동과 관련된 326개의 의견서를 분석해본

결과[32] 브뤼메르에서 푸뤽띠도르까지의 11개월 동안에 센에와즈 지역의 의견서들은 매우 명확한 리듬을 타고 전개된다. 이러한 연대기곡선은 센에와즈에서의 비기독교화운동이 매우 빠른 속도로 진행된 성격을 보여준다. 연대기곡선은 혁명력 2년 브뤼메르*brumaire*(1793년 10월 22일~11월 20일)에서 시작하여(61개의 의견서), 프리메르*frimaire*(1793년 11월 21일~12월 20일)에서 절정에 이르게 된다(79개). 니보즈*nivôse*(1793년 12월 21일~1794년 1월 19일)에는 급격히 감소하여(32개) 프뤽띠도르*fructidor*(1794년 8월)까지는 쁠리비오즈*pluviôse*(1794년 2월)와 쁘레리알*prairial*(1794년 6월)의 가벼운 상승이 있지만 매우 완만한 리듬으로 감속하게 된다(〈그래프 1〉 참조). 신부들의 사제직 사임일자의 연대기곡선도 프뤼메르에서 절정을 이른 후 니보즈에서 급격히 쇠락하는 유사한 커브를 그린다.

月別 파장 곡선을 보면 브뤼메르에는 의견서들이 꼬르베이유*Corbeil*나 고네스*Gonesse* 등 근방 郡에만 제한되어 있으나 브뤼메르에는 道 전역으로 퍼져나가 절정을 이루고, 그 이후로는 급속히 감소하는 것을 본다(〈지도 3〉 참조).

郡평균 36개의 의견서를 국민공회에 보냈는데, 꼬르베이유가 78개, 베르사이유가 48개, 고네스가 50개로 가장 많이 보낸 郡들이다. 망뜨*Mantes*와 두르당*Dourdan*은 각각 15개(전체의 4.6%)와 18개(5.5%)의 의견서로 의견서 청원에 매우 소극적인 것을 알 수 있다(〈표 2〉의 국민공회에 보낸 의견서 항목과 〈지도 4〉 참조).

연대기곡선을 郡별로 분석해보면 파리와 접경한 4개의 郡에서는 모두 프뤼메르에 그 절정을 보이지만, 파리와 멀리 위치한 망뜨*Mantes* 경우는 방또

32) 혁명기의 의회 의사록*Archives parlementaires*에서 이 의견서들을 수집 분석했다. 의사록 제76권에서 제96권까지 1793년 10월 4일부터 혁명력 2년 푸뤽띠도르 22일까지의 모두 21권에서 센에와즈도에 대한 의견서를 종합했다.

즈에 절정에 이른다(〈그래프 2〉 ①~⑨ 참조).

요컨대 비기독교화운동은 급작스럽게 시작하여 처음 두 달에 폭발적으로 일어난 후에는 급속히 시들어버린 것을 알 수 있다. 또한 郡별로는 지리적으로 파리와 가까운 꼬르베이유, 베르사이유, 고네스, 뽕뚜와즈에서는 주로 프리메르에 의견서들을 보낸 데 반해, 파리와 멀리 떨어진 망뜨, 몽포르와 두르당은 뒤늦게 방또즈에 주로 의견서들을 보내었고, 수적으로도 많지 않아 소극적이었다. 곧 파리와 가깝고 먼 지리적인 조건이 비기독교화운동의 확산에 중요한 요소인 것을 알 수 있다(〈지도 3〉 참조).

2. 비기독교화운동의 양상 : 파괴적 운동과 건설적 운동

그러면 비기독교화운동은 구체적으로 어떻게 진행되었는가? 비기독교화운동은 먼저 파괴적 운동, 다시 말해 사제, 교회재산과 미사 등 전통 기독교의 존재를 파괴하는 행위들로 시작한다.

1) 파괴적 운동*déchristianisation négative*

Ⓐ 비기독교화운동과 성직자

파괴적 비기독교화운동 가운데 가장 극적인 것은 바로 신부들의 대대적인 사제직 포기*abdication*이다. 보벨은 이미 프랑스 남동부지방의 21개 道를 대상으로 한 연구를 통해서 "신부의 사제직 포기는 혁명력 2년의 비기독교화운동에서 가장 중요한 현상"이라고 강조한 바 있다.[33] 사제직 포기에 관한 연구는 비기독교화운동의 전개과정, 운동의 강렬함의 정도와 목적뿐만 아니라, 혁명의 희생자가 되거나 혁명의 선두에 섰던 사제들의 심성을 이해하는

33) M.Vovelle, *Religion et Révolution*, p.20.

데에도 결정적 역할을 한다.

사제직 포기는 특히 본당신부들의 경우에 가장 대대적으로 행해졌다. 보벨은 최근 분석을 통해 포기한 신부들의 숫자는 18,500명에서 20,000명 정도로 추산하였다.[34] 전국적으로 특히 선서파 신부들이 많은 지역에서 대거 신부직을 포기하였는데, 센에와즈道에서는 적어도 639명으로 추산된다.[35] 이는 포기한 신부를 道당 평균 200~213명으로 추산할 때, 3배가 넘는 숫자이다(〈지도 5〉 참조). 도시지역郡이 농촌지역郡에 비해 월등히 포기신부 숫자가 많다[36](아래 〈표 26〉 사제직 포기신부 항목 참조). 사제직 포기는 주로 도시에서 대규모로 일어난 도시적인 성격이 강한 것으로 해석할 수 있다. 639명의 포기신부*abdicataires* 중 617명(96.6%)이 1791년 선서에 서약한 선서파 신부이다.[37] 나이별로는 30세에서 34세 사이의 젊은 신부들(15.5%)과 65세 이상의 나이든 신부들(16.6%)이 사제직 포기의 위협에 대해 취약한 것으로 나타났다(〈그래프 3〉 참조).

---

34) 1791년의 성직자정원 약 13만 명과 비교하면 약 15% 밖에 되지 않지만, 1793년의 성직자정원 약 30,000명과 비교하면 거의 2/3에 달하게 된다. M.Vovelle, *La revolution contre l'Eglise*(Paris, 1988), pp.103~104.

35) 스타스*Georges Staes*는 센에와즈도를 통과한 2800명 신부들에 대한 7000여 개의 신상카드를 작성하였다. 〈표 2〉는 필자가 이 신상카드를 모두 DBASEIII PLUS로 통계 처리하여 분석한 결과이다(A.D.S.O. 35F 8-14. Fichier Staes). 1791년 선서해당신부 1,087명에 비하면 59%이다.

36) 郡별로는 대도시지역인 베르사이유(130명), 뽕뚜와즈(116명)와 생제르망(79명)으로 가장 많고, 농촌지역인 두르당(61명), 에땅쁘(51명), 꼬르베이유(34명), 고네스(25명)는 상대적으로 적다.

37) 주임신부들이 63%, 보좌신부가 10%, 수사들이 5% 정도이다.

▶ 표 26 센에와즈道의 파괴적 비기독교화운동에 의한 신부들의 수적 변화(郡별)
(출전: A.D.S.O. 35 F 8- 35 F 14 Fichier George Staes.)

디스트릭트(郡)	1791년 선서 해당 신부	선서신부비율 % (제한선서도 포함)		사제직 포기 신부	결혼한 신부	체포, 구금된 신부	혁명력 6년 신부	1791년-혁명력 6년까지 잔존한 신부	국민공회에 보낸 비기독교적의견서
꼬르베이유	119	107	90%	34	14	20	81	27	78
두르당	71	63	88%	61	17	15	50	25	18
에땅쁘	86	81	95%	51	20	23	49	24	34
고네스	118	100	85%	25	10	42	65	20	50
망뜨	128	118	92%	68	12	14	69	44	24
몽포르	109	97	89%	75	16	7	46	26	15
뽕뚜와즈	135	120	89%	116	27	28	87	39	29
생제르망	139	102	74%	79	27	22	101	36	30
베르사이유	182	120	66%	130	42	37	118	45	48
합계	1087	908	84%	639	185	208	666	286	326

그렇다면 사제직 포기는 자발적인 성격의 운동이었는가, 아니면 억압에 의한 것일까? 센에와즈道에서 신부들의 사제직 포기의 연대기곡선을 보면, 커브는 혁명력 2년 브뤼메르에서 시작하여(75명), 프리메르에서 절정(148명)에 이르게 된다. 니보즈에 급격히 감소(46명)하여 테르미도르까지는 쁠뤼비오즈의 가벼운 상승(62명)이 있지만 완만한 리듬으로 감속한다(〈그래프 4〉 참조). 사제직 포기 날짜가 알려진 416명 가운데 259명(63%)이 혁명력 2년 브뤼메르와 프리메르의 두 달 사이에 포기하고 있다. 매우 급작스럽게 그리고 대대적으로 행해졌다는 것을 알 수 있다.[38] 또한 이러한 사실은 사제직

38) 파리의 사제직 포기의 운동곡선과 비교해 보면, 커브가 파리보다 약 10일 정도 뒤늦게 절정에 달하는 것을 보게 되는데, 이는 파리와의 近接性 때문이다. Bernard

포기가 주로 억압과 강제에 의한 것임을 입증한다. 신부들은 일률적인 행정 양식에 따라 포기각서를 작성하여 짧은 기간 동안에 집단적으로 포기하였다. 이 중 일부 사제들은 포기 후에도 비밀리에 미사를 집전하였고[39], 혁명력 3년에 종교의 자유가 허용된 후에 대다수가 돌아와 활동을 재개하기도 하였다.[40]

이러한 사제직 포기는 여러 형태로 나타나는데, 어떤 신부들은 단지 "본당 신부직만을 포기*démission de son cure*"하거나, 또는 "사제의 직능만을 포기 *abdiquer les fonctions de prêtre*"하였고, 사제직 포기와 함께 "사제 서품장*lettres de prêtrise*"을 반납하였다.[41] 센에와즈道의 경우에 모두 639명 중에서 47명의 선언문이 남아있는데[42] 이는 매우 적은 숫자이지만, 이 선언문을 통해 사제직 사임의 이유를 유형별로 분석해 볼 수 있다.

극소수(7개)에 불과하지만, 실제로 기독교 자체를 "광신주의"나 "죄악의 아버지" 등으로 맹렬히 비난한 배교자들이 존재하였다. 메네시의 주임신부 드라네*Jean-Michel Delanney*신부는 그 대표적인 예로서 "애국시민들이여, 나의 소망이 이루어졌다. 광신주의*fanatisme*는 사라지고, 신부족속*race sacerdotale*도 소멸하고, 내가 늘 조심하라고 말해온 신부들의 지배는 이제 더 이상

Plongeron, "Les abdicataires parisiens", *Actes du 89e Congres des Sociétés Savantes*(Lyon, 1964), pp.27~62.

39) 예를 들어 파견의원 꾸뜨리에는 혁명력 2년 프리메르 7일에 아직도 센에와즈도에는 많은 사제직 포기신부들이 다시 미사를 재개하였다고 국민공회에 보고하면서 혐의가 있는 신부들에 대해 코뮌에서 사제직 포기증명서를 발급받아 제출토록 지시하였다. A.D.S.O. 1 LK 303 Actes de Couturier.

40) 꼬르베이유군 경우에 혁명력 6년에 32명의 포기신부들 가운데 15명(40%)이 다시 본당신부로서 활동하였다.

41) 사제직 포기를 표명할 때, 일괄적인 행정양식에 따라 제출하였는데, 일부 신부들은 개인적인 선언문을 첨가하기도 하였다.

42) A.D.S.O. 2 LV 163 Versailles ; A.D.S.O. 2 LV 74 Montfort ; A.D.S.O. 2 LV 121 Saint-Germain-en-Laye ; A.D.S.O. 2 LV 30 Mantes.

이 세상에 없다. 성산악파 만세*Vive la Sainte Montagne*!! 그러므로 나는 조금도 나의 옛 직업에 연연하지 않는다…"[43] 고뱅수사*Gobin*는 종교를 "미신*superstition*", "국민을 기만하는 허풍*charlatanisme*과 사기*friponnerie*"라고 비난하였다.[44]

과반수이상의 포기신부들에게 사제직 포기는 상황에 의해 강요된 양보인 것으로 보인다. 이들은 지방행정관료, 민중협회, 파견의원들의 강요와 억압에 의해 체포, 구금 또는 국외 유형당하지 않기 위해 사제직을 포기하였다고 주장하였다. 생-미셸-쉬르-오르쥬*Saint-Michel-sur-Orge*의 주임신부 바렝*Varin*은 체포위협을 받고 사제직 포기만이 유일한 생존 방법임을 깨닫고 포기하였다.[45] 이러한 신부들 가운데 많은 신부들이 혁명력 3년 종교 활동 허용 후에 즉각 사제활동을 재개하여 신부로서 생애를 마친 예들이 이를 입증한다.

또한 많은 경우 자기 합리화를 위한 변명을 하였는데, "실수할 권리*droit a l'érreur*"를 주장하거나, 처음부터 타의에 의하여 소명*vocation sacerdotale*없이 신부의 길로 잘못 들어섰다고 변명하였다. 르멜르*Claude Mathurin Bernard Lemesle*는 "취미와 제도*goût et l'institution*"에 의해 소명 없이 신부의 길에 잘못 들어섰고, "신부로서 꼭 지켜야 할 원칙에 집착함이 없이 신부로서 몇 년을 지내왔다"고 고백하였다.[46] 일반적인 경우는 혁명하의 공포나 나이, 신체불구와 질병 등의 물질적인 문제를 내세운 경우다. 오베르쟝빌*Aubergenville* 주임신부 르 마리*Le Marie*는 "몇 년 전부터 본인은 신체불구이며, 현재 65세이다…주임신부 수입은 매우 보잘 것 없는 것이고, 나는 더 이상 홀로 일할

---

43) *89 en Essonne*, No 4-5, pp.46~47. 우리는 이렇게 자발적으로 포기한 배교자들을 "les curés rouges"(붉은 사제)로 분류할 수 있다. 여기에 대해서는 S.Bianchi, "Les curés rouges et la Révolution Française", *A.H.R.F.*, 1982, pp.364~392, 1985, pp.477~479.

44) A.D.S.O. 2 LV 121 Saint-Germain-en-Laye. Bernard Francois Gobin.

45) S.Bianchi, *Corbeil*, pp.59~61.

46) A.N. AFIV.1912 d.3 p.81.

수 없는 상태이다…"라고 변명하였다.[47)]

위와 같은 비참한 변명은 아니더라도, 종종 "공화국의 안정과 국가의 번영을 위하여" 또는 "법을 지키기 위하여" 등의 수동적인 복종을 표명하는 신부들도 많았다.

사제직 포기는 지역 신부들의 조직을 근본적으로 와해시켰고 지역에 따라서는 상당히 긴 기간 동안 재생불능상태로 남아, 미사가 재개되지 못하였다.[48)] 사망하지 않은 신부들은 체포되었거나, 지하로 숨거나 아예 센에와즈道를 떠나버렸다. 또한 많은 사제들이 억압에 의해 혹은 자발적으로 결혼[49)]하게 된다. 그 숫자는 전국적으로 대략 6,000명으로 추산되는데, 이는 사제직 포기신부의 1/4에 해당하는 숫자이다.[50)]

상당수의 사제들에게 결혼은 분명히 비기독교화운동의 측면을 가지고 있다. 비기독교화운동은 극히 부분적으로만 이뤄졌던 신부들의 결혼에 새로운 추진력이 되었다. 이제 결혼은 확실한 시민으로서의 안전을 보장하는 상징이 되었고, 사제직포기와 더불어 세속 시민사회의 적응을 나타내는 증거가 되었다. 비기독교화운동이 신부의 결혼을 일반화시키는 데 결정적인 역할을 하였다.

센에와즈道에서는 혁명기간 중(1789~1801) 적어도 185명의 사제가 결혼하였는데, 이 중 114명이 혁명력 2년에 결혼하였다. 이는 1791년 선서정원과 비교할 때, 10%나 되는 많은 숫자이다(〈그래프 5〉와 〈그래프 6〉 참조). 지역별로 보면 두르당(17명)과 에땅쁘(20명) 두 농촌 지역이 가장 많은 지역

47) A.D.S.O. 2 LV 121 Saint-Germain-en-Laye.

48) 혁명력 6년 조사에 따르면 695개 코뮌 중 455개에서 미사를 재개하였으나, 아직 240개의 코뮌에는 단 한명의 신부도 없는 지역으로 남아있음을 보여주었다. A.D.S.O. 1 LV 766. L'enquête de l'an VI.

49) 신부의 결혼은 사제직 포기와는 달리 이미 혁명 이전부터 교회의 역사만큼이나 오래된 문제이다.

50) M.Vovelle, *La Revolution contre l'Eglise*, pp.134~135.

으로 나타난다. 이곳은 특히 돌리비에를 중심으로 한 급진파 신부들의 역할과 파견의원 꾸뛰리에와 크라수의 영향이 컸던 지역이었다[51](〈지도 5〉 참조).

대부분의 신부 역사가들은 전통적으로 혁명기의 신부결혼은 모두 위장결혼이라고 주장했다. 이들은 혁명당국에 의해 강요당하여 결혼했다는 것과 또한 재빨리 정상으로 돌아갔다는 것이 이를 입증한다고 주장했다. 사실상 억압에 의해 국외추방 당하지 않기 위해, 또는 연금을 타기 위해 결혼한 일부 신부들의 결혼은 사실상 위장된 결혼이었다. 쟝 프랑수아 와렘부르그*Jean Francois Warembourg*신부는 "절대 같이 살지 않는 조건으로" 80대 노파와 결혼하였다.[52] 람브이예*Rambouillet* 주임신부 소세*Saussais*는 "모든 것을 잃어버리고 더 이상 살 수 없어" "경건한 여신도"에게 "절대 동침하지 않는 위장결혼"을 제안하여 혁명기간 7년 동안 잘 지켜왔고 "위험을 무릅쓰고 자기 집에서 직접 미사를 계속 집전하였다고 주장한다."[53] 프랑수와-마티아 쟝*Francois-Mathias Jean*신부는 거부파 신부로서 혁명력 2년에 체포되어 베르사이유에 구금되어 마다가스카르 섬으로 강제 유배당할 위기에 처하였는데, 그는 살아남기 위한 유일한 수단은 결혼이었다고 주장했다.[54]

카프라라 추기경*Cardinal Caprara*이 남긴 흥미로운 사료들 가운데에 센에

---

51) 특히 1792년 9월 20일 호적법 제정, 이혼의 허용 등의 과감한 조처 이후에 꼬르베이유와 에땅쁘군에서는 1792년 10월 21일 뻬에르 돌리비에의 결혼을 비롯하여 4명의 급진사제들이 집단적으로 결혼하였다. 이들은 신부의 사회 재적응을 위한 강론을 하였는데, 라보*P.F.Lavau*에 의하면 "신부의 독신은 결코 신에 의한 것이 아니다. 신부서품이 독신을 강요하는 것은 아니다"는 것이고, 결혼은 그러므로 자연법과 인권에 합치하는 것으로서 "예수 그리스도와 교회 안에서 가장 위대한 성사*Sacrement*"라고 주장하였다. P.F.Lavau, *Curé de Chauffour, La légitimité du mariage des prêtres*, 1793. (B.N.Ln27.6141).

52) A.N. AFIV. 1898, d.8. p.167.

53) A.N. AFIV. 1897, d.8. p.81.

54) A.N. AFIV. 1897, d.3. p.31.

와즈道에 관계되는 85개의 청원서[55]가 발견되었는데, 이 청원서에서 대부분의 신부들은 혁명기간 동안에 "적들에 의한 위협으로 공포에 질려" 결혼하였다고 주장하면서 카프라라 추기경에게 복권을 청원하였다. 이 가운데 23명은 다시 신부로서 활동을 재개하였고, 24명은 복권되어 기독교의식에 따라 다시 정식으로 결혼하여 평신도로 남았다.

결혼한 신부의 평균 연령이 42.8세로 나이가 젊은 신부가 주를 이룬다. 배우자의 경우 33.7세로 대부분 아직 수태 가능한 나이로 배우자의 절반(55명중 27명)은 15세에서 29세의 젊은 나이이다. 또한 185명 가운데 41명(22%)은 적어도 1명 이상의 자녀를 출생하여 실제 결혼생활을 하였다는 것을 알 수 있다. 이들 가운데 상당수는 세속 직업에 종사하였는데, 1802년 종교협약 이후에도 성직에 돌아오지 않고 계속 직업에 종사하였다. 182명의 결혼한 신부들 가운데 59명에 대해 결혼 후의 직업을 추적할 수 있었는데, 교육계 17명(29%), 행정계 22명(37%), 법조계 4명(7%), 자유직업인 3명(5%) 등으로 대개 구체제 하에서 성직자들의 사회활동에 상응하는 직업에 종사하였다. 요컨대 상당수의 신부에게는 '위장결혼*mariage blanc*'의 신화는 사실이 아닌 것이다.

또한 비기독교화운동 기간을 거치면서 많은 신부들이 반혁명분자로 체포되거나 학살당했다. 혁명기간에 적어도 208명이 체포되는데[56] 혁명력 2년에 143명이 체포되었다. 208명 중 150명(72%)은 선서파이고 또한 87명(41.8%)이 성직포기 신부들이다. 결국 선서거부파 신부들뿐만 아니라 선서파 신부들 심지어 사제직포기 신부들까지도 모두 체포 구금되었던 것이다. 결국 성

55) A.N. AFIV. 1897-1916. 1801년의 종교협약 이후에 교황에 의해 파견된 카프라라 추기경은 특별히 혁명기간 중에 결혼했던 신부들의 복권문제를 심사하였고, 약 3,000여개의 청원서가 남아 있다.

56) 1791년 선서 당시의 정원 1,087명에 비하면 19%나 되고, 포기한 사제 666명과 비교하면 31%에 달한다.

직자라는 신분 자체가 반혁명적으로 인식되었다. 센에와즈道에서도 208명이 혁명력 2년 때, 특히 1794년 니보즈와 방또즈 기간 중에 집중적으로 체포되었는데, 선서 거부, 선서 번복, 또는 단지 '광신자', '위선자', '귀족주의적' 등의 이유로 체포되었다. 대대적인 신부체포는 종종 파견의원들에 의해 이루어졌다. 적어도 82명의 신부가 10개월 이상씩 구금되었고 67%가 6개월 이상씩 구금되었다. 그리고 적어도 그 중 20명은 사형선고를 받고 형이 집행되었다.

혁명력 2년의 폭풍을 거치면서 센에와즈道의 성직자 상황은 근본적으로 변하였다. 666명이 사임하고 185명이 결혼하고 143명이 체포되었다. 그 외에 다른 신부들은 모두 이 지역을 떠나거나 지하에 숨었다. 하루하루 위협과 불안에 시달리던 당대의 성직자의 모습을 그려볼 수 있다. 이로써 교회의 살아있는 몸인 신부들의 다수가 무력화되었다. 교회에 대한 공격은 성직자에게 국한된 것이 아니다. 교회재산에 대한 공격도 병행되었던 것이다.

Ⓑ 혁명적 방달리즘*Vandalisme*(문화재파괴주의)[57)]

교회재산에 대한 공격은 성당폐쇄로부터 시작되었다. 성당폐쇄와 미사금지는 앙시앙 레짐 하의 전통의 상징인 기독교를 파괴시키고자 하는 의지의 논리적 귀결이었다. 파리코뮌*Commune de Paris*이 1793년 11월 23일에 파리의 모든 성당폐쇄를 지시한 것을 시작으로, 전국적으로 코뮌들은 전통과의 완전한 단절의 시기에 "광신주의"에 대항하는 그들의 결단을 나타내기 위해 재빨리 성당들을 폐쇄하였다. 이리하여 전국의 40,000여 개의 교회가 문을 닫게 되었고, 센에와즈道에서도 1794년 봄까지 대부분의 성당이 폐쇄되었다.

---

57) 문화재파괴주의*Vandalisme*는 그레구와르신부*Grégoire*가 성당파괴, 성상, 성인 유물 등의 교회재산파괴를 두고 지칭한 용어이다. A.Vidler, "Grégoire, Lenoir et les mouvements parlants", *La Carmagnole des Muses*(Paris, 1988), pp.131~155를 참조할 것.

교회재산이 직접적으로 파괴되었다. 보벨에 의하면 "종 수거와 성물수거는 마을에서 가장 직접적으로 확인하고 체험한 비기독교화 형태"라고 강조한 바 있다.[58] 성물수거는 혁명 초부터 전쟁 무기제조를 위해 행해졌으나 특히 혁명력 2년 브뤼메르 때부터 본격적으로 가속화되었다. 1793년 7월 23일~8월 3일 칙령을 통해 대포제작에 필요한 청동 확보를 위해 모든 성당의 종루 수거가 의무화되었다. 생제르망郡의 경우 한 개 마을을 제외한 65개 마을에서 모두 145개의 교회 종을 수거했다.[59] 또한 교회미사에 불필요한 금은 청동물들을 수거하여 전쟁무기제조에 사용하였는데, 혁명 초부터 수거하기 시작하여 혁명력 2년 브뤼메르 때 가속화했다.

조국의 안정과 재정적 필요라는 명분으로 실시된 교회 종, 성물 수거와는 달리 교회건물과 성물에 대한 파괴는 과거의 전통 종교의 자취를 파괴시키고자 하는 것으로서 더욱 중요한 의미를 가진다. 일반적으로 교회 안에서 가톨릭 신앙을 표현하는 모든 상징물—주로 십자가, 조각상, 성화, 고백(성사)실, 성인유물함*reliques*—들은 "미신"과 "광신주의"의 상징으로서 간주되어 약탈, 방화, 파괴의 대상이 되었다.[60] 심지어 교회 물품들이 한꺼번에 공매의 대상이 되기도 하였다.[61]

---

58) M.Vovelle, *La Révolution contre l'Eglise*, p.82.

59) A.D.S.O. 2 LQR 97 Saint-Germain-en-Laye.

60) 꼬르베이유에서 혁명군 파견대에 자극받아 일단의 혁명군중은 노트르담 성당 문을 파괴하였고 브루누아*Brunoy*에서는 성모마리아 상을 파괴하였다. 대부분의 십자가는 "서로 엇갈리게 한 나무 조각"이란 표현으로, 대부분 지방행정일지에 십자가파괴 약탈이 기록되어있다. 메네시와 드라레이유에서는 교회십자가를 내리고 혁명 삼색기를 대신 걸었다. 성인유물함은 종종 계몽주의 철학자와 일부 급진 사제들로부터 "미신"으로 격렬한 비난을 받아왔는데 그 자리에서 파괴되었고 간혹 국민공회연단에까지 운반되기도 하였다. 꼬르베이유에서는 혁명력 2년 쁠뤼비오즈에 성스피르와 성 게노, 성 노베르라 하는 유물들과 시체들을 불러왔다"고 기록하였다. S. Bianchi, *Corbeil*, pp.69~70.

61) 세브르*Sèvres*에서 1794년 5월 28일 아침 11시에 신부사택에서 제단의 계단, 신부 옷 등을 포함한 교회의복과 장식품, 성물 등을 판매하였다. "La Révolution en Ile-de-France",

그러나 교회건물이 직접 파괴되는 경우는 드물었다. 대부분의 성당은 이성숭배당*temple de la Raison*이나 민중협회의 회의장으로 그리고 병원, 감옥 등으로 사용되었다. 교회재산 파괴와 더불어 상뀔로뜨에 의해 종교를 우롱하는 가장행렬*mascarade*과 화형식*autodafé*이 종종 행해졌다.62)

파괴적 운동은 센에와즈도에서 거의 모든 기독교 제도의 근본을 파괴하였다. 그러나 비기독교화운동 주동자들에게 있어서 이 파괴적 운동은 단지 필요한 초기 단계에 불과하였다. 이것은 혁명에 처한 민중의 집단심성이 근본적으로 변하고 있음을 표출하는 현상인 것이다. 비기독교화운동에 가장 활발히 참여한 파견의원이나 민중협회 회원 등은 "민중이 재빨리 모든 사슬에서 해방되었음"을 강조하면서 이로 인한 심성의 빈 공간을 새로운 형태로 채워 넣을 필요가 있음을 공감하고 있었다. 그리하여 종교에 대한 억압과 함께 애국적, 세속적, 공화주의적인 가치관으로의 대체과정이 조직되었다.

2) 건설적 운동*déchristianisation positive*

이처럼 파괴적 비기독교화운동은 가톨릭교회의 근본을 뒤흔들었다. 새로운 민간혁명종교와 혁명축제가 종교적 빈 공간을 채우기 위해 출현하였다. 모든 것을 공화국 가치관에 입각한 가치들로 대체하는 건설적인 비기독교화운동이 일어난 것이다.

먼저 가족 차원에서 나타난 혁명이름*prénom révolutionnaire*에 주목해 보자. 1792년 9월 이후부터 본격적으로 신생아들에게 그때까지의 기독교식 이름

Acte de Colloque, Mémoires, Paris et Ile-de-France, t.41, 1990, pp.259~303.

62) 혁명력 2년 프리메르 15일(1793.12.18)에 Méréville에서는 교회의 성상을 파괴한 후 거리에서 가톨릭교회를 우롱하는 가장행렬을 행한 후, 신부서품장과 여러 성물들을 '미신과 광신주의의 잡동사니'라 부르며 불태우는 화형식이 거행되었다. *89 en Essonne*, 1990, t.6, pp.16~18.

대신에 혁명이름을 부모들이 자발적으로 부여했다. 이러한 신생아 이름의 세속화는 주로 혁명력 2년에 집중적으로 나타났다. 혁명력 2년에 본격적으로 가속화되었다가 혁명력 3년에는 대폭 감소한다.

혁명이름은 3가지의 형태로 분류할 수 있다. *Paul*이나 *Marat*처럼 소속이 분명한 이름들도 있고, *Catherine Michel, Jean Baptiste Michel Unité* 등의 기독교 이름과 혁명이름이 절충된 혼합형 이름들도 있고, 또한 *Rose, Julienne, Victoire*처럼 기원이 기독교과 혁명 양쪽 모두여서 판단하기 어려운 이름들도 있다.

센에와즈 남부 지역의 호적 대장 등에서 혁명력 2년에 모두 4,132명의 신생아의 이름을 분석하였는데 31%인 1,262명의 혁명이름을 발견할 수 있었다.[63] *Décadi Frimaire* 등 이름이 둘인 경우를 따로 계산할 경우, 모두 1,485개에 달하는 혁명이름을 테마 별로 분류해보면 자연이 783개(53%)로 가장 많고 혁명력이 208개(14%), 혁명의 가치(공화국의 덕 즉 자유, 평등, 이성, 승리 등)가 319개(22%), 혁명영웅(마라, 로베스삐에르, 루소 등)이 70개(5%), 고대영웅과 그리스 신들(*Brutus, Cérès, Scipion, Hercules* 등)이 105명(7%)이다.[64]

혁명이름을 面 별로 분류해보면 지역마다 큰 차이가 난다. 비기독교화운동이 특히 활발한 지역인 꼬르베이유와 리스는 매우 높은 데 비해, 혁명이 미온적인 도시지역은 상당히 낮은 비율을 나타내었다. 또한 2,416명의 혁명이름을 부여한 아버지의 직업을 보면 포도재배농이 25%로 가장 많다.

코뮌 차원에서 볼 때에는 프랑스 전체적으로 앙시앙 레짐, 봉건제, 왕정을 연상시키는 구체제적 코뮌의 이름들이 혁명이념에 관련된 지명으로 바뀌게

---

63) 혁명력 3년에는 1,490명에서 512명으로 대폭 감소한다. S.Bianchi, *Corbeil*, pp.73-81 ; *89 en Essonne*, No.6. Regénération et cultes révolutionnaires. pp.57~70.

64) 에쏜느지역의 경우 모두 318명 가운데 자연이 20%, 혁명력 7%, 공화국의 덕 10%, 고대영웅 43%, 혁명영웅 20% 순이다. 생제르맹에서는 자연이 53%, 공화국의 덕 22%, 혁명력 14%, 고대영웅 7%, 혁명영웅 4% 순이다.

되는데, 이러한 코뮌 이름의 변화는 건설적 비기독교화운동 중에서 가장 과감한 조처로 간주될 수 있을 것이다. 앙시앙 레짐의 이름들을 모두 바꾸는 것은 우선 자발적인 반응이었다. 전국적으로는 8% 정도가 마을 이름을 바꾸었다. 센에와즈道에서는 694개 코뮌 중에서 70개(10%)가 이름을 바꾸었다.[65] 코뮌 이름은 대체로 혁명력 2년 브뤼메르 이전까지는 종교적인 이름들을 세속화시키는 것에 그쳤으나, 브뤼메르 이후에는 혁명이념을 표현하는 새로운 이름에 있어서 상뀔로뜨의 영향을 확인할 수 있다.[66] 70개의 바뀐 지명중에서 몽따뉴*Montagne*(산악파)가 18개, 리베르떼*Liberté*(자유)가 7개나 되었다. 또한 바뀐 코뮌 이름을 지역적으로 보면 베르사이유郡이 14개(16%), 두르당郡가 12개(23%) 등인데 반해, 망뜨郡이 2개(2%), 뽕뚜와즈郡이 3개(3%) 등으로 차이를 보였다.

1793년 10월에 혁명정부는 혁명력을 만들어 기독교달력을 폐지하고, 시간과 공간을 재구성하여 일상생활의 기본틀을 바꾸고자 하였다. 그러나 이것은 민중 사이에 잘 지켜지지 않아 행정차원에 머무르고 말았고 1806년 1월 1일에 폐지되고 말았던 것이다.

파괴된 기독교의 대체물로 나타난 새로운 혁명종교는 철저히 세속화되었지만 분명히 종교적인 측면을 지니고 있었다. 혁명종교의 대표적인 것으로 '이성숭배*Culte de la Raison*'와 '최고존재숭배*Culte de l'Etre Suprême*'를 들 수 있다. 먼저 계몽주의의 상징인 이성을 숭배하는 이성숭배 의식이 브뤼메르 20일(1793. 11. 10)에 노트르담 성당에서 거행되었고, 곧 전국적으로 확산되었다. 예를 들어 혁명력 2년 프리메르 10일에 꼬르베이유에서 열린 이성숭배 축제는 파리에서 브뤼메르 20일에 있었던 이성숭배 축제를 그대로 모방

---

65) *Débaptisations révolutionnaires des communes: 1790-1795, Seine, Seine-et-Oise, Seine-et-Marne, Paris*, Maison Jeanne, 1896.

66) 예를 들어 Boissy-Saint-Antoine가 Boissy-sous-Sénart로, Corbeil가 Corbeil-la-Montagne로, Saint-Germain-en-Laye가 la Montagne du Bon Air로 바뀌었다.

한 것이었다. 대부분의 성당은 이성숭배당으로 대체되었고 이 성당에서 이성을 찬양하는 강론과 혁명정부의 법률 설명이 있었다. 이성숭배는 기독교에 대한 거부에 입각했을 뿐 그 기반이 불확실한 종교였다. 이성숭배는 브뤼메르에 급속히 폭발적으로 시작되었으나, 프레리알에 쇠퇴하였고,[67] 지역적으로 다양한 분포도를 나타내었다.[68]

최고 존재 숭배는 혁명력 2년 플로레알 18일(1794. 5. 7)에 로베스피에르에 의해 주창되었다.[69] 이는 부르주아 합리주의자들에 의해 창시된 국가종교로서 민중의 심성과는 전혀 부합되지 않는 혁명종교였다. 이 새로운 종교에 민중은 참가하였으나 열의가 없었고 최고 존재 숭배축제는 어디서나 같은 방식으로 치러졌다. 신부로 가장한 인물들의 가장행렬, '광신주의'의 집행자 즉 가톨릭교회의 신부들을 고발하는 모의재판, '광신주의의 잡동사니'의 화형식 등의 순서로 진행되었다. 반교권적인 측면이 매우 중요하였지만, 매우 오래된 전통적 축제분위기 역시 발견된다. 최고 존재 숭배는 플로레알에서 테르미도르 사이에 주로 집중적으로 개최되었다.[70] 이러한 축제 가운데 관습적인 전통적 축제 풍습이 혼합되어 민중의 참여를 유도하였다.

그러나 민중 심성에 부합되는 좀더 자발적인 종교형태는 바로 마라*Marat*, 르뻴르띠에*Le Peletier*, 샬리에*Chalier*로 구성된 혁명 삼위일체를 숭배하는 자유의 순교자 숭배*Culte des martyrs de la Liberté*, 또는 빠또드혁명성녀*Sainte Pataude* 등의 혁명 성인숭배를 들 수 있다.

---

67) Archives Parlementaires, t.87-t.93.

68) 에땅쁘군의 예를 보면 방또즈 15일경에 파견의원*les Représentants du peuple* 꾸뛰리에*J.P.Couturier*가 이 지역을 순시할 때를 즈음해서 이성숭배 축제가 시작되었는데 이떼빌*Ittéville*경에는 약 4,000명이 모여 성대히 치러진 반면 메레빌*Mereville* 경우는 단지 혁명정부 칙령선포로 대신하기도 하였다. F.A.Aulard, *Recueil des Actes du Comite de Salut Public, Paris*, t.VIII, p.693(이하 Acte.로 약함) ; A.N. C.283.

69) A.Mathiez, *Robespierre et le culte de l'Etre-Suprême*(Le Puy, 1904).

70) M.Vovelle, *La Révolution contre l'Eglise*, pp.186~192.

혁명축제는 혁명종교와 종종 융합했는데, 그 일례로 이성숭배와 최고 존재의 종교와 같은 혁명종교가 혁명영웅을 기념하는 기념축제, 혹은 전쟁승리를 경축하는 축제 등과 융합되어 치러졌다. 혁명휴일종교*Culte de decadi*는 혁명휴일 예배를 통해 혁명이념을 보급했다.

센에와즈도에도 이 같은 반교권적인 축제가 있었는가? 혁명축제는 대체적으로 자발적으로 열렸다. 메네시에서는 혁명의 영웅적 순교자인 마라와 르뻴르띠에를 기념하는 축제가 프뤼비오스 9일에 열렸다. 꼬르베이유에서 브뤼메르 3일에는 '광신주의'를 상징하는 '우상'을 파괴하면서 "제단이여, 너! 모든 죄악과 왕정폭정의 영원한 공범이여"라고 저주하였다.[71] 이러한 혁명종교와 혁명축제는 오히려 성직자와 교회재산에 대한 파괴적 조처보다 더욱 신자들로 하여금 기독교로부터 이탈하도록 하는 데 더 이바지하였다고 볼 수 있다.

조레스나 올라르는 모두 혁명종교가 민중에게 큰 인기를 끌지 못하고 실패한 이유는 "혁명종교가 단지 기독교의 본질을 내부적으로 유지하면서 혁명 가치만을 대체시킨 기독교의 이식*transposition*에 불과했기 때문"이라고 주장했다.[72] 혁명종교들은 너무나 짧은 시간에 시작하여 끝이 났고 확실한 종교적 강령이 부족하였고,[73] 새로운 종교로 정착하기 어려웠던 것이다.

---

71) *Ibid.*, p.158.

72) J.Jaures, *op.cit.*, t.6, pp.333~349.

73) 이탈리아 맑시스트 그람시는 로베스삐에르의 최고존재 숭배종교는 새로운 혁명종교로서 정착할 수 있었다고 주장한다. 최고 존재 숭배종교는 국가와 시민사회와의 관계를 재정립하는 때 이른 시도였다고 해석했다. 농촌민중의 무관심으로 인해 혁명종교는 곧 쟈꼬뱅주의의 몰락을 가져왔다고까지 주장하였다. 그러므로 프랑스혁명은 "이데올로기 차원에서 하나의 이단(종교)으로 성격지어진다. 1789년 혁명의 새로운 점은 곧 봉건계급 즉 교회에 대항하는 부르주아지와 민중(특히 농민)과의 연합이었다"고 규정했다. H.Portelli, *Gramsci et la question religieuse*(Paris, 1974), pp.111~121.

3. 운동의 주동자와 그 동기

그러면 이제 파괴적 운동으로 시작하여 혁명의 유산을 재건하는 건설적 운동으로 나아간 비기독교화운동의 주동자는 누구였는가 하는 문제를 알아보자. 가장 먼저 지목되는 책임자는 국민공회인데, 이들은 이 운동을 주도하지 않았고, 오히려 로베스피에르는 무신론적 비기독교화운동을 민중을 혁명으로부터 소외시키는 위험한 것으로 비난하고 여기에 제동을 걸었다. 그 보다는 비기독교화운동에 활발히 참여한 민중들의 조직에서 그 역할을 살펴보아야 한다.

알베르 소불*Albert Soboul*은 "비기독교화운동은 단지 소수 민주투사에 의해 주도되었고 대다수 민중은 전통종교에 집착하고 있었다"라고 강조한 바 있는데,[74] 실제로 성직자와 미사 의식을 파괴하는 운동은 지역의 민중조직의 참여 없이 외부에서만 강요된 적은 없었다. 지방의 민중조직들은 비기독교화운동에 압도적인 영향력을 행사하였다. 리스*Ris*와 메네시*Mennecy*의 예를 통해 비기독교화의 주동자들과 그 행동양식을 더욱 잘 이해할 수 있다. 민중협회*Sociétés populaires*와 마을의 혁명위원회*Comité révolutionnaire* 등 고도의 정치화된 상퀄로뜨로 구성된 이들 집단이 비기독교화운동 추진에 결정적 역할을 했다. 리스의 경우 민중협회가 1793년 10월 20일에 창설된 10일 후에 곧 바로 코뮌 행정부에 전국최초로 미사 폐지와 교회유물의 국가헌납 그리고 코뮌 이름을 브뤼튀스로 바꿀 것을 건의하였다. 또한 이런 안건들이 통과된 후에 국민공회에 리스코뮌 대표단을 파견한 것은 민중협회였다.[75] 메네시의 경우 민중협회는 마을 본당신부인 드라네*Delanney*가 자발적으로 신부직을 사임했을 때 '시민증*certificat de civisme*'을 발급하였다.[76]

---

74) A.Soboul, *op.cit.*, pp.310~313.
75) S.Bianchi, Brochot, *Quand Ris et Orangis s'appelaient Brutus*(Amatteis, 1989).

센에와즈道에는 695개 코뮌 중 적어도 168개의 민중협회가 혁명력 2년에 존재하였고, 민중협회회원들은 대체로 3/4 가량이 40~48세 가량의 상뀔로뜨들로 구성되었다[77](〈지도 8〉 참조). 리스와 메네시의 민중협회의 구성원은 특히 구체제 하에서 종교적으로 무관심한 계층이었던 날품팔이 농민, 영세 포도 재배농, 석공들이 주류를 이루고 있었다. 그러므로 비기독교화운동의 추진력에 있어서 상뀔로뜨의 극빈층의 압력이 결정적으로 보인다.

이런 주장들은 결국 활동적인 민중은 즉각적으로 비기독교화운동에 가담하였고, 자발성을 보였다는 것으로 볼 수 있다.

지방의 민중조직으로는 또한 '혁명위원회*Comités révolutionaires*'가 존재하였는데, 센에와즈道에서는 대략 80% 정도의 코뮌에서 혁명위원회가 존재하였다.[78] 이들도 민중협회와 마찬가지로 활동적인 상뀔로뜨 투사들로 이루어졌다. 이들은 1793년 9월 이후에 혐의자의 명단을 작성하고 체포장과 애국시민증을 발급하였다. 이들은 또한 혐의가 있는 신부들을 체포하고 신부들의 포기각서와 서품장을 접수하였다. 파리에서도 이 혁명위원회가 주도적 역할을 담당하였다.

혁명군*armées révolutionaires*에 관한 연구를 통해 우리는 더욱 비기독교화운동의 구조를 잘 이해할 수 있다. 민중의 압력으로 1793년 9월과 10월에 창설된 혁명군은 주로 식량품 조달을 책임지고 있었다. 리처드 콥의 연구는 혁명군 파견대가 지나간 행로가 비기독교화운동이 활발히 진행된 지역과 자주 일치하는 것을 보여준다.[79] 우상파괴주의*iconoclasme*는 그 지역 주민들보

---

76) N.Duchon, P.Blanchot, *Mennecy, la Révolution de Jean-Michel, Le Mée*(Amatteis, 1989).

77) Claude Langlois, *Atlas de la Révolution FranÇaise, t.6 La Société Populaire*(CNRS, 1992), pp.20~21, pp.97~98.

78) 몽포르군의 국가 파견행정관*agent national*인 작끄 르루*Jacques Leroux*의 일지를 보면, 그가 방문한 몽포르군의 경우 36개 코뮌(62%)였고, 고네스군에서는 75개 코뮌(100%) 모두에 존재했다. A.D.S.O. 2 LM 38 Montfort.; A.D.S.O 2 LM 25 Gonesse.

79) R. Cobb, *Les armées révolutionnaires*(Paris, 1964), t.2. pp.641~644. 꼬르베이유에서 혁

다 외부인들에게 더 쉬웠을 것이다. 혁명군은 '강요의 수단*moyen de contrainte*'을 제공하였고, 종종 지역의 투사들과 혁명 군인들이 기독교를 파괴하는 데 같이 협력하였다.

우리는 대부분 극빈층인 상뀔로뜨 투사들의 비기독교화운동에서의 역할을 살펴보았는데 비록 민중들이 전통종교와의 완전한 단절을 주저하여 이 운동에 대거 참여하지는 않았더라도, 민중 추진력의 똑바른 노선을 보여준다. 이러한 민중 운동은 상당한 정도로 자발적이었고 이 운동에 상당한 책임을 갖고 있다. 이러한 민중조직에 못지않게 민중조직과 긴밀하게 연관된 다른 주동자들이 있었다.

중앙 혁명정부에서 파견한 파견의원*Representants du peuple en mission*, 정부파견민사위원*commissaires civils*들의 경우는 매우 중요하다. 왜냐하면 이들은 이제까지의 민중의 추진력의 역할을 재고하도록 하기 때문이다. 푸쉐와 라쁘랑쉬 등의 파견의원은 프랑스 중부에서 비기독교 축제, 신부결혼, 화형식 등 반종교적 모임을 주도하여 비기독교화운동의 불을 당겼다.

센에와즈도에서도 적어도 5~6명의 파견의원들이 혁명력 2년 때 일정기간 동안에 활동하였는데 일부는 파견기간 동안 그 지방의 사제들을 대거 결혼시키고(에땅쁘군에서 18명) 또한 신부직 포기를 종용하고 성물수집에 박차를 가하는 등으로 비기독교화운동에 적극적으로 개입했다. 일부는 미온적이었으나, 미온적 파견의원이 활동한 지역에서도 비기독교화운동이 활발히 진행된 경우가 있어, 같은 파견의원이 곳곳마다 똑같은 결과를 가져온 것은 아니다.

꾸뛰리에*Jean-Pierre Couturier*는 센에와즈道에서 파견된 파견의원들 가운데

명군에 대해 혁명력 2년 브뤼메르 21일에서 25일에 생스피르*Saint-Spire*성당이 파괴되었고 메네시에서는 교회의 종탑이 삼색혁명기로 바뀌었다. 에뿐느*Epone*에서는 성당을 폐쇄시켰다.

가장 열성적으로 비기독교화운동에 참여하였다. 특히 두르당郡와 에땅쁘郡에 파견되었을 때, 신부 18명의 결혼을 주관하였다.80) 꼬르베이유郡에서는 뮈쎄*Musset*와 들라크르와*Delacroix* 두 파견의원이 비기독교화운동에 결정적인 역할을 하였다. 특히 두르당郡와 에땅쁘郡에서 뮈쎄와 들라크르와는 비밀리에 신부들에 의해 미사가 집전된다는 소식을 듣고 30명의 군대를 이끌고 혐의자를 체포하였다.81)

전국적으로 파견의원들의 행적을 비교해 볼 때82), 파견의원들의 여러 억압적 조처들은 비기독교화운동이 위에서 강요된 일방적인 결정이라기보다는 상당한 정도로 지역 민중조직에 의존한 조처들이라는 것을 파악하게 한다.

혁명기간 중 대부분의 사제들은 혁명의 희생자들이었던 반면, 극소수 급진 사제*curés démocrates*들은 비기독교화운동에 앞장서서 확산에 혁혁한 성과를 거두었다. 일명 '붉은 사제들*curés rouges*'은 주로 1791년의 선서에 서약하고 대부분 1793년에 자발적으로 신부직을 포기하고 결혼하였고, 비기독교화운동에 자발적으로 참여한 사제들을 지칭한다.83) 혁명초기부터 센에와즈道에서는 특히 꼬르베이유郡의 모샹*Mauchamps*본당 주임사제 삐에르 돌리비에 *Pierre Dolivier*를 중심으로 한 일단의 급진 사제들이 드러난다. 돌리비에는 선서파 신부로, 신부직을 포기하지 않고 결혼하였으며, 가난한 농민들을 위한 사회사상을 전파한 대표적 급진 사제이다.84) 이들은 대부분 부르주아지

---

80) 에땅쁘군의 성직자 97명 중 26명이 결혼했는데 이 중 18명은 꾸뜨리에르가 에땅쁘에 파견된 기간인 브뤼메르 4일과 26일 사이에 결혼식을 올렸다. A.D.S.O. 35 F 8-13 Fichier Staes.

81) A. N. AF II. 153. d. 1243 p.2-4. p.17.; Acte. t.10. pp.166-167.

82) 니에브르*Nièvre*道에서 후쉐*Fouché*, 알프스*Alpes*지방에서 달비트*d'Albitte*, 가르*Gard*道에서 드 보리*de Borie* 등을 예로 들 수 있다.

83) 브레겔*G.Bregail*이 1901년에 이 용어를 최초로 사용하였고, S.Bianchi는 붉은 사제의 수를 전국적으로 약 2,000~2,500여 명으로 추산하였다. S.Bianchi, "Les curés rouges dans la Révolution Française", *A.H.R.F.*, 1982. p.379.

출신이었지만 혁명초기에는 성직자 사회의 아래로부터의 민주화를 주장하였다. 혁명력 2년에는 '광신주의'를 공격하고, 혁명력 2년에 결혼하면서 성직자의 독신주의를 매섭게 공격하였다. 이들 중 일부는 이성숭배나 절대 숭배 종교 등의 혁명종교의 전도자가 되기도 하였다. 이들이 비기독교화운동을 추진하는 데 일익을 담당한 것은 사실이지만 각각의 급진 사제에 대한 전기를 통한 연구 통계자료가 나타나 있지 않은 이 시점에서 전국적으로 어느 정도로 역할을 급진 사제들이 담당하였고, 이들이 어느 정도로 새로운 사상에 영향을 받았는지는 아직 알 수 없다.

비기독교화운동의 주동자들의 동기는 무엇이었을까? 이들의 목적을 이해한다는 것은 곧 비기독교화운동이 어떻게 민중 투사들의 행위 가운데 합류하였는지를 묘사하는 것이고 또한 혁명기의 상뀔로뜨의 집단 심성 가운데에서 종교문제를 상정하는 것이다.

종교적인 억압은 전쟁으로 인한 군사적 어려움과 같이 한다. 상뀔로뜨의 집단 심성의 본성은 곧 애국주의인데, 외부의 적으로부터의 혁명의 성과를 보장하고자 하는 것이었다. 전투에서 질 때마다 외부와 공모한 내부의 적, 즉 반혁명세력으로 주로 신부들을 지목하였다.

비기독교화운동에 의한 조처들은 소불이 지적하듯이 상뀔로뜨에게 호의적인 조처들이었다.[85] 성직자 재산의 몰수나 교회성물의 헌납 등은 모두 국가의 안녕과 행복을 위한 것으로 받아들여졌다.

상뀔로뜨*sans-culotte*의 가장 큰 걱정거리 중 하나는 식량의 자급자족 문제

---

84) 혁명 이전부터 많은 저작, 활동을 했다. 1777년 '민중의 헌신을 남용하는 것에 대한 강론', 1792년 'Mauchamps의 40명 시민의 청원서', 1793년 '사회의 본원적 정의에 대한 試論', 1793년 '결혼식 강론' 등등 B.N. Ln 27. 6141를 참조. 또한 Rémi Chatel, *Recherches dans la déchristianisation dans le district d'Etames, 1979*, Univ. Paris-I 석사논문을 참조.

85) A.Soboul, *Les sans-culottes*, p.289.

였다. 묘하게도 비기독교화운동이 활발히 진행된 지역은 또한 종종 식량문제가 매우 심각했던 지역, 또는 앙라제*Enragés*의 선전이 가장 잘 침투한 지역과 일치한다. 고네스에 1793년 9월에 파견된 파견위원과 1793년 10월에서 12월까지 파견된 혁명군은 주 임무가 민중과 군대의 식량조달 문제이었으나, 이들은 비기독교화운동을 강화하는 역할을 담당하였다.[86] 리스에서의 종교적 갈등은 사실상 상뀔로뜨 시정부와 영주 사이의 투쟁의 연장인 것을 알 수 있다.[87]

비기독교화운동의 주동자들은 제일 먼저 극빈층인 영세농, 날품팔이 농민, 나무꾼 등으로 이들은 통제경제를 지지하며, 이미 앙시앙 레짐 때부터 대체적으로 교회제도권에서 소외됐던 계층으로 대담하게 종교를 공격할 수 있었다.

내부와 외부로부터의 혁명 방어의 필요성, 생계유지의 필요성은 신부들을 물질적 안정에 대한 장애물로 생각하게 했다. 비기독교화운동은 민중조직에 의해 재산징발과 가격통제 조처 이후에 자연히 뒤따르는 조처였다.

모든 민중사가들은 비기독교화운동은 상뀔로뜨의 저변에 깔린 집단심성과 합치하는 운동이라고 주장했다. 비기독교화는 민중에게 있어 '광신주의' 즉 앙시앙 레짐 하의 기독교적 질서 개념을 철저히 척결하는 것이다. 그리하여 혁명력 2년 브뤼메르의 비기독교화를 당대 사람들이 종종 '탈광신주의*défanatisation*'라고 불렀던 것이다. 가톨릭 사가인 르플롱*Jean Leflon*에 의하면 농촌처럼 도시의 민중계급 가운데에서도 확실한 반교권주의*anti-cléricalisme*가 존재했다.[88] 그래서 종교를 제거한다는 것은 곧 구체제 하의 기독교 교리에 의한 민중에 대한 억압을 제거한다는 것을 뜻했다. 그러므로 비기독교화운동의 주도자들은 '광신주의'의 파괴로 혁명의 업적들을 보장하여 확실한 전

86) R.Cobb, *op.cit.*, p.643.
87) S.Bianchi, *op.cit.*, p.31.
88) J.Leflon, "La crise révolutionaire(1789-1846)", *Histoire de l'Eglise* t.XX. pp. 1955~1956.

환점을 마련하고자 한 것이다.

4. 비기독교화운동에 대한 저항과 결과

비기독교화운동은 기독교의 백지화를 꾀하려 했던 만큼, 스스로의 한계를 지니고 있었다. 무엇보다 먼저 비기독교화운동은 저항을 야기했는데, 당시의 특별한 상황으로 인해 그 운동의 실제적 모습을 알아내기가 어렵다. 기독교를 공식적으로 승인하는 것은 곧 혁명세력에게 반혁명혐의자로 낙인찍히는 것이었으므로 비기독교화운동 기간에 이에 대한 저항을 공문서에서 찾아보기는 어렵다. 단지 몇몇 사료들을 통해 사제, 미사, 교회재산에 관련된 대표적인 몇몇 저항운동 사례를 볼 수 있을 뿐이다.[89)]

이처럼 그 성격상 공식사료들이 드문 저항운동은 파견의원들이 국민공회에 올린 보고서를 통해서 부분적으로 밝혀지고 있다. 보벨은 전국적으로 비기독교화운동에 대한 종교반란을 그렸는데 특히 비기독교화운동이 활발했던 파리근교 지방에서도 반란중심지들을 발견하게 된다.[90)] 우리는 센에와즈道에서 10개 코뮌에서 종교반란에 대한 사료를 모을 수 있었다. 주로 센에와즈道와 경계한 센에마른느道*Seine-et-Marne*와 어르에루와르道*Eure-et-Loir*에 인접한 코뮌들이었다(〈지도 7〉 참조).

이 보고서에 따르면 비기독교화운동 기간 중 10여 개 코뮌에서 반란이 있었고, 그 주동자들은 주로 여신도들이었다.[91)] 일례로 1794년 3월 25일 가즈랑*Gazeran*에서는 여신도들이 '자유의 나무*Arbre de la Liberté*'를 뽑아버려 큰 소동이 일어났고, 자그니*Jagny*에서는 신도들이 파견의원에게 정면으로 대항

---

89) A.N. AFII. 152-163; F.A.Aulard, *Acte*.
90) M.Vovelle, *op.cit*., p.285. 15번 지도.
91) 자그니는 A.N. AFII. 153. d.1242. p.35; 가즈랑은 A.D. Essonne, L.52. p.25를 참조.

하기도 했다. 물론 종교반란에 남신도들도 참가했었지만, 혁명정부는 비기독교화운동에 대한 저항운동을 평가절하하기 위해 '여자'들에게 책임을 전가하고 이를 무식한 소치로 몰아세우고자 하였다. 하지만 쌩제르망郡에서 있었던 푸르끄*Fourqueux*사건에서는 수백 명의 남자와 여자들이 참가하여 주임신부의 체포에 항의했다.92)

말하자면 새로운 종교심성이 혁명종교 안에서 생성될 때, 그보다 더 새로운 종교심성이 기독교 종교 안에서 태동하였던 것이다. 교회 없는 기독교인들의 저항운동은 종교반란의 형태보다는 오히려 다음과 같은 수동적인 형태를 통해 더욱 인상적으로 나타난다.

신자들은 종종 신부들에게 우호적 연대감을 표명하여 체포 시에 석방을 요구하는 연판장을 돌리거나, 신생아의 호적을 시청과 신부에게 동시에 올리기도 했다. 비기독교화운동을 처음 주도한 리스의 경우 10월 30일 신부추방이 결정되자 일단의 옛 신도회 회원 중심의 여신도들이 신부를 지지하는 데모를 벌였다. 코뮌에서 직접 신부를 보호하기도 하였다. 트람블레*Tremblay*시에서는 혁명력 2년 보좌신부 다비드를 떠나지 않게 하기 위해 1,000리브르의 연금을 지급하는 결정을 내렸다.93)

교회성물, 교회종, 십자가 등을 정부가 징발할 때도 종종 수동적 저항을 불러일으켰다. 뷕*Buc*에서는 1793년 10월 5일에 마을 교회 종을 보존하게 해달라는 서한을 돌렸으며94), 브레티니*Brétigny*에서는 교회물건 판매를 지연시키기도 했다. 드라베이*Draveil*에서는 그 지방국가행정관*agent national*이 교회성물과 가구들의 공매에 반대하여, 파견의원 크라쑤*Crassous*가 직접 징발 강요를 위한 칙령을 내려야만 했다.95) 많은 성인유물함은 독실한 신도들에 의

92) R.Cobb, *op.cit.*, pp.668~669.

93) Lucien Noël, *Monfermeil et sa région*, Aidillac, t.2, p.170.

94) Arsene Dufresne, *Documents Historiques se rattachant à la vie des villages avant 1789, sous la Révolution*(Versailles, 1908), p.156.

해 구제되었다. 에피네*Epinay-sur-Orge*에서는 성 러*Saint-Leu*의 손가락을 보관한 유물함을 신도들이 방에서 훔쳐내어 안전한 곳에 숨겨두었다가 1796년에 주임신부에게 반환하였다.[96]

비기독교화운동이 활발히 진행된 센에와즈道에서 신도들이 대대적으로 미사집전을 요구하는 사례는 없었다. 하지만 교회를 잃은 신도들은 선서거부파 신부들과 함께 사설 건물에 몰래 모여 계속 미사를 드렸다. 파견의원의 보고서와 또한 각 코뮌에 대한 전문연구서들을 통해 비밀미사가 집전된 사례를 모아보면, 전체적으로 적어도 43개 코뮌에서 비밀미사가 집전되었다. 베르사이유에서는 8곳에서 27명의 신부가 집전하였고,[97] 이들 중에는 신부직을 포기했거나 결혼한 신부들도 있었다. 비기독교화운동 중에도 거부파 신부들은 결혼대장과 영세대장을 기록하여 보관하곤 했다. 일례로 1793년 12월 16일에 가톨릭 결혼식을 비밀리에 주재한 뽈레*Pollet*신부는 베르사이유의 한 소성당에서 미사를 집전하며 영세대장 결혼대장을 1793년부터 1802년까지 기록, 보관하였다.[98]

1793년 10월 혁명력 채택으로 혁명휴일을 정하였고 1794년 프뤽띠도르 칙령으로 휴일을 지키지 않으면 1년 징역에 처하도록 했지만, 대부분의 민중은 혁명휴일 때 일하고 일요일에 휴식했다. 혁명력 2년 이후에 혁명휴일은 행정관청과 국민학교 선생들만이 지켰고 대부분의 농민들은 일요일에 일하는 것을 거부하였다.[99]

---

95) 드라베이와 브레티니 경우는 S.Bianchi, *Corbeil.*, p.96.

96) Jacques Cattilon, *Epinay-sur-Orge-L'Ancien Régime et la Révolution*(Amatteis, 1989), pp.216~217.

97) J. M. Alliot, *op.cit.*; A.N. AF II. 152-153 ; F.A.Aulard, *Acte.*, t.10.과 t.17.

98) Agnes Joly, "Les oratoire du quartier Saint-Louis", *Les cahiers de l'Ecole d'Hulst*, No.64, 1972, pp.5~12, et n.65, pp.9~15. 고네스에서도 1793년 1월 31일에 비밀리에 영아에게 영세를 주었다.

99) 고네스에서는 혁명휴일을 강요하는 쏘리에시장과 거부하는 주민들 사이의 갈등이

이렇게 폭발적으로 일어났던 비기독교화운동의 결과는 무엇일까? 혁명기간 동안의 신부의 대폭적인 감소가 이 현상의 첫 번째 결과이다. 1,087명의 1791년 선서대상 성직자 가운데 1797년에 다시 활동을 재개한 성직자는 불과 286명(22%)에 불과하였다. 1802년에는 재속 성직자는 단지 500명으로 1791년에 비해 1/2로 감소하였다. 성당은 혁명력 2년에 거의 예외 없이 폐쇄되었고, 약 44개 코뮌(전체의 6.3%)에서만 비밀리에 미사가 집전되었다.

단기적으로 비기독교화운동은 실패한 것으로 파악할 수도 있을 것이다. 비기독교화운동의 폭풍 가운데에도 민중은 계속 일요일을 휴일로 지키고 신앙을 보존하였다. 종교의 자유는 혁명력 3년에야 비로소 허용되었다. 많은 사제들이 돌아와 성당의 문이 다시 열렸고, 이미 조사된 5개 郡의 357개 코뮌 중 10개 코뮌(2.8%)에서 미사집전이 행해졌다. 그 후 혁명력 4년에는 36%인 129개 코뮌에서, 혁명력 5년에는 44%인 157개 코뮌에서 미사집전이 이루어졌다.[100] 이렇게 단기간에 성당 문이 다시 열린 사실을 통해 실제적으로 민중이 이때를 기다리고 있었음을 알 수 있다.

혁명력 6년(1797년)의 성직자 개인 신상 조사 자료는 비기독교화운동의 폭발이 가져온 여파를 이해하는 데 큰 도움이 된다.[101] 이 자료를 통해 혁명력 2년의 비기독교화운동의 유산이 여러 모양으로 나타나는 것을 확인할 수 있다. 이 사료는 666명의 사제가 센에와즈道로 돌아와서 그 중 523명이 사제로서 활동하였고, 695개 코뮌 중 455개 코뮌(65.5%)에서 성당이 문을 열었다는 것을 보여준다. 그러나 성당 문은 다시 열렸지만 신도가 쇄도했다는 기록은 아직 발견하지 못했다. 아직 민중의 반응 정도를 정확히 파악하기는 어려운 것이다.

1794년 9월 이후 수개월 동안 지속되었다. A.C.Gonesse, Extrait du registre des déliberations du conseil général de Gonesse, 6 vendemiaire an III.

100) A.D.S.O. 1 LV 766 L'enquête de l'an VI.

101) A.D.S.O. 1 LV 766 L'enquête de l'an VI.

우리는 국민공회에 보낸 의견서의 빈도수를 전국적으로 비교해 볼 때, 센에와즈道가 비기독교화운동이 매우 활발하게 일어난 지역이라는 것을 알 수 있다(〈도표 7〉 참조). 그러면 혁명력 2년의 비기독교화운동이 실제로 각 마을마다는 어느 정도로 영향을 끼쳤는지를 꼬르베이유郡를 통해 알아보고자 한다(〈표 27〉 참조).

▶ 표 27 꼬르베이유郡에서의 비기독교화운동 도표
(출전: Serge Bianchi, *La déchristianisation dans le district de Corbeil*, 1990, p.110)

캉통 이름	코뮌 수	1791년 신부 수	선서파신부 비율	국민공회에 보낸 의견서수	사제직 포기자 수	신부 결혼 수	체포된 신부 수	혁명력 6년의 신부 수	1791년부터 혁명력 6년까지 잔존한 신부 수	신부가 없는 코뮌 수	이름의 세속화비율	지명이 세속화된 코뮌 수
Arpajon	14	18	80%	14%	2 13%	2	3	12	4 22%	4 28%	32%	3
Brunoy	9	12	83%	22%	2 20%	1	1	11	2 16%	2 17%	32%	1
Corbeil	15	23	83%	38%	5 30%	4	9	14	3 12%	4 30%	61%	3
Mennecy	13	15	100%	28%	3 25%	2	2	10	2 13%	5 33%	44%	-
Monthlery	14	21	96%	35%	4 22%	2	1	14	8 40%	3 22%	-	-
Sucy	11	11	80%	36%	4 36%	1	4	8	3 27%	2 18%	-	1
Villeneuve-Saint-Georges	14	21	100%	28%	12 70%	5	3	10	3 14%	3 21%	55%	1
계	90	121	89%	32%	32 34%	17	23	79	25 20%	23 25%	45%	9

꼬르베이유郡의 경우 지금까지의 여러 파괴적, 건설적 비기독교화운동의 기준들, 이를테면 1791년 선서파 신부의 비율, 사제직 포기와 결혼비율, 혁명력 6년의 신부활동, 코뮌 지명의 세속화, 국민공회에 보낸 비기독교적 의

견서 비율 등을 종합하여 面별로 분석해본 결과, 필자는 郡전체가 비기독교화운동에 영향 받았다는 사실을 확인했다. 어디서나 1795년 5월까지 성당은 모두 폐쇄되었고 교회성물의 징발이 행해졌고 모든 面에서 신부들의 사제직 포기, 체포 구금, 결혼이 행해졌다. 코뮌 대부분에서 혁명력 2년 브뤼메르에서 혁명력 3년 브뤼메르까지 신생아의 1/4이 혁명이름을 받았다.

활발히 진행된 지역(2개 면)과 부분적으로 활발히 일어난 지역(2개면)과 미온적으로 일어난 지역(3개 면)으로 확연히 구분되는 것을 알 수 있다.[102] 또한 이것은 지역의 특수한 상황(사회갈등의 심도, 민중협회의 구성과 열성도, 신부의 나이와 취임연도, 신자들의 신앙심 정도)에서 비롯된다는 사실도 알게 되었다.[103]

---

102) 面別(모두 7개)로는 분명하게 정도의 차이가 나타났다.

(1) 비기독교화운동이 활발히 일어난 面: 2개 面(*Corbeil, Villeneuve-Saint-Georges*) : 빌너브*Villeneuve-Saint-George*에서는 혁명력 2년에 활동한 신부의 70%가 신부직을 포기하였고, 또한 혁명력 6년에 성직자 정원 수가 1791년에 비해 50% 이하로 떨어진 面이다. 꼬르베이유와 에쏜느는 비기독교화운동의 모든 형태에 영향을 받은 지역이었다.

(2) 비기독교화운동이 부분적으로 활발히(중간 정도로) 일어난 面: 2개 面(*Mennecy, Sucy*) : 메네시에는 물론 급진사제인 드로네의 활동이 있지만 단지 2명만 결혼, 3명이 포기하는 등 상대적으로 적은 편이고 브뤼누와코뮌의 급진적인 비기독교화운동 중심지를 제외하고는 전체적으로 미온적인 面이다.

(3) 비기독교화운동이 미온적으로 일어난 지역 : 3 面(*Arpajon, Montlhery, Brunoy*) : 몽떼리(*Montlhery*)는 성직자 21명 중 21명이 선서하였지만, 혁명력 2년 때는 단 한명도 체포되거나 결혼한 신부가 없었고, 혁명력 6년에는 1791년에 활동했던 8명의 신부가 다시 돌아왔다. 이런 모습은 상대적으로 온건한 상황을 잘 보여준다. 본당의 신도들로부터 신뢰받는 성직자들만 외부 조처에 영향 받지 않았고 또한 面 지역 행정관들도 온건하여 신부들을 체포하지 않았다.

103) 예를 들어 리스에서의 종교적 갈등은 사실상 상뻘로뜨 시정부와 영주 사이의 투쟁의 연장인 것을 알 수 있다. 메네시 경우 드로네신부*Delanney*와 영주 빌루와공작*Duc Villeroy*의 갈등이 비기독교화운동의 주된 요인으로 분석된다. S.Bianchi, *Corbeil.*, pp.41~43.

Ⅲ. 결론

비기독교화운동은 혁명정부와 민중운동 사이의 투쟁에 있어 결정적인 전환점을 제공한 운동이었다. 비기독교화운동은 1793년 가을부터 자신들의 요구를 관철시키고자 한 소수의 고도의 정치의식을 가진 민중조직들이 부르주아혁명을 초월하고자 일으킨 운동이었다. 비기독교화운동은 소수의 민중과 소수 부르주아지에 의해 추진되었으며, 지역에 따라 이에 대한 저항운동이 나타났다. 다시 말해 프랑스 민중 대부분은 주저했거나 비기독교화운동에 적대적인 것으로 보인다. 비기독교운동의 적극적인 사람들이 있었던 반면에, 예배의 존속을 주장했던 많은 사람들이 있었던 것이다. 파리와 지방의 상뀔로뜨 만이 주동자인 것은 아니었다. 소수의 계몽된 부르주아지도 또한 종교의 점진적 와해에 근본적 역할을 담당했다.

당대의 민중잡지인 「프랑스민중」*Le Peuple FranÇais*지는 비기독교화운동을 '문화혁명*Révolution culturelle*'이라고 명명하기까지 하였다.[104] 혁명력 2년에 투사들, 군인들, 영세농들의 정치의식화된 민중계급은 폭력으로 민중이 성공하는 데에 가장 커다란 장애물인 종교적 유산을 파괴하고자 하였다. 비기독교화운동의 주동자 상뀔로뜨는 혁명력 2년의 혁명민중의 일부에 불과하였다. 비기독교화운동은 결과적으로 시기상조였고, 국민공회의 제동, 비기독교화운동의 이론가 부재와 저항운동 등으로 인해 실패로 끝나고 말았다. 비기독교화운동은 과격한 운동성격으로 인해 당대의 민중들을 앞질러 나간 것이다. 이러한 제한적 성격으로 비기독교화운동을 우리는 '문화혁명의 맹아*ébauche de la révolution culturelle*'로서 명명하는 데 만족해야겠다.[105]

---

104) D.Guerin, *op.cit.*, note 290.

105) 이 문제에 관해서는 다음을 참조할 것 : M.Vovelle, "Y a-t-il eu une révolution culturelle au XVIIIe siecle", in *R.H.M.C.*, 1975, pp.89~141; S.Bianchi,

비기독교화운동에 대한 수용과 저항은 지역마다 차이가 있었다. 사제직 포기와 신부 결혼, 이성숭배의 확산 등의 기준을 통해 전국적인 비기독교화 운동의 강도를 분석한 보벨의 지도를 보면, 센에와즈道는 비기독교화운동이 가장 활발히 진행되었던 지역으로 나타난다[106](〈지도 9〉 참조).

보벨의 지도와 태킷의 1791년 선서에 대한 신부들의 찬성율의 정도를 표시한 지도[107](〈지도 2〉 참조)와 비교해보면, 이 두 지도가 서로 매우 흡사하다는 데에 놀라지 않을 수 없다. 또한 불라르신부의 1945~1966의 프랑스인의 미사참여율을 나타낸 지도[108]와 비교해 보면 결국 이 세 지도가 서로 흡사하다는 것을 확인할 수 있다. 20세기에 와서도 센에와즈道는 1945~1966년의 종교관행조사에서 전국에서 가장 낮은 미사 참여율을 보인 지역 중 하나로 나타났다[109](〈지도 10〉 참조).

비기독교화운동은 1791년 선서의 즉각적인 결과라는 것이 확인되었을 뿐 아니라 당시의 단기적인 정치화의 모습을 반영하는 것이다. 특히 선서파 신부가 대다수인 센에와즈道에서는 혁명력 2년의 비기독교화운동 시기에 기독교가 크게 파괴되었고, 19세기 내내 진행된 비기독교화운동의 기원이 되었다. 혁명력 2년의 비기독교화운동은 민중 심성에 돌이킬 수 없는 변화를 가져온 것이다.

우리는 혁명력 2년의 약 1년에 걸친 단기적인 비기독교화운동에 대해 살

La révolution culturelle de l'an II(Aubier, 1982); Philippe Goujard et Claude Mazauric, "Dans quel sens peut-on dire que la Révolution Française fut une révolution culturelle?", *Europe*, Tome 2, p.429; Jacques Solé, *La Révolution en question*(Le Seuil, 1987), pp.287~314.

106) M.Vovelle, *La révolution contre l'Eglise*, pp.256~269.

107) T.Tackett, *op.cit.*, p.70.

108) M.Vovelle, *op.cit.*, p.288. planche 21.

109) F.Boulard, *Matériaux pour l'Histoire religieuse du peuple franÇais, XIXe-XXe siècles*, Ehess, 1982-1987.

펴보았다. 비기독교화운동은 결코 전적으로 위로부터 강요된 정치음모도 아니요, 전적으로 자발적인 민중운동도 아니었다. 이러한 비기독교화운동은 20세기말 프랑스의 종교 신앙 쇠퇴에 대한 장기지속적인 시각에서 볼 때 그 기원이 되었다.

혁명력 2년의 비기독교화운동은 가톨릭교회에 치명타를 가하였고 보벨의 표현대로 계몽주의 시대 말기에 프랑스의 "집단적 감성변화의 결정적인 전환점*un des tournants majeurs de la sensibilité collective*"이 된 것이다.

〈지도1〉 1790년 센에우와즈道의 郡과面

• 출 전

Paroisse et commure de France: Dictionnaire d'histoire administive et démographique, Région parisienne, CNRS, 1974, p. 40

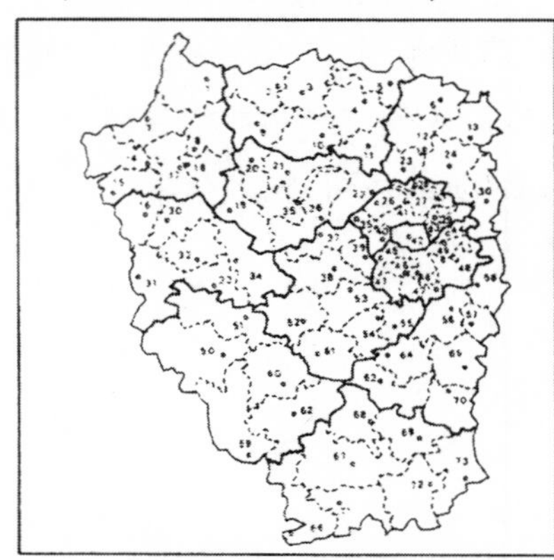

〈지도2〉 1791년 선서에 대한 신부들의 찬성율

• 출 전

Timothy TACKETT, La Révolution, L'Eglise, La France, Paris, 1986, p. 70.

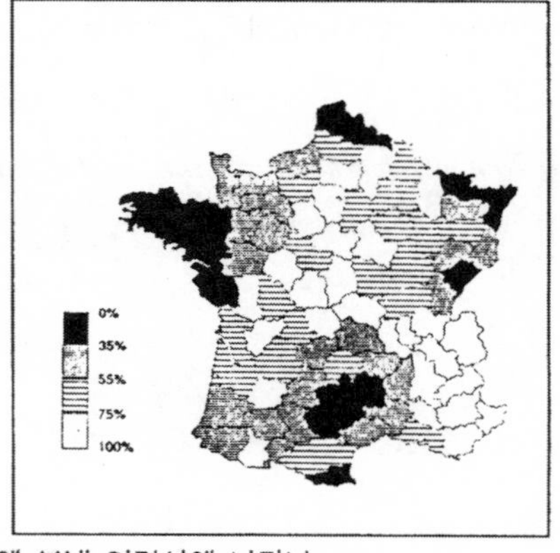

〈지도3〉 센에우와즈道에서 국민공회에 보낸 의견서에 나타난 비기독교화운동의 월별파장곡선(브뤼메르에서 프뢰뒤도르까지)

1. 브뤼메르

2. 프리메르

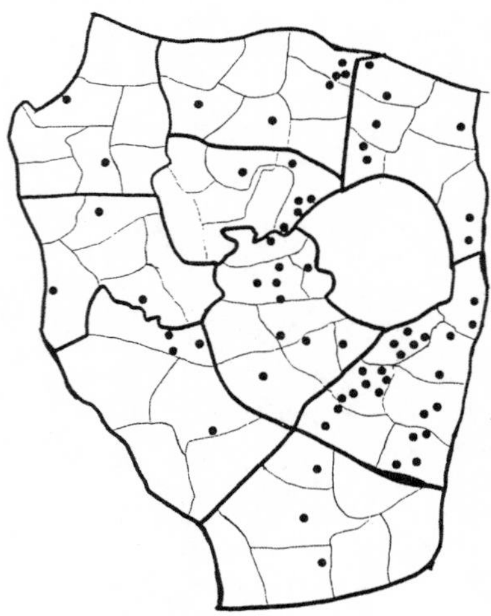

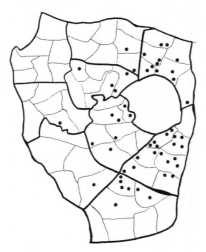

3. 니보스

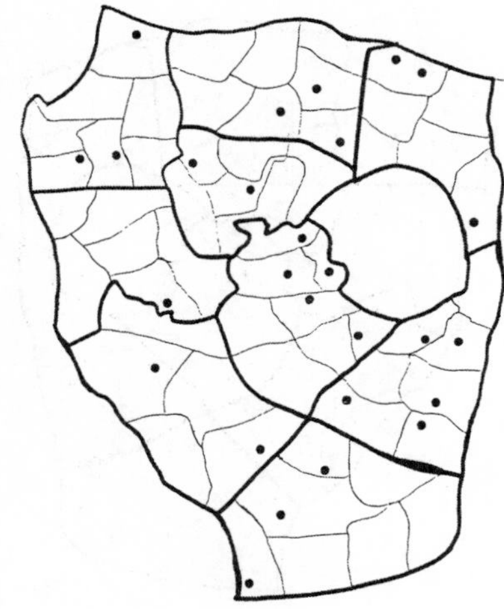

4. 쁠리비오르

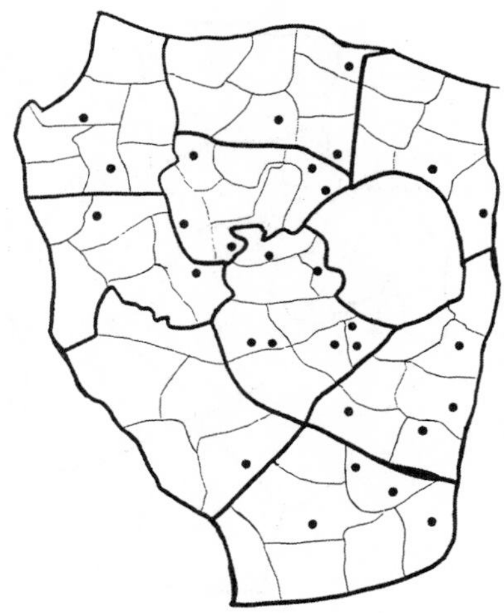

5. 방또르

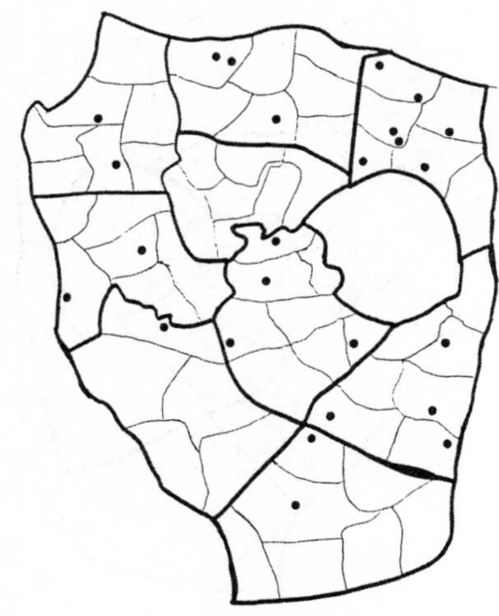

6. 제르미날

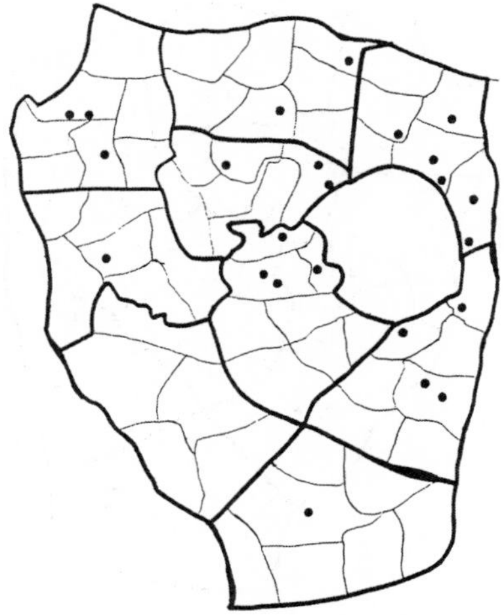

7. 플로레알

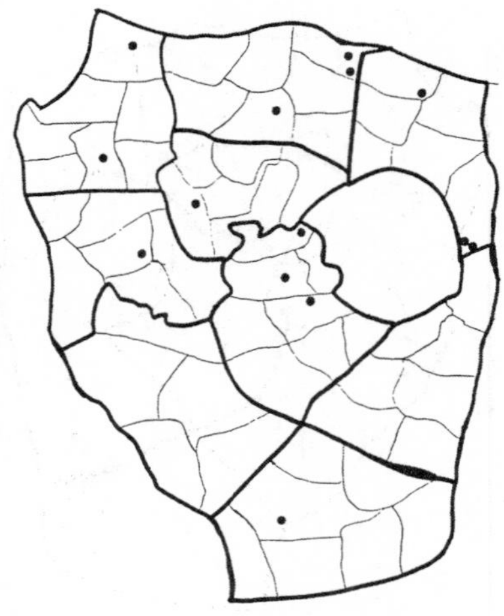

8. 프레리알

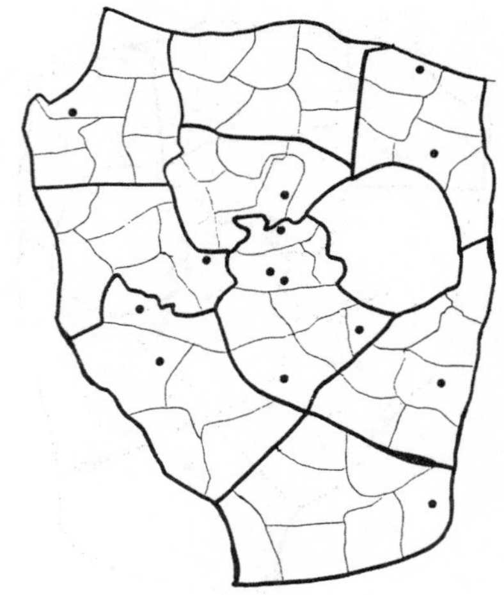

9. 메시도르

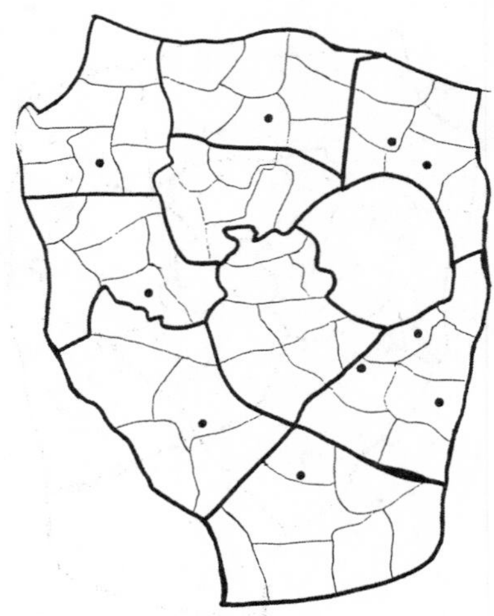

10. 떼르미도르

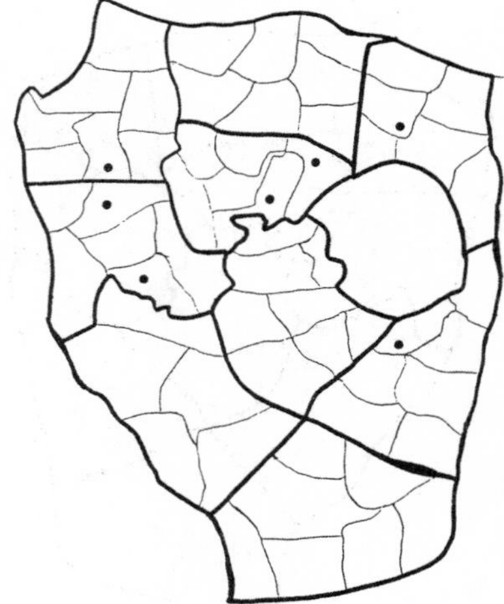

11. 프뢰띠도르

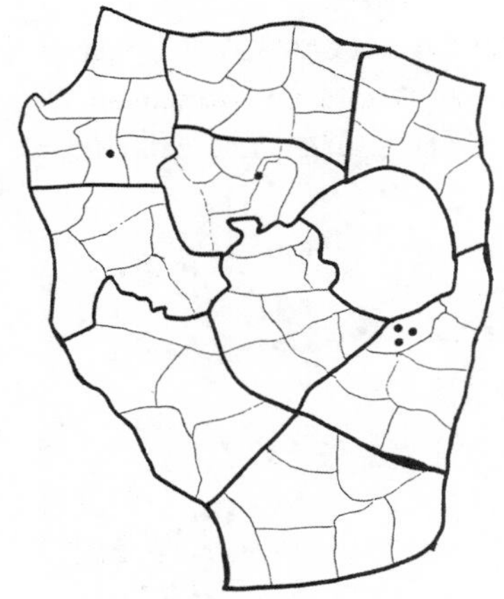

〈지도 4〉 郡별로 본 의견서의 수적 비교

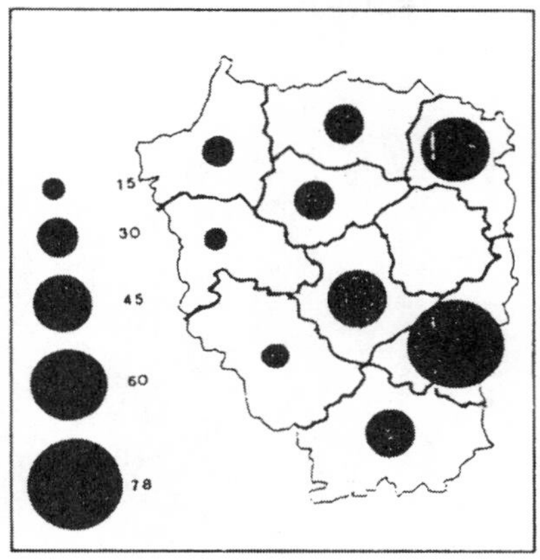

〈지도 5〉 郡 단위로 본 사제직 포기신부 수의 분포(총639명)

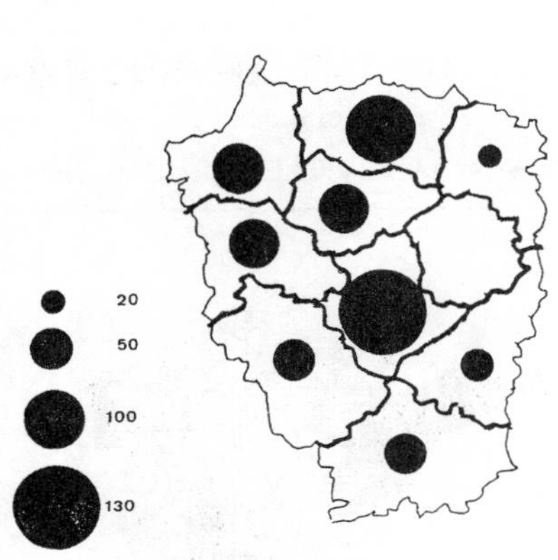

〈지도 6〉 面 단위로 본 결혼신부 수의 분포

〈지도 7〉 센에우와즈도의 혁명력 2년의 종교반란

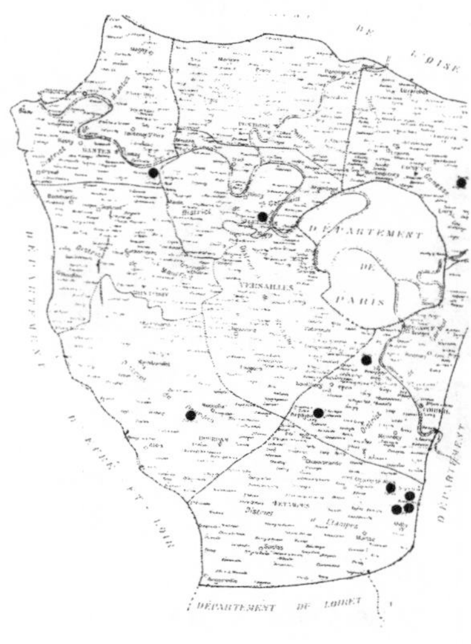

〈지도 8〉 센에우와즈도의 민중협회 분포도

출전: Claude LANGLOIS, Atlas de la Révolution FranÇaises, CNRS, 1992, T. 6, pp97-98

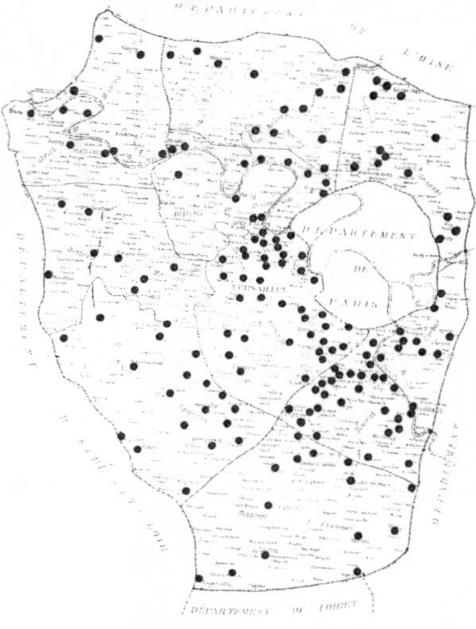

〈지도 9〉 비기독교화의 강도

출전: M. VOVELLE, La révolution contre l'Eglise, Paris, 1988 p. 288.

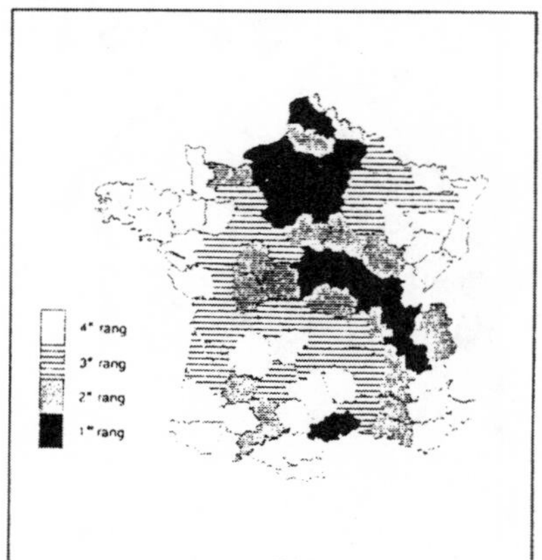

〈지도 10〉 1945-1966 프랑스인의 미사 참여율

출전: M. VOVELLE, op. cit. p. 288.

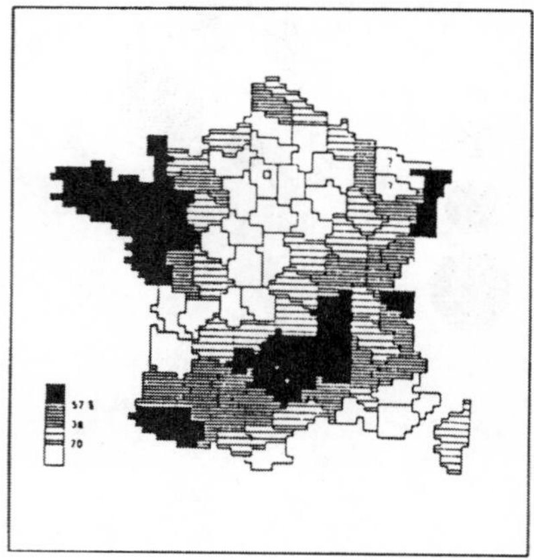

그래프 1. 센에우와즈도에서 '국민공회에 보낸 의견서'에 나타난 비기독교화운동의 연대기곡선(총 326개)

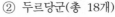

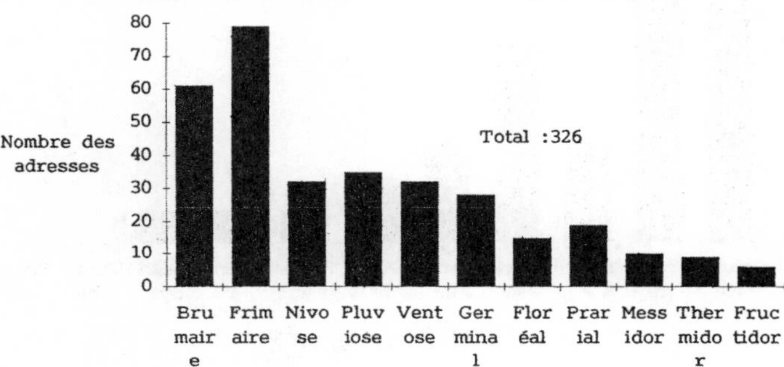

그래프 2. 의견서에 나타난 비기독교화운동의 郡별 연대기곡선

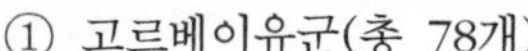

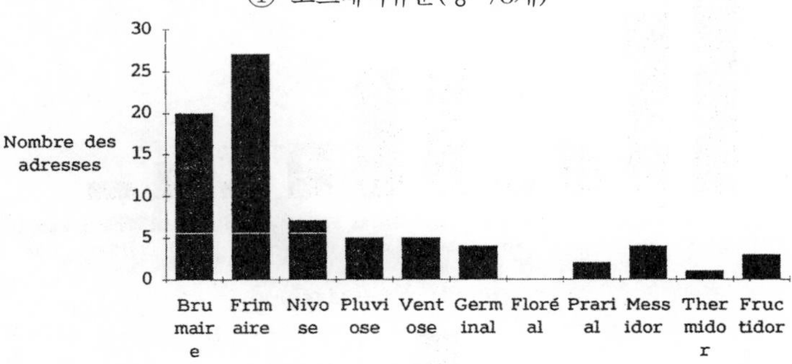

② 두르당군(총 18개)

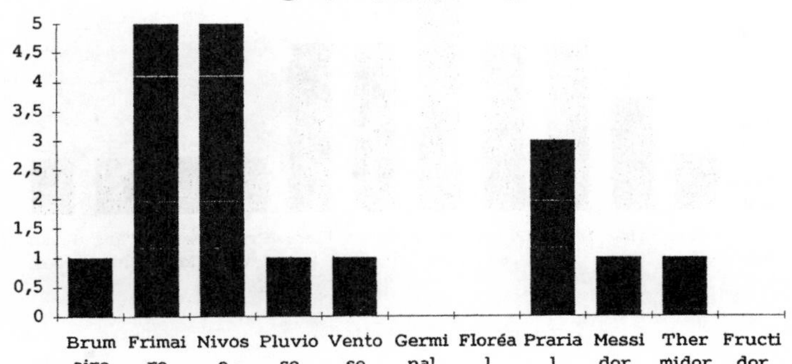

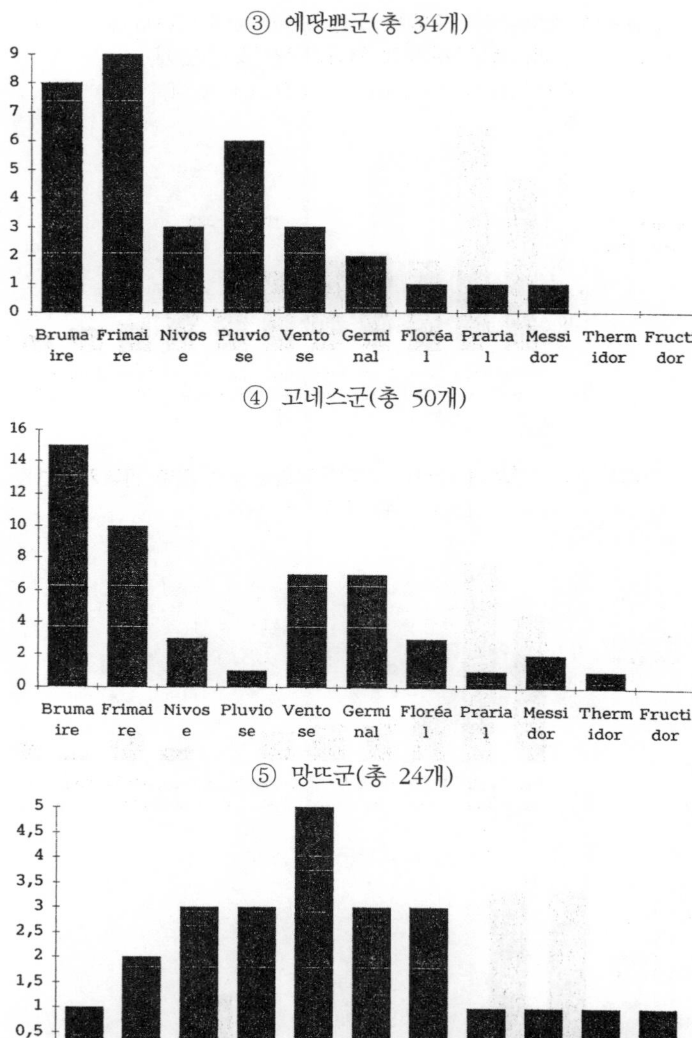
③ 에땅뻐군(총 34개)
9
8
7
6
5
4
3
2
1
0
Brumaire
Frimaire
Nivose
Pluviose
Ventose
Germinal
Floréal
Prarial
Messidor
Thermidor
Fructidor
④ 고네스군(총 50개)
16
14
12
10
8
6
4
2
0
Brumaire
Frimaire
Nivose
Pluviose
Ventose
Germinal
Floréal
Prarial
Messidor
Thermidor
Fructidor
⑤ 망뜨군(총 24개)
5
4,5
4
3,5
3
2,5
2
1,5
1
0,5
0
Brumaire
Frimaire
Nivose
Pluviose
Ventose
Germinal
Floréal
Prarial
Messidor
Thermidor
Fructidor

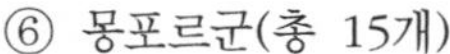

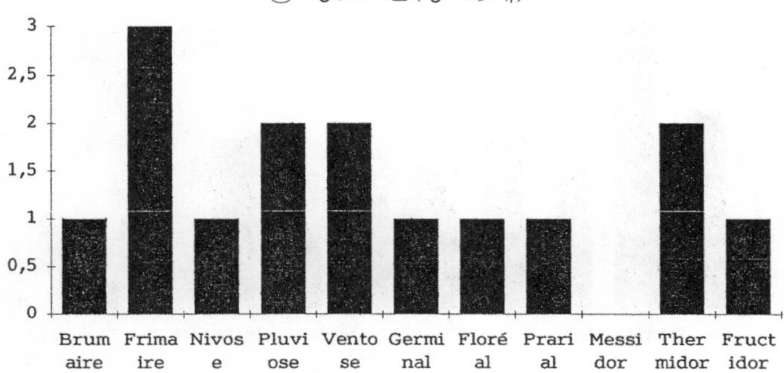

⑦ 뽕뚜와즈군(총 29개)

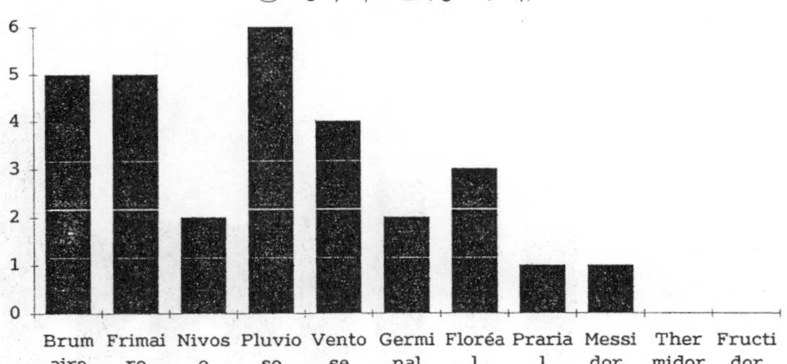

⑧ 생제르망군(총 30개)

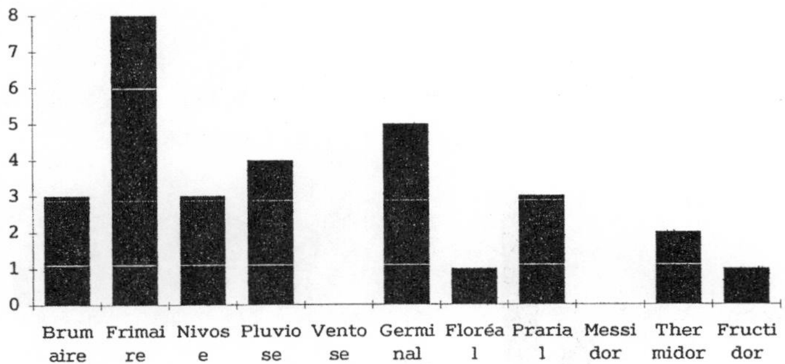

⑨ 베르사이유군(총 48개)

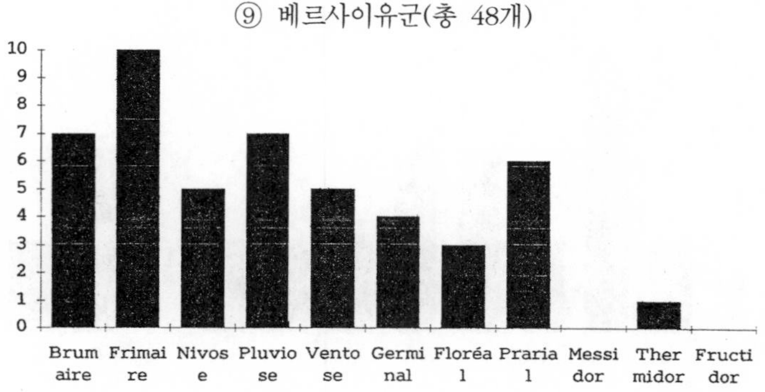

그래프 3. 센에우즈도의 사제직 포기신부들의 나이 분포(총: 639개)

출전: A.D.S.O. 35F 8-14 Fichier STAES

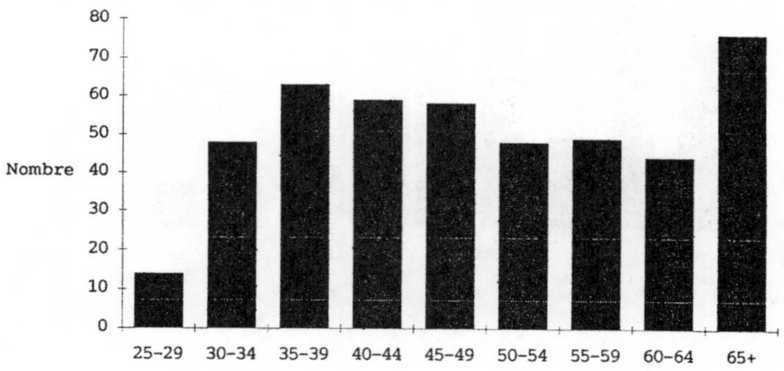

그래프 4. 센에우와즈도의 포기신부들의 포기 연대기 곡선(총: 416개)

출전: A.D.S.O. 35F 8-14 Fichier STAES

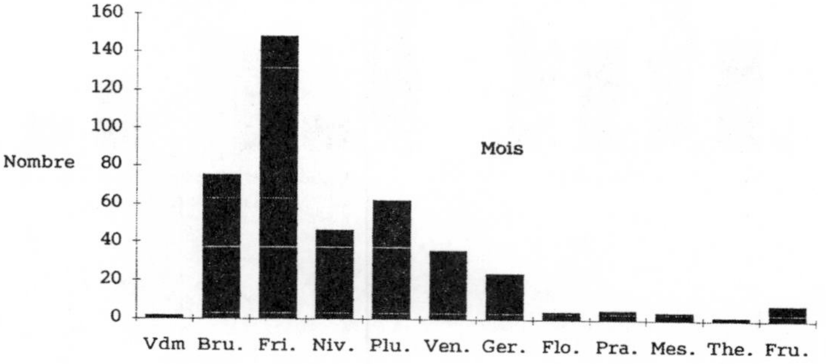

그래프 5. 센에우즈도의 신부들의 결혼 연대기곡선(총: 152명)

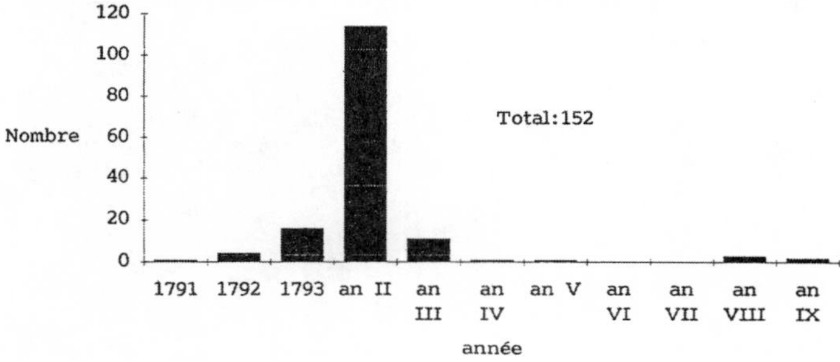

그래프 6. 센에우즈도의 신부의 혁명력 2년의 결혼 연대기 곡선(총: 94명)

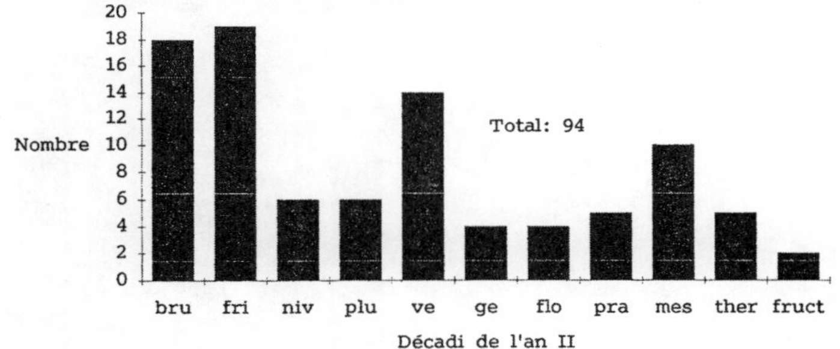

6. 혁명력 2년(1793.9~1794.9) 센에와즈도의 사제직 포기신부에 관한 연구

Ⅰ. 서론

1960년대 이후에 서구의 사회사가들은 평범한 일반 대중이 역사의 진정한 주체라는 새로운 역사관을 갖게 되면서 일반 대중의 일상사를 역사학의 대상으로 인식하기 시작하였다. 특히 프랑스의 아날학파 역사학자들은 과거의 인간의 심리 구조나 평범한 사회집단의 집단심리 구조에 새로이 관심을 갖기 시작하였고, 점차 이 분야는 망탈리테사*histoire des mentalités*라는 이름으로 불리게 되면서 꾸준히 발전하여 왔다.[1] 망탈리테사는 일차적으로 일상생

1) 망탈리테사에 대해서는 다음을 참조할 것 : 김영범, 「망탈리테사: 심층사의 한 지평」, 『사회사연구와 사회이론』(한국사회사연구회 논문집 31집, 문학과 지성사, 1991), pp. 258~335. ; 김정자, 「망탈리테사의 가능성과 한계점-영국 마르크스주의 사회사가들의 비판적 논의를 중심으로」, 『서양사론』 31집, pp.45~80. ; 이광주, 「새로운 역사학 시대 열리다-사회사와 심성사의 과제」, 『정경문화』 4월호(1985), pp.286~293. ; 최갑수, 「미셸보벨의 역사 세계-사회사로부터 심성사로의 이행」, 『역사가와 역사인식』(민음사,

활에서의 보통 사람들의 태도를, 더 나아가서는 역사적 행위자들의 의식과 사고를 고찰하여, 한 시대의 집단 심리적 현실을 규명해 내고자 하였다.

망탈리테사를 연구하는 방법의 두드러진 특징 가운데 하나는 그 다루는 대상이 매우 광범위하고, 모든 종류의 문화적 상징물과 일상적 실천 형태를 자료로 삼는다는 것이다. 그리고 지난 20~30년간에 걸쳐 망탈리테사의 연구 대상이 점차적으로 변하였다. 초기에는 문화나 의식적 사고에만 국한하였으나, 점차로 태도와 행동과 무의식적 집단 표상들까지도 연구 대상으로 삼게 되었다. 이러한 추세에 따라 죽음, 사랑, 어린이, 성 등의 문제가 새로운 관심의 대상으로 떠오르게 되었고, 또한 이제까지 주로 문화적 엘리트나 실력자층의 정신세계를 연구하던 것에서 벗어나 점차로 일탈자나 사회로부터 배척받는 자들까지 포함한 하층 대중들의 정신세계로 관심이 옮겨가게 되었다. 이리하여 망탈리테사의 대상 영역은 이제 공포와 적의 등의 감정, 신앙과 지식, 사회관계, 가치관 체계 등 거의 무한정으로 증대되었다.

이러한 역사학계의 관심의 변화에 발맞추어 종교사 분야가 망탈리테사의 주요 관심영역으로 새롭게 부각되었다. 1960년대에 들어와 르 브라와 불라르신부를 중심으로 한 종교사회학파에 자극받은 파리 소르본느대학교 프랑스혁명사 주임교수인 마르셀 레나르를 비롯한 종교사가들은 종교사를 망탈리테사라는 새로운 관점에서 새로운 기준들을 가지고 연구하게 되었다. 이제까지 주로 교회의 제도나 엘리트에 국한하여 연구하던 전통적 경향에서 벗어나 교회 안의 평신도들을 비롯한 여러 사회집단들의 종교적 망탈리테에 더욱 주목하게 되었다. 주일미사 참여도, 부활절미사 참여도, 성도덕에 관한 기독교 교리의 실천정도 등의 공식적 신앙 형태와 성지순례, 신도회 참여도, 성인 숭배 등의 비공식적 신앙 형태에 대한 계량적 통계분석을 통해서 엘리

1989), pp.285~315. ; 김응종, 『아날학파』(민음사, 1991), pp.166~192. ; 민석홍, 「새로운 역사학과 인문과학-아날학파를 중심으로」(서울대 인문과학 연구소), pp.205~213.

트와 민중의 집단심성을 밝히게 되었다.

망탈리테사의 새로운 방법론을 가지고 프랑스 역사학계가 혁명기의 비기독교화에 관심을 갖기 시작한 것은 1963년 리옹에서 열린 국제비교종교사 학술대회에서였다. 레몽*René Rémond*교수의 주제발표는 앞으로 연구해야할 과제들을 제시하여 학계에 비상한 관심을 불러일으켰다. 이러한 레몽교수의 호소에 부응하여 1964년에는 제 89회 전국 학술학회 연합 대회에서 레나르교수의 주도아래 보벨, 플롱주롱 등 당시 소장 학자들이 "비기독교화운동 가운데 가장 극적인 현상"이었던 신부들의 사제직포기에 관한 논문들을 발표하였고, 이를 계기로 전국에 걸쳐 각 지역별로 비기독교화에 관한 본격적인 연구가 시작되었다. 특히 1976년에 출간된 보벨의 저서 '종교와 혁명-혁명력 2년의 비기독교화'[2)]는 프랑스 남동부의 21개 道를 대상으로 한 비기독교화에 대한 본격적인 전문연구서로서, 혁명 시기 종교사와 망탈리테사에 새로운 지평을 열었다.

'새로운 역사'를 대표하는 망탈리테사는 1985년경부터 국내에 소개되었으나, 대개 개별 연구가를 대상으로 하거나 개념 정리나 연구사적 정리 정도에 그쳤을 뿐, 실제로 망탈리테사의 연구방법론을 가지고 역사적 사실을 분석한 논문은 아직 없는 형편이다. 따라서 프랑스 혁명시대의 비기독교화 특히 사제직 포기 현상을 통하여 한 사회집단이 겪게 되는 망탈리테의 변화를 분석하는 작업은 매우 의미 있는 것이라고 하겠다.

혁명력 2년의 비기독교화는 아마도 프랑스혁명 시기의 사건들 가운데 가

2) Michel Vovelle, *Religion et Révolution, la déchristianisation de l'an II*(Paris, Hachette, 1976), 이하 M.Vovelle, *Religion et Revolution*으로 약함.; 또한 프랑스혁명 200주년을 앞둔 1988년에 보벨은 이제까지의 모든 연구성과를 종합하여 "교회에 대항하는 혁명-이성에서 최고 존재까지"라는 제목의 비기독교화에 대한 개설서를 출간하였다. Michel Vovelle, *La Révolution contre l'Eglise-De la Raison à l'Etre Suprême*(Paris, Editions Complèxe, 1988), 이하 M.Vovelle, *La Révolution contre l'Eglise*로 약함.

장 논란의 여지가 많은 현상이 아닌가 싶다.[3)] 비기독교화에 대한 설명과 해석은 역사가의 입장에 따라 첨예하고도 미묘한 차이가 나타나기 때문이다. 이에 따른 불필요한 오해를 피하기 위하여 우리는 비기독교화를 "한 나라나 한 인간 집단에서 기독교(성직자 · 재산 · 예배의식)와 그 종교 생활을 후퇴시키기 위한 모든 내적 · 외적인 측면 그리고 건설적 · 부정적 측면의 총체적 요소들"로 정의한다. 우리가 이렇게 비기독교화를 정의할 때 프랑스에는 분명히 1793년과 1794년에 비기독교화가 있었다.

혁명의 소용돌이를 거치면서 가톨릭교회는 앙시앙 레짐 하에 프랑스 국민의 생각과 행동을 지배하던 그 힘을 잃어버리게 되었다. 1792년 8월부터, 혁명 정부는 모든 교회법을 세속화하였고, 1793~94년에 소수의 혁명투사들은 교회제도를 공격하여 폭력으로 프랑스를 비기독교화하려고 시도하였다. 이들은 기독교사회였던 앙시앙 레짐과 결별하고자 하였을 뿐만 아니라, 성직자들을 증오하였고 심지어 민중들의 신앙을 아예 제거시키고자 노력하였다. 비기독교화는 혁명전쟁이 치열하던 1793~1794년에 약 8개월 동안에 전국적으로 일어났는데, 전국적으로 5만여 개의 성당이 폐쇄되고 미사가 금지되었으며 성직자가 신부직을 포기하거나 결혼하는 사태가 속출하였다. 또한 금지된 기독교를 대신하여 새로운 혁명종교가 생겨나고 기독교달력대신에 혁명달력을 사용하게 되었다.

이제까지의 연구를 통하여 대체적으로 파리와 파리분지는 비기독교화가 엄청난 반응과 파괴를 가져온 지역인 반면에, 브르따뉴 지방은 비기독교화가 별로 성공을 거두지 못한 지역인 것으로 나타났다. 이러한 비기독교화의

3) '성물파괴', '종교 탄압'과 '과감한 사제직포기' 등으로 단죄한 대부분의 신부 역사가들과 국가이성의 이름으로 비기독교화를 정당화하는 반교권주의적인 역사가들 사이에서 엄격하고도 객관적인 평가를 한다는 것은 참으로 어려운 일인 것 같다. 비기독교화에 대한 전반적인 내용은 백인호, 「프랑스혁명기 혁명력 2년의 비기독교화운동-센에와즈道를 중심으로, 『서양사론』 제 40호(1993). pp.69~126를 참조할 것.

정도를 제대로 가늠하려면 道단위에서, 더 나아가 코뮌 단위까지 내려가서 살펴 보아야한다. 각 지역별로 각 집단별로 비기독교화가 언제 어떻게 진행되었는지를 알아야 비로소 비기독교화의 실상을 알게 될 것이다.

우리는 이러한 문제의식을 가지고 혁명력 2년의 비기독교화운동 가운데 가장 중요하고 극적인 현상으로 평가되는 사제직 포기를 집중적으로 분석해 보고자한다. 오늘날 사제직을 포기한 신부들의 주제가 관심을 끈다면 그것은 무엇보다 신부라는 한 사회 집단에 대한 관심이며, 따라서 주로 그 집단의 구조, 망탈리테, 심리적인 문제들, 영적인 문제들, 혁명사에 있어서 이 집단이 끼친 영향 등에 관한 관심을 말한다.

그러나 이 주제는 역사연구에 적합하지 않은 가치판단이 개입되기 때문에 그동안 역사가들의 관심을 끌지 못한 것이 사실이다. 사제직 포기자들에 대하여 "이미 오래전부터 그들은 신앙을 잃어버린 상태였다…이 불행한 자들은 우리의 관심을 끄는 바가 전혀 없으며, 또한 우리가 이들에 대해 언급해야 할 아무런 필요를 느끼지 않는다"[4]라고 기록한 블리아르*P.Bliard*의 글에서 알 수 있듯이, 19세기~20세기 초반에 종교사를 주도한 가톨릭계 역사가들은 이 주제에 대해 아예 무관심하거나 타부시하였다. 이들의 간략한 설명을 보면, 대체로 사제직 포기자들은 이미 1791년 선서이후 혁명파에 가담하여 교회신앙에서 떠난 자들로 사제직을 포기하라는 혁명정부의 명령에 복종한 비겁한 '배신자*traditeur*' 혹은 기독교신앙에서 완전히 떠나버린 '배교자*apostat*'들로 묘사하였다. 즉 이들 대다수는 '자발적인' 포기자였다는 것이다. 그러나 프랑스 남동부의 21개 道를 대상으로 한 연구를 통하여 보벨은 이 지역에서의 사제직 포기는 극소수의 '자발적인 포기*abdication spontané*'도 있기는 하였지만, 대다수에게는 공포와 위협 그리고 나약함에 의한 '강요된 포

4) P.Bliard, *Jureurs et insermentés 1790-1794*(Paris, 1910), p.183. 인용문은 Bernard Plongeron, *Les prêtres abdicataires parisiens, Actes du 89ème Congré*, 1964, p.27에서 재인용.

기*abdication imposé*'였다고 주장하였다.

우리는 본고를 통하여 먼저 사제직을 포기한 신부들은 과연 누구이며 어떤 동기에서 어떻게 포기하게 되었는지, 그리고 그 여파는 어떠하였는지를 밝혀 보고자 한다. 특히 보벨의 연구결과에 주목하면서, 센에와즈道에서는 보벨이 제시한 위의 가설이 과연 어떻게 나타나는지를 확인해 보고자 한다. 파리에 인접한 센에와즈道를 연구 대상 지역으로 택한 이유는 이 지역의 리스와 메네시 두 코뮌이 1793년 9월에 전국에서 최초로 자발적으로 신부를 추방하고 교회 성물을 국민공회에 헌납하였으며 기독교를 '광신주의' 혹은 '미신'이라고 비난함으로써 비기독교화운동에 선도적 역할을 담당하였을 뿐만 아니라, 비기독교화로 엄청나게 파괴된 지역이라고 지적되어 왔기 때문이다.[5] 이렇듯 지역적으로 중요한 의미를 갖는 센에와즈道는 리스와 메네시 코뮌을 중심으로 한 꼬르베이유군과 에땅쁘군에 대한 지엽적 연구 외에는 아직까지 도전체에 대한 종합적인 연구가 이루어지지 않았다.

II. 본론

1. 사료

사제직 포기는 "비기독교화에 있어서 가장 중요한 현상"이라는 점에서 그리고 "비기독교화운동의 성공과 실패를 가름하는 근본적인 잣대역할을 하였

5) S.Bianchi, *La déchristianisation dans le district de Corbeil 1793-1797*(Mémoires et Documents de la Société historique et archéologique de Corbeil, de l'Essonne et du Hurepoix, 1990) p.8, 48~50. 이하 S.Bianchi, *Corbeil*로 약함 ; M.Vovelle, *La Révolution contre l'Eglise*, p.287, 〈지도 19〉를 참조할 것.

다"는 점에서 매우 중요하다.[6] 비기독교화의 전개과정을 이해하기 위해서는 먼저 사제직을 포기한 신부들의 정확한 수가 얼마나 되는지를 알아보는 것이 중요하다. 왜냐하면 사제직 포기 신부들에 대한 통계분석을 통하여 이 집단에 대한 성격이나 망탈리테 등에 관한 중대한 정보를 분석해 내고, 더 나아가 비기독교화의 파장을 추적할 수 있기 때문이다.

1) 우리가 가장 쉽게 접할 수 있는 1차 사료는 국민공회에 센에와즈道의회가 작성해서 보낸 사제직 포기 신부 명단이다.[7] 사제직을 포기한 신부들의 숫자는 각 道별로 국민공회에 보고 되었다. 그리고 이 통계표는 국립 고문서보관소에 분류번호 F.19의 상자들 속에 분류되었다. 이 문서들은 기본적으로 도의회에서 보내온 사본들로 명단이 불완전하거나 빠진 경우가 많지만, 종종 센에와즈道 고문서보관소에서 발견하지 못한 통계표를 발견하는 것으로 보아 중요한 사료임에는 틀림없다. 우리는 이 통계표들을 道고문서보관소의 통계표에서 불완전한 것을 보완하고 확인하는 데 주로 사용하였다. 이 현상을 실제적으로 측정해보기 위해서는 道고문서보관소에 보관된 사료들을 살펴보아야 한다.

2) 도의회에서는 사제직 포기에 관한 관련 문서들을 단순히 수집해 놓거나, 도의회*conseils généraux* 회의록*procès-verbaux*에 사제직 포기를 기록하였다. 이 문서들은 근본적인 정보를 제공하는 사료라고는 할 수가 없다.

3) 사제직을 포기한 신부들에 대한 정보를 수집하고 또한 직접 그들에 대한 통계표를 작성한 것은 바로 郡*district*의회에서였다. 사제가 사제직 포기

6) M.Vovelle, *Religion et Révolution*, p.20.
7) Archives Nationales(이하 A.N.로 약함) F19.876-893과 1118.

선언을 하면 그날로 군의회회의록에 기록되었다. 베르사이유군의회의 경우, 사제직 포기자 등록 장부를 따로 준비하여 기록하였다. 군의회는 정보를 수집하고 회의록에 기록한 후에, 사제직 포기자의 이름, 담당본당, 포기날짜 등을 통계표에 기재하여 이를 도에서 수집하여 국민공회에 제출하였다. 센에와즈道의 포기자 명부는 일정한 형식에 따라 인쇄된 행정양식으로 되어있었다. 따라서 우리가 센에와즈도의 사제직 포기자 명부를 작성하고자 할 때 가장 근본적인 정보를 제공하는 것은 바로 군의회에서 작성한 사료들이다.

4) 경우에 따라서는 군의회 회의록에는 아무것도 기록되어 있지 않고, 읍 *commune*의회 회의록에서 정보를 발견할 때도 있다.

5) 비기독교화에 있어서 핵심적인 역할을 담당했던 민중협회에서 그 지역의 사제들의 포기 선언을 직접 접수하기도 하였다. 예컨대 꼬르베이유郡의 리메이*Limeil*본당 주임사제인 동메르그*Jean Dommergue*는 사제직포기를 선언하면서 혁명력 2년 브뤼메르에 빌너브쌩조르쥬 민중협회*Société populaire de Villeneuve-Saint-George*에 사제서품장을 제출하였다.

6) 경우에 따라서는 19-20세기에 들어와 아마츄어 역사가들이 작성한 혁명당시 활동했던 신부들에 대한 개인 신상카드 목록표가 존재한다. 센에와즈道에는 매우 다행스럽게도 20세기 중반에 센에와즈도 향토사가인 죠르쥬 스타스가 작성한 '스타스 신상카드*Fichier Staes*'가 존재한다.[8] 스타스는 10여년간의 고된 작업을 통하여 모두 6,700여 개의 신상카드를 작성하였는데, 이 가운데 혁명시대에 센에와즈道에서 실제로 활동하였던 2,800여 명의 신부들의 신상카드를 활용할 수 있었다. 이 카드는 국립고문서보관소, 센에와즈道

8) A.D.S.O. 35 F. 9-14.

고문서보관소 등에 흩어져있는 사료들과 여러 전문서적들에서 한 신부에 대하여 적어도 10-20여 개의 사료를 수집하여 기록하여, 이 카드에 기록된 정보의 신빙성을 높여주고 있다. 센에와즈도 통계표 작성에서 '스타스 신상카드'를 이용하여 사제직 포기자로 분류된 모든 신부들에 대한 정보를 이중 · 삼중으로 확인하는 작업이 가능하였다.

이러한 사료들에 대한 선별작업을 통하여 639명의 사제직 포기자에 대한 상세한 신상을 추적할 수 있었다. 우리가 분석한 이 사료들은 믿을만한 것일까? 우리는 사제직 포기자의 통계를 수집 · 분석하는 과정에서 몇 가지 문제점을 발견하게 되었다. 우선 고네스郡의 명단에 관한 문제인데, 군의회 회의록에 명단이 제대로 기록되어 있지 않아, 읍의회 회의록들을 추적하였으나 결국 만족스러운 결과를 얻지는 못하였다. 또한 사제직 포기자들의 포기일자에 관해서도 부분적으로 군의회 회의록에 기록된 포기 일자와 읍의회 회의록에 기록된 포기일자사이에 거리가 있음을 알게 되었다. 종종 읍청에 등록된 사제직 포기 신고를 군의회에 접수할 때 군의회는 늦장을 부리기 일쑤였고, 읍에 등록된 날짜 대신에 군의회에 접수된 날짜를 기록하는 경우도 가끔 있었다. 예컨대 베르사이유郡의 사제직 포기자 등록장부에 보면, 혁명력 2년 니보스 24일(1794. 1. 13)에 28명의 사제직 포기자 명단이 기록되어 있다. 이를 확인해본 결과, 실제로 니보스 24일에 사제직을 포기한 신부는 28명이 아닌 9명인 것으로 판명되었다. 물론 이러한 사례가 모든 지역에서 발생한 것은 아니다. 다행스럽게도 스타스 신상카드를 통하여 사료상의 문제들을 이중 · 삼중으로 검토하고 확인하여, 이러한 오류들을 최소한으로 줄이고자 노력하였다.

2. 통계분석

한 道에서 639명의 사제직 포기 성직자는 많은 숫자일까, 적은 숫자일까? 보벨이 제시한 道當 평균 200~213명과 비교해보면, 639명은 3배가 넘는 숫자이다.[9] 이 숫자의 무게를 정확히 알기위해서 우리는 센에와즈道의 인구로부터 1791년 선서 해당 성직자들의 수까지 면밀히 비교 분석해 보고자 한다.

1) 郡단위로 본 사제직 포기 신부의 절대수(〈지도 1〉 참조)

센에와즈道에서 사제직 포기자는 639명인 것으로 나타났다. 639명이라는 수를 정확히 음미해 보기위해서는 다른 여러 통계숫자들과 비교해 보아야한다. 이러한 비교를 통해서 우리는 사제직포기현상이 센에와즈道에서 어느 정도로 받아들여졌는지를 확인할 수 있다.

이 도표에 따라 지도를 그려보면(논문 마지막 쪽의 〈지도 1〉을 참조할 것) 센에와즈道에서는 2개의 중심지역이 나타난다. 북쪽으로는 도시지역인 뽕뚜와즈郡와 중서부에 위치한 대도시지역인 베르사이유郡과 쌩제르망앙레이郡이다. 센에와즈道의 대도시가 밀집한 북서부, 중서부지역이 활발한 비기독교화지역으로 나타났고, 파리와 인접한 동부지역 다시 말해 고네스郡과 꼬르베이유郡은 비기독교화가 가장 미온적으로 진행된 지역임이 확인되었다. 우리는 이 지도를 통하여 크게 두개의 비기독교화의 중심지역이 존재한다는 작업가설을 세워볼 수 있다. 이러한 작업가설을 좀 더 면밀히 검토해 보기 위해서 郡보다 하위 행정단위인 面에서의 사제직 포기자 절대숫자를 지도로 그려볼 필요가 있다.

---

9) M.Vovelle, *Religion et Révolution*, p.19.

▶ 표 28 1791년 선서에 해당된 성직자 정원에 비교한 사제포기자의 숫자(郡 단위)

(출전: A.D.S.O. 35 F 9-14.Fichier G.Staes)

郡	사제직 포기자	1791년 선서해당 사제 수	1791년 선서파 사제 수
꼬르베이유	34명	119명	97명
두르당	61	71	57
에땅쁘	51	86	79
고네스	25*	118	92
망 뜨	68	128	111
몽포르	75	109	86
뽕뚜아즈	116	135	95
쌩제르망앙레이	79	139	102
베르사이유	130	182	101
총 계	639명	1,087명	820명

* 고네스郡의 통계표를 발견하지 못하여, 고네스면 의회 회의록에서 사제직 포기자의 명단을 추출하여 작성하였다(A.D. Val- d'Oise. 2L. 2/6 - 2/9. 고네스郡의회 회의록).

2) 面단위로 본 사제직 포기자의 절대숫자(〈지도 2〉 참조)

〈지도 2〉를 관찰해 보면, 이미 확인된 뽕뚜와즈郡과 베르사이유郡의 중요성이 더욱 강화되고 또한 인접한 쌩제르망앙레이郡의 중요성도 새로이 나타나, 대도시가 집중되어 있는 도시지역인 중북부지역이 사제직 포기를 주도한 중심지임을 확인할 수 있다. 또한 사제직 포기를 거부한 지역의 중심지는 농촌지역인 고네스郡과 꼬르베이유郡임을 알 수 있다. 이것은 사제직 포기는 주로 도시적인 현상이었다는 보벨의 가설을 뒷받침하는 것으로, 적어도 센에와즈道에서는 도시지역에서 사제직 포기자가 가장 많이 발생하였다. 〈지도 2〉를 좀더 면밀히 관찰해보면, 루앙市로 가는 도로를 따라 위치

한 지역에서 모두 5명 이상의 사제직 포기자가 발생하여 루앙시로 가는 도로가 사제직 포기에 중요한 역할을 한 것으로 보인다. 또한 오를레앙市으로 가는 도로도 역시 사제직 포기에 중요한 역할을 한 것으로 보인다. 따라서 우리는 오를레앙市와 루앙市로 가는 도로가 사제직 포기에 중요한 역할을 하였다는 작업가설을 세워볼 수 있다.

〈지도 2〉에서 우리는 사제직 포기가 폭발한 두개의 중심지가 있다는 작업가설을 재확인하게 된다. 두개의 지역이 비기독교화의 중심지역이지만, 지역별로는 불균등한 확산을 이루었다는 것을 또한 알 수 있다. 그러나 우리는 이 지도들이 기껏해야 도시지역과 농촌지역의 인구 차이를 반영하는 것에 불과한 것은 아닐까하는 의문을 갖게 된다. 센에와즈道의 인구밀도 분포도와 비교해보면, 이러한 우리의 염려는 사실인 것으로 나타난다. 대도시가 밀집한 중북부지역(예컨대 1790년 베르사이유市의 인구는 50,185명, 쌩제르망앙레이市는 12,500명)은 인구밀도가 가장 높은 지역으로 나타났고, 비기독교화를 거부한 지역인 고네스郡과 꼬르베이유郡은 인구밀도가 낮은 지역임을 확인할 수 있었다.

따라서 사제직 포기 현상을 이해하는 데 사제직 포기자의 절대숫자에 의한 통계분석은 지나치게 단순한 분석으로 사제직 포기의 무게를 측정하는 데 있어서는 별로 효율적이지 못하다.

3) 郡단위로 본 사제직 포기자가 발생한 邑의 비율(지도 3 참조)

위의 분석에서 나타난 결점들을 보완하기 위해서, 이번에는 적어도 1명 이상의 사제직 포기자가 발생한 읍의 숫자와 비율이 각 郡마다 얼마나 되는지를 분석해보기로 하였다.

▶ 표 29 郡단위 사제직 포기자가 발생한 읍의 퍼센트
(출전: A.N.F*20.20. 읍의 숫자는 1792년을 기준으로 함)

郡	사제직 포기자가 발생한 읍의 숫자	郡當 읍의 총 숫자*	사제직 포기자가 발생한 읍의 퍼센트
꼬르베이유	30	86	34.9%
두르당	39	52	75.0%
에땅쁘	47	78	60.3%
고네스	25	75	33.3%
망 뜨	54	89	60.7%
몽포르	52	75	69.3%
뽕뚜와즈	67	89	75.3%
셍제르망앙레이	45	65	69.2%
베르사이유	74	86	86.1%
총 계	433	695	62.3%

〈표 29〉의 분석 결과는 〈표 28〉의 결과와 확연히 다른 것을 확인할 수 있다. 郡단위로 사제직 포기자가 발생한 읍의 절대숫자와 郡當 비율을 관찰해 보면, 비기독교화된 지역과 비기독교화에 저항한 지역을 재확인하게 되고, 또한 좀 더 구체적으로 비기독교화가 왕성한 몇몇 도시 지역을 확인하게 된다. 〈지도 3〉과 〈지도 2〉가 확연히 다른 것은 두르당郡과 몽포르郡과 같은 농촌지역에서 사제직 포기자가 발생한 읍의 페센트가 평균을 훨씬 웃돌고 있다는 것이다. 즉 몽포르郡, 두르당郡의 두르당面, 망뜨郡의 로니*Rosny*面 등의 농촌지역이 새로운 비기독교화의 중심지로 나타난 것이다. 특히 두르당面, 로니面, 레에사르*Les Essarts*面, 가랑시에르*Garenciere*面, 너플로샤또*Neauphle-le-Chateau*面 등의 면에서는 면 전체에서 사제직 포기자가 발생하였다.

4) 郡단위와 面단위로 본 인구 10,000명당 사제직 포기자의 퍼센트(〈지도 4〉 참조)

사제직 포기자의 절대숫자에 의한 통계만으로는 비기독교화의 강도를 정확하게 측정하기가 어렵다. 왜냐하면 郡이나 面마다 모두 면적이 다양하고, 인구밀도도 다양하기 때문이다. 불균등한 인구밀도에 따라 1789년에 본당사제들도 지역에 따라 다양한 밀도를 나타내었다(〈지도 11〉 참조). 또한 1791년의 선서에서 지역별로 본당사제들의 선서수락과 거부율도 다양하였다. 사제직 포기의 실제적인 강도를 측정하기위해서는 인구밀도 등의 여러 요소들을 고려하여야 한다. 18세기말 郡인구 10,000명당 사제직 포기자의 숫자를 음미해보자.

▶ 표 30 郡단위로 본 인구 10,000명당 사제직 포기자의 퍼센트

(출전: 1792년 인구: A.N.F*20.20)

郡	사제직 포기자	1792년의 인구*	인구 10,000명당 사제직 포기자의 퍼센트
꼬르베이유	34명	43,776명	7.8명
두르당	61	30,249	5.0
에땅쁘	51	39,369	13.0
고네스	25**	42,229	5.9
망 뜨	68	45,577	14.9
몽포르	75	33,896	22.1
뽕뚜아즈	116	47,052	24.7
쌩제르망앙레이	79	67,295	11.7
베르사이유	130	88,161	14.8
총 계	639명	437,604명	14.6명

〈표 30〉을 좀더 상세히 관찰하기 위해 面단위로 인구 10,000명당 사제직

포기자의 퍼센트분포(〈지도 4〉 참조)를 살펴보면, 사제직포기의 강도에 따라 센에와즈道를 대략 3개 지역으로 구분해 볼 수 있다. 우선 두개의 중심축, 즉 북쪽으로 뽕뚜와즈郡의 뽕뚜와즈面과 남쪽으로 에땅쁘郡의 3개 面(사끌라, 매스, 라페르뗴알레)이 사제직 포기가 가장 활발히 일어난 중심지역임을 확인하였다. 그리고 망뜨郡의 로니面도 주위로부터 고립되었음에도 불구하고 활발한 지역으로 나타났다. 둘째로 중부지역(도시지역인 베르사이유郡과 쌩제르망앙레이郡과 농촌지역인 두르당郡과 몽포르郡)은 사제직 포기에 대체로 온건한 지역임을 확인하였다. 마지막으로 고네스郡과 꼬르베이유郡은 비기독교화에 가장 소극적인 지역임을 재확인하였다.

5) 1791년 선서해당 성직자와 비교한 사제직 포기자의 퍼센트(〈지도 5〉 참조)

사제직 포기자의 숫자와 1791년 선서 해당 성직자의 숫자를 비교하는 것은 매우 유용한 방법이다. 대개 인구가 집중된 지역에는 사제들도 집중되어 있는 편이지만, 반드시 인구비례에 따라서 사제수가 비례하는 것은 아니다. 예를 들어 베르사이유郡의 경우 왕의 도시인 베르사이유가 위치한 지역의 특성으로 인해 다른 지역에 비해 유달리 성직자가 밀집한 지역이었다. 베르사이유郡의 사제직 포기자의 숫자가 많은 것(130명)은 단지 베르사이유군의 사제가 많았다는 사실을 반영하는 것은 아닌가하는 의문을 품게 되는 것이다. 따라서 전체 성직자의 수에 비해 사제직 포기자의 수가 얼마나 되는 지를 알아보는 것이 비기독교화의 강도를 정확하게 측정하는 데 매우 유용한 방법이다.

사제직 포기자가 발생한 1793년~1794년 겨울 당시의 성직자 인구를 헤아리는 것은 사실상 거의 불가능한 일이다. 왜냐하면 1791년부터 1794년까지 성직자 인구의 이동이 극심하였기 때문이다. 따라서 1794년 사제직 포기자의 무게를 측정하기 위하여, 우리는 성직자 인구통계가 가능하였던 1791년 '성직자 민사기본법에 대한 충성 선서'에 해당되었던 성직자 인구를 선택하였다. 물론 이 성직자 인구통계는 전체 성직자를 대상으로 하고 있지 않다. 1791년 선서 해당 성직자들은 국가에서 봉급을 지불하기로 한 본당사제들 다시 말해 주임사제, 보좌사제, 소성당 담임사제*châpelain*, 그리고 특수 사목사제*aumônier*, 대학교수들로, 대략 성직자의 80% 정도가 선서에 해당된 것으로 추정된다. 1791년 통계가 갖는 이러한 제약에도 불구하고 1794년 사제직 포기자와 비교해보는 것은 의미 있는 분석이라고 생각된다.

▶ 표 31 1791년 선서 해당 성직자수와 비교한 사제직 포기자수의 퍼센트

(출전: *1792년 인구: A.N.F*20.20.)

郡	사제직 포기자수	1791년 선서 해당사제수	1791년 선서 해당사제와 비교한 사제직 포기자의 퍼센트
꼬르베이유	34명	119명	28.6%
두르당	61	71	85.9%
에땅쁘	51	86	59.3%
고네스	25	118	21.2%
망 뜨	68	128	53.1%
몽포르	75	109	68.8%
뽕뚜아즈	116	135	85.9%
쌩제르망앙레이	79	139	56.8%
베르사이유	130	182	71.4%
총 계	639명	1,087명	58.8%

〈표 31〉와 〈지도 5〉에서 우리는 뽕뚜와즈郡과 에땅쁘郡이 사제직 포기의 두개 중심축인 것과 꼬르베이유郡과 고네스郡이 사제직 포기가 가장 적은 지역임을 재확인할 수 있다. 남부에서는 에땅쁘郡의 3개면(에땅쁘, 밀리,

라페르떼알레)을 중심으로 두르당군 전체에 이르기까지 사제직 포기가 활발히 진행된 반면에, 인접한 꼬르베이유군에서는 사제직 포기가 상당히 소극적으로 진행되었다. 북부의 뽕뚜와즈郡의 2개面(뽕뚜와즈面과 비그니面)은 에땅쁘郡과 비교하여 상대적으로 주위로부터 고립된 섬과 같은 지역인 것으로 나타났다. 즉 이 지역은 사제직 포기가 온건히 진행된 쌩제르망앙레이郡과 확연한 경계를 이루고 있고, 뽕뚜와즈군의 다른 지역들도 사제직 포기가 소극적으로 진행된 것으로 나타났다. 따라서 〈지도 5〉에서는 에땅쁘군이 사제직 포기가 가장 활발했던 지역인 것으로 나타난다.

〈표 31〉와 비교하여 〈표 32〉에서 달라진 것은 두르당군과 베르사이유군의 중요성이 새로이 부각된 것이다(〈지도 6〉 참조).

▶ 표 32 선서파 사제수와 비교한 사제직 포기자의 비율

郡	사제직 포기자	1791년 선서파 사제 수	선서파 사제에 대한 사제직포기자의 퍼센트
꼬르베이유	34명	97명	35.1%
두르당	61	57	107%
에땅쁘	51	79	64.6%
고네스	25	92	27.2%
망 뜨	68	111	61.3%
몽포르	75	86	87.2%
뽕뚜아즈	116	95	122%
쌩제르망앙레이	79	102	77.5%
베르사이유	130	101	128.7%
총 계	639명	820명	78%

이제까지의 통계표와 분석 결과(특히 〈지도 4〉와 〈지도 5〉)를 중심으로 살펴보면, 사제직 포기의 강도에 따라 센에와즈道를 다음과 같이 크게 3개

의 지역으로 구분해 볼 수 있다.

Ⓐ 사제직 포기가 활발히 진행된 중심지역
　: 뽕뚜와즈郡, 에땅쁘郡, 망뜨郡의 로니面
Ⓑ 사제직 포기가 부분적으로 활발하게 진행된 중간지역
　: 두르당郡, 망뜨郡, 몽포르郡, 쌩제르망앙레이郡, 베르사이유郡
Ⓒ 사제직 포기가 미온적으로 진행된 저항지역
　: 고네스郡, 꼬르베이유郡

3. 사제직 포기자에 대한 사회학적 분석

사제직을 포기한 사제들은 과연 누구였는가? 그들이 사제직을 포기한 동기는 무엇이었을까? 혹시 포기할 당시의 그들의 직위나, 나이, 출신지역 등이 사제직 포기에 큰 영향을 끼친 것은 아닐까? 우리는 이러한 질문에 답하기 위하여 이들의 직위와 나이, 출신지역을 통계적으로 분석해보고자 한다.

1) 직위에 대한 분석

사제직을 포기한 성직자들의 직위는 어떠하였는가? 그들 가운데 고위성직자와 하위성직자의 비율은 어떠하였을까? 수도성직자들은 몇 명이나 되었을까? 이에 답하기 위하여 성직자를 크게 재속성직자와 수도성직자로 구분하고, 재속성직자는 다시 고위성직*Haut clergé*(참사회신부, 주교, 추기경을 말함)과 하위성직자*Bas clergé*로, 그리고 하위성직자는 다시 주임신부, 보좌신부 그리고 일반신부*prêtre*로 구분하였다. 여기서 일반신부는 편의상 신학교교수, 병원 · 감옥 등에서 사목하는 특수사목신부, 그리고 신부라는 명칭 외에는 다른 정보가 없는 모든 신부들을 포함시킨 것이다.

▶ 표 33 郡단위로 본 사제직 포기자의 직위 유형분석

郡	주임신부	보좌신부	일반신부*	고위성직자	수도성직자	총 계
꼬르베이유	29명	3명	2명	0명	0명	34명
두르당	38	21	2	0	0	61
에땅쁘	47	2	1	0	1	51
고네스	14	6	5	0	0	25
망 뜨	47	9	11	1	0	68
몽포르	51	11	13	0	0	75
뽕뚜와즈	66	17	16	6	11	116
쌩제르망	33	17	27	2	0	79
베르사이유	80	15	9	16	10	130
총 계	405명	101명	86명	25명	22명	639명

〈표 33〉에 보면, 무엇보다도 사제직 포기자의 절대다수(639명 중 617명, 96.6%)는 재속성직자이고, 또한 이들 대부분은 하위성직자(639명 중 592명, 92.6%)라는 것을 알 수 있다. 이러한 사실은 본당에서 사목하는 하위성직자들이 사제직 포기의 가장 직접적인 대상이었다는 것을 의미한다. 이에 반해 수도성직자는 639명 중 단지 22명(3.4%)에 불과하였고, 고위성직자들도 25명(4%)에 지나지 않았다. 이들의 대부분은 도시지역인 뽕뚜와즈郡(고위성직자 6명, 수도성직자 11명)과 베르사이유郡(고위성직자 16명, 수도성직자 10명)에 집중되어 있음을 알 수 있다. 고위성직자와 수도성직자들이 극소수였던 까닭은 혁명초기에 이미 고위성직자들이 대거 망명길에 올랐고 1790년에 대부분의 수도원이 해체되어 수도성직자들이 대거 환속하였기 때문이라고 볼 수 있다. 이러한 하위성직자의 집중현상은 센에와즈道만의 특이한 현상일까? 이를 확인하기 위해서 보벨이 분석한 전국적인 통계표와 비교해보기로 하자.

▶ **표 34** 사제포기자 직위의 비교분석.

(출전: M.Vovelle, *La Révolution contre l'Eglise,* p.105)

직 위	센에와즈道	프랑스동북부	프랑스서북부	파리	프랑스 전체
주임신부	63%	63%	61%	63%	34%
보좌신부	16%	9%	9%	13%	18%
고위성직자	4%	3%	7%	6%	25%
기타 신부	14%	8%	19%	11%	?
수도성직자	3%	11%	4%	36%	7%
합 계	100%	94%	100%	129%	84%

〈표 34〉에서 보벨이 제시한 프랑스 동북부와 서북부지역에서의 직위 분석을 보면, 적어도 프랑스 북부지역에서는 대략 사제직 포기자의 70%가 본당신부들(2/3가 본당의 주임신부들이었고, 대략 10% 정도는 보좌신부), 그리고 수도성직자가 4~11% 정도, 고위성직자가 3~7% 정도인 것으로 나타났다. 보벨 자신이 미완성으로 제시한 프랑스 전체 분포도(전체 84%에 대해서만 제시한 통계)와는 거리가 있지만, 동북부 · 서북부와 비교해보면, 센에와즈道의 사제직 포기자들도 거의 유사한 분포를 나타내는 것을 알 수 있다.

2) 사제직 포기자의 나이분석(〈그래프 7〉 참조)

태킷은 '세대차 효과'가 역사에 있어서 여러 원인들을 분석하는데 유용하며, 특정 세대의 성장과정에서의 경험과 교육 등은 그 집단의 성향을 알려줄 것으로 보았다. 연령에 따라 사제직 포기에 대한 태도가 다를 것인가? 또한 연령이 곧 그들의 동기를 설명할 수 있을까?

▶ 표 35 센에와즈道의 사제직 포기자의 나이 분포

나　　이	사제직 포기자	퍼센트
25-29세	14명	3.1%
30-34	48	10.5%
35-39	63	13.7%
40-44	59	12.9%
45-49	58	12.6%
50-54	48	10.5%
55-59	49	10.7%
60-64	44	9.6%
65세 이상	76	16.6%
총　　계	459명	100.2%

639명의 전체 사제직 포기자들 가운데 459명(71.8%)에 대해서 나이를 추적할 수 있었다. 센에와즈道의 선서파신부들에 대한 평균연령(46.38세)과 비교해볼 때, 사제직 포기자들의 평균연령은 49.3세로 3세가 더 많은데, 이것은 1791년과 1794년 사이의 3년 차이를 감안하면 사실상 선서파 사제나 사제직 포기자 사이에 나이에 있어서 아무런 차이도 없게 된다. 연령층별로는 서로 어떤 다른 태도를 취하는지를 알아보면(〈그래프 8〉 참조), 20대의 젊은 신부들은 14명(3%)으로 극소수에 불과하였고, 65세 이상의 신부들과 35~39세 사이의 신부들이 각각 76명(16.6%)과 63명(13.7%)으로 사제직 포기에 대해 가장 취약한 계층으로 나타났다. 30대의 젊은 사제들은 무엇보다 혁명의 공포에 억눌려 강압에 의해 포기하였던 것으로 사료되며, 60대 이상의 나이든 사제들은 포기하지 않을 경우에 연금지급이 중단됨으로 겪어야하는 물질적인 궁핍 혹은 질병·불구에 대한 두려움 때문에 포기한 것이라고 생각된다.

이것을 보벨이 분석한 프랑스전국의 통계와 비교분석해 본다면, 〈표 36〉

와 같다.

▶ 표 36 전국의 사제직포기자의 나이와 센에와즈도 사제직포기자의 나이 비교
(출전: M.Vovelle, *La Révolution contre l'Eglise,* p.106)

나 이	남동부	남서부	북서부	북동부	센에와즈도
20~30세	7%	17%	17%	?	3%
30~40	23%	22%	30%	?	24%
40~50	22%	20%	18%	?	26%
50~60	22%	23%	15%	?	21%
60세 이상	25%	17%	18%	?	26%
평균나이	49.5세	45세	45.3세	45.5세	49.3세

센에와즈道의 사제직 포기자의 나이분포는 보벨이 분석한 남동부에 있어서의 분포와 엇비슷한 것으로 나타났다. 사제직 포기자의 평균연령을 비교해보면, 북서부와 북동부지역에 비해 평균연령이 적어도 4살이나 차이가 나는데, 이것은 무엇보다도 센에와즈道가 파리에 인접한 지역으로 주임사제가 되기 위해서는 다른 지역보다 적어도 5년~10년을 더 기다려야 했던 것을 참작하면 이해가 가능하다.

3) 사제직 포기자의 출신 지역 분석

센에와즈교구 출생인 사제와 다른 교구출생인 사제사이에는 사제직 포기에 대하여 다른 태도를 취하지는 않았을까? 사실상 사회적 출신 계층이나 출신지역이 성직자들의 정치적 의견에 미친 영향을 살펴보는 것은 조심스러운 태도가 요구되므로, 여기서는 사제직 포기와 출신지역 간의 조사 가능한 통계만을 살펴보기로 한다. 639명 가운데 398명에 대하여 그 출신지역을 확

인할 수 있었다. 398명 중 센에와즈道 출생인 사제직 포기자는 모두 81명으로 전체의 20.4%를 차지하고 있다. 다른 지역과 달리 수도인 파리에 인접한 지역인 만큼 파리출신(48명)도 같은 지역으로 구분한다면, 모두 129명으로 32.4%를 차지한다. 이것은 사실상 1790년의 사제들의 출신지역 비율(787명 가운데 251명 즉 31.9%)과 거의 같은 것이어서 출신지역이 사제직 포기에 어떤 영향을 끼쳤다고 말하기 어렵다.

▶ 표 37 사제직 포기자의 출신지역

(파리근교)	
센에와즈道	81명
파리	48명
센에마르느道	9명
(노르망디지역)	
깔바도스道	
샌느마리떰道	
망슈道	
(쌍트르지역)	
어르에루와르道	52명
루아레道	6명
(삐까르디지역)	
빠드깔레道	6명
솜므道	8명
노르道	8명
와즈道	20명
(기타)	78명
합　계	398명

우리는 이러한 사회학적 분석을 통하여 사제직 포기자들은 절대다수가 하위성직자들이며, 35~39세 사이 그리고 65세 이상의 사제들이 상대적으로 사제직 포기에 가장 취약했다는 사실을 알게 되었다. 그러나 이러한 사제들의 개인적인 프로필은 왜 포기했는가에 대하여 제한적인 범위 내에서 피상적으로 설명할 뿐이며, 이들이 언제 사제직을 포기하였는지를 살필 수 있는 연대기 곡선과 이들이 남긴 포기선언문들을 분석하는 것이 사제직 포기자 집단을 이해하는 데 더욱 유용하다고 하겠다.

4. 사제직 포기의 연대기 곡선 : 자발적인 포기인가 강요된 포기인가?

19세기~20세기 초반까지의 전통적인 견해에 따르면 사제직 포기자들은 모두 자발적으로 포기한 '배신자', '배교자'들이라는 관점이 지배적이었다. 그러나 1960년대 이후 보벨과 플롱주롱 등 역량 있는 역사가들이 파리와 동남부의 20개도를 집중적으로 연구한 결과, 사제직 포기 현상은 무엇보다 집단적으로 이루어졌고 그것도 1~2개월의 짧은 기간에 몰려있다는 사실이 밝혀져, 사제직 포기가 자발적이었다는 전통적인 가설에 강한 의문이 제기되었다. 플롱주롱은 사제직 포기현상이 강요된 것이었음을 힘주어 강조하였고, 보벨은 사제직 포기가 사실상 잠정적인 것일 뿐으로 대다수의 사제가 그 후에 곧바로 사제로써 활동하였던 사실을 강조하였다. 우리는 이러한 최근의 연구 성과를 염두에 두고 센에와즈道에서는 사제직 포기가 어떻게 이루어졌는지 연대기 분석을 통해 살펴보고자 한다.

▶ 표 38 센에와즈道의 사제직 포기의 연대기

혁명력 2년의 革命月	사제포기자 수	퍼센트(미 확인자 제외)
방데미에르(93.9.22~93.10.21)	2명	0.5%
브뤼메르(93.10.22~93.11.20)	75	18.0%
프리메르(93.11.21~93.12.20)	148	35.6%
니보스(93.12.21~94.1.19)	46	11.1%
쁠리비오즈(94.1.20~2.18)	62	14.9%
방또즈(94.2.19~3.20)	36	8.7%
제르미날(94.3.21~4.19)	24	5.8%
플로레알(94.4.20~5.19)	4	1.0%
프레리알(94.5.20~6.18)	5	1.1%
메시도르(94.6.19~7.18)	4	1.0%
떼르미도르(94.7.19~8.17)	2	0.4%
프뤽띠도르(94.8.18~9.16)	8	1.9%
미 확 인	223	제외
총 계	639명	100%

센에와즈道에서는 639명 중 416명(65.1%)의 사제직 포기 日字를 알 수 있었다. 사제직 포기의 연대기 곡선을 그려보면(〈그래프 8〉 참조), 사제직 포기가 주로 프리메르에 몰려있는 것을 알 수 있다. 연대기 곡선은 방데미에르에는 단지 2명으로 시작하다가, 브뤼메르에 급격한 상승곡선을 그리면서(75명), 프리메르에 이르러 절정에 달하게 된다(148명). 니보스에 이르러는 곡선이 크게 강하한 것을 볼 수 있다(46명). 쁠리비오즈(62명)에는 다시 완만한 상승곡선을 그린 후에 프뤽띠도르(8명)까지 완만한 하강곡선을 그린다.

사제직 포기일자가 알려진 416명 가운데 259명(62.3%)은 브뤼메르(75명)와 프리메르(148명) 사이에 집중된 것으로 나타났다. 148명이 프리메르에 집중되어 있는 사실은 결국 파리와의 근접성에 그 원인이 있는 것을 알 수 있다. 파리에서는 절대다수의 사제직 포기 신부들이 브뤼메르 중반에서 프리메르말까지 사제직 포기를 표명하였다. 특히 파리교구의 추기경 고벨이 포기한 직후인 브뤼메르 17일직후인 브뤼메르 20일과 30일 사이에 사제직 포기가 집중되어 있었다.[10] 센에와즈道에서는 파리와의 근접성이 사제직 포기에 중요한 영향을 끼쳤음을 알 수 있다.

절대숫자로 그려본 사제직포기의 월별 변화운동을 〈지도 9〉를 통해서 음미해보면, 방데미에르(지도 9-1)에는 에땅쁘郡과 쌩제르망앙레이郡에서 1명씩 나타날 뿐이지만, 브뤼메르(지도 9-2)에는 갑자기 전 지역에 걸쳐 5~10명의 사제직 포기자가 속출한다. 베르사이유郡과 꼬르베이유郡, 두르당郡 등 주로 파리 남쪽지역에서 크게 나타난다. 프리메르(지도 9-3)에는 사제직 포기자가 폭발적으로 증가하는 것을 볼 수 있다. 베르사이유郡과 뽕뚜와즈郡, 그리고 두르당郡이 중심지인 것을 알 수 있다. 니보스(지도 9-4)에는 이 운동이 전반적으로 급격히 사그라지고, 또한 그 중심부가 남부에서 베르사이유郡을 중심으로 한 중부로 이동한 것을 관찰할 수 있다. 특히 파리의 동남부에 위치한 고네스郡, 에땅쁘郡, 꼬르베이유郡에서는 전무하다는 사실은 주목할 만하다. 운동의 중심지가 니보스에는 중부였던 것이, 쁠뤼뷔오즈(지도 9-5)에 중북부의 쌩제르망앙레이郡으로 이동한 것을 볼 수 있다. 즉 이제까지 지극히 미진했던 망뜨군과 쌩제르망앙레이군에서 상대적으로 많은 수의 포기자가 속출한 것이다. 반면 파리의 동남부에 인접한 세 郡에서는 니보스 이후에는 거의 소멸한 것을 볼 수 있다. 방또즈(지도 9-6)에는 운동의 중심지가 완전히 북부로 옮겨 왔음을 알 수 있다. 제르미날(지도 9-7)까지 북부지역에 남아 있기는 하나, 프로레알(지도9-8) 이후로는 전역에 걸쳐 거

10) B.Plongeron, "Les prêtres abdicataire parisiens", *Actes du 89ème Congrés*, 1964, pp. 39~41.

의 완전히 소멸해 버린다. 전체적으로 이 지도들을 살펴보면, 사제직 포기 현상은 시간이 경과함에 따라 대도시지역에서 중소도시지역으로, 그리고 농촌지역으로 확산되었음을 알 수 있다.

우리는 여기서 왜 사제직 포기 현상이 특별히 프리메르에 집중되었는지를 다시 한 번 음미해볼 필요가 있다. 639명 중 사제직 포기 일자가 알려진 416명 가운데 프리메르 한 달 동안에 3.6%인 148명이 몰려 있어서, 사제직 포기가 집단적으로 이루어졌음을 알 수 있다. 파리市의 경우도 고벨 추기경이 사제직 포기를 선언한 브뤼메르 17일 직후인 브뤼메르 20일과 30일에, 그리고 프로방스지방의 경우에도 방또즈와 제르미날에 사제직 포기자의 대다수인 85%가 몰려있다는 사실이 이를 뒷받침한다. 이렇게 사제직 포기가 집단적으로 이루어졌다는 사실은 곧 사제직 포기가 자발적으로 이루어졌다는 풍문에 강한 의문을 제기하는 것이다. 실제로 이들의 사제직 포기가 단지 간단한 행정양식에 서명하는 것만으로 가능했던 것으로 보아, 이들이 당시의 공포와 억압에 못 이겨 집단적으로 사제직 포기서를 제출하였다는 것을 짐작할 수 있다.

5. 사제직 포기의 유형

파리 추기경 고벨이 파리 코뮌의 압력에 굴복하여 혁명력 2년 브뤼메르 17일(1793. 10. 7)에 사제직 포기를 선언한 직후 사제들의 포기신고가 전국적으로 줄을 이었다. 그렇다면 이들의 사제직 포기는 어떠한 형태로 이루어졌을까?

사제직 포기는 다양한 방법으로 이루어졌는데, 일부 사제들은 단지 "주임 사제직만을 포기*démissioner son cure*"한다고 하거나, 또는 "사제로서의 직능을 포기*abdiquer leurs fonctions de prêtrise*"한다고 선언하였다. 억압에 의하여 혹은 자발적으로 사제서품장*lettres de prêtrise*을 그 증거로 혁명정부에 제출하기도 하였다. 일부 사제들은 사제서품장을 잃어버려 찾을 수 없는 것처럼 변명을 둘러대거나, 사제 서품장의 제출이 곧 사제직 포기를 의미하는 것은 아니라고 주장하기도 하였다.

우리는 먼저 사제직포기 신부를 사제서품장을 제출한 신부와 제출하지 않은 신부로 구분하여 각 郡별로 몇 명이나 되는지 알아보았다. 예컨대 베르사이유郡에서는 특히 郡의회에서 특별히 사제직 포기자들의 신고를 접수한 기록 장부를 제작하여 기록 보존하였는데, 여기에 기록된 130명의 사제직 포기자 중에서 13명은 개인적인 선언문을 남겼다. 나머지 117명은 공식적인 신고양식에 따라 접수되어 단지 이들의 인적사항(이름, 본당, 직위, 나이, 사제직포기일자 등)만이 기록장부에 기록되었다. 두르당郡과 뽕뚜와즈郡에서는 사료에 사제서품장을 제출하였는지 여부를 기록하지 않은 관계로 〈표 39〉에서는 생략하였다.

▶ 표 39 사제직 포기자의 유형 분류

郡	사제직 단순 포기자	사제서품장을 제출한 사제직 포기자	총 사제직 포기자
꼬르베이유	21명 (61.7%)	13명 (38.3%)	34명 (100%)
에땅쁘	38 (74.5%)	13 (25.5%)	51
고네스	18 (72%)	7 (28%)	25
망 뜨	56 (82.4%)	12 (17.6%)	68
몽포르	38 (51%)	37 (49%)	75
쌩제르망	46 (58%)	33 (42%)	79
베르사이유	117 (90%)	13 (10%)	130
합 계	334명 (72.3%)	128명 (27.7%)	462명 (100%)

〈표 39〉에 따르면, 두르당郡과 뽕뚜와즈郡의 명단을 제외한 총 462명 가

운데 334명(72.3%)은 사제서품장을 제출하지 않은 단순포기자로, 그리고 나머지 128명(27.7%)은 사제서품장을 제출한 포기자로 분류할 수 있다. 단순포기자로 분류된 334명은 서류상으로 침묵을 지킬 뿐인데, 이들의 침묵으로 센에와즈道의 사제직 포기자 집단에 대한 어떠한 판단도 사실상 유보할 수밖에 없는 형편이다. 따라서 양적인 분석은 배제하기로 하고, 사제직 포기에 대하여 다음과 같은 4가지의 유형분류는 가능하겠다 : 1) 단순포기자 2) 사제서품장을 제출한 포기자 3) 결혼한 포기자 4) 신성모독자.

1) 단순포기자 : 일부 사제들은 단지 그들이 활동하던 본당의 주임사제직을 포기하고 미사를 중단하였다. 그럼에도 불구하고 행정당국은 실질적인 사제직 포기를 강요하였다. 가장 신중했던 사제는 "신부의 직능을 포기 한다"고 구체적으로 서술하였다. 지역에 따라서는 "절대로 사제직을 다시 취하지 않을 것"이라는 문구를 첨가하도록 강요하였다. 일부 사제들은 사제직 포기 후에도 계속해서 비밀리에 미사를 집전하였고, 이들 가운데 많은 사제가 1802년 이후에 복직하였다.

2) 사제서품장을 제출한 포기자 : 이들은 "사제의 직분과 직능을 포기*abdique ses fonctions et état de prêtrise*"한다거나 "신부의 조건*condition de prêtre*"을 포기한다고 신고하면서, 사제직을 포기했다는 증표로써 즉시 사제서품장을 반납하였다. 신중한 지방의회에서는 사제서품장을 보관하였다. 지역에 따라서는 이 사제서품장을 화형에 처하는 경우도 있었다.

3) 결혼한 사제직 포기자 : 상당수의 사제직 포기자들이 억압에 의해 혹은 자발적으로 결혼하였다.[11] 예컨대 뮐랑본당의 라크르와*Lacroix*는 1789년

---

11) 그 숫자는 전국적으로 대략 6,000명으로 추산되는데, 이는 사제직 사임신부의 1/4에

30세에 보좌신부로 임명되었고, 사제직을 "자유롭게 자발적으로" 포기하였고, "자신이 더 이상 광신자들이 생각하는 사람이 그런 사람이 아니라는 것을 모든 사람들에게 분명하게 보여줄 수 있는 가장 확실한 표징은 결혼"이라는 것을 확신하고 혁명력 2년에 결혼하였다.[12] 센에와즈道에서는 639명의 포기자 가운데 적어도 113명이 결혼하였는데, 지역별로 살펴보면 〈표 40〉과 같다.

▶ 표 40 사제직을 포기하고 결혼한 신부

(출전: A.N. AF.IV 1897-1916)

郡	결혼한 신부
꼬르베이유	7명
두르당	15
에땅쁘	18
고네스	2
망 뜨	11
몽포르	13
뽕뚜와즈	19
쌩제르망 앙레이	16
베르사이유	12
합 계	113명

이들 가운데 많은 사제들이 공포 또는 억압에 의해 결혼하였다고 주장하였다. 카프라라 추기경이 남긴 흥미로운 사료들 가운데 센에와즈道 사제들이 남긴 85개 청원서[13]를 살펴보면, 이들 대부분은 혁명기간 동안에 "적들

해당하는 숫자이다. M.Vovelle, *La Révolution contre l'Eglise*, pp.134~135.

12) B.H.V.P.(파리시립역사도서관) mss.807. f°114. Collection Etienne Chavaray.

13) A.N. AF. IV.1897-1916. 1801년의 종교협약 이후에 교황에 의해 파견된 카프라라 추

의 위협으로 공포에 질려" 결혼하였다고 주장하였다. 이들 가운데 23명은 1802년 이후에 신부로서 활동을 재개하였고, 24명은 복권되어 기독교의식에 따라 다시 정식으로 결혼하여 평신도로 남았다.

상당수의 신부들에게 '위장결혼*mariage blanc*'의 신화는 사실이 아니었다. 결혼한 사제의 평균 연령은 42.8세로 성숙한 나이가 주를 이룬다. 이들의 배우자들의 평균연령은 33.7세로 대부분 수태 가능한 나이였고, 배우자의 절반(55명 중 27명)은 15세에서 29세의 젊은 나이였다. 또한 113명 가운데 1/5는 적어도 1명 이상의 자녀를 출생하여 실제 결혼생활을 하였던 것으로 나타났다. 이들 가운데 상당수는 결혼 후 세속 직업에 종사하였고, 1802년 종교협약 이후에도 성직에 복귀하지 않았다.

4) '신성모독자*Blasphématuer*' : 이들은 명백한 선언문을 통하여 자신들의 사제직 포기를 선전하였다. 물론 극소수이기는 하지만, 이들은 이제까지의 직업이었던 사제직과의 완전한 결별을 단호하게 선언하였다. 이러한 자발적 사제직 포기는 대부분 초창기에 이루어졌고, 특별한 상황에서 이루어지곤 하였다. 이들은 사제 서품장을 제출하면서 공개적으로 이를 불태우기도 하였다. 이들은 자발적으로 사제직을 포기하였고, 얼마 후에 시민이 되었다는 상징으로 결혼하였으며, 민중협회나 지방의회나 군대 등에서 혁명파로서 경력을 쌓았고 1802년 종교협약 후에도 교회로 복귀하지 않았다. 비앙키는 이들을 '붉은 사제'라고 명명한 바 있다.[14] 꼬르베이유郡의 베르뚜*Berthou*신부, 에땅쁘面의 부알로*Boileau*신부 등이 그 전형적인 예라 할 수 있다.

기경*Cardinal CAaprara*은 특별히 혁명기간 중에 결혼했던 신부들의 復權問題를 심사하였고, 약 3,000여 개의 청원서가 남아 있다.

14) S.Bianchi, "Les curés rouges et la Révolution Française", *A.H.R.F.*, 1982, pp. 364~392와 *A.H.R.F.* 1985, pp.477~479.

6. 사제직 포기 선언문의 유형 분석

혁명정부에서 요구한 사제직 포기의 공식적인 신고양식은 "이전의 주임신부/보좌신부였던…는 사제의 직분과 직능을 거부하고 포기하는 것을 신고함 *déclaration faite par XXX ci-devant curé ou vicaire de la paroisse XXXX par laquelle il renonce et abdique de l'état et des fonctions sacerdotales*"이지만, 경우에 따라서 일부 사제들은 개별적인 신고양식을 사용하였고, 여기에 나름대로 사제직 포기를 정당화하는 설명을 첨부하였다.

▶ 표 41 선언문에 나타난 동기의 유형

사제직포기의 동기	인 원
1) 신성모독자	12명
2) 자기 정당화	(16명)
A. 잘못된 소명	2명
B. 오래전부터 포기	1명
C. 선한 공화시민	12명
D. 혁명 찬양	1명
3) 수동적 포기	(20명)
A. 물질적 문제	8명
B. 순수한 공포	1명
C. 사제서품장에 대한 핑계	1명
D. 법과 공화국에 대한 복종	9명
E. 타협주의	1명
합 계	48명

센에와즈道의 경우에, 모두 639명의 사제직 포기자 가운데 48명(8%)에 대해서 개별적인 선언문 양식을 추적할 수 있었다.[15] 48명은 비록 소수이기는 하지만, 이들이 남긴 선언문들은 사제직 포기자들이 직접 이제까지 몸담

았던 교회와 기독교에 대한 견해와 본인의 과거 그리고 사제직 포기에 대한 동기 등을 설명하고 있어서, 이들이 왜 사제직을 포기하게 되었는지를 이해하는데 매우 유용한 사료라 하겠다. 우리는 이 선언문들을 다음과 같이 3개의 유형으로 분류해 볼 수 있다.

1) 실제적인 '신성모독자'

물론 실제적인 신성모독자들이 존재하였지만, 전국적으로 이들은 소수에 불과하였고, 그리스도교자체까지 부인하는 경우는 거의 없었다. 센에와즈道에서는 예외적으로 48명 중에서 12명(25%)이 그리스도교를 비난하였다. 메네시*Mennecy*의 드라네주임사제*Jean-Michel Delaney*는 그 대표적인 예라 할 수 있다.

> 애국시민들이여, 나의 소망이 이루어졌다. 광신주의는 사라지고, 신부족속도 소멸하고, 내가 늘 조심하라고 말해온 신부들의 지배는 이제 더 이상 이 세상에 없다. 聖山岳派 萬歲*Vive la Sainte Montagne*!! 이제 나는 나의 옛 직업에 조금도 연연하지 않는다…"[16]

일부 사제들은 예배가 단지 '협잡'이나 '사기'일 뿐만 아니라, 구체제를 옹호하기 위한 억압의 도구였다고 예배의 해독성을 주장하기도 하였다. 이들은 '미신'보다 '광신'을 더욱 빈번히 사용하였다. 크론느본당의 주임사제 베르투*Pierre Guillaume Berthou*는 "예배는 절대로 주의들 · 제도들과 및 공화주의

---

15) 이 자료들은 다음을 참조할 것 : A.D.S.O. 2LV163 Versailles; A.D.S.O. 2 LV 74 Montfort; A.D.S.O. 2LV 121 Saint-Germain-en-Laye ; A.D.S.O. 2LV 30 Mantes.

16) *89 en Essonne*, No 4-5, pp.46-47. 우리는 이렇게 자발적으로 사임한 배교자들을 "*les curés rouges*"(붉은 사제)로 분류할 수 있다.

의 의무와 덕들과 양립할 수 없다"고 보면서 "이 모든 한심스러운 주장들, 사변적인 믿음들은 세상에 넘쳐흐르는 모든 범죄와 죄악들의 아버지인 광신주의를 낳았다"고 주장하였다.[17] 혁명력 2년 니보스 25일(1794. 1. 14)에 라 프렛뜨*La Frette*본당의 아르누*Jean Simon le jeune dit Arnout*보좌신부는 "본인은 이 세상에서 살아남기를 원하며, 거짓말쟁이이며 사기꾼인 사제직보다 더욱 자연과 이성에 합치하는 배우자로서의 책임을 다하기를 원한다"고 선언하였다.[18]

2) 자발적 포기의 정당화

우리는 사제직을 포기한 신부들이 과연 어떻게 스스로를 정당화하였을까 하는 질문을 던져 보게 된다. 물론 앞에서 보듯이 거리낌 없이 사제직을 포기하여 비기독교화의 선구자역할을 한 신부들도 있지만, 대부분의 사제들은 사제직 포기에 대해서 당연하게도 깊은 고뇌와 갈등을 겪어야만 했다. 이들은 '신성모독자'들처럼 열렬히 그리스도교를 비판하는 데 앞장서지는 않았지만, 나름대로 자발적으로 사제직을 포기하였음을 주장하였다. 물론 이들은 사제직 포기에 대한 자기정당성을 주장하여야만 했다. 그들이 택한 정당화의 전략에 따라 다음과 같이 분류해 볼 수 있다.

Ⓐ 잘못된 소명

처음부터 신부의 길에 잘못 들어섰다고 후회하는 신부가 극소수 존재하였다. 센에와즈道에서는 2명이 자신의 소명이 처음부터 잘못된 길임을 고백하

---

17) S.Bianchi, "Le curé citoyen de Crosne, Pierre Guilluame Berthou", *89 en Essonne*, No 4-5, pp.54~57.
18) A.D.S.O. 2 LV 121 Saint Germain en Laye. 25 Nivôse an II.

였다. 센에와즈道 주교 아부안*Mgr.Avoine*의 보좌신부였던 르누*Renoult*는 베르사이유시청에서 "…부모들로부터 신부직을 강요받고서, 그는 철학과 이성이 그에게 광신주의와 과오의 사슬을 파괴시킬 기회를 제공해 주기를 기다려왔다. 드디어 자유의 날이 왔고 이제 그의 횃불이 공화국을 비추게 되었도다."라고 선언하였다.[19]

❸ 오래전부터 사제직을 포기함

이러한 급선회의 경우 외에도 우리는 오래전부터 사제직을 수행하고 있지 않다고 주장하는 신부의 경우도 종종 만나게 된다. 혁명력 2년 프리메르 5일(1793. 11. 25)에 고뱅*Bernard François Gobin*前수사는 이미 6년 전부터 사제직을 전혀 수행하고 있지 않은데, 그 이유는 "사제직은 미신에 의해 살아가는 허무한 의식에 불과하기 때문"이라고 설명하였다.[20] 이들에게는 사제직 포기가 이미 오래전부터 행해온 모험을 해결하는 것에 불과하였다. 몽모랑시*Montmorency*본당의 꼬뜨*Cotte*신부는 "이미 30년 전에 시작한 기상학 관측을 사제직 포기 후에도 계속 하기를 원합니다."라고 고백하면서, "특히 기상학은 나의 주요 관심사입니다…내가 邑廳에 제출한 사제직 포기 선언으로 나는 같은 장소에서 오래전부터 행해온 기상학 관측을 계속할 수 있게 되었습니다…나는 나의 생애에 큰 기쁨을 제공하는 과학과 관계되는 작업에만 전념할 것을 약속합니다…"고 선언하였다.[21]

❸ 선한 공화시민*Bon Républicain*

이들보다 더 흔한 경우(48명 중 12명, 25%)는 근본적으로 사태가 완화되

19) A.C.Versailles.(베르사이유시립 고문서보관소) Registre 72 folio I 22. 23 brumaire an II.
20) A.D.S.O. 2 LV 121 Saint Germain en Laye. 5 frimaire an II.
21) A.P.(혁명시대 의회의사록) t.86. pp.280-281. 20 ventôse an II.

기를 기다리면서 "나는 이미 종교대신에 도덕을 가르쳐왔다"거나, "나는 확고한 공화주의자*répulicain confirmé*"라고 주장하는 경우이다. 예컨대 쌩끌루*Saint-Cloud*의 주임사제 브렁*Brun*은 주장하기를 "나는 결코 나의 설교를 과거의 과장한 어투로 설파하던 미신적인 교의들*idées Superstitieuses*로 더럽힌 적이 없었다. 나는 복음보다 사회도덕이 더 우위에 있다는 것을 설명하는 것으로 만족하였다"고 주장하였다.[22] 쌩제르망郡의 4명의 신부들은 혁명력 2년 프리메르 5일에 "우리들은 우리의 직분을 포기하고…우리의 복종의 예를 서둘러서 보이기로 하였다. 우리의 모든 행동은 조국*patrie*를 위한 것이며, 우리는 공화국민*républicain*으로써 살고 또한 죽을 것을 선서한다…"고 선언하였다.[23]

Ⓓ 혁명에 대한 찬양

일부 사제들은 특히 1791년 선서를 수락한 사제들은 선서파 교회에 충성하여 거부파 사제들과 투쟁한 혁명파임을 강조하였다. 랑루라몽따뉴*Lanluets la Montagne*본당의 에베르보좌신부*Louis Pierre Frederic Hebert*는 "나는 공화파였고, 혁명이 나의 욕구를 충족시켜주는 것을 기쁘게 주시하였다. 공사에 온전히 헌신하고자, 더 이상 국가에 아무런 효용이 없는 사제직을 포기한다"고 고백하였다.[24]

3) 수동적인 사제직 포기의 이유들

사제들이 사제직 포기선언을 하면서 기쁨을 표현하였다는 기록은 거의 발견되지 않고 있다. 선언문을 남긴 사제들의 2/3(48명 가운데 30명, 62.5%)

22) A.D.S.O. 2 LV 163 Versailles. 22 brumaire an II.
23) A.D.S.O. 2 LV 121 Saint Germain en Laye. 5 frimaire an II.
24) A.D.S.O. 2 LV 121 Saint Germain en Laye. 8 pluviôse an II.

는 자신이 사제직을 포기하게 된 동기를 여러 변명을 통해 정당화하고자 노력하였다.

Ⓐ 순수한 공포에 의한 포기

혁명시대 상황 때문에 공포에 질려 포기하였다고 고백하는 사제들이 드물기는 하지만 존재한다. 예컨대 파브리요*Favrieux*본당의 고솜*Pierre Augustin Gosseaume*주임사제는 상황에 굴복하여 할 수 없이 사제서품장을 제출하였다고 주장하였다.[25)]

Ⓑ 사제서품장을 제출하지 않기 위한 변명들

48명 중에서 5명(〈표 41〉에서 1명으로 표시한 것은 나머지 4명은 물질적 문제나 법과 조국에 대한 복종 등을 주장하면서 사제서품장을 제출하지 못한 이유도 함께 변명하고 있어서 〈표 41〉에서는 이들을 제외시켰기 때문이다)은 사제서품장의 제출 의무에 대해서 서품장을 도둑맞았다거나 잃어버렸다는 등의 여러 변명을 늘어놓으며 소극적으로 저항하였다. 예컨대 망데뚜르본당의 주임사제 르페브르는 "나는 분명히 사제서품장을 서고에 잘 보관해두었다…내 집을 아주 면밀하게 살펴보았지만 나는 도저히 서품장을 찾아내지 못하였다. 아마도 지난 5월 15일 밤에 내 집을 침입한 강도가 다른 서류들과 함께 사제서품장도 파괴시킨 것으로 생각 된다…"는 상당히 자세한 변명을 늘어놓으며 서품장을 잃어버렸다고 신고하였다.[26)] 뷔이*Buby*의 주임사제인 그르네*Jean-Baptist Grenet*는 "나는 사제의 활동을 모두 포기하며, 내손에 사제서품장이 없어진 것을 확인하면서 그 대신에 주임사제 임명장을 제출 한다…"고 변명하였다. 결국 이러한 형태의 사제직 포기는 혁명이 자

25) A.D.S.O. 2 LV 30 Mantes. 12 thermidor an II.
26) A.D.S.O. 2 LV 30 Mantes. 27 ventôse an II.

신에게서 사제직분을 결코 빼앗지 못하였음을 확인시켜주는 것이다.[27]

Ⓒ 물질적인 문제 : 나이, 질병, 불구

선언문들 가운데에서 주로 나이나 질병 혹은 불구 등의 물질적인 어려움을 들어 사제직 포기를 정당화하고자 하였다. 오베르쟝빌*Aubergenville*본당의 르마리*Le Marie*주임사제는 가장 전형인 예라 할 수 있다.

> "이미 몇 년 전부터 불구의 몸이 되어 본인이 (오베르쟝빌)邑행정서기에게 제출한 사임장을 더 이상 郡행정당국까지 가지고 가는 것이 불가능하게 되었다. 나는 지금 65세이다. 신부로서 재직한지 40년이 되었다. 오베르쟝빌 주임사제의 수입은 너무 형편없는 것이었다. 나의 부모들로부터 상속받는 재산은 나의 생계를 유지하기에는 충분치가 않고 나는 더 이상 일할 수가 없는 상태이다…"[28]

이들에게는 질병과 불구가 가장 중요한 사제직 포기의 이유가 되었다. 다브롱*Davron*본당의 르루트르*Laurent Leloutre*신부는 사제직 포기 당시에 이미 상당히 병들어 있어서, 다브롱읍장이 그를 보살피고 있었다. 읍장은 혁명력 2년 쁠뤼뷔오즈 2일(1794. 1. 21)에 다음과 같이 기록하였다.

> "본인은 그가 지금 매우 갈급하게 필요로 하는 봉급과 또한 사제직을 포기한 신부들에게 국가가 제공하는 연금을 수령할 수 있도록 당신에게 서둘러 르르투르 시민의 사제직포기 선언문을 보내 드립니다 ; 그의 상태는 최악이고, 이미 14개월 전부터 극심한 신경계통 질환으로 침대에 드러누워 있습니다."[29]

---

27) A.D.S.O. 2 LV 30 Mantes. 24 ventôse an II.
28) A.D.S.O. 2 LV 121 Saint Germain en Laye.No.55. 9 ventôse an II.
29) A.D.S.O. 2 LV 121 Saint Germain en Laye.No.18. 2 pluviôse an II.

Ⓓ 수동적인 복종: 법과 공화국에 대한 복종

48명 가운데 9명은 위에 언급한 비참한 변명들을 늘어놓지 않고, 사제직 포기를 정당화하는 이유로 "법에 복종하기 위하여" 등의 수동적인 복종을 주장하였다. 놀라운 집단적인 타협주의라 할 수 있다. 펙*Pecq*본당의 마리옹*Etienne Félix Marion*주임사제는 "공화파의 의견을 존중하기 때문에 이미 두 달 전부터 사제로서의 모든 직분을 떠났다"고 기록하였다.[30] 또한 혁명력 2년 프리메르 5일(1793. 11. 25)에 쌩제르망 본당의 신부들인 보방드, 샤롱, 다끄랑, 비낭, 프랑수와는 다음과 같은 사제직 포기선언문을 낭독하였다.

> "…오늘 민중의 소리가 공화국 전역에서 울려 퍼지고 있습니다. 오늘 이 최고의 권한을 가진 민중의 목소리는 모든 카톨릭 사제들은 그들의 직분을 포기하라고 외치고 있습니다. 따라서 우리는 우리의 직분을 포기하고 시민들의 춤대열에 들어감으로써, 모든 공화국민들에게 국민의 번영과 공화국의 안정의 증거가 될 복종의 예를 서둘러서 보이기로 하였습니다. 우리의 모든 행동은 조국을 위한 것이며, 공화국민*républicain*으로써 살고 또한 죽을 것을 선서합니다.…"[31]

또한 일부 사제들은 더 이상 사제를 원하지 않는 국가나 邑에 순종하여 사제직을 포기하였다. 혁명력 2년 쁠리뷔오즈 12일(1794. 1. 31)에 크레스뻬에르본당의 주임사제 마레샬은 "더 이상 신부를 필요로 하지 않는 몇몇 사람들이 있고, 또한 이 문제로 인해 어떠한 소란이라도 있는 것을 참을 수 없기 때문에 사제직을 포기 한다"고 선언하였다.[32] 망데뚜르*Mandétour*본당의 주임사제 르페브르*Lefevere*는 혁명력 2년 방또즈 27일(1794. 3. 17)에 "성당이

---

30) A.D.S.O. 2 LV 121 Saint Germain en Laye. 12 pluviôse an II.
31) A.D.S.O. 2 LV 121 Saint Germain en Laye. No.18. 5 frimaire an II.
32) A.D.S.O. 2 LV 121 Saint Germain en Laye. 2 pluviôse an II.

폐쇄되고 공공질서를 위협할 소란이 두려워서" 읍의회에 사제직 포기를 신고하였다.[33)]

❺ 타협주의

일부 사제들에게 있어 사제직 포기는 상황에 의해 강요된 양보인 것으로 보인다. 이들은 지방행정관료, 민중협회, 파견의원들의 강요와 억압에 의해 체포, 구금 또는 국외로 유형당하지 않기 위해 사제직을 포기하였다고 주장하였다. 쌩 미셸 쉬르 오르쥬*Saint-Michel-sur-Orge*의 주임사제 바렝*Varin*은 체포위협을 받고 사제직 포기만이 유일한 생존 방법임을 깨닫고 포기하였다.[34)] 소레샤르트르로*Saulx les Chartreux*본당의 주임사제 포쉬에*Fauchier*는 혁명력 2년 프리메르 7일(1793. 11. 27)에 베르사이유市의 레꼴레회 수도원 *couvent des Récollets*에 감금된 상태에서 "…서둘러 사제직 포기장을 제출합니다…본인은 민중들에게 사제의 특권을 상기시키는 예배가 공화국 정부의 평등정신에 충격을 준다는 것을 완벽하게 인식하였습니다"는 요지의 포기서를 제출하였다. 이들 중에 많은 신부들이 혁명력 3년에 종교 활동이 허용된 후에 즉각적으로 사제활동을 재개하여 신부로서 생애를 마친 것으로 보아 이들이 강요에 의하여 포기하였음을 알 수 있다.

우리가 분석한 48명의 선언문은 물론 639명의 사제직 포기자 전체를 심도 있게 이해하는 데에는 극히 적은 숫자임에 틀림없다. 과연 이들 48명의 신부들이 나머지 침묵하는 절대 다수(591명)의 의견을 대변하고 있는 것일까? 물론 그렇지 않다고 하더라도, 당시의 사제직 포기가 어떻게 이루어졌는지를 밝히는 데에는 많은 도움이 되었다고 할 수 있다.

침묵하는 다수에 대해서는 그들의 사제직 포기이후의 여정을 낱낱이 밝혀

---

33) A.D.S.O. 2 LV 30 Mantes. 27 ventôse an II.
34) S.Bianchi, *Corbeil*, pp.59~61.

내어야만 그들의 사제직 포기의 동기를 정확하게 밝혀낼 수 있을 것이다. 다만 위의 선언문의 유형에서 수동적인 포기가 다수였다는 사실을 고려할 때, 침묵하는 591명의 포기자들은 사실상 불안과 공포에 의하여 상황과 타협하지 않았을까하고 추측할 따름이다. 이러한 우리의 추측을 뒷받침하는 흥미로운 사료가 있는데, 다름 아닌 카프라라 추기경이 남긴 결혼한 사제들의 복권·복직 청원서들이다. 여기서 사제직 포기와 결혼에 대한 이들의 변명의 분석을 통해 강요된 사제직 포기였음을 일부 확인할 수 있다. 예컨대 앙제빌리에본당의 쇼따르주임사제는 "인간의 위협과 죽음의 공포 때문에 사제직을 포기하고 결혼하였다"고 변명하였다.[35] 이들은 또한 "적들과 종교와 공공질서가 나에게 행한 위협으로 인해 공포에 질려, 나는 이들에게 도전할 용기가 없었다"라거나, "위협받는 나의 목숨을 구하기 위해, 나는 신분증명서를 제출하는 데에 동의하였다"거나, 또는 "혁명의 빠른 급류와 죽음의 공포, 그리고 소름끼치는 곤궁함에 대한 불안과 마지막으로 나의 나약함으로 인해, 그녀와 결혼할 수밖에 없었다"는 등으로 당시의 공포와 위협에 못 이겨 사제직을 포기하고 결혼하였음을 고백하였다.

7. 사제직 포기후의 여정 : 연속인가, 단절인가?

사제직 포기자들은 사제직을 포기한 후에 어떻게 되었을까? 극소수의 사제들은 과감히 그리스도교를 거부하면서 비기독교화에 선구자적인 역할을 담당하여 다른 사제들에게 사제직 포기를 강권하거나 스스로 결혼하여 세속적인 직업을 갖고 활동하였다. 이들 가운데는 매우 솔직하게 은퇴를 선호하는 집단이 존재하였다. 일부 사제들은 또한 혁명체제하에서 도덕윤리 교사로서 봉사하기를 원하여, 몇몇은 실제로 혁명력 6년에 경신박애교*culte théo-*

35) A.N. AF.IV.1913. d.6. pp.120~122(1803. 5. 3).

*philanthropique*의 전도자로 봉사하기도 하였다.

사제직 포기자에 대한 신상명세를 통해 그들이 포기한 이후의 그들의 행적을 구체적으로 추적하는 것이 가능하다. 물론 639명 가운데 92명 즉 14%에 불과한 인원이지만, 이들의 행적을 알아보는 좋은 자료임에는 분명하다. 이들이 사제직 포기 후에 가장 많이 진출한 분야는 행정계에 45명(49%), 교육계에 27명(29%) 순이다. 구체제 하에서 신부의 직능인 교육, 행정 분야에 일치한다고 볼 수 있다.

또한 본인의 의사와 관계없이 사제직을 포기해야 했던 상당수의 신부들은 비기독교화의 물결 속에서도 비밀리에 미사를 집전하거나, 혹은 혁명력 3년에 종교의 자유가 일부 허용되었을 때 다시 사제직을 수행하였다. 예컨대 아르파종*Arpajon*지역의 신부들이나 리나*Linas*본당의 뤼리에*Lhuillier*신부의 경우가 그러하였다. 혁명력 2년 프리메르 9일(1793. 11. 29)에 파견의원 꾸뛰리에는 국민공회에 제출한 보고서에서 다음과 같이 보고하였다.

> "에땅쁘시에 사제직을 포기하고 사제서품장을 불태운 후에, 심지어 결혼한 신부들 가운데 여러 명이 그들의 사기행각*charlatanisme*을 또 다시 시작하여 무식하고 단순한 시민들을 끌어 모으고 있다."36)

혁명력 2년 프리메르 7일(1794. 11. 27)에는 일부 사제직 포기 신부들이 미사집전을 재개하였다는 것을 보고받고서, 각 본당에 이들로부터 실제적인 사제직 포기 증명서를 받도록 지시하였다.37)

이들 가운데 일부는 본인의 사제직 포기가 공포정치시기의 위협 때문에 불가피하게 이루어진 것임을 주장하면서 다음과 같이 공개적으로 사제직 포기를 번복하는 선언문을 발표하기도 하였다.

---

36) A.N. AF.II.142A. d.1123. p.50. 9 frimaire an II.
37) A.N. AF.II.152. d.1234. pp.50-52. 24 frimaire an II.

> "…이 읍의 담당사제인 시민 아드리앙 모리스 삐옹*Adrien Maurice Pion*은 가톨릭을 내리친 불행한 사태를 보고 위협에 의하여 즉 감옥에 구금될 위험에 직면하여…공포에 억눌려, 그리고 부모님의 강권에 못 이겨…본인은 적들의 요구에 복종하는 허약함을 노출하였다…매우 불쾌한 결과만을 가져온 본인의 과거의 잘못을 고치고자 하여 본인은 공포에 의해서 그리고 전혀 자유롭지 못한 가운데 행한 본인의 행동에 대하여 항의서를 읍사무소에 제출하는 바이다…본인은 진실로 축성 받은 사제직을 결코 포기한 적이 없음을 증명한다…"38)

이들은 1802년 종교협약 이후에 어떻게 되었을까? 그들 가운데 몇 명이나 사제직에 복귀하였으며, 영영 돌아오지 않은 사제직 포기자는 몇 명이었을까? 여기에 대하여 우리는 1802년 이후에 사제로 다시 복직한 경우를 살펴보면, 〈표 42〉와 같다.

▶ 표 42 1802년 종교협약 후에 복직된 사제 포기 신부

1802년 사제 복직자	103명
1803년	50명
1804년	7명
1805년	8명
1806년	3명
1807년	1명
1808년	2명
1809년	3명
1810년 이후 복직자	10명
총 복직자	187명

38) B.H.V.P. mss.807. folio 114. Collection Etienne Chavaray.

혁명기간 중 사제직을 포기했던 639명 가운데 적어도 187명이 1802년 후에 다시 사제로서 활동하였다. 여기에 1801년에 미사를 집전한 사제직 포기자 9명을 포함하면 639명 중 196명 전체의 30.7%가 된다. 나머지 443명 중 교회 결혼이 재가된 포기자들은 모두 24명, 센에와즈道에 거주한다는 기록만 있는 자가 14명, 1801~1803년 사이에 사망한 자 4명, 불구자가 2명인 것으로 나타났다.

Ⅲ. 결론

우리는 혁명력 2년의 비기독교화운동 가운데 가장 중요하고 극적인 현상으로 평가되는 사제직 포기를 집중적으로 분석해 보았다. 보벨은 남동부 21개道에서 사제직 포기는 극소수의 '자발적인 포기'도 있기는 하였지만, 대다수에게는 공포와 위협 그리고 나약함에 의한 '강요된 포기'였다고 주장하였다. 보벨은 사제직 포기가 사실상 잠정적인 것일 뿐으로 대다수의 사제가 그 후에 다시 사제로써 활동하였던 사실을 강조하였다. 우리의 관심은 무엇보다도 비기독교화운동이 어떻게 그리고 왜 일어났는가하는 것이었다. 보벨의 연구결과에 주목하면서, 우리는 이 현상을 지리적으로 범위를 좁혀 센에와즈道를 관찰해 보았다.

센에와즈道에서 혁명력 2년의 비기독교화운동에 대한 수용과 저항은 지역마다 차이가 있었다. 우리는 통계표와 지도를 이용한 복잡한 분석을 통하여 센에와즈道를 사제직 포기의 강도에 따라서 다음과 같이 3개의 지역으로 구분해 보았다.

Ⓐ 사제직 포기가 활발히 진행된 중심지역
: 뽕뚜와즈郡, 에땅쁘郡. 망뜨郡의 로니面

Ⓑ 사제직 포기가 부분적으로 활발하게 진행된 중간지역
: 두르당郡, 망뜨郡, 몽포르郡, 쌩제르망앙레이郡, 베르사이유郡

Ⓒ 사제직 포기가 미온적으로 진행된 거부지역
: 고네스郡, 꼬르베이유郡

사제직 포기자들은 어떠한 사람들이었을까? 이들의 개인적 성향이 사제직을 포기한 동기와는 어떤 관련이 있을까? 하는 질문들에 답하기 위하여 우리는 이들에 대한 직위 · 연령 · 출신지역 등에 대한 사회학적인 분석을 시도하였다. 우선 직위에 있어서는 639명 중 619명 즉 96.6%에 달하는 사제직 포기자의 절대다수가 재속성직자였고, 이들 대부분은 하위성직자(92.6%)였다. 이러한 사실을 통해 우리는 본당에 사목하는 하위성직자들이 비기독교화의 직접적인 희생자들이었음을 알게 되었다. 또한 1794년의 사제직 포기자들의 전체 평균연령은 49.3세로 나타났는데, 이것을 1791년의 선서파 사제들의 평균연령(46.38세)과 비교해보면 사실상 아무런 차이가 드러나지 않는다. 나이별로는 65세 이상의 신부들과 35~39세 사이의 젊은 신부들이 각각 76명(16.6%)과 63명(13.7%)으로 사제직 포기의 유혹에 가장 취약한 계층으로 나타났다. 30대 젊은 사제들은 혁명의 공포에 억눌려 강압에 의해 포기하였던 것으로 보이며, 65세 이상의 사제들은 질병, 생활고, 불구 등의 물질적인 문제들로 인해 생존하기 위하여 포기하였던 것으로 생각된다. 마지막으로 출신지역에 대하여 조사해본 결과, 센에와즈道와 파리 태생의 사제직 포기자는 출신지역이 확인된 398명 가운데 129명으로 전체의 32.4%를 차지하였다. 이는 사실상 앙시앵레짐 하의 출신지역 비율(1791년 787명 가운데 251명 즉 31.9%)과 거의 같은 것으로 나타나 출신지역이 사제직 포기에 어떤 영향을 끼쳤다고 보기는 어렵다. 결국 사제직 포기자들은 대부분 하위성직자들로, 35~39세 사이 혹은 65세 이상의 사제인 경우가 상대적으로 가장 사제직 포기에 취약했던 것으로 나타났지만, 이러한 사제들에 대한 개인적인 프로필은 그들이 왜 포기했는가에 대하여 제한적인 범위 내에서 피상적으로 설명할 뿐이었다.

사제직 포기자들의 포기일자를 통계적으로 분석해본 결과, 사제직 포기는 파리에서는 브뤼메르(1793. 10. 22~11. 20)에 절정에 이르렀던 데에 비해, 센에와즈道에서는 그 다음 달인 프리메르(1793. 11. 21~12. 20)에 급격히 절정에 이르러 전 지역에 급격히 확산되었고, 그 후에 점진적으로 소멸하는 양태를 보인 것으로 나타났다. 프리메르에 절정에 달한 것은 무엇보다도 파리와의 지리적인 인접성 때문인 것으로 보인다. 이러한 집중현상과 그들의 포기신고의 유형, 선언문의 내용 분석 등을 통해서 사제직 포기는 극소수의 자발적인 포기도 있기는 하였지만, 대다수에게 있어서는 공포와 위협에 의한 강요된 포기였음을 확인할 수 있었다.

우리는 혁명력 2년의 사제직 포기에 대해 살펴 본 결과, 사제직 포기는 사제들이 자발적으로 참여한 것이라기보다는 혁명당시의 공포에 못 이겨 집단적으로 행한 수동적인 현상이었다고 볼 수 있다. 이러한 결론은 결국 남동부지역에 대한 보벨의 작업가설을 뒷받침하는 것이다. 이 현상을 비기독교화의 중요한 현상으로 이해하기 위해서는 또한 민중의 차원에서 사제직 포기현상을 어떻게 받아들였는지 그리고 사제직 포기에 이들이 어떠한 역할을 하였는지 등에 대한 논의가 추가되어야 한다. 현재로서는 제한된 사료로 인해 어려움이 있다. 여기에 대해서는 차후에 심도 있게 논의되어야 할 것이다.

[지도 1] 郡단위로 본 사제직포기자

[지도 2] 面단위로 본 사제직포기자

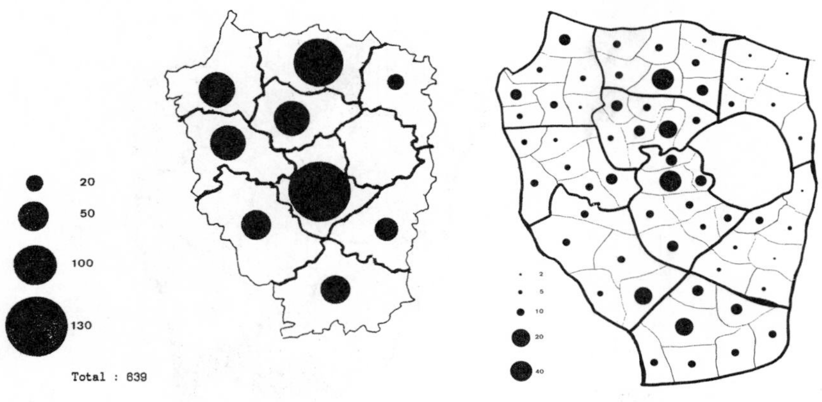

[지도 3] 사제직포기자가 발생한 읍의 비율(郡단위)

[지도 4] 郡단위로 본 인구 10,000명당 사제직포기자의 비율

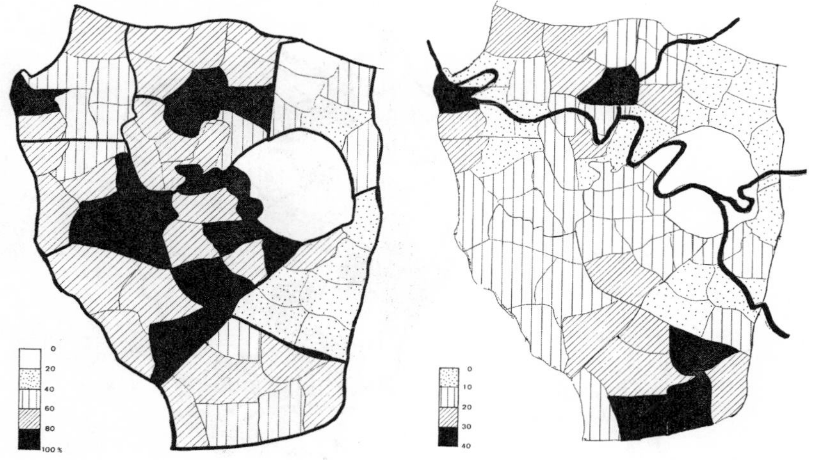

[지도 5] 1791년 선서에 해당된 성직자와 비교한 사제직 포기자수의 비율

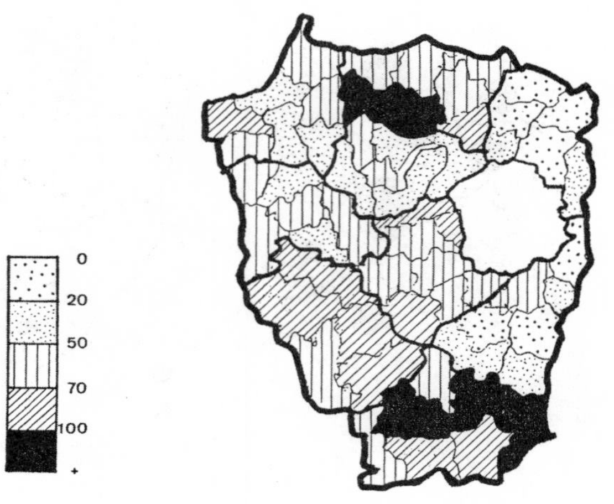

[지도 6] 1791년 선서파 사제와 비교한 사제직 포기자의 비율

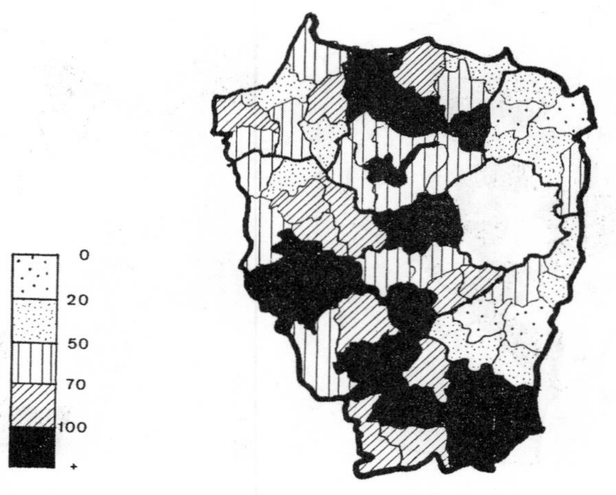

[그래프 7] 센에와즈道의 사제직 포기자의 나이 분포

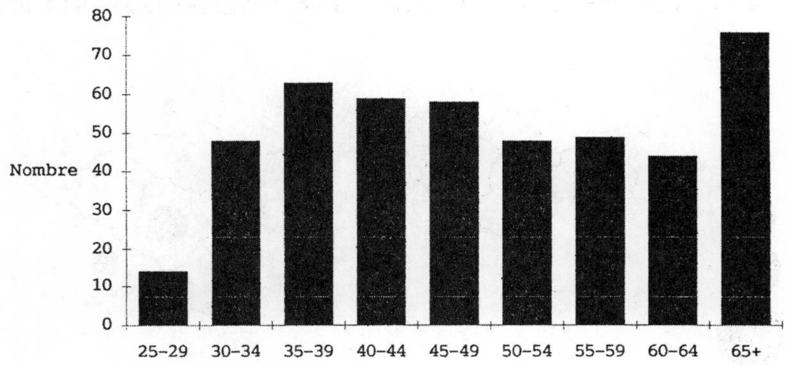

[그래프 8] 센에와즈道의 사제직 포기의 연대기 곡선

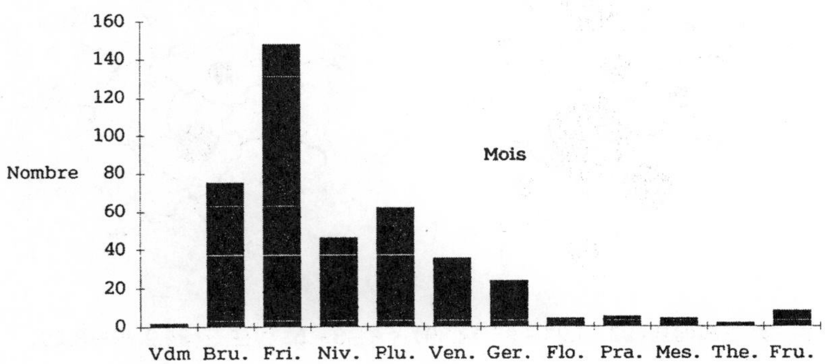

[지도 9] 센에와즈道의 사제직 포기의 연대기(月別 진행 지도)

9-1. 방데미에르(93.9.22-93.10.21)

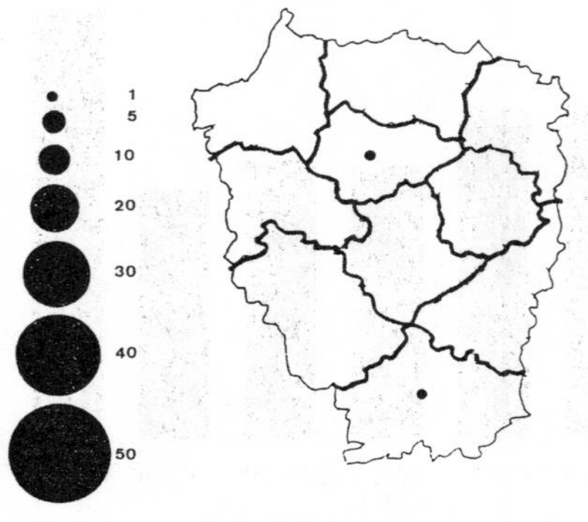

9-4. 니보스(93.12.21-94.1.19)

9-2. 브뤼메르(93.10.22-93.11.20)

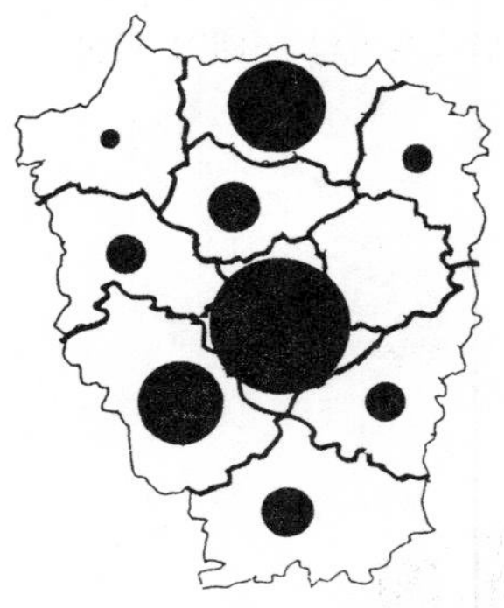

9-5. 쁠뤼비오즈(94.1.20-2.18)

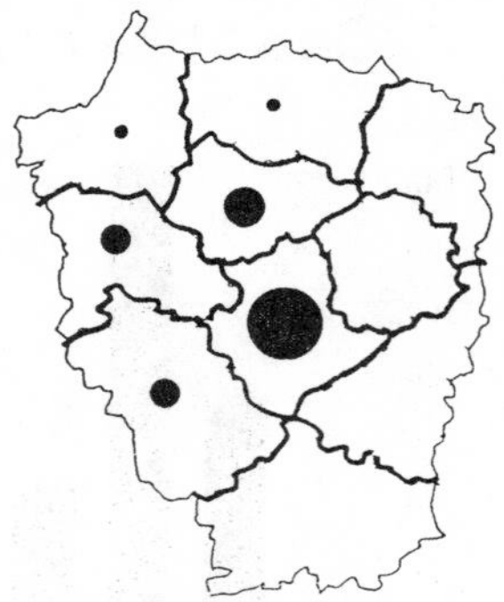

9-3. 프리메르(93.11.21-93.12.30)

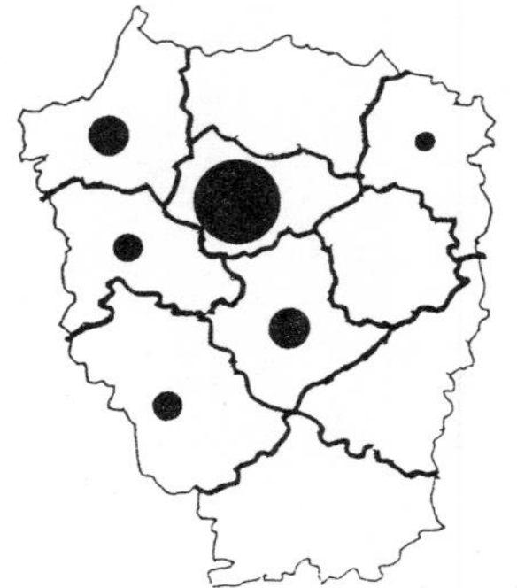

9-6. 방또즈(94.2.19-3.20)

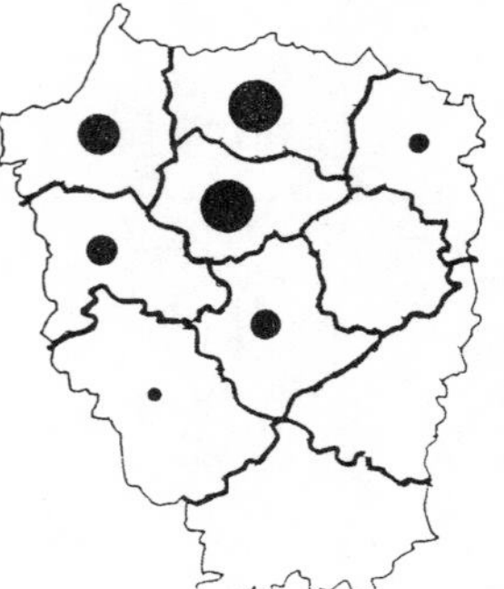

9-7. 제르미날(94.3.21-4.19)

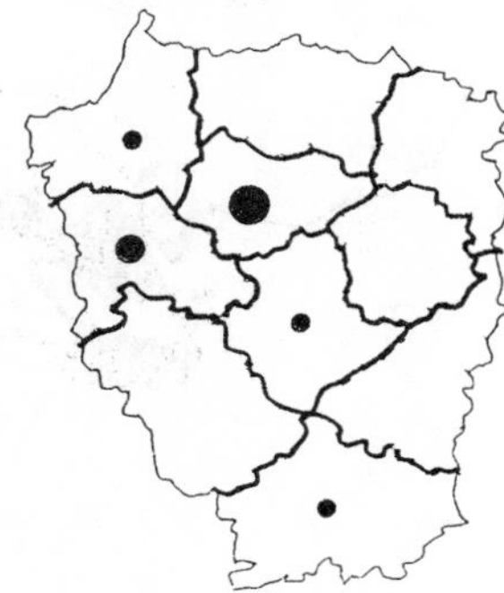

9-10. 메시도르(94.6.19-7.18)

9-8. 플로레알(94.4.20-5.19)

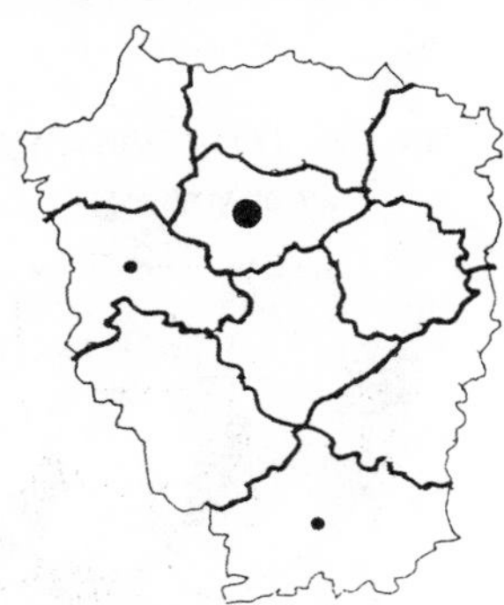

9-11. 떼르미드로(94.7.19-8.17)

9-8. 플로레알(94.4.20-5.19)

9-11. 떼르미드로(94.7.19-8.17)

[지도 10] 1790년 센에와즈道의 행정구획(郡과 面)

1 MAGNY · 2. MARINES · 3. GRISY · 4. L'ISLE-ADAM · 5. BEAUMONT · 6. LUZARCHES · 7. LA ROCHE-SUR-SEINE · 8. FONTENAY-SAINT-PÈRE · 9. VIGNY · 10. Pontoise · 11. TAVERNY · 12. ECOUEN · 13. LOUVRES · 14. ROSNY · 15. BRÉVAL · 16. DAMMARTIN · 17. Mantes · 18 LIMAY · 19. MAULLE 20. MEULAN · 21. TRIEL · 22. ARGENTEUIL · 23. MONTMORENCY · 24. Gonesse · 25. NANTERRE · 26. COLOMBES · 27. Saint-Denis · 28. PIERREFFITTE · 29. PANTIN · 30. SEPTEUIL · 31. HOUDAN · 32. GARANCIÈRES · 33. Montfort · 34. NEAUPHLE · 35. POISSY · 36. Saint-Germain · 37. MARLY · 38. Versailles · 39. SÈVRES · 40. PASSY · 41. CLICHY · 42. Ville de Paris · 43. BELLEVILLE · 44. MONTREUIL · 45. ISSY · 46. CHÂTILLON · 46bis. VILLEJUIF · 47. Bourg-la-Reine · 47bis. CHOISY-LE-ROI · 48. SAINT-MAUR-DES-FOSSÉS · 49. VINCENNES · 50. RAMBOUILLET · 51. LES ESSARS · 52. CHEVREUSE · 53. JOUY · 54. PALAISEAU · 55. LONGJUMEAU 56. VILLENEUVE-SAINT-GEORGES · 57. BRUNOY · 58. SUCY · 59. ABLIS · 60 ROCHEFORT · 61. LIMOURS · 62. Dourdan · 63. ARPAJON · 64. MONTLHÉRY · 65. Corbeil · 66. ANGERVILLE · 67. Etampes · 68. CHAMARANDE · 69. LA FERTÉ-ALAIS · 70. MENNECY · 71 SACLAS · 72. MAISSE · 73. MILLY.

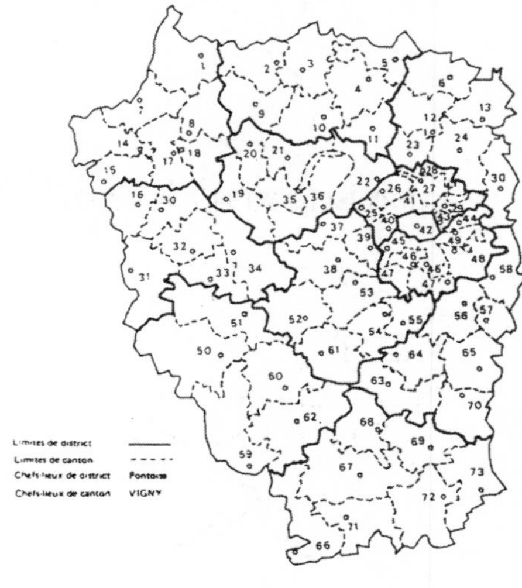

[지도 11] 1790년 센에와즈道의 인구밀도(km²당)

[지도 12] 1791년 센에와즈道의 선서파 사제 비율

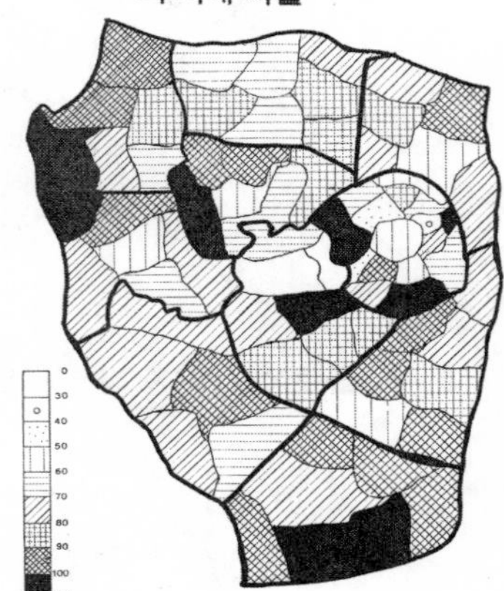

7. 미사의 재개를 통해본 센에와즈도의 재기독 교화(1794-1797)

I. 서론

프랑스혁명은 한마디로 프랑스 가톨릭교회사에서 하나의 분수령이었다. 18세기의 프랑스는 외견상 견고한 기독교국가처럼 보였지만, 18세기 중반부터 제도의 세속화가 느리게 진행되고 있었고, 개인의식의 세속화는 상당한 정도로 진행되고 있었다. 혁명은 이러한 세속화 경향에 촉매제 역할을 하였다. 1789년 혁명정부는 국토의 10%를 차지하는 교회재산을 국유화하였고, 성직자 민사기본법의 선서를 강요함으로써 성직자 집단뿐만 아니라 프랑스 전체를 양분하였다.

교황과 혁명정부의 관계가 악화되면서, 혁명가들은 혁명이념을 표현하는 축제와 의식과 상징을 만들어냈다. 급기야 국민공회가 들어서면서 시작된 '혁명력 2년의 비기독교화'로 인하여 전국에 4만개가 넘는 대다수의 성당들이 폐쇄되었고, 엄청난 교회 재산이 피해를 입었으며, 교회는 사회에 대한 막강한 권력을 잃었다. 비기독교화로 인해 사제조직은 근본적으로 와해되었으며 평신도들은 뿔뿔이 흩어져 교회는 재생불능상태인 것처럼 보였다. 프랑스혁명의 최대 피해자는 가톨릭교회였다고 할 수 있다.

이런 점에서 20세기 전반의 대다수 역사가들은 테르마도르 반동 이후에 나타난 가톨릭교회의 부흥을 혁명정부에 대한 직접적 반동 행위 다시 말해 반혁명으로 파악하였다.[1] 좌파 역사가들은 혁명이 미신(즉 가톨릭)의 굴레로부터 해방시켜주었다고 주장하였다면, 우파 역사가들은 혁명이 사회적 유대와 안정을 파괴하고 모두를 공포로 몰아세웠다고 주장하였다.[2] 한마디로 말해 기존의 역사가들은 가톨릭교회와 혁명을 명백한 대적관계로 묘사하여, 가톨릭 신도들은 필연적으로 반혁명적 태도를 택할 수밖에 없었다고 주장하였다.

그러나 1980년대에 들어와 미국의 여성사가인 수잔 디산*Suzanne Desan*은 기존의 역사가들의 주장과 달리 실제로 많은 가톨릭 신도들은 혁명을 지속적으로 지지하였고 혁명 이데올로기를 가톨릭에 편입시켰다고 주장하였다.[3]

---

1) Pierre de la Gorce, *Histoire religieuse de la Révolution française*, 5 vols.(Paris, 1912-13); Vitor Pierre, *La déportation ecclésiastique sous le Directoire*(Paris, 1896); M.Sciout, *Histoire de la Constituion civile du clergé*(Paris, 1891); Abbe Sicard, *Le clergé de France sous la Révolution*, 3 vols(Paris, 1912-17); F.A.Aulard, *Le Christianisme et la Révolution française* (Paris, 1924); Albert Mathiez, *La Révoltuion et l'Eglise*(Paris, 1910); André Latreille, *L'Eglise Catholique et la Révolution française*, 2 vols(Paris, 1946-1850).

2) 대표적인 우파 역사가는 Jean de Viguerie, *Christianisme et Révolution-Cinq Leçons d'histoire de la Révolution Française*(Paris, NEL, 1986). 대표적인 좌파 역사가는 F.A.Aulard, *Le Christianisme et la Révolution française*(Paris, 1924); Guy Lemarchand, "L'Eglise, Appareil ideologique d'état dans la France d'Ancien Régime(XVIe-XVIIIe siècles)", *Annales Historiques de la Révolution Française*, 236(Paris), pp.250~279.

3) Suzanne Desan, "Redefining Revolutionary Liberty: The Rhetoric of Religious Revival during the French Revolution", *Journal of Modern History*, 60(1988), pp.1~27. (이하 Desan, "Redefining Revolutionary Liberty"로 약기); Suzanne Desan, *Reclaiming the Sacred. Lay religion and popular politics in Revolutionary France*(Cornell, 1990) (이하 Desan, *Reclaming the Sacred*로 약함).

실제 가톨릭의 활약을 잘 살펴보면 이러한 대립적 관점은 상당한 오해라는 것이라는 것이다. 물론 브르타뉴 지방같이 거부파사제가 대다수였던 지역에서는 가톨릭 신도들이 분명히 공화주의와 가톨릭교회를 본질적으로 적대적인 관계라고 파악하였다. 그러나 혁명에 우호적이었던 중부와 북부 프랑스 지역에서 주민들은 혁명을 대대적으로 환영하였으면서도 여전히 기독교적 세계관과 전통적 종교관행을 지속하였다는 것이다. 디산에 따르면, 욘느, 부르보네, 부르고뉴, 샹파뉴, 오를레아네, 일드프랑스 지역들은 다양한 사회경제적 차이에도 불구하고 모두 사제들이 대규모로 선서하였고 반혁명 반란을 경험하지 않은 공통점을 지녔는데, 이 지역들은 테르미도르 반동 이후에 가톨릭의 부흥을 경험하였다.[4] 예컨대 욘느도의 가톨릭 지도자들은 혁명이 종교자유의 권리를 보장한다고 믿었다. 이들은 혁명정치 언어와 담론을 자신의 전통적 신앙체계 속에 동화시켰고, 종교와 정치의 연합을 통해 오히려 가톨릭 부흥을 더욱 강화시켰다는 것이다.

그렇다면 로베스피에르가 몰락한 이후에는 어떤 일이 일어났을까? 비기독교화는 지역마다 다양하게 진행되었는데, 테르미도르 반동 이후에 비기독교화의 결과는 어떠하였으며, 어떤 변화를 가져왔을까? 파괴된 교회는 다시 일어섰을까? 가톨릭의 부흥은 어떤 방식으로 나타났을까?

테르미도르 반동 이후 종교의 부흥을 경계한 총재정부*Directoire*는 온건한 자유주의와 억압정책을 병행하였다. 한편으로 총재정부는 여전히 기독교에 비우호적이었지만, 종교의 부분적인 자유를 허용하였다. 총재정부는 혁명력 3년 방토즈 3일(1795. 2. 21)에 예배를 부분적으로 허용하여 전국적으로 성당문이 다시 열리고 사제들이 대거 본당으로 돌아오면서 오랜만에 가톨릭의 부흥기를 맞이하게 된다. 혁명의 수도 파리의 경우를 살펴보면,[5] 1794년 8

---

4) Desan, "Redefining Revolutionary Liberty", pp.2~3.

5) François Lebrun, *Histoire des Catholiques en France*(Paris, Privat, 1980), pp.239~320,

월에 성탄절 기념 미사는 비밀리에 소성당에서만 가능하였다. 그러나 로베스삐에르가 몰락하고 9개월이 지난 1795년 사순절에는 이미 일요일에 주민의 절반은 성당으로, 절반은 푸줏간으로 갔다. 1795년 부활절에는 모든 상점들이 문을 닫았다. 선서파 사제들은 15개의 성당에서 사목하기 시작하였고, 거부파 사제들도 1796년에는 15개의 소성당에서 사목하였다.

그렇다면 구체적으로 각 지역마다 어느 정도로 어떤 방식으로 미사를 드렸을까? 현재까지 지역별 구체적인 연구 사례는 파리, 욘느도를 비롯한 몇몇 지역을 제외하면 매우 드문 형편이다.[6] 지금까지 연구자들은 주로 혁명 초부터 비기독교화까지의 시기에 집중하여 상당한 연구성과를 축적한 반면에, 테르미도르 반동 이후 시기에 대해서는 상대적으로 소홀히 하거나 미흡하게 다루었다. 이처럼 연구가 미흡한 이유는 우선 성직자민사기본법에 대한 선서와 혁명력 2년의 비기독교화가 혁명에 지대한 영향을 끼친 가장 중요한 두 사건이었으므로 연구자들이 비기독교화 이후의 역사에 대해서 상대적으로 매력을 느끼지 못했기 때문이다. 더욱이 비체계적이고 파편화된 사료의 제한으로 인해 연구자들이 현실적으로 연구하기가 쉽지 않았다.[7]

테르미도르 반동 이후 시기의 가톨릭교회의 부흥을 구체적으로 알아보기 위해 파리근교에 위치한 센에와즈도를 선택하였다. 센에와즈도는 파리와 가장 인접한 지역으로 정치적으로 진보적이며 혁명기에 가장 적극적이었다.

---

pp.294~295.

6) Olwen Hufton, 'The Reconstruction of a Church 1796-1801', in G.Lewis and C.Lucas (ed.), *Beyond the Terror: Essays in French Regional and Social History. 1794-1815*(Cambridge, 1983), pp.21~52(이하 Hufton, "Reconstruction of a church"); Desan, *Reclaming the Sacred.*; Bernard Cousin, M.Cubells, R.Moulinas, *La pique et la croix-histoire religieuse de la Révolution Française*(Paris, Centurion, 1989), pp.224~229(이하 Cousin, *La pique et la croix*); Nigel Aston, *Religion and Revolution in France 1780-1804*(Catholic University of America Press, Washington D.C. 2000), pp.298~305(이하 Aston, *Religion and Revolution*).

7) Hufton, "Reconstruction of a church", pp.21~52.

센에와즈도는 18세기 내내 꾸준히 종교적 관심이 감소하고 종교관행이 쇠퇴했으며, 혁명 초부터 대다수 사제들이 혁명에 찬성하였고, 압도적 다수의 사제들(75.4%)이 1791년 선서에 서약한 지역이다.[8] 더욱이 혁명력 2년의 비기독교화시기에 이 지역의 교회는 크게 파괴되었다.[9] 특히 리스와 메네시의 두 코뮌은 전국 최초로 자발적으로 신부를 추방하고 교회 성물을 국민공회에 헌납하였으며, 기독교를 "광신주의", "미신"이라고 비난함으로써 비기독교화에 선도적 역할을 담당하였고 이것을 계기로 비기독교화는 전국적으로 확산되었다.[10] 따라서 센에와즈도는 선서파가 압도적이었던 진보적인 지역으로 비기독교화가 활발히 진행되었던 대표적인 지역이라는 특성으로 인해, 선서파가 우세했던 지역에서 오히려 재기독교화가 활발히 진행되었다는 디산의 가설을 검증해볼 수 있는 좋은 사례라고 하겠다.

우리는 여기서 재기독교화*Réchristianisation*를 "기독교화되었던 국가나 인간 집단에서 기독교와 종교생활이 후퇴되었다가 다시 회복되는 현상"으로 간단히 정의하고자 한다. 비기독교화가 활발했던 지역과 미약했던 지역에서 재기독교화는 어떻게 차이를 보였을까? 전통적인 세속화 가설에 따르자면,

---

8) 백인호「프랑스혁명기 혁명력 2년의 비기독교화운동-센에우와즈道를 중심으로」,『西洋史論』, 40(서양사학회, 1993), p.84(이하 백인호,「비기독교화운동」).

9) 센에와즈도에서는 적어도 639명이 사제직을 포기하였다. 이는 도 평균 200-213명으로 추산할 때, 3배가 넘는 숫자이다. 또한 185명의 사제들이 혁명기간 중에 결혼하였다. 혁명기간에 적어도 208명의 신부들이 반혁명분자로 체포되었다. 백인호,「비기독교화운동」, pp.88~95.

10) 혁명력 2년 브뤼메르 9일(1793. 10. 30) 코르베이유군의 리스코뮌은 수호신으로 블레즈 성인대신에 브뤼투스를 모시겠다고 국민공회에 보고하였다. 브뤼메르 16일(11. 6) 메네시코뮌은 전국 최초로 가톨릭 미사를 포기한다고 선언하고, 코뮌의 성당을 폐쇄할 것을 요구했으며, 국민공회장 로비에서 반종교적인 가장행렬*mascarade*을 주최하였다. 이에 국민공회는 각 코뮌은 카톨릭 미사를 포기할 권리를 지닌다고 선언하였다. Serge Bianchi, *La déchristianisation dqns le district de Corbeil 1793-1797*(Corbeil-Essonnes, 1990), p.8, pp.48~50.

세속화는 일방적이고 단선적으로 진행되었다고 보았는데, 일단 시작된 세속화로 프랑스에서 종교는 이미 정치와 경제, 사회문화 현상들에게 모든 기능을 양보한 단순한 전통의 잔존물로 전락하였다.[11] 그렇다면 과연 선서파 사제가 다수였고 비기독교화가 활발했던 지역에서 세속화의 진행으로 인해 재기독교화가 미약하게 진행되었을까? 아니면 디산의 주장처럼 선서파가 압도적인 이 지역에서는 재기독교화가 오히려 활발히 진행되지 않았을까? 센에와즈도는 비기독교화가 활발했던 지역인 만큼, 기존의 지역 역사가들은 다른 지역에 비해 재기독교화가 미약했을 것으로 추정하였을 뿐, 이에 대한 본격적인 연구는 이제껏 이루어지지 않았다.

앤터니 기든스*Anthony Giddens*는 세속화를 설명하면서 종교성을 측정하기 위해 다음의 세 차원을 제시한 바 있다.[12] 첫 번째 차원의 종교성은 얼마나 많은 사람들이 종교단체에 속하며 예배에 얼마나 적극적인가 하는 것이다. 두 번째 차원은 종교조직이 얼마나 사회적 영향력을 유지하는가이다. 세 번째 차원은 개인이 얼마나 종교에 믿음과 가치를 두는가이다. 따라서 센에와즈도의 재기독교화를 살펴보기 위해서는 제도교회의 복원(성당과 미사의 재개, 사제의 복귀와 사목활동, 교리문답, 영세성사, 혼배성사 및 종부성사 등), 교회의 사회적 영향력(교육, 자선사업 등)과 개인 신앙의 부흥(주일미사 참여, 부활절미사 참여, 고백성사, 성지순례, 기도 등)의 여러 요소들을 살펴볼 필요가 있다.[13] 그러나 일반적으로 한 지역에서 종교성을 조사할 때 가장

---

11) 나인호, 「근대적 사회 문화 현상으로서 종교」, 『서양사론』, 77(서양사학회, 2003), pp.173~174.

12) 앤터니 기든스, 『현대 사회학』(서울, 을유문화사, 1994), pp.479~481.

13) 1986년 11월에 국립과학연구소(C.N.R.S.)의 그레코(G.R.E.C.O.) 2부가 샹띠이에서 주최한 국제학술대회는 혁명기간 중 프랑스와 프랑스가 점령했던 국가의 종교생활을 주제로 선택하였다. 이 대회의 발표논문들은 지금까지의 방법론들을 쇄신하고 주요 주제들 특히 평신도의 신앙생활에 대한 새로운 관점들을 제시하였다. Bernard Plongeron (dir.), *Pratiques religieuses, mentalités et spiritualités dans l'Europe révolutionnaire*(1770-1820),

보편적으로 이용하는 중요한 지표는 첫 번째 차원의 종교성인 주일미사참석율 다시 말해 얼마나 많은 사람들이 주일미사에 정기적으로 참석하는가이다.[14] 다른 두 차원의 종교성은 현실적으로 측정하기가 쉽지 않기 때문이다.

센에와즈 도립 기록보존소에는 실제로 위의 언급한 세 차원의 요소들을 모두 살펴볼만한 사료들이 그다지 많지 않다. 혁명기를 다루는 문서들은 주로 L에 보존되어 있으며, 특히 교회관련 문서들은 1 LV 754-771에서 찾아볼 수 있다. 하지만 이 사료들의 대부분은 1794년부터 1799년에 이르는 기간에 대해 간헐적이고 부분적인 정보만을 제공할 뿐이다. 다행스럽게도 1794년에서 1799년까지 미사에 대하여 체계적인 정보를 제공하는 사료들로 미사재개를 신고한 문서들(1 LV 766)과 혁명력 6년 프리메르(1797. 12)에 실시한 성직자에 대한 앙케트(l LV 769)가 남아있다.

간헐적이고 부분적인 정보만을 제공하는 사료의 제한으로 인해 1794년부터 1799년까지의 재기독교화에 대한 전체적인 모습을 그려내기가 상당히 어렵다. 지면의 제약으로 인해 교회에 대한 억압이 다시 시작되는 1798년에서 1799년까지의 상황에 대해서는 차후에 논하기로 하고, 본고에서는 1794~1797년 사이의 미사재개 활동을 중심으로 센에와즈도의 재기독교화를 살펴보고자 한다.

II. 테르미도르파 국민공회와 총재정부시기의 종교정책

테르미도르 반동으로 반기독교적인 로베스피에르 정권이 몰락하였지만,

Actes du Colloque de Chantilly(Brepols, 1988).

14) 블라르신부는 1945~1966년 현대 프랑스인의 종교성을 알아보기 위해 주일미사참석율을 주요한 지표로 삼았다. Ferdinand. Boulard, *Matériaux pour l'Histoire religieuse du peuple français, XIXe-XXe siècles*(Paris, EHESS, 1982-1987).

반종교적 행위들이 갑자기 멈춘 것은 아니었다. 상당히 많은 지역에서, 비기독교화 조처가 지속되었다. 하지만 종교에 대한 공포정치가 느슨해지면서 점차 예배의 상대적 자유가 실현되기 시작했다. 그러나 테르미도르 국민공회는 비기독교화 시기에 기독교 신앙을 말살하려는 혁명정부의 노력이 결국 무익했다고 인식하였다. 말살 정책이 오히려 순교자를 양산하였고 다수의 가톨릭신도들로 하여금 신앙의 확신을 강화하는 결과를 가져왔다고 보았다. 테르미도르 국민공회는 결국 교회가 공화국과 공존할 수 있다면, 공화국도 교회와 공존하기 위해 노력해야한다는 결론에 도달하였다.[15)]

테르미도르 국민공회와 총재정부의 종교정책의 특징은 다음과 같이 세 가지로 정리할 수 있다.[16)] 첫째로, 이들은 예배를 부분적으로 허용하고 파괴적인 비기독교화를 거부하는 등, 국민공회보다 종교에 대해 훨씬 유연한 태도를 보였다. 둘째로, 이들은 여전히 성직자들에 대해 반교권적인 태도를 견지하였고, 기독교를 새로운 혁명종교로 대체할 야심을 전혀 포기하지 않았다. 셋째로, 이들은 한편으로 왕정과 가톨릭부활을 꿈꾸는 왕당파와 다른 한편으로 자코뱅주의의 부활을 꿈꾸는 자코뱅파사이에서 온건한 자유정책과 통제된 억압정책을 넘나들었다.

테르미도르 국민공회의 첫 번째 조처는 국가와 교회의 분리라는 큰 테두리 안에서 예배의 제한적 자유를 다시 허용하는 것이었다. 혁명력 2년 상퀼로티드 2일(1794. 9. 18)의 깡봉*Cambon* 법령은 이제 더 이상 국가가 어떤 종교기관에도 봉급을 지급하지 않을 것을 분명히 하였다. 이미 미사는 자발적으로 재개되고 있었다. 테르미도르 국민공회는 혁명력 3년 방토즈 3일(1795. 2. 21)에 다음과 같이 종교의 자유를 허용하는 중요한 법령을 채택하였다.

15) Aston, *Religion and Revolution,* p.279.
16) Cousin, *La pique et la croix*, pp.210~211.

> "국가는 어떤 종교기관에도 봉급을 지급하지 않지만 자유로운 종교행사를 허용한다. 모든 종교 집회는 공공 안전을 위하여 경찰의 통제를 받는다. 외부의 모든 종교 상징물(종교 행렬, 종교 장식물, 교회종소리, 성직자 복장착용)은 금지한다. 일반 신자들은 교회에서 모일 수 없으며 새로운 장소를 찾아야 한다. 성직자를 위한 헌금은 금지한다."

종교의 외부 상징물을 배제하는 조건으로 예배의 자유를 허용한 것은 사실상 정부의 계산된 정책이라고 볼 수 있다. 이들은 기독교에 대한 억압책이 다만 잠시 종교문제를 진정시키는 효과만 있을 뿐이며, 문제를 해결하기보다는 오히려 더 많은 문제를 야기한다는 사실을 인식하였기 때문이다.[17)]

방토즈 3일 법령은 가톨릭교회에 진정으로 부흥할 수 있는 기회를 제공하였다. 선서파 교회뿐만 아니라, 구체제의 주교들이 그대로 남아있는 거부파 교회들도 새로운 법령을 수용하는 경향을 보였다. 그러나 이 법령은 각 교구마다 다양하게 수용되었다. 법령과는 달리 평신도들은 본당, 교회와 사제관을 다시 차지하였고, 교회종소리도 종종 울렸다. 이러한 부흥은 개신교회에서도 마찬가지였다.

국민공회는 이러한 현실을 인정하는 쪽을 택하였다. 혁명력 3년 프레리알 11일(1795. 5. 30) 법령에 의하여 국민공회는 일반 신자들에게 '이성을 잃지 않은 교회*églises non aliéneées*'의 자유로운 사용을 허락하면서 성직자들에게 공화국 법에 대한 복종의 약속을 요구하였다. 또한 이 법령은 한 교회에서 순일예배와 가톨릭미사가 서로 중첩될 경우에는 같이 교회를 사용할 것을 결정하였다.

교회재건은 먼저 교회재산의 국유화에 따라 경매되었거나 모임장소나 창고로 사용되었던 본당교회들을 원래 목적대로 회복시키는 것으로 시작되었

---

17) Hufton, "Reconstruction of a church", p.37.

다.[18] 열성적인 평신도들이 중심이 되어 성물과 교회종을 재구입하였다. 혁명력에 따른 순일을 거부하고 금지되었던 일요일의 준수를 재개하였다. 그리고 경우에 따라서는 누가 미사를 집전할 것인지에 대하여 결정해야 했다. 숨어서 드리는 미사에 지쳐있었던 신도들에게는 무엇보다 성당을 여는 것이 가장 중요한 문제였고 미사를 누가 집전하는가는 그 다음 문제였다. 농촌에서 창고로 주로 사용되었던 본당교회의 피해는 그리 크지 않은 편이었고 교회를 소유했던 개인소유주는 마을 신도들의 압력 때문에 계속 교회를 소유할 것을 고집하지 않았다. 도시에서 상점, 제작소, 창고나 정치클럽의 모임장소 등으로 사용되었던 교회의 피해는 지역에 따라 다양했다. 경우에 따라 많은 성당들은 수선이 필요하였다. 어쨌든 교회는 공적 예배에 적절한 장소였다.

1795년에 성직자의 상황은 그리 밝지 못했다. 30여 명의 주교만이 남았고, 주임사제들은 턱없이 부족하였다. 더욱이 사목활동을 재개한 주임사제들은 호의적이지 않은 새로운 사목환경에 직면하여 어려움을 겪었다. 이제 주임사제들은 더 이상 국가로부터 봉급을 받지 못하였고, 신도들의 물질적 지원으로는 여전히 불안정한 상태를 면하지 못하였다. 평신도 신분을 선호하는 선서파 사제들도 있었던 반면에, 선서를 철회하고 로마 가톨릭교회로 복귀하는 경우도 많았다. 그렇다면 선서파 교회와 거부파 교회의 실제 규모는 어떠했을까? 유감스럽지만, 현재로서는 여기에 대한 전국적 연구성과가 드물어서 그 규모를 알 수 없다.

혁명력 4년 방데미에르 7일(1795. 9. 29)에 국민공회는 이전의 유연했던 종교정책을 대폭 강화하는 법령을 채택하였다. 이 법령은 교회와 국가의 분리를 천명하고, 교회 밖에서의 종교행사를 일체 금지하며, 왕정의 복귀를 꾀하는 모든 성직자는 강제 노동형에 처하며, 국유화된 재산의 경매에 대하여 반대 발언하는 모든 성직자는 10년 징역형에 처할 것을 명시하였다. 더욱이

18) Hufton, "Reconstruction of a Church", pp.37~39.

이 법령은 모든 종교의식의 집례자들에게 "나는 프랑스 시민의 보편성이 주권임을 인정하고, 공화국의 모든 법령에 순종한다"는 선서를 요구하였다. 혁명 이후 3번째로 성직자에게 요구된 "복종 선서*serment de soumission*"라고 불리는 이 선서는 다시 한번 성직자들을 분열시켰다. 생-술피스*Saint-Sulpice* 신학교의 에므리*Emery* 학장은 선서할 것을 충고한 반면에, 망명한 거부파 주교들은 선서를 거부할 것을 주장하였다.

혁명력 5년 프레리알 29일(1797. 6. 17)에 조르당*Jordan* 의원은 혁명기간에 실시했던 선서의 폐지, 모든 제한조처의 취하, 교회종의 허가 등을 주장하였다. 이 시기에는 적어도 전국적으로 30,000개의 꼬뮌에서 예배가 재개되었으며, 종교상황은 정상화되고 있는 것으로 보였다.

그러나 혁명력 5년 프뤽띠도르 18일(1797. 9. 4)에 쿠데타가 일어나면서 상황은 바뀌었다. 종교의 부흥이 쿠데타의 동기 중에 하나였다. 원로원의 전제적 방식을 개선한 쿠데타 정부는 반교권적인 정책을 부활시켰고 1799년까지 이 정책을 지속시켰다. 혁명력 5년 프뤽띠도르 19일(1797. 9. 5)의 법령은 쿠데타 직전에 취했던 완화조처들을 폐기하고 강경한 조처들을 취하였다. 거부파 사제들을 억압하고 공공질서를 해치는 신부들을 유형에 처하고, "나는 왕정과 무질서를 증오할 것을 서약한다. 나는 공화국과 혁명력 3년 헌법에 충성할 것을 서약한다"는 "왕정에 대한 증오의 선서"(*serment de haine à la royauté*: 혁명 이후 4번째 선서)를 성직자들에게 요구하였다.

세 범주의 사제들, 다시 말해 혁명 이후에 실시한 선서에 하나라도 거부한 특히 네 번째 선서를 거부한 사제, 6명 이상의 시민에게서 고발당한 사제, 소란을 일으킨 사제가 유형의 대상이 되었다. 공포정치 시기보다는 덜 폭력적이기는 했지만, 종교억압은 여전히 효율적이었다. 이 조치로 인해 24명의 사제가 처형당했다. 그러나 남아메리카의 기아나로 보내는 유형에 처해진 사제는 대략 11,000여 명, 이들 가운데 벨기에 사제가 9,000여 명에 달했다.[19] 모든 수도원을 폐쇄하고 교회재산을 국유화하였고 성직자들에게 선서를 요구하였다. 그러나 9,000여 명이 유형에 처해졌지만, 실제로 대서양을 건너기 위해 떠났던 신부들은 3,000여 명 정도였다.

총재정부는 또한 독립적인 소성당과 교회의 폐쇄, 공공도로에서의 십자가 철거, 교회종 철거, 교회건물의 경매 등의 비기독교화 성격을 지닌 조처들을 취하였다. 물론 이런 조처들은 지역마다 다양하게 시행되었지만, 전체적으로 공포정치기로 회귀하는 인상을 심어 주었다.

III. 미사의 재개에 대한 통계적 분석과 연대기

1793년에 시작한 비기독교화는 일방적으로 진행되지 않았다. 비기독교화 운동이 활발히 진행되는 중에도 저항이 있었고, 비밀리에 미사가 집전되고 있었다. 비기독교화를 선도한 대표적 지역인 센에와즈도에서도 일부 평신도들이 선서거부파 신부들과 함께 사설 건물에 몰래 모여 계속 미사를 드렸다. 파견의원의 보고서와 또한 각 코뮌에 대한 전문연구서들을 통해 비밀미사가 집전된 사례를 모아보면, 전체적으로 적어도 43개 코뮌(전체의 6%)에서 비밀미사가 집전되었다(〈지도 1〉 참조). 베르사이유에서는 8곳에서 27명의 신부가 집전하였는데,[20] 사제 중에는 신부직을 포기하거나 결혼한 신부들도 있었다. 사제가 없는 지역에서는 평신도가 미사를 집전한 경우도 종종 있었다. 혁명력 2년 플리비오즈 15일(1794. 2. 3)에 가그니*Gagny* 성당에서

19) 벨기에 사제가 특히 많았던 이유는 새롭게 병합된 벨기에에 대하여 총재정부가 프랑스의 성직자에 관한 법령을 새로이 도입하여 시행하였기 때문이다. Cousin, *La pique et la croix*, p.215.

20) J.M.Alliot, *Le clergé de Versailles pendant la Révolution Française*(Versailles, 1913), pp.7~8.

는 이전에 성가대원이었던 코라*Corat*, 자케*Jacquet*, 알렉상드르*Alexandre*가 직접 '맹인 미사(*mess aveugle*: 평신도가 집전하는 미사를 말함)'를 집전하였고 찬양과 공동 기도를 인도하였다.[21]

테르미도르 반동 이후 혁명력 3년 방토즈 3일(1795. 2. 21) 법령에 따라 센에와즈도에서도 교회가 재건되었다. 하지만 상당수의 성당과 사제관들이 여전히 국가 재산이었고 코뮌행정 당국은 예배를 위해 장소를 팔거나 빌려주려고 하지 않았다. 가톨릭 신도들은 미사를 재개하기 위하여 성당건물을 보수하고 흩어진 성물들을 찾아다녀야 했다. 혁명력 3년 메시도르 2일(1795. 6. 21)에 망뜨군의 검사는 센에와즈도의 행정관들에게 "농촌의 상당수 코뮌들이 작년에 군의 도서관으로 옮겨졌던 성당의 서적들을 되돌려달라고 군행정부에 대표들을 파견하였다"[22]고 보고하였다. 혁명력 3년 테르미도르 24일(1795. 8. 9)에는 망뜨 코뮌의 가톨릭신자들이 "미사를 재개하기 위해서 예전에 성당에 있었던 그리스도상과 여러 성화들을 다시 배치시켜줄 것"을 요구하였다.[23] 코르베이유군에서도 1795년 4월부터 에티올*Etiolles*에서 그리고 6월에는 코르베이유시와 노르빌*Nordville*에서 미사가 재개되었다.

혁명력 4년 방데미에르 7일(1795. 9. 29)의 법령은 평신도들에게 미사의 장소와 사제의 이름을 명기한 신고서를 작성하여 지방 관리에게 제출하도록 강요하였고, 신고서의 사본을 경찰청에도 제출하도록 하였다. 그러나 유감스럽게도 센에와즈 도립 기록보존소에는 전체 9개 군 가운데 5개 군의 신고서들(1 LV 766)만이 보존되어 있을 뿐이다.

폴랭빌*Follainville*의 주민들은 예전부터 미사를 드렸던 성당에서 다시 가톨릭 미사를 드리는 것이 "모든 주민의 바램"이라며 신고서를 제출하였다.

---

21) Lucien NOËL, *Montfermeil et sa région*, 2ème série(Audillac, 1933), p.209.
22) A.D.S.O. 1LV 766 fo 130, Mantes, le 2 Messidor an III.
23) A.D.S.O. 1LV 766 fo 129bis, le 24 thermidor an III.

이에 반하여 코르베이유에서는 "코뮌의 수많은 시민들"이라고 언급하여 대조를 이루었다.[24] 일부 신고서에는 적은 인원만이 서명하였다. 오또이유 *Auteuil*의 경우는 단지 6명만이, 오르빌리에*Orvilliers*는 10명만이 서명하였다. 이에 반하여 다른 신고서들에는 상당히 많은 인원이 서명하였다. 장브빌 *Jambeville*에서는 38명이 서명하였고, 보*Vaux*에서는 28명이 서명하였다.

1. 미사재개에 대한 통계적 분석

예배의 자유가 부분적으로 허용되었을 때 센에와즈 도에서는 과연 얼마나 많은 성당들이 문을 열었으며 또한 얼마나 많은 사제들이 활동했을까? 현재 보존된 사료의 불충분성과 당시의 역사적 상황에 비추어 볼 때 이를 밝히는 것은 상당히 어렵지만, 센에와즈 도립 기록보존소에 보존된 신고서들을 통해 5개 군에 대한 미사 재개 상황을 알 수 있다.

▶ 표 1 혁명력 3년에서 5년까지 센에와즈도의 미사재개 신고

(출전: A.D.S.O. 1 LV 766)

군	신고서의 수	신고한 사제	1791년에 센에와즈도에 사목한 사제(%)
에땅프	91개	91명	31명 (34%)
두르당	23	23	14 (61%)
망뜨	57	52	29 (56%)
몽포르	40	35	15 (43%)
생제르맹	26	20*	7 (5%)
합계	237개	221명	96명 (43%)

* 생제르만군에 신고된 13명의 경신박애교와 왕정 증오 선서를 신고한 10명의 가톨릭사제는 여기서 제외함.

---

24) *Bulletin de la Société Historique et Archéologique de Corbeil, de l'Essonne et du Hurepoix*, t.19(Corbeil, 1913), pp.55~56.

〈표 1〉에서 1 LV 766에 보존된 신고서에 따르면, 모두 5개 군의 357개 코뮌 가운데 157개의 코뮌(전체의 66%)에서 237개의 종교활동 재개 신고서를 보고하였다. 사제 1명이 여러 본당을 맡는다고 신고한 경우도 있고, 여러 명의 사제들이 잠시 활동하고 바로 떠나는 경우도 자주 발생하였기 때문에, 237개 신고서가 곧 237개 코뮌을 의미하지 않았다.

237개 신고서 가운데 4개는 경신박애교의 예배, 그리고 10개의 신고서는 사제들의 왕정에 대한 증오 선서를 신고한 것이었다. 4곳에서 신고된 경신박애교의 예배는 223곳에서 신고된 가톨릭 미사와 전혀 경쟁상대가 되지 못했음을 말해 준다. 총재정부 시기 비기독교화를 지속하려는 혁명지도자들의 노력은 경신박애교와 같은 혁명종교의 적극적 후원으로 나타났지만, 혁명에 우호적인 센에와즈도에서도 그 세력은 아주 미약한 것으로 나타났다. 앙케트에는 생제르맹군(10명)을 포함하여 16명의 경신박애교 성직자가 신고되었다.

따라서 5개 군의 157개 코뮌에서 실제 가톨릭 미사의 재개를 신고한 신고서는 223개였으며, 신고한 사제는 모두 221명으로 집계되었다. 이들 사제들 가운데 96명(43%)은 이미 센에와즈도에서 사목했던 반면에, 125명(47%)은 외부출신이었다. 이러한 사실은 혁명기 불안정한 상황으로 인해 여기 저기 옮겨 다녀야 했던 사제들의 유동성을 설명해준다.

이 숫자를 근거로 하여 현재 전해지지 않는 나머지 4개 군의 사제들과 비밀리에 미사를 집전하고 있던 거부파 사제들을 감안한다면, 혁명력 3~5년 사이에 센에와즈도에는 대략 400~450명의 신부들이 있었을 것으로 추정된다. 1791년에 사목하였던 1,087명과 비교해보면, 대략 40%에 이르는 사제들이 있었다고 볼 수 있다.

2. 지도를 통해 본 미사 재개의 연대기

귀중한 사료인 미사 재개의 신고서는 유감스럽게도 가톨릭교회의 회복에 대하여 그렇게 많은 정보를 제공하고 있지 않다. 신고서는 언제 어느 성당에서 어느 사제가 미사를 시작했는지는 알려주지만, 언제 사제가 성당을 떠났는지에 대해서는 전혀 알려주는 것이 없기 때문이다. 아마도 각 코뮌별로 작성된 수 백 쪽에 달하는 코뮌 행정기록부들을 꼼꼼히 모두 살펴본다면 좀 더 많은 것을 알 수도 있겠지만, 여기서 다루는 시기에 대하여 행정기록부들은 유익한 정보를 제공하지 않는 경우가 많다. 더욱이 695개 코뮌의 방대한 양의 행정기록부들을 분석하는 작업은 한 연구자가 감당하기 어려운 작업이어서 차후의 과제로 돌리고자 한다. 여기서는 현재 보존된 신고서들의 내용을 지리적으로 분석함으로써 미사재개에 대한 대략적인 모습을 그려보고자 한다.

▶ 표 2 혁명력 3년에서 5년까지 5개 군의 미사 재개의 연대기

(출전: A.D.S.O. 1 LV 766)

군	코뮌 수	혁명력 3년에 미사를 재개한 코뮌	혁명력 4년에 미사를 재개한 코뮌	혁명력 5년에 미사를 재개한 코뮌
두르당	52	0	9	11
에땅프	78	2	28	7
망뜨	89	0	38	4
몽포르	75	0	24	6
생제르맹	63	8	20	모름
합 계	357	10	119	28

혁명력 3년부터 5년까지 5개 군의 357개 코뮌 가운데 157개 코뮌(전체의

44%)에서 미사를 재개하였다. 혁명력 3년(〈지도 2〉 참조)에는 5개 군을 통틀어 10개의 신고서(전체의 2.8%)가 접수되었을 뿐이다. 그나마 10개의 신고서 가운데 장소를 정확히 기재한 것은 5개에 불과하였다. 아르장뙤이 캉통(*canton*: 면단위의 행정구역을 말함)에 3개, 라페르테알레 캉통에 1개, 매스 캉통에 1개였다.

혁명력 4년(〈지도 3〉 참조)에는 대부분의 지역에서 미사가 본격적으로 집전된 것을 확인할 수 있다. 전체 357개의 코뮌 가운데 119개(전체의 33%)가 추가로 미사를 재개하였다. 혁명력 3년에 미사를 시작한 10개 코뮌이 계속 미사를 집전했다고 가정한다면, 모두 129개 코뮌(전체의 36%)이 미사를 집전했다. 31개 캉통 가운데 9개 캉통에서는 아직도 단 한건의 미사 신고서도 접수되지 않았다. 망뜨 캉통(0개), 생제르맹 군(3개), 에땅프 군(5개), 두르당 군(6개)은 농촌 지역으로 미사 재개가 매우 저조한 반면에, 라로쉬귀용(90%), 마그니(90%), 멀랑(90%), 사크라(100%)캉통은 미사 재개에 가장 열심인 지역으로 나타났다. 특별히 이들 지역은 1791년 선서에서 다른 지역보다 훨씬 높은 선서율을 나타냈던 지역들이라는 점이 매우 흥미롭다.

혁명력 5년(〈지도 4〉 참조)에는 28개 코뮌이 추가로 미사를 재개한다고 신고하였다. 혁명력 3년에서 5년까지 신고한 코뮌에서 미사를 계속 되었다고 가정할 때, 전체 357개 코뮌 가운데 전체 44%인 157개 코뮌이 미사를 집전한 것으로 나타났다. 혁명력 5년까지도 아직 5개 캉통에서는 전혀 미사 재개의 신고가 없었다. 이들 지역에 대한 사료가 없는 것일까? 아니면 실제로 미사를 재개하지 않은 것일까? 현재로서는 알 수 없다.

혁명력 6년에 대해서는 도 전체의 상황을 알 수 있는 매우 중요한 사료가 남아있다. 혁명력 6년 프리메르(1797. 12)에 제 2 총재정부는 성직자에 대한 앙케트를 실시하였다. 이 앙케트는 전국적으로 실시되었으며, 다음과 같은 매우 구체적인 질문들을 담고 있다.

예배장소, 성직자 성명, 코뮌, 나이, 결혼여부, 공공장소 혹은 사설장소에서 예배드리는가, 1791년 성직자민사기본법에 대한 선서를 하였는가, 1792년 자유와 평등 선서를 하였는가, 왕정 증오 선서를 하였는가, 선서를 공적으로 혹은 비밀리에 철회하였는가, 처벌받은 적이 있는가, 도덕성에 대한 관찰.

이 앙케트는 혁명력 6년 센에와즈도의 종교상황을 파악할 수 있는 매우 귀중한 사료이므로, 차후에 본격적으로 다를 필요가 있겠다. 여기서는 미사 재개와 관련된 항목만을 분석하기로 한다.

▶ 표 3 혁명력 6년에 미사를 집전한 코뮌 수

(출전: A.D.S.O 1 LV 769)

군	전체 코뮌 수	미사를 집전하는 코뮌 수	%
코르베이유	90	63	70%
두르당	52	45	87%
에땅프	78	42	74%
고네스	75	58	77%
망뜨	89	48	54%
몽포르	60	35	58%
퐁투아즈	89	58	65%
생제르맹	52	41	79%
베르사이유	86	65	76%
총 계	695	455	65.5%

〈표 3〉과 〈지도 5〉를 살펴보면, 혁명력 6년(1979. 12)에는 전체 695개 코뮌 가운데 65.5%인 455개 코뮌에서 미사가 집전되었다. 센에와즈도가 혁명에 적극적이며 전국적으로 가장 선서파 사제가 많았고 비기독교화에 적극적

이었던 지역이었다는 점을 감안하면, 이처럼 높은 비율은 매우 놀랄만한 사실이다. 또한 혁명력 6년에 666명의 사제가 미사를 집전한 것으로 나타났는데, 이는 1791년의 1,087명과 비교하면 61.3%에 달하는 놀라운 숫자이다(〈지도 6〉 참조). 디산의 주장처럼, 선서율이 높은 이 지역에서 주민들은 혁명을 환영하면서도 가톨릭의 전통적 종교관행을 지속한 것으로 볼 수 있다.

특히 농촌지역인 두르당군(86.5%)과 고네스군(77.3%), 도시지역인 생제르맹앙레이군(78.8%)과 베르사이유군(75.6%)은 도 평균(65.5%)을 웃도는 비율이다. 두르당군은 혁명력 6년에 가장 높은 미사재개율을 보였지만, 정작 혁명력 4년에는 단 한건의 신고도 없었다. 당시 사료가 분실된 것일까? 아니면 미사가 아직 재개되지 않은 것일까?

파리를 에워싸고 있는 생제르맹앙레이군(78.8%), 베르사이유군(75.6%), 코르베이유군(70%), 퐁투아즈군(65.2%)은 평균보다 훨씬 높은 미사재개율을 보였다. 이에 반하여 파리와 멀리 떨어진 세 개의 군인 망뜨군(53.9%), 몽포르군(58.3%), 에땅프군(53.8%)의 미사재개율은 평균보다 훨씬 못 미쳤다. 도시와 가까운 지역이 농촌지역보다 미사재개에 더욱 적극적이었다고 할 수 있다.[25)]

결론적으로 혁명력 3년부터 5년까지 통계는 5개 군에 대한 것이고 혁명력 6년 통계는 9개 군에 대한 것이라는 제한이 있지만, 미사재개율로 비교해보면 센에와즈 도전체에 대한 대략적인 미사재개의 연대기를 아래와 같이 그려볼 수 있다(〈그래프 1〉 참조).

25) 도시와 농촌의 차이에 대해서는 다음을 참조. 백인호, 「프랑스 혁명시대 센에와즈도 사제들의 1791년 선서에 대한 선택동기 연구」 『서양사연구』 22집(1998), pp.106~112.

▶ 그래프 1 센에와즈도의 미사재개 연대기

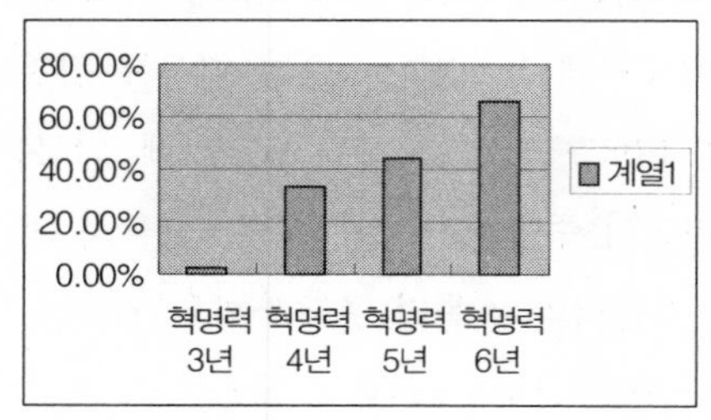

〈그래프 1〉에서 보듯이, 혁명력 3년에는 미사 재개가 거의 없었지만, 혁명력 4년에는 33%로 크게 증가하였고, 혁명력 5년과 6년에는 각각 44%, 65.5%로 꾸준히 증가한 것을 알 수 있다.

신고서와 혁명력 6년 앙케트의 분석을 통해 나타난 모습은 미사재개의 상황을 전체적으로 보여주고 있지만, 정작 유동적이고 불안정했던 당시 교회 모습을 제대로 보여주지 못하는 한계가 있다. 신고서들을 자세히 살펴보면, 다음과 같은 불안정한 모습들이 나타난다.

첫째, 망뜨군의 기욤 오브*Guillaume Aube*처럼 혼자서 여러 본당을 맡아 미사를 집전하는 본당들이 있었다. 니콜라 리브는 포레-드-리브리*Forêt de Livry*에서 혁명력 4년 브뤼메르 14일(1795. 11. 5)에 신고하였고, 혁명력 5년 브뤼메르 25일(1796. 11. 15)에는 뇌플르샤토*Neauphle le Château*에서, 혁명력 5년 방토즈 29일(1797. 3. 19)에는 빌레르-생-프레데리크*Villers-Saint-Frédéric*에서 신고하였다.

둘째, 여러 명의 사제들이 잠시 사목하고 떠나가는 본당들이 많았다. 신고서를 분석해보면, 혁명력 4년에서 6년 사이에 여러 성당을 옮겨 다니면서 미사를 집전한 사제들이 적어도 10명에 달했다. 뇌플르샤토의 경우에, 혁명력 4년 프레리알 12일(1796. 5. 30)에 샤를르 다니엘 몽타뉴가 미사를 신고하였고, 테르미도르 3일(1796. 7. 20)에는 프랑수아 우렐 신부가, 4일 후인 테르미도르 7일(1796. 7. 24)에는 장 피에르 파비가, 혁명력 5년 브뤼메르 25일(1796. 11. 15)에는 니콜라 리브가, 이틀 후인 브뤼메르 27일(1796. 11. 17)에는 피에르 조세프 피롤 리가 신고하였다. 2년 사이에 5명의 신부가 미사집전을 신고하였다. 차례로 5명의 신부가 모두 한 성당에서 같이 집전한 것일까? 아니면 한 신부가 떠나가고 나면 다른 신부가 와서 신고한 것일까? 아마도 후자였을 것으로 추정된다.

셋째, 같은 신고서에 여러 명의 사제가 신고하는 경우도 종종 있다. 몽포르 군소재지인 몽포르-라모리*Montfort-l'Amaury*에서는 혁명력 4년 방데미에르 25일(1795. 9. 17)에 4명의 사제가 같이 신고하였다.

그동안 금지되었던 미사를 드릴 수 있게 되었지만, 미사집전의 불안정성과 부정기성 때문에 평신도들은 예전같이 정상적인 신앙생활을 유지하기는 어려웠던 것으로 보인다. 근본적인 문제는 물론 성직자의 절대 부족 때문이었다.

따라서 사제가 절대적으로 부족했던 이 시기에는 평신도가 직접 '맹인미사'를 드리는 경우도 있었다. 혁명력 6년의 앙케트에 따르면, 당시 조사대상이었던 666명의 성직자 가운데 13명이 평신도인 것으로 나타났다. 에땅프군에 모두 6명, 몽포르군에 4명, 코르베이유군에 3명으로 집계되었다. 이들의 직업은 교사가 2명, 석공이 4명, 농부가 2명, 포도재배농이 2명, 막노동꾼이 1명, 2명의 직업은 알 수 없었다. 10명의 나이를 알 수 있었는데, 대부분이 50세 이상이었지만, 28세의 젊은 막노동꾼도 있었다. 미국 여성학자인 수잔 디산과 오웬 휴프턴이 주장하였듯이 1795년 이후 남성 사제 집단의 지도력이 교사에서 막노동꾼에 이르는 다양한 평신도 집단으로 내려갔다는 사실을 확인할 수 있다.[26] 다만 이들이 주장하듯이 미사 재개에서 여성이 매우 중요한 역할을 담당했는지는 센에와즈도에서 확인할 수 없다.

---

26) Desan, *Reclaiming the Sacred*.; Hufton, "The Reconstruction of a Church", pp.21~52.

또한 행정본부에 정식으로 신고하지 않고 비밀리에 미사를 드리는 사제들도 있었다. 혁명력 4년 플리뷔오즈 25일(1796. 2. 13)에 묄랑 캉통에서는 "한 아일랜드인 사제가 아드마르 여신도집의 방에서 미사를 드리면서 이 집회야말로 성도들의 진정한 모임이며, 전 학교교사의 주도 아래 예전 성당에 모인 마을 주민들의 집회는 하느님의 축복으로 새로 태어나고 있는 교회로부터 멀어져 스스로 영역을 점점 더 제한시키고 있는 전통 가톨릭교리를 거부하는 모임 일뿐이라고 주장하였다. 자그마한 코뮌에서 벌어진 이들의 경쟁은 매우 나쁜 결과만을 초래할 것이다. 아일랜드출신 사제는 아버지가 미사에 참여하지 않고 고백성사를 드리지 않는 경우에 그 자녀들에게는 아예 교리문답을 가르치려고 하지 않았다."고 보고하였다.[27)]

3. 선서율과 미사재개율

미사 재개가 활발히 진행된 센에와즈도에서 1791년 선서율과 미사 재개는 어떤 관계일까? 태킷의 1791년 성직자들의 선서율과 보벨의 비기독교화 정도, 그리고 불라르신부의 1945~1966년 프랑스인의 주일미사 참석율을 비교해보면, 세 지도가 서로 흡사하다는 사실을 발견하게 된다.[28)] 다시 말해 성직자들의 선서율과 비기독교화의 정도, 그리고 평신도의 주일미사 참석율 사이에는 상당한 관계가 있는 것으로 나타났다. 여기서는 센에와즈도 전체에 대한 통계가 가능한 혁명력 6년의 앙케이트를 중심으로 선서율과 미사

27) A.D. S.O. 1LV 766 fo 130, 25 Pluivose an IV.

28) Timothy Tackett, *Religion, Revolution and Regional Culture in Eighteenth-Century France-The Ecclesiastical Oath of 1791*(Princeton University Press, 1986); Michel Vovelle, *La Révolution contre l'Eglise-De la Raison a l'Etre Supreme*(Paris, Editions Complexe, 1988); F.Boulard, *Matériaux pour l'Histoire religieuse du peuple français, XIXe-XXe siècles*(Paris, EHESS, 1982-1987).

재개의 관계를 살펴보고자 한다.

▶ 표 4 혁명력 6년 성직자들의 여러 선서에 대한 태도들

(출전: A.D.S.O. 1 LV 769)

군	혁명력 6년 사제 수	1791년 선서에 서약한 사제	왕정증오 선서에 서약한 사제
코르베이유	81	53 (65.4%)	73 (90.1%)
두르당	50	47 (94%)	49 (98%)
에땅프	49	42 (85.7%)	45 (91.8%)
고네스	65	38 (58.5%)	56 (86.2%)
망뜨	69	56 (81.2%)	65 (94.2%)
몽포르	46	31 (67.4%)	43 (93.5%)
퐁투아즈	87	65 (74.7%)	76 (87.4%)
생제르맹	101	70 (70%)	80 (80%)
베르사이유	118	70 (59.3%)	96 (81.4%)
총 계	666(100%)	518 (77.8%)	583 (87.5%)

〈표 4〉에서 보듯이, 혁명력 6년에 센에와즈도에서 사목하는 666명의 사제들은 1791년에 518명(전체의 77.8%)이 선서한 것으로 나타났다. 이들의 선서율(77.8%)은 1791년 당시 센에와즈도에서 사목하던 사제들의 선서율(75.4%)보다 약간 높은 것으로 나타나, 이들의 혁명에 대한 태도가 1791년의 사제들과 크게 다르지 않음을 알 수 있다.[29] 다만 혁명력 5년 프뤽띠도르 19일(1797. 9. 5) 법령을 통해 모든 사제들에게 요구했던 왕정증오 선서에 대해 583명(전체의 87.5%)이 선서하여, 1797년에는 1791년 때보다 혁명정부에 대하여 훨씬 더 긍정적인 태도를 보였다는 것을 알 수 있다.

29) 백인호, 「프랑스 혁명시대 센에와즈도의 선서파 사제-1791년 선서에 대한 선택동기의 사회통계학적 분석」, 『서양사론』 50(서울, 한국서양사학회, 1996.9), p.57.

혁명정부는 당시 성직자들을 어떻게 평가하고 있었을까? 혁명력 6년 당시 성직자들은 어떤 사람들이었을까? 혁명기 6년의 성직자에 대한 앙케트는 당시 성직자에 대해 매우 흥미로운 정보를 제공하고 있다. 〈표 5〉에서 혁명력 6년에 센에와즈도에서 사목한 성직자들에 대하여 혁명 정부는 전체 666명 가운데 571명에 대해 평가를 내렸다. 행정부는 "좋은bon", "합격가능한 혹은 괜찮은*passable*", "광신적인*fanatique*", "도덕성이 의심스러운*moreale douteux*"의 네 가지 기준에 따라 평가하였다. 경우에 따라서는 개인에 대한 상세한 평가를 길게 적어놓기도 하였다(〈표 5〉 참조).

▶ 표 5 혁명력 6년의 성직자에 대한 센에와즈도 행정부의 평가

(출전: A.D.S.O. 1 LV 769)

군	좋은	합격가능한	광신적인	도덕성이 의심스러운	총 계
코르베이유	30	41	3	0	74
두르당	3	13	0	0	22
에땅프	16	20	3	0	39
고네스	22	29	7	2	60
망뜨	10	15	27	3	41
몽포르	15	27	3	0	45
퐁투아즈	26	43	15	1	85
생제르맹	30	41	19	2	92
베르사이유	19	65	28	1	113
총 계	171(30%)	305(53%)	83(15%)	6(1%)	571(100%)

〈표 5〉에서 혁명정부가 판단하기에 혁명에 우호적이라고 판단한 "좋은" 사제와 "합격가능한" 사제가 각각 171명(30%), 305명(53%)으로, 전체 571명 가운데 476명(83%)이나 되었다. 이렇듯 혁명정부에 우호적이라고 판단한 사제가 혁명력 6년에 사목하는 사제의 대다수를 차지한다는 사실은 우선 사제

들 대다수가 혁명에 우호적이었으며, 선서파 사제가 압도적인 지역에서 재기독교화도 활발했다는 수잔 디산의 가설을 입증하는 예라 하겠다.[30] 또한 혁명정부가 판단하기에 혁명에 적대적이라고 판단한 "광신적인" 사제와 "도덕성이 의심스러운" 사제가 각각 83명(15%)과 6명(1%)이라는 사실은 재기독교화 시기에 거부파 사제들도 복귀하여 교회의 재건에 참여했다는 사실을 말해준다.

지역별로 살펴보면, 망뜨군, 퐁투아즈군, 생제르맹군, 베르사이유군은 다른 지역에 비해 "광신적인" 사제와 "도덕성이 의심스러운" 사제들이 상대적으로 많았다. 1791년에 거부파가 상대적으로 많았던 생제르맹군과 베르사이유군에 혁명에 비우호적인 사제들이 많았다는 사실은 그다지 놀라운 일이 아니지만, 망뜨군과 퐁투아즈군처럼 선서율이 높았던 지역에서도 비우호적인 사제들이 많았다는 사실은 앞으로 좀더 연구할 과제이다.

그렇다면 혁명력 6년의 미사 재개율과 1791년 선서율과는 어떤 관계일까? 1791년 선서에 찬성하였던 사제들의 지역은 혁명력 6년에 미사 재개에 소극적이었을까 아니면 적극적이었을까?

▶ 표 6 1791년 선서율과 혁명력 6년의 미사재개율
(출전: A.D.S.O. 1 LV 769)

군	1791년 선서율	혁명력 6년 미사 재개율
코르베이유	81.5%	70%
두르당	80.3%	87%
에땅프	91.9%	74%
고네스	78%	77%
망뜨	86.7%	54%
몽포르	78.9%	58%

30) Desan, "Redefining Revolutionary Liberty".

퐁투아즈	70.4%	65%
생제르맹	73.4%	79%
베르사이유	55.5%	76%
총 계	75.4%	65.5%

〈표 6〉에서 먼저 혁명력 6년의 미사재개율을 살펴보면, 망뜨군(54%)과 몽포르군(58%), 그리고 퐁투아즈군(70.4%)은 미사재개율이 평균(65.5%)보다 낮은 반면에, 다른 6개 군에서는 미사재개율이 평균보다 높은 것으로 나타났다.

선서율과 미사재개율을 비교해보면, 망뜨군, 몽포르군, 생제르맹군에서는 선서율과 미사재개율이 반비례 관계로 나타났지만, 코르베이유군, 두르당군, 에땅프군, 고네스군, 베르사이유군은 오히려 정비례 관계로 나타났다. 퐁투아즈군은 선서율(70.4%)과 미사재개율(65%)이 평균에 근접하여 비례관계를 말하기 어렵다.

선서율이 평균보다 높은 망뜨군(86.7%)과 몽포르군(78.9%)은 미사재개율이 각각 70%, 54%, 58%로 평균보다 높지 않은 것으로 나타났다. 선서율이 평균보다 낮거나 근접한 생제르맹군(73.4%)과 고네스군(78%)은 미사재개율도 각각 79%, 77%로 평균보다 높은 것으로 나타났다.

이에 반하여 코르베이유군, 두르당군, 에땅프군, 퐁투아즈군, 베르사이유군은 모두 예상과는 다르게 나타났다. 다시 말해 선서율이 가장 낮았던 베르사이유군(55.5%)과 퐁투아즈군(70.4%)은 미사재개율이 76%와 65%로 예상보다 그리 높지 않은 반면에, 선서율이 상대적으로 높았던 코르베이유군(81.5%), 두르당군(80.3%), 에땅프군(91.9%)은 미사재개율이 각각 70%, 87%, 74%로 평균보다 훨씬 높은 것으로 나타났다.

결론적으로 3개군에서는 선서율과 미사재개율이 반비례관계로 나타났지만, 베르사이유군을 비롯한 5개군에서는 정비례관계로 나타났다. 다시 말하면 미사율이 높은 5개 군에서 미사율이 높은 지역에서 미사재개율도 높게 나타난 것이다. 그리고 망뜨군과 몽포르군을 제외하면 대부분의 지역에서 미사재개율이 평균보다 높게 나타났다. 이러한 사실은 선서율이 높았던 센에와즈도에서 지역 주민들이 혁명을 대대적으로 환영하면서도 여전히 기독교적 세계관과 종교적 관행을 지속하고자 하며 재기독교화에 적극적이었다고 볼 수 있어서, 디산의 가설을 간접적으로 입증하는 예라고 할 수 있다.[31] 디산의 가설을 입증하기위해서는 앞으로 좀더 정밀한 분석이 필요할 것이다.

IV. 결론

1793년 가을에 시작한 비기독교화는 상당히 빠른 속도로 전국으로 확산되었고, 1794년 여름 로베스피에르의 몰락과 더불어 급속히 쇠퇴하였다. 그러나 이러한 비기독교화는 일방적이고 단선적으로 진행되지는 않았다. 비기독교화운동이 활발히 진행되는 중에도 저항이 있었고, 재기독교화의 반동으로 인해 비기독교화는 매우 불연속적으로 진행되었다.

비기독교화를 선도한 대표적 지역인 센에와즈도에서도 전체적으로 적어도 43개 코뮌에서 비밀리에 미사가 집전되었다. 비기독교화의 폭풍 가운데에도 일부 평신도들은 일요일을 휴일로 지키고 신앙을 보존하였다.

혁명력 3년에 종교의 자유는 허용되자, 사제들이 돌아와 미사를 집전하기 시작했다. 그러나 혁명력 3년에는 357개 코뮌 중 다만 10개 코뮌(2.8%)에서 미사집전이 행해졌다. 그 후 혁명력 4년에는 미사재개가 본격화되어 36%

31) Desan, “Redefining Revolutionary Liberty”, pp.6~10, pp.20~26.

인 129개 코뮌에서, 혁명력 5년에는 44%인 157개 코뮌에서 미사집전이 이루어졌다. 이렇게 단기간에 성당 문이 다시 열린 사실을 통해 실제적으로 평신도들이 이때를 기다리고 있었음을 알 수 있다. 선서파 사제가 압도적이었고 비기독교화가 활발했던 센에와즈도에서도 미사 재개가 활발했다는 사실은 지역 주민들이 혁명과 가톨릭교회를 대립적으로 보지 않았으며, 혁명을 대대적으로 환영하면서도 여전히 기독교적 세계관과 종교적 관행을 지속하고자 하였고 재기독교화에 적극적이었다고 볼 수 있어서, 디산의 가설을 어느 정도 입증하는 예라고 할 수 있다

혁명력 6년(1797년)의 성직자에 대한 앙케트는 테르미도르 반동 이후의 종교상황을 이해하는 데 큰 도움이 된다. 이 사료에 따르면, 666명의 사제가 센에와즈도로 돌아와서 그 중 523명이 사제로서 활동하였고, 695개 코뮌 중 455개 코뮌(65.5%)에서 성당이 문을 열었다. 혁명에 적극적이었고 선서파 사제가 압도적인 다수였으며 비기독교화에 선도적 역할을 했던 지역이었다는 점을 감안하면, 이처럼 높은 비율은 재기독교화가 미약했을 것으로 추측했던 기존의 역사가들의 생각과는 사뭇 다른 것으로 디산의 가설을 뒷받침하는 것이라 하겠다. 이 시기에 사제들의 사목 활동과 개인의 신앙생활들을 면밀히 살펴보아야 재기독교화의 실제 모습을 알 수 있겠으나, 이에 대한 연구는 차후에 이루어져야 할 것이다. 선서파사제가 다수였던 리옹교구의 경우도 비기독교화 시기에 렝소라 주교보좌신부를 중심으로 거부파 사제들의 활동이 조직적으로 이루어졌던 것으로 보아, 재기독교화가 전국적으로 활발했을 것으로 추측해볼 수는 있으나, 아직 다른 지역에 대한 재기독교화 연구들이 극소수에 불과하여 다른 지역과 비교검토는 훗날로 미루어야 하겠다.[32)]

재기독교화가 센에와즈도에서도 활발하게 전개된 점을 보면, 가톨릭교회와 혁명의 관계에 대해서 다시 한번 질문하게 된다.[33)] 가톨릭은 혁명으로

---

32) Cousin, *La pique et la croix*, pp.226~227.

대변되는 근대적 민주 사회의 가치와 어떤 관계였는가? 가톨릭은 근대성과 대립관계였는가 아니면 근대성과 조화할 수 있는 관계였는가? 왜 프랑스는 비기독교화라는 형태로 기독교를 파괴하려고 하였을까?

당시 근대성을 대변하는 계몽사상과 프랑스혁명의 관계에 대한 최근의 연구사를 점검해보면, 크게 두 가지 해석으로 나타난다.[34] 폴 아자르, 킹스리 마틴과 같은 기존의 역사가들은 계몽사상과 기독교를 서로 적대적인 관계로 파악하였다.[35] 하지만 피터 게이나 프랑코 벤투리와 같은 최근의 연구자들은 계몽사상은 매우 다양하였으며, 다만 급진적 일부 계몽사상만이 기독교에 적대적이었다고 주장하였다.[36] 베르나르 플롱주롱교수는 가톨릭 계몽사상*Catholic Aufklärung*라는 개념을 창안하고 가톨릭과 근대성이 양립가능하다고 주장하였다. 최근의 연구들은 가톨릭과 계몽사상의 대립보다는 합의를 더욱 강조하고 있다.

플롱주롱은 "기독교는 근대성의 부상자(casualty)인 동시에 근대성의 준비단계(chrysalis)였다"고 주장하였다.[37] 기독교는 한편으로 근대성의 도전으로

---

33) Dale K.Van Kley, "Christianity as Casualty and Chrysalis of Modernity: The Problem of Dechristianisation in the French Revolution", *American Historical Review*, Vol.108, No.4(Indiana, U.S.A. American Historical Association, 2003), pp.1081~1104(이하 Van Kley, "Christianity"로 약함).

34) Van Kley, "Christianity", pp.1087~1088.

35) Paul Hazard, La crise de la conscience européenne(Paris, 1935); George Havens, *The Age of Ideas:From Reaction to Revolution in Eighteenth-Century France*(New York, 1955); Kinsely Martin, *French Liberal Thought in the Eighteenth Century: A Study of Political Ideas from Bayle to Condorcet*(New York, 1963).

36) Roy Porter and Milulas Teich, ed., *The Enlightenment in National Context*(Cambridge, 1981); Peter Gay/주명철 역, 『계몽주의의 기원』(민음사, 1998). 급진적 계몽주의에 대해서는 다음을 참조. Magaret C.Jacob, *The Radical Enlightenment: Pantheists, Freemasons and Republicans*(London, 1981); Magaret C.Jacob, *Living the Enlightenment: Freemasonry and Politics in Eighteenth-Century Europe(New York, 1991); Jonathan I.Israel, Radical Enlightenment: Philosophy and the Making of Modernity, 1650-1750*(Oxford, 2001).

부상당했지만, 다른 한편으로 근대성의 한 부분이었다는 것이다. 기독교는 결코 정치적 근대성의 적이 아니었다는 것이다. 플롱주롱의 주장에 따른다면, 본고에서 살펴본 센에와즈도의 활발한 재기독교화는 기독교가 결코 정치적 근대성의 적이 아니었으며, 기독교가 근대성의 피해자인 동시에 근대성의 한 부분이었다는 그의 주장을 뒷받침하는 것이라 하겠다.

1794년 테르미도르 반동 이후 혁명정부의 비기독교적 정책이 멈추지는 않았지만, 1793~1794년의 비기독교화 운동과 1801년의 정교협약 사이에도 분명히 성직자들의 사목활동은 센에와즈도에서도 지역마다 차이는 있지만 활발하게 전개되었다. 이 시기 성직자들의 사목활동은 혁명기간 중에 충격을 받은 것이 사실이지만, 그레구아르 주교의 탁월한 지도력을 중심으로 선서파 교회가 재건되었고, 각 지역마다 미사재개를 중심으로 가톨릭교회가 부흥하였다. 이러한 가톨릭교회의 부흥은 결국 1799년 나폴레옹으로 하여금 종교의 중요성을 인식하게끔 만들었고 정교협약을 추진하도록 만드는 데 크게 기여하였던 것이다.[38]

테르미도르 반동 이후에 종교의 자유가 허용되자, 선서율이 높았고 비기독교화의 선도적 역할을 맡았던 센에와즈도에서 곧바로 미사가 활발히 재개되었다는 사실은 주민들이 혁명을 환영하면서도 가톨릭 신앙을 그대로 유지하고자 하였고 가톨릭교회를 혁명의 대립항으로 파악하지 않았다고 볼 수 있다. 이러한 사실은 결국 종교가 이 지역뿐만 아니라 나아가 프랑스에서 결코 무시할 수 없는 매우 중요한 사회 문화적 요소였음을 말해주는 것이라 하겠다.

---

37) Van Kley, "Christianity", p.1096에서 재인용. J.M.Mayeur, Ch. et L.Pietri, A.Vauchez, M.Venard, ed., *Histoire du Christianisme*, t.10. Les défis de la modernité, 1750-1840 (Paris: Desclée, 1997), pp.7~16.

38) Cousin, *La pique et la croix*, pp.224-226; Aston, *Religion and Revolution*, pp.298~305.

〈지도 1〉 혁명력 2년의 비밀 미사 장소

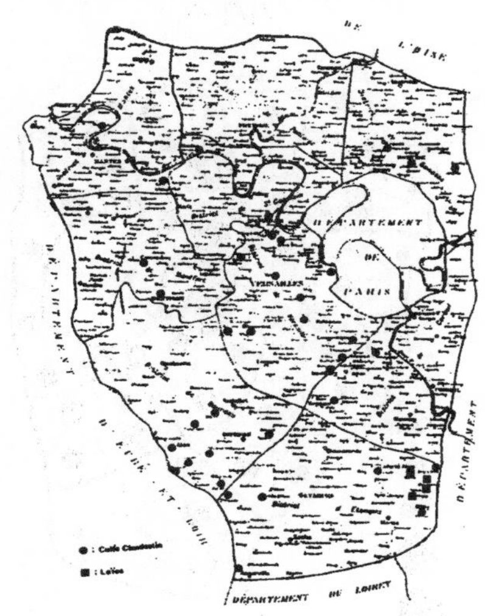

〈지도 2〉 혁명력 3년 5개 군의 미사재개

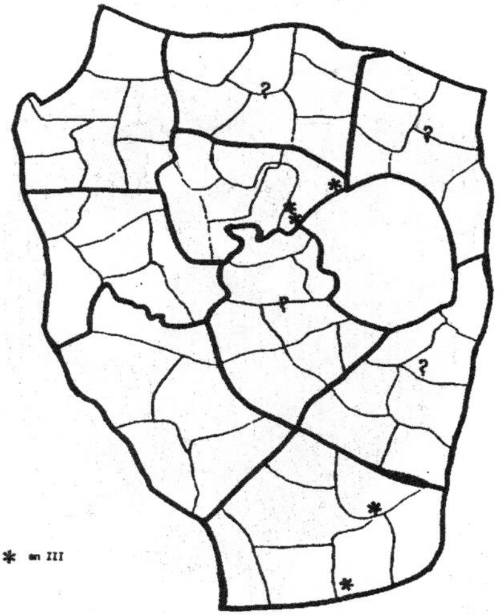

* an III

〈지도 3〉 혁명력 3년~4년 5개군의 미사재개

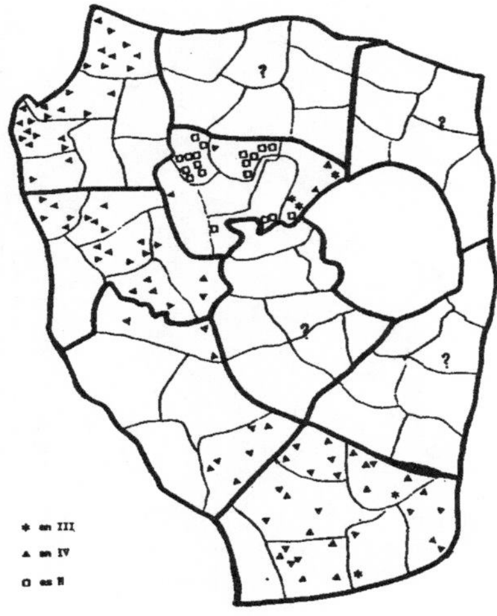

〈지도 4〉 혁명력 3년~5년 5개군의 미사재개

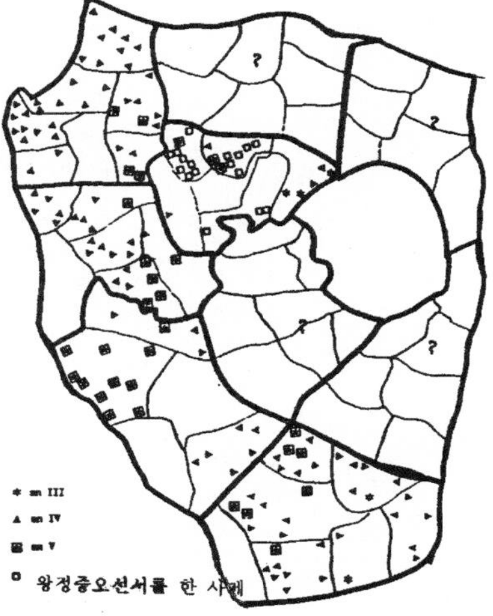

〈지도 5〉 혁명력 6년 샌에와즈도의 미사상황(캉통별 %)

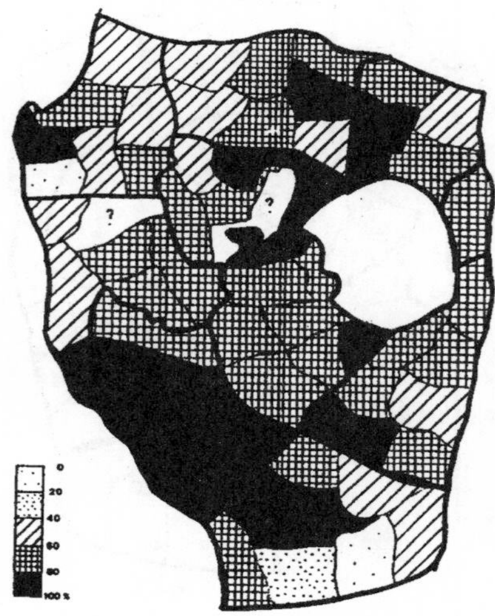

〈지도 6〉 혁명력 6년 센에와즈도의 사제 수

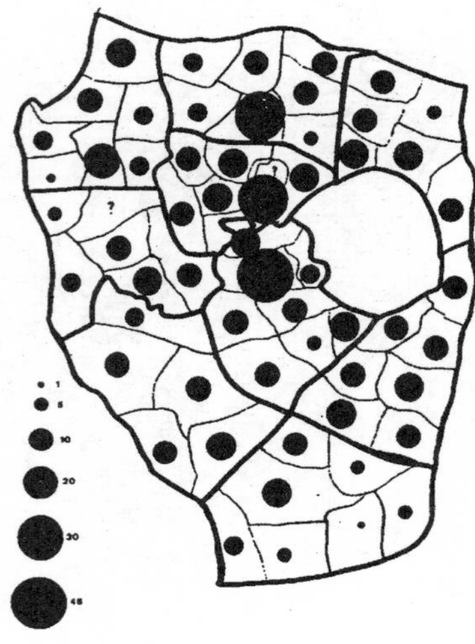

8. 1802년 복권된 셰노신부의 취임강론의 기호학적 분석

I. 역사적 맥락 : 1801년 정교협약과 결혼한 신부의 사면

1799년에 브뤼메르 쿠테타를 통해 제 1통령이 되어 황제로 가는 길을 준비하고 있던 나폴레옹은 프랑스 혁명기에 발생한 종교문제의 해결이 국내정치의 안정에 필수조건이라는 사실을 간파하였다. 그리하여 1800년 봄에 나폴레옹은 교황청과 타협을 시작하였고, 1801년 7월 15일(혁명력 9년 메시도르 26일)에 정교협약*Concordat*을 체결하였다.[1] 정교협약은 프랑스에서 1802년 4월 8일에 반포되어, 종교생활을 부활시키고 국내 평화를 확립하는 데에 막대한 영향력을 행사하였다. 교황은 공화국을 승인하였고, 나폴레옹 정부는 가톨릭교회를 "프랑스 국민의 절대다수의 종교*religion de la grande majorité*

1) 정교협약에 대해서는 다음을 참조할 것: Jean Leflon, *La crise révolutionnaire 1789-1846*(Paris, Bloud & Gay, 1949), pp.199~222; Jean-Pierre Jessenne, *Révolution et Empire 1783-1815*(Paris, Hachette, 1993), pp.203~204.

des Français"로 승인하였다. 정부가 주교를 임명하고, 교황은 임명된 주교를 서임하였다. 교황은 또한 교구의 새로운 편성에 착수하였고 모든 주교의 사임을 요구하였으며, 교회는 혁명기에 국유화된 성직자의 재산의 반납을 요구하지 않기로 결정하였다. 정교협약의 적용은 그 타협이나 반포과정만큼이나 어려웠지만, 정교협약은 종교와 국가의 분리법안이 통과되는 1905년까지 효력을 발생하였다.

정교협약과 함께, 교황 비오 7세는 1801년 7월의 협약을 재확인하는 교황칙서*bulle*와 주교와 결혼한 신부에 대한 세 개의 교황교서*brefs*를 반포하였다. 교황은 정교협약의 적용과정에서 발생하는 문제들을 해결하기 위하여 카프라라 추기경을 프랑스 교황특사로 파견하였다. 1802년 4월 9일부터 공식적으로 임무를 시작한 카프라라 추기경이 수행한 가장 근본적인 임무 중의 하나는 혁명기간에 사제직을 포기했던 신부들에 대한 사면이었다. 그는 대략 6,000여 명의 성직자들이 보낸 탄원서를 검토하였다. 이 가운데 80% 이상이 결혼한 신부의 문건이다. 이 가운데 3,000여 개의 문서를 분석한 보벨은 대략 혁명기간 중에 결혼한 신부들의 수를 6,000여 명으로 추산하였다.[2] 카프라라 추기경이 다룬 문서들과 서신들은 파리국립문서보관소에 문서번호 AFIV 1895~1916으로 분류되어 현재 보존되고 있다.[3] 알베르 마띠에즈는 당시에 전혀 알려지지 않았던 카프라라 추기경의 문서들을 처음 대하고서는 "나는 이렇게 충격적인 문서를 본 적이 거의 없다"고 기록한 바 있다.[4] 추기경에 보낸 탄원서들을 검토해보면 혁명기간에 결혼했거나 사제직을 포기했던 신부들의 인생행로를 구체적으로 살펴볼 수 있다.

혁명기 신부들의 결혼은 혁명력 2년의 비기독교화보다 훨씬 이전인 1790

2) M.Vovelle, *La Révolution contre l'Eglise*(Paris, Editions Complexe, 1988), pp.134~135.

3) J.Charon-Bordas, *Inventaire des archives de la légation en France du cardinal Caprara* (Paris, 1975).

4) M.Vovelle, *op. cit.,* p.139에서 재인용.

년부터 이미 몇몇 신부에 의해서 시작되었다.[5] 물론 1793~94년에 절정에 이른 것이 사실이다. 그러나 테르미도르 총재정부 시대뿐만 아니라 정교협약 이후에도 신부들의 결혼이 여전히 발견된다. 예컨대 남동부지역에 대한 보벨의 분석에 따르면 1794년 전에 21%, 1794년에 40%, 테르미도르 반동 이후 총재정부시대에 33%, 정교협약 이후에 5%가 결혼하였다. 물론 혁명력 2년 이전과 이후의 결혼한 신부들의 유형은 제각기 다르지만, 혁명력 2년에 신부들의 결혼이 집중된 것은 파견의원들이나 일부 붉은 사제들의 자발적인 강압조처에 따른 것이었다.

보벨에 따르면, 대략 1 道*département*에 평균 35건의 결혼이 있었으며, 파리가 132명으로 가장 많았다. 결혼한 신부의 분포도는 비기독교화의 강도를 표시한 분포도와 상당부분 일치한다. 다시 말하면 대체적으로 파리분지와 같이 비기독교화가 활발히 일어났던 지역에서 신부들의 결혼도 많았다.

20세기 초반에 대부분의 신부 역사가들은 혁명기 신부들의 결혼이 모두 위장결혼이었다고 주장하였다. 이들은 신부들이 혁명당국의 강요에 의해 위장 결혼했으며 종교가 정상화된 직후에 모두 신부직에 복귀하였다고 주장하였다. 일부 신부들의 결혼은 실제 위장된 결혼이었다.

보벨에 따르면, 1794년 당시에 북서부와 남서부 지역의 신부들의 경우 평균 나이가 37세였으며, 북동부는 38세, 남동부는 42세였다. 결혼한 신부들은 대개 20대에서 40대에 집중되어 있었다는 사실은 혁명 초에 선서파 주교로부터 사제서품을 받은 젊은 신부들이 주로 결혼했다는 기존의 주장이 사실상 일부 신부들에게만 해당된다는 반증이다. 실제 카프라라 추기경의 문서들을 상세히 살펴보면, 많은 신부들이 실제로 결혼생활을 했던 것으로 나타났다.

카프라라 문서를 통해 신부들이 밝힌 결혼 동기를 상세히 살펴볼 수 있

---

5) 이 부분은 주로 다음을 참조함. *Ibid.*, pp.133~154.

다. 일부 신부들은 사제성소의 결핍으로 인한 결혼을 고백하였는데, 상당수가 가족의 압력으로 원치 않은 사제가 되었음을 고백하였다. 대다수 신부들에게 1794년의 공포정치는 혁명기간 중 가장 흉악한 시기로 기억되었다. 또한 많은 신부들은 결혼하지 않았을 경우에 당할 박해와 억압 때문에 결혼했다고 주장하였다.[6] 이들은 주로 파견의원을 신부들의 결혼을 주도한 핵심적 책임자로 주목하였다.

이들은 결혼 후에 어떻게 지냈을까? 529명에 대한 랑그르와와 르 고프 *Jacques Le Goff*의 분석을 살펴보면, 결혼한 신부들의 32%는 교육직, 24%는 행정직, 14%는 사법직, 11%는 상인과 장인, 5.6%가 전문직, 4.5%가 지주, 4.5%가 농부, 2.5%가 군대에 종사하였다.[7] 이 통계를 살펴보면, 신부들이 교육직과 사법직, 그리고 행정직처럼 신부들이 이미 익숙해있던 직종에 주로 종사하였다(전체의 70%)는 것을 알 수 있다.

3,000여 명의 결혼한 신부들 가운데 2,200여 명에 대한 가족상황을 파악할 수 있었다. 이들 가운데 35%가 자녀를 출산하였는데, 1명을 출산한 경우가 전체의 31%, 2명이 27%, 3명이 21%, 4명 이상이 21%였다. 결혼한 신부들의 1794년 당시 평균나이는 37세에서 42세였으며, 배우자들의 평균나이는 30세에서 45세였다. 신부들은 종종 친척들과 결혼하였으며, 소문에 떠돌 듯이 신부사택의 가정부와 결혼한 경우는 그리 흔치 않았다. 이러한 사실로 볼 때, 결혼한 신부들의 대다수는 위장결혼이 아닌 실제 결혼인 것으로 보인다.

결혼했던 신부들의 상당수가 1801년 정교협약 이후에 복권을 신청하였다. 일부 신부들은 배우자에게 자신의 신분을 속이기도 하였고, 일부 신부들은 결혼을 하였으나 형제, 자매처럼 동정을 지켰다고 주장하였다.[8] 결혼했다가

---

6) *Ibid.,* p.143.

7) C.Langlois et J. Le Goff, "Pour une sociologie des prêtres mariés," *Voies nouvelles pour l'histoire de la Révolution Française*(Actes du Colloque Mathiez-Lefebvre de 1974, Paris, 1978).

복권을 신청한 신부들 가운데 일부는 다시 사제직에 복귀하였다. 일부는 결혼 상태를 계속 유지하기 위해, 결혼의 복권과 함께 사제직을 포기하고 평신도로 돌아갔다.

혁명기간 중에 결혼하거나 사제직을 포기하였다가 정교협약 이후에 다시 돌아온 성직자들은 누구였을까? 3,000여 명의 결혼한 신부들에 대한 보벨의 연구는 이들에 대한 사회학적 분석과 유형 분류에 머물러 있으므로 이들에 대한 좀더 심도 있는 접근이 필요하다. 필자는 이 글에서 그들의 인생여정과 그의 인간적 고뇌를 세밀히 살펴보고자 한다. 이 글에서는 혁명 당시에 결혼했다가 카프라라 추기경에게서 사면을 받고 다시 본당의 주임사제로 활동하였던 샤를 셰노*Charles Chaisneau*신부의 강론을 선택하였다. 필자가 센에와즈도의 종교생활에 대한 박사학위논문을 준비하던 중 우연히 파리 국립고문서보관소에서 셰노의 강론을 발견하였는데, 이는 큰 행운이 아닐 수 없다. 사료의 성격상 매우 희귀하고 소중한 사료이기 때문이다.

셰노신부의 강론은 하나의 이야기이다. 이야기는 무엇인가를 의미하고 또 그것을 전달한다. 다시 말하면 기호학적 속성을 갖고 있다. 이야기의 기호학적 속성을 살피는 일은 이야기가 갖는 의미 그리고 이를 중심으로 전달이 이루어지는 맥락을 살피는 일이다. 이야기에 대한 기호학적 분석이 필요한 것이 바로 이 때문이다.

셰노의 강론의 의미작용을 밝히기 위해서는 기호학적 관점이 매우 유용하다. 기호는 체계를 전제하고, 체계 속에서의 의미가 바로 기호가 갖는 의미이므로, 이야기를 기호로 보는 관점은 이야기의 의미작용과 전달 작용이 이루는 체계를 드러내게 한다. 기호학은 의미작용에 대한 학문이기 때문에 심도 있는 독서행위를 도와주며 또한 텍스트에 대한 주의 깊은 독서행위를 요구한다.[9]

---

8) M.Vovelle, *op. cit.*, p.153.

이 글에서 궁극적으로 다루고자 하는 것은 강론이 갖는 의미이며, 따라서 기호 가운데에서 기표*signifiant*보다는 기의*signifié*에 초점을 맞출 것이다. 이에 따라 이 글은 1970년대 이후에 널리 알려진 그레마스의 구조의미론의 분석방법론을 본문 분석에 적용해보고자 한다. 그의 관심은 단지 기호 자체에 한정된 것이 아니라 기호가 생성된 총체적 맥락에까지 확대되기 때문이다. 그의 기호학적 분석 방법론은 불어권지역에서 특히 문학, 성서학과 기호신학 등에서 많이 적용 · 실천되고 있는 실정이다.[10)]

그레마스의 기호학은 셰노의 강론을 단지 수동적으로 의미된 자료가 아니라, 능동적으로 의미를 창조하는 텍스트로 본다. 셰노의 강론이 하나의 기호체계로서 기호가 의미작용을 하는 것으로 간주할 때 의미 창조가 가능해진다. 기호학적 분석의 도구를 사용하여 텍스트를 관찰한다는 것은 첫째, 텍스트를 구성하고 있는 요소들을 찾아내고, 둘째, 의미작용을 서로 연결시키는 한 방식을 도출하고, 셋째, 이름을 붙인 단어들의 산하에 가능한 관계들을 상호 관련시키는 방식을 드러나게 하는 것을 말한다. 이러한 텍스트읽기는

---

9) 서인석, 『성서와 언어과학』, 성바오로 출판사, 1984.

10) A.J.Greimas, *Sémantique structurale*(Paris, 1966). ; A.J.Greimas, *Du sens-Essais sémiotiques*(Editions du Seuil, Paris, 1970, 김성도 역, 『의미에 관하여』, 인간사랑, 1997). ; A.J.Greimas, *Maupassant-La sémiotique du texte: exercices pratiques*(Paris, Editions du Seuil, 1976). ; J.Courtés, *Introduction à la Sémiotique Narrative et Discursive*(Classique Hachette, Paris, 1980, 오원교 역, 『담화분석을 위한 기호학입문』, 신아사, 1985). ; 국내 문헌으로는 송효섭, 『삼국 유사 설화와 기호학』, 일조각, 1990. ; 성현경, 『南原古詞 본 春香傳의 구조와 의미』, (한국 고전 문학연구회 편저, 『고전소설 연구의 방향』, 새문사, 1985) pp.299~331. ; 최현무 엮음, 『한국문학과 기호학』, 문학과 비평사, 1988. ; 서인석, 『성서와 언어과학-구조분석의 이론과 실천』, 성바오로 출판사, 1984. ; 서인석, 『기호학 교육론-복음서의 이야기』, 성바오로 출판사, 1989. ; 김치수 외, 『현대기호학의 발전』, 서울대출판부, 1998. ; 김성도, 『현대 기호학 강의』, 민음사, 1998. ; 한국 기호학회, 「현대사회와 기호」, 『기호학 연구』 2집, 1996. ; 김희영, 「기호학적 비평의 이론과 실제-그레마스의 기호학을 중심으로」, 『문학과 비평』, 1987년 봄호, pp.138~154.

사료 해석이라는 기본적인 문제에 항상 몰두하고 있는 역사가들에게는 대단히 유익한 것으로 보인다.

셰노는 혁명기간 중에 결혼했다가 이혼하고 심지어 이성숭배교의 전도자로 강론까지 했는데, 이제 다시 가톨릭교회에서 사제로 돌아와 취임 강론을 하면서 과연 무슨 말을 하고 싶었을까? 그가 사용한 어휘들은 당시에 어떠한 의미로 사용되었을까? 혹시 지역 주민들의 정치성향을 배신하지 말아야 한다는 강박관념 때문에 마음에도 없는 주장을 내세운 것은 아닐까?

우리는 이러한 질문들에 대한 해답을 모색하기 위하여, 셰노신부의 강론을 분석하기로 하였다. 셰노신부의 강론에 대한 기호학적 분석은 프랑스혁명 당시에 결혼했다가 다시 교회로 돌아온 사제들을 심도 있게 이해하는데 유용할 것이다.

II. 본론 - 셰노신부의 강론 분석

1. 본문 : 1801년 정교협약 이후 안토니 본당의 주임신부 샤를 셰노의 첫 번째 강론

오땅교구의 신부이며, 혁명 전에 15년 이상동안 주임사제였으며, 그러나 이후로 오랫동안 자신의 직책을 수행하지 않았는데, 나는 내가 항상 사랑했던 사목을 다시 시작하기 위해서 적절한 시기를 기다려왔습니다.
모든 사건들을 당신의 생각과 당신의 영원한 뜻 가운데에 배열시키시는 하나님은 이러한 적절한 시기를 마련해 주셨습니다. 무서운 폭풍우와 격렬한 진동이 지난 후에, 그리고 오랜 기간의 슬픔과 쓰라린 고난이 지난 후에, 나는 종교가 자신의 눈물을 닦는 것을 보았고, 예수 그리스도의 교회가 자신의 기초를 회복시키는 것을 보았습니다. 프랑스 정부와 협력하여, 로마의 성부(교황)께서는 당신의 의견을 알리셨으며, 나는 (사제의) 대열 속에 다시 들어가기 위해 서둘렀습니다. 이렇듯 행복한 경쟁 상황에서 당신의 높은 연세뿐만 아니라 당신의 덕으로 존경을 받고 있는 추기경이신 파리의 대주교께서는 나에게 안토니 본당의 사목을 위임하기를 원했습니다. 그리고 나는 방금, 나의 형제들이여, 여러분들 가운데에서 나의 임무를 시작했습니다.

나는 방금 복음, 사도들이 온 세상에 전했던 동일한 복음을 여러분에게 전했습니다. 나는 방금 예수 그리스도의 종교, 18세기가 넘는 역사를 가진 거룩한 종교, 여러분의 아버지들이 여러분에게 넘겨준 종교, 여러분들이 스스로 귀중한 유산으로 자녀들에게 넘겨주는 종교를 여러분에게 전했습니다 ; 이 종교는 기독교 교의를 믿고 기독교 규범을 따를 사람들의 행복을 위하여 진정으로 하늘로부터 이 땅에 내려온 종교입니다. 이 세상 것들을 감상할 줄 알면서도 하나님에게 단단히 붙어있는 사람은 행복합니다! 인생의 어떤 상황에서도 이 사람은 세상이 줄 수 없는 평화, 양심의 증거, 그리고 사도들의 표현에 따르면 모든 감정을 초월하는 내적인 평화를 누리게 됩니다.

기독교인인 여러분들 가운데에 나의 임무를 위엄있게 수행하기 위하여, 나는 전지전능하시고 자비로우신 하나님의 은혜가 마음 가운데 진실하게 하나님을 부르는 사람들을 절대로 포기하지 않으시는 하나님의 은혜가 필요합니다. 이 은혜가 없으면, 하나님의 선물이 없으면, 내가 일하는 것은 아무 소용이 없습니다. 사람 홀로는 아무것도 할 수 없습니다. 사람은 씨를 뿌리고 나무를 심지만, 모든 것에 생명을 주시고 자라게 하시는 분은 하나님입니다; 모든 결실은 높은 곳에서 옵니다. 나는 따라서 미사 성제(聖祭)를 드리면서, 나에게 하나님의 영을 채워주시고, 하나님이 사도들을 온 세상에 복음을 전하도록 파견하시면서 축복하셨듯이 하나님의 종에게 넘치도록 축복을 베풀어주시기를 하나님께 요청할 것입니다.

하나님의 은혜를 받은 후에, 나는 또 다른 것이 필요합니다. 나는, 나의 형제들이여, 여러분의 도움이 필요합니다. 여러분들은 나와 함께 여러분의 구원이라는 위업과 여러분의 성화라는 위업에 협력해야 합니다. 그러나 나는 여러분이 하나님의 성전에 모인 것을 목격합니다 ; 그리고 나에게 동일한 하나님을 아버지로 생각하는 수많은 형제들이 있음을 알려주는 이 모임, 이 모임은 내가 미래를 밝게 예측하도록 해주며, 이 모임은 내가 여러분들 가운데 이제 막 시작한 사목 활동을 이미 축복하고 있습니다. 아마도 나는 내가 여러분들에게 심어주고자 하는 종교의 정서들을 여러분의 가슴속에서 발견할 것입니다 ; 나는 여러분 모두가 고무된 경건한 정서를 유지하고 증가시키기만 하면 될 것입니다; 그리고 마찬가지로 하나님께 우리가 해야 할 공적인 찬양을 올리면서, 우리가 서로 서로를 도우면서, 한 마디로 기독교의 덕을 실천하면서, 우리는 하나님이 우리를 부르는 기쁨을 누릴 때까지 조용히 우리의 인생을 살 것입니다.

여러분들이 아시겠지만, 기독교인들이여 : 우리는 이 세상에서 여행객에 지나지 않습니다. 우리는 그저 지나갈 뿐입니다 ; 우리는 오직 죽기 위해서 태어납니다, 그러나 우리는 오직 다시 태어나기 위해서 죽습니다. ; 그리고 하나님은 그가 선택한 백성들에게 인간의 정신으로는 도저히 이해할 수 없는 재물*biens*, 인간의 어떤 말로도 표현할 수 없는 재물을 주시겠다고 약속하신 것은 바로 저 세상, 영원히 끝나지 않는 저 세상에서입니다…… 아! 우리가 얼굴과 얼굴을 대하면서 볼 분, 우리가 그분의 찬란한 영광 가운데 소유하게 될 분은 하나님 바로 하나님 자신입니다.

이러한 것들이, 나의 형제들이여, 내가 앞으로 여러분들과 함께 얘기하려고 하는 몇 가지 위로의 진리들입니다 : 이 기회들을 기다리면서, 나는 여러분들에게 애정과 신뢰를 요청합니다. ; 사도들처럼, 나는, 모든 것을 모두에게 제공하면서, 또한 나의 사목활동이 허락하는 모든 좋은 성무와 모든 존경을 여러분들 각자에게 제공하면서, 여러분의 애정과 신뢰를 받을 자격이 있도록 노력할 것입니다.

하늘의 가장 높은 곳에 계신 전능하시고 좋으신 하나님이시여, 이 본당의 모든 주민들을, 여기에 참석한 분들을, 여기에 결석한 분들을 아버지의 눈으로 주목해 주십시오, 왜냐하면 그들도 모두 동일하게 우리의 형제들이며, 그들 모두가 우리에게는 소중하기 때문입니다! 나에게 맡기신 이 양떼를 불쌍히 여기소서, 여러분들에게 간청하는 이 목자를 불쌍히 여기소서. ; 그리고 우리에게 언젠가 서로가 서로에게 싸움의 면류관, 영광스러운 불멸의 면류관을 주소서. 아멘.

(출전: A.N. AFTV 1898 d.8 p.31)

2. 텍스트의 저자와 성격

이 글의 저자인 샤를 셰노는 1749년 9월 15일에 출생하여 1830년경에 사망하였다.[11] 혁명이 전에는 오땅*Autun*교구의 신부였다. 1788년 지방 의회가 열렸을 때 욘느교구의 마이요본당의 주임신부로 시무하였으며, 『사목의 빨레몽*Palémon pastorale*(그리스신화에 나오는 바다의 신)』과 『아르까스*Arcas*』라는 책자를 발간한 바 있다.

셰노신부는 1791년에 성직자민사기본법에 선서하였고, 1793년 교회가 문을 닫기 전까지 플롱비에르-레-디종*Plombières-les-Dijon*의 주임신부로 사목하였다. 그는 50대 여성과 결혼하였다가 2년 후에 이혼하였다. 혁명력 2년(1793~94년)에는 옥세르*Auxerre*에서 이성숭배당에 나타나 혁명력 2년 플리비오즈 20일(1794. 2. 8)에 미셸 르펠르티에*Michel le Peletier*를 기념하는 강론을, 그리고 혁명력 2년 메시도르 20일(1794. 7. 8)에는 「인류의 은인*Bienfaiteur de l'Humanité*」이라는 연설하였다. 같은 날 셰노는 이성숭배교*Culte de la Raison*를 위한 찬가를 작곡하여 출간하였다.

혁명력 5년 옥세르에서 반혁명파인 슈앙당에 극렬히 반대하는 연설과 함께 헌법파의 초대 집회를 경축한 후에, 혁명력 5년 메시도르 20일(1797. 7. 8)에 경신박애교의 초대 사제의 자격으로 시청 앞에서 선서하였다. 혁명력 5년 제르미날 20일(1797. 4. 9)에는 생테티엔느*Saint-Etienne*성당에서 박애교의 개회식을 직접 거행하였고 얼마 후에 시청의 행정관료가 되었다. 혁명력 7년 방데미에르 3일(1798. 9. 24)에는 생테티엔느성당에서 박애교 신자들을 생토세브*Saint-Eusèbe*성당으로 이동시킨 시의 법령에 항의하여 시청의 관료직

---

11) 저자에 대해서 다음의 사료를 참조하였음. A. D. de la Seine. D36Z. les manuscrites dactylographiés de l'abbé Ernest Carré sur les paroisses du Diocèse de Paris (1789-1802).

을 사임하였다. 그러나 혁명력 10년 방데미에르 12일(1801. 10. 4)에 박애교가 폐지될 때까지 박애교의 사제직을 계속 수행하였다. 박애교가 폐지된 직후에 셰노는 자신의 선서들을 철회하였고, 동료인 파리의 생메리*Saint-Merri* 성당의 보좌신부인 미냐르*Mignard*신부에게 고백성사를 하였다. 1802년 5월에는 사제직의 복권을 요청하였다. 그리고 1802년 6월 3일에 파리의 부주교인 마라레*Malaret*신부로부터 복권되었다는 법령을 통지받았다.

혁명력 10년 플로레알 28일(1802. 6. 18)의 대주교의 명령에 따라 안토니 본당의 주임사제로 임명되어 1802년 7월에 부임하였다. 1802년 11월 28일 그는 카프라라추기경에게 자신의 복권에 대한 첫 번째 법령을 잃어버렸으므로 새로이 법령을 발급해줄 것을 요청하였다. 그가 안토니 본당에서 행한 첫 번째 강론은 혁명력 11년 방데미에르(9월 23일~10월 22일)에 파리에서 출판되었다. 이 강론이 바로 이 글의 텍스트이다.

혁명력 11년 브뤼메르 13일(1802. 11. 4)부터는 셰노신부에 대한 고발로 인해 자신의 혁명기간의 행적에 대해 본당신도들에게 설명해야만 했다. 본당신부들이 그의 후계자를 거부함에 따라 셰노신부는 다시 3년을 안토니 본당에 머물렀으며, 1805년 11월 12일에 은퇴하였다.

셰노신부는 다음과 같이 여러 저서를 남긴 저술가였다 : 『자연사 지도 혹은 동물학과 관련된 39개의 그림 모음』(파리, 1801) ; 『제네바교구의 한 신부가 저술한 거룩한 성서와 교황의 증언에서 발췌한 하나님의 어머니인 성모 마리아의 인생』(파리, 1821) ; 『프랑스의 수사학』, 『파리, 1815년 ; 이소르 꼴레쥬에서 있었던 교육에 관한 강론』(파리, 1806년).

이 글은 샤를 셰노신부가 1802년 복권된 직후에 안토니 본당에서 행한 첫 번째 강론이다. 이 강론은 혁명력 11년 방데미에르 즉 1802년 9월 23일에서 10월 22일 사이에 파리의 보두왕*Beaudoin*인쇄소에서 4절판지로 출간되었다.

따라서 이 강론은 1801년 7월에서 9월 23일 사이에 안토니 성당에서 읽혀진 것으로 보인다. 이 글은 먼저 성당에서 읽혀진 후에 정치적 선전을 목적으로 수정 가필되었다는 점을 염두에 두고, 분석해야 할 것이다.

3. 텍스트분석의 기초 작업

1) 행위항(行爲項)의 역할

이 텍스트의 구조와 의미를 제대로 밝히기 위해서는 우선 이 텍스트 속의 작중 인물들을 규명해야 한다. 이 글에 등장하는 작중 인물들은 각자 서로 다른 기능들을 하고 있는데, 이러한 기능들을 그레마스는 행위항*actant*이라 부른다. 이 행위항들은 텍스트 안에서 그들이 갖는 상호관계와 그들이 갖는 기능에 따라서 정의된다. 그레마스는 6명의 행위항들로 구성되어 있는 텍스트의 모델을 아래의 도식으로 제안하고 있다[12].

▶ 도형 1

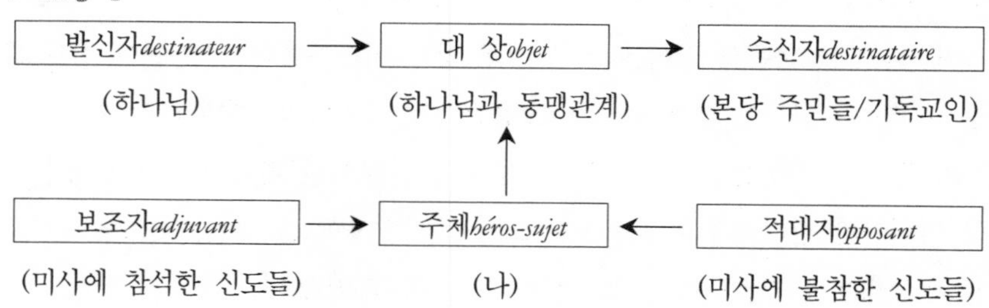

발신자*destinateur*는 이야기에 발동을 거는 행위항이다. 그는 탐색의 객체 즉 결핍되어 있는 대상을 규명하고 또한 그 대상을 찾아 가져올 수 있는 행

12) A.J. Greimas, *Structual Sematics*(Lincoln, Univ. of Nebraska Press, 1983), pp.197~256.

위항 곧 주체를 물색하는 위치에 있다. 이 글에서 발신자는 하나님 좁게는 복음 혹은 종교이다. 수신자*destinataire*는 이야기의 끝에 가서 탐색의 대상을 선물로 받는 자이다. 이 글에서 수신자는 주체의 복권을 통해 하나님과 동맹관계를 맺으므로 혜택을 받는 자인데 이 글에서는 구체적으로는 본당주민들, 넓게 본다면 기독교인들이라고 할 수 있다. 주체*sujet*는 발신자의 호소에 응답하고 그와 협약을 맺으며 결핍된 대상을 찾아오겠다고 나서는 자이다. 주체인 나는 하나님의 호소에 응답하여 정교협약을 통해 하나님과 협약을 맺으며 결핍된 대상인 동맹관계를 찾아 나서는 자이다. 대상*objet*이란 주체인 셰노신부가 탐색하는 것, 결핍되어 있는 것, 곧 찾아와야 하는 대상을 말한다. 이 글에서는 셰노신부와 하나님 사이의 결핍된 동맹관계를 말한다. 적대자*opposant*는 주체의 탐색 행위를 방해하는 자이다. 정교협약에 따른 사면복권을 통하여 하나님과 동맹관계를 맺고자 하는 주체를 방해하는 것은 바로 미사에 불참한 신자들이다. 보조자*adjuvant*는 탐색을 쉽게 하도록 도와주는 자이다. 보조자인 미사에 참석한 "여러분들"은 주체인 내가 하나님과 동맹관계를 이루려는 임무를 수행하는데 도움을 주는 행위항이다.

2) 텍스트의 기본적 범주들

이 텍스트의 구조와 의미를 제대로 밝히기 위해서는 우선 이 텍스트 속의 대립적 양항들이 어떻게 맺어지고, 또 이들이 어떻게 계기적으로 이어지는 가를 살필 필요가 있다. 이 텍스트는 셰노신부가 종교가 요구하는 복권(계약의 체결)을 하고 난 후, 본당신도들에게 도움을 호소하는 이야기이다. 그런데, 이 글에서는 계약의 체결이후 하나님/나, 혁명/종교, 결혼/사목, 폭풍우/평화, 참석한 분/참석하지 못한 분, 양떼/목자, 이 세상/저 세상, 결핍/충족 등의 상호 대립적인 요소들이 존재하여, 각각 병렬적인 관계를 이루면서, 한편으로 계기적 관계를 형성하고 있다. 이들 병렬체들이 계기적으로 결합되면서 이야기가 진행되고 있는 것이다.

그러나 그레마스가 보기에 근본적인 대립항은 결핍/충족이라고 볼 수 있다. 셰노신부가 하나님과 동맹관계를 탐색대상으로 삼고 있지만, 그는 결혼했던 신부라는 신분상의 제약으로 인해 하나님과 동맹관계가 결핍되어 있는 존재이다. 자격결핍/자격획득을 근간으로 하여 주체가 하나님과 동맹관계를 성취하는 과정을 보여주는 것이 바로 이 텍스트라고 할 수 있다. 따라서 이 글은 "결핍의 상황→결핍 극복을 위한 시련과 투쟁(과업의 수행)→결핍의 지양 · 해소(과업의 완수)", "불완전한 결합→사제위임→완전한 결합"의 제과정을 보여준다.

이러한 서사구조를 가진 텍스트는 자격 결핍의 상황(도입부), 극복과정(전개부), 지양, 해소(종결부)라는 세 단계로 구성되어 있다. 이들은 각각 도입부, 전개부, 종결부를 이루면서 완결된다. 전개부에 있어서 자격 결핍의 극복과정, 자격의 획득과정에 즉 상황의 변화생성은 필연적으로 위기를 거쳐 발생한다. 위기의 개념은 텍스트에서 가장 중대한 사항으로서 범주들의 체계 밑바닥에 깔려있다. 여기서 그레마스는 세 가지 형태의 시련—자격시련, 본격시련, 영광시련—을 제안한다.[13] 세 가지 형태의 시련은 다음과 같은 방식으로 행위항 모델 안에 배치시킬 수 있다.

---

13) 이 부분은 주로 필자의 다음 논문을 재인용함. 백인호, 「프랑스혁명시대 선서파 사제의 선서에 관한 기호학적 분석」, 『현대 사회와 기호』, 기호학 연구 2집(한국기호학회, 1996), pp.177~209. 또한 다음을 참조할 것. A.J. Greimas, *Structual Sematics* (Lincoln, Univ. of Nebraska Press, 1983) ; 서인석, 『성서와 언어과학』(성바오로출판사, 1984), pp.168~181, 253~274.

▶ 도형 2

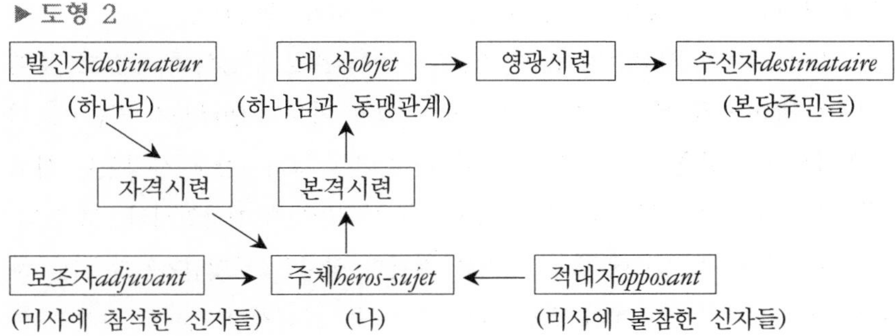

자격시련*épreuve qualifiante*, 본격시련*épreuve principale*, 영광시련*épreuve glorifiante* 이라는 세 가지 시련들은 텍스트의 도식 안에서 결과를 통해 현시된 의미론적 가능성의 부여 때문에 서로 구별된다. 즉 자격시련은 능력*compétence*의 취득에, 본격시련은 수행*performance*에, 영광시련은 인정*sanction*에 해당된다. 이 세 가지 시련 가운데 자격시련과 본격시련은 실천적 차원에 속하고 영광시련은 인식적 차원에 속한다. 그러므로 이 계기의 논리에 의하면 인정은 실천을 전제하고 있고 수행은 그에 해당되는 능력과 자격을 전제하고 있는 것이다. 텍스트 안에서 영광시련이 성립되는 것은 그에 선행하는 본격시련을 비준한다는 것 때문이요, 또한 본격시련은 자격시련이라는 전제가 없이는 성립될 수가 없다.

3) 텍스트의 계기적 구조분석

Ⓐ 도입부(결핍의 상황) : 첫째 문단

첫 번째 줄에서 셰노신부가 손에르와르 道(*Départment de Saone et Loire:* 혁명기 행정개혁에 따른 행정상 지명)의 신부라고 소개하지 않고 "오땅교구"(종교상 지명)의 신부라고 자신을 소개한 사실로 미루어, 셰노신부는 혁명과 관련된 모든 것들을 청산하려는 의지를 읽을 수 있다.

그러나 셰노는 사목하지 않은 기간을 구체적으로 언급하지 않았고("오랫동안 사목하지 않았던"), 더욱이 사목하지 않은 이유도 언급하지 않음으로써 혁명기간의 단절을 슬쩍 비껴가고 있다. 반면에 그가 "항상 사랑했던 사제직"이라고 고백함으로써 자신의 신앙고백을 신도들에게 재확인시켜주고 있다.

그렇다면 이 텍스트에 발동을 거는 결핍의 상황은 무엇인가? 그것은 "하나님"과 "나"의 동맹관계의 결핍이다. 텍스트는 발신자인 하나님(좁게는 복음 혹은 종교)의 조정*manipulation*으로 시작한다. 발신자인 하나님은 안토니 본당의 주임사제로 부임한 "나"를 주체의 자리에 배치시킨다. 주체는 하나님의 조종을 받아 결핍의 대상을 찾아 즉시 실행에 옮긴다. 주체가 이행해야 할 임무는 하나님과 동맹관계를 맺어 다시 사제직을 시작하는 것이다. 이 같은 임무를 성공적으로 끝내기 위해서는 능력이 있는 주체가 전제되어야 한다. 주체는 결혼하고 사목활동을 중단했던 사제이기 때문에, 그에게 결핍된 것은 하나님과 동맹관계이다. 여기서 결핍은 이 이야기의 지배적인 원동력인 것을 기억할 필요가 있다.

그리하여 주체인 "나"는 글 서두를 하나님과 주체의 관계를 살펴보는 것으로 시작한다. 혁명 전에 오땅교구의 신부였으며 15년 이상 주임사제였다는 사실을 전면에 내세운 직후에 "이후로 오랫동안 자신의 직책을 수행하지 않았는데"라고 하면서 "사제직"으로 대표되는 하나님과 주체인 "나" 사이에 동맹관계가 결핍되어 있다는 것을 먼저 확인하고 있다.

Ⓑ 전개부 : 변형의 생성(2~7문단)

① 자격시련 : 두 번째 문단

주체인 '나'는 하나님과 동맹관계가 결핍되었다는 것을 확인한 후에 첫 번째 시련에 들어간다. 이 시련을 통하여 "나"는 주체로서 능력을 취득*acquisition* *de compétence*하게 된다. 혁명 중에 결혼하고 15년 이상이나 사제직을 떠났던 신부가 어떻게 안토니 본당의 주임신부가 될 수 있을까? 그는 하나님이 적절한 시기를 마련하였고, 로마의 성부가 자신의 견해를 알려왔고, 파리의 대주교가 본당의 사목을 위임하였기에 주임신부가 될 수 있다. 여기서 중요한 것은 권력들이 하나님, 종교, 예수 그리스도의 교회, 교황, 파리대주교의 순서로 등장하고 있다는 점이다. 여기에는 권력들 간의 서열이 등장하는데, 모든 것은 하나님의 거룩한 계획에 따라 시작되었다. 맨 마지막으로 등장하는 권위자는 파리의 대주교이다. 그가 바로 주체의 행동을 지시한 사람이다. 셰노신부는 파리 대주교에게 다른 권위보다 더 풍부한 권위를 부여한다. 파리의 대주교는 평범한 주교가 아니라, 그의 나이에 못지않게 그의 "덕으로 말미암아 존경받을 만한" 대주교이다. 왜냐하면 "파리의 대주교께서 나에게 안토니 본당을 맡기고자"(2문단) 하셨기 때문이다. 이제 우리는 왜 셰노가 그렇게 파리 대주교의 신분을 다른 권위자들보다 더욱 치장하기를 원했는지를 이해하게 된다.

이러한 권위들이 "적절한 시기"를 조명한다. 적절한 시기를 선택한 것은 셰노가 아니고, 바로 하나님이었다. 하나님이 선택한 것이므로 셰노신부는 이제 이 시기를 이용할 수 있다. 이 적절한 시기를 원하신 분도 하나님이시고, 모든 사건들을 계획에 따라 주도하신 분도 하나님이다. "나"는 이제 다시 신부의 대열에 속하기에 비로소 종교와의 결핍된 동맹관계를 이룰 수 있는 주체의 자격을 얻게 된다.

자격시련을 거친 후에 주체는 비로소 새로운 보조자들을 얻게 되는 데, 그들이 바로 "여러분들"이다. 보조자인 여러분들은 주체인 내가 하나님과 동맹관계를 이루는 데 도움을 주는 자들이다. 그리하여 "나"는 여러분들을 "나의 형제들"이라고 호칭할 수 있게 된다. 저자는 사실 이 문장의 순서를 달리할 수 있었다. 다시 말하면 문장의 맨 앞부분을 "나의 형제들이여, 나는 오늘…”(2문단)로 시작할 수 있다. 도대체 “내가…왔습니다”라는 문장이 왜 권위자들을 열거하고 나서 맨 마지막에 등장할까? “나”는 앞에 열거한 권위자들의 후원이 없이는 아무런 권위가 없는 “나”이기 때문이다. 주체는 하나님이 마련하신 적절한 시기에 로마의 성부가 허락하고 파리의 대주교께서 안토니 본당의 사목을 위임하고서야 비로소 주체로서의 자격을 획득하여 “여러분들”의 형제가 되는 것이다. 따라서 새로운 동맹의 결과로 여러분들과 내가 공유하게 되는 것이 있는데, 그것이 바로 하나님이다. 이 글을 관찰해보면, 권위자들이 등장하는 방식이 마치 한편의 연극에서 배우들이 등장하는 방식과 비슷하다는 것을 알 수 있다. 저자인 “나”는 매우 연약하지만, 하나님, 종교, 교회, 교황, 파리의 대주교들의 신뢰를 받고 있다. 모든 권위들로부터 신뢰를 받은 “나”는 이제서야 행동을 개시한다.

▶ 도형 3

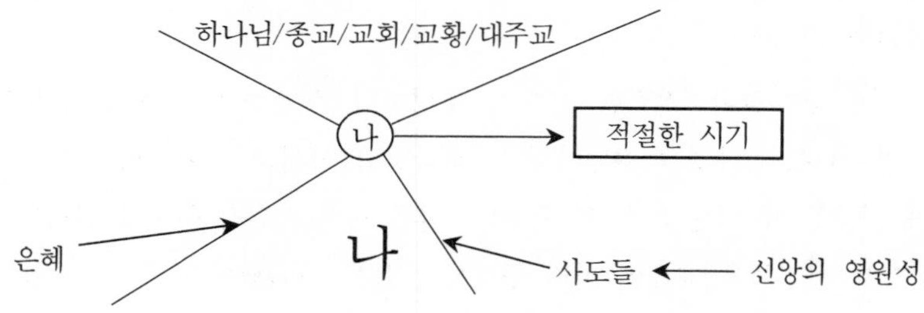

두 번째 문단에서 우리는 “무서운 폭풍과 격렬한 진동”, “오랜 기간의 슬픔과 쓰라린 고난” 등과 같은 혁명에 대한 묵시록적인 표현들을 발견한다. “나는 종교가 자신의 눈물을 닦는 것을 보았고… 회복시키는 것을 보았다.” 에서도 셰노신부는 묵시록적인 구절들을 되풀이한다. 여기서 중요한 것은 “내가 봤다”는 표현이다. 셰노신부는 “나는 종교가 눈물 흘리기를 원했다”거나 “나는 항상 기다려왔다”라고 표현하지 않았다. 다시 말해 그는 단지 한

사건에 관찰자로 참여하고 있는 것이지, 직접 관여하는 것이 아니라는 것을 말하고 싶은 것이다. 주체는 단지 이 사건의 모든 움직임 속에 포섭되어 있다.

주체는 관찰자로서 사실들을 확인하고 보고 있을 뿐이다. 그는 어느 편도 들지 않고 다만 객관적인 증인의 입장에 있을 뿐이다. 더욱이 현재로서는 주체가 이러한 사실들을 기뻐하고 있는지조차 알 수 없다. 주체는 하나님이 모든 일을 주관하신다고 믿는 섭리주의*Providentiallisme*의 입장에 서있는 것이다. 주체는 아직 다양한 권력들로 이루어진 상황에 의해 움직이는 장난감과 같은 입장이다.

② 본격시련 : 3-4번째 문단

자격시련을 통하여 주체로서의 자격을 갖춘 후에, 주체는 본격시련에 직면하게 된다. 세 번째 문단에서 본격시련은 주체에게 결핍되어 있는 종교와 동맹관계를 확인시켜주는 것으로 시작된다.

세 번째 문단의 "나는 여러분에게 복음을 알리려고 왔습니다"에서, 자격시련을 통해 자격을 갖춘 주체는 상황을 변화시키는 과업을 수행한다. 다시 말하면 이제 자신 있게 복음을 전한다. 주체가 대상과 분리된 상태에서 대상과 결합된 상태로 나아가는 것이다. 이것이 다름 아닌 결핍의 충족이다. "복음, 이 동일한 복음"(3문단)에서 저자는 성경구절을 그대로 인용하는 것을 볼 수 있다. 여기서 주체는 바울사도처럼 주체인 내가 온 것은 "또 다른 복음을 전하려고 온 것이 아니라 동일한 복음을 전하려고 왔다"(갈라디아서 1장 6-9절)고 주장한다.

"나는 방금 예수…… 귀중한 유산으로 자녀들에게 넘겨주는 종교를 여러분에게 전했습니다"(3문단)에서 나를 다시 움직이게 만드는 것은 교부들의 신앙의 영원성이다. 나는 나보다 더 위대한 권위인 1800년 역사의 기독교에 의해 지배받는다. 하나님은 사도들의 복음과 예수그리스도의 교회에 권위를 주셨다. 이것이 출발점에 선 나에게 정체성을 부여하는 것이다. 나는 오직 시간, 정통성과 전통과 같은 위의 권위들에 의해서만 존재한다.

"내"가 받은 "여러분의 아버지들이 넘겨준 종교"(3문단) 즉 신앙과 유산의 전통을 이제는 내가 전해줘야 할 때이다. 여기서 우리는 셰노가 고린도전서 11장 23절("내가 너희에게 전한 것은 주께 받은 것이니 곧 주 예수께서 잡히시던 밤에 떡을 가지사")과 15장 3절("내가 받은 것을 먼저 너희에게 전하였노니 이는 성경대로 그리스도께서 우리 죄를 위하여 죽으시고")의 성경 구절을 인용한 것을 알 수 있다. "나"의 권위는 현재의 나에게서 나오는 것이 아니라, 오직 영원하신 하나님의 권위에서만 나온다. 우리는 얼마나 셰노신부가 이러한 변화를 강조하고 있는지 알 수 있다.

그리하여 주체에게 결핍되어 있던 하나님과 동맹관계를 이루기 위해, 주체인 나는 하나님의 은혜를 간구한다. 하나님의 선물인 은혜가 없으면 "나"는 아무 것도 아니다. 하나님의 은혜를 통해 하나님과 동맹관계가 이루어지면서 주체인 나는 본격시련을 극복하게 된다.

"나"는 본격시련을 통하여 즉 미사성제를 드림으로써 "실현된 주체*sujet réalisé*"의 위치를 차지하고, 그 결과로 사제의 위치를 다시 차지하게 된다. 여기서 우리는 왜 셰노신부가 문장 서두부터 하나님, 종교, 교회, 교황, 파리 대주교를 강조한 이유를 다시 한 번 확인하게 된다.

네 번째 문단의 "기독교인인 여러분들…임무를 위엄있게 수행하기 위하여"에서 이제 주체는 단순히 안토니 본당의 주임신부가 아니다. 주체는 임무를 그냥 수행하는 것이 아니라 "위엄있게*dignement*" 수행한다. "위엄있게"는 셰노신부의 과거를 고린도전 · 후서의 내용과 연결시켜주는 강한 표현이다. 여기서부터 하나님은 그냥 하나님이 아니라 전지전능하시며 자비로우신 하나님으로 등장한다.

"이 은혜가 없으면…아무 소용이 없습니다"(4문단)라는 귀절에서 "나"는 다시 한 번 완전히 파괴된 "나"이다. 나는 여기서 "아무 것도 아닌 사람"으로 축소된다. 이 구절은 고린도전서 15장 9절에서 바울사도가 얘기했던 "나는 사도 중에 지극히 작은 자라"하는 말씀을 모델로 삼고 있다.

"하나님이 사도들을 온 세상에 복음을 전하도록 파견하시면서 축복하듯이"(4문단) 이 구절은 아주 아름다운 성직자의 상을 그리고 있다. 왜냐하면 우리 스스로 임무를 수행하는 것이 아니고, 우리 모두는 임무를 수행하도록 파견되었기 때문이다.

③ 영광시련 : 5.6.7번째 문단(26-53줄)

이제 마지막 시련이 온다. 주체인 나는 하나님과 동맹관계를 이루는 자로서 기독교인을 대표하는 "여러분"들로부터 인정*sanction*을 받아야 한다. 이것은 "여러분의 도움"을 받음으로써 이루어지고 영광시련은 성공을 거두게 된다. "여러분들"이 주체인 "나"의 자격을 인정하였기 때문이다. 따라서 이제부터 여러분들은 주체의 사제 취임식의 증인에서 사제의 지도를 받는 대상자로 바뀌게 된다.

다섯 번째 문단에서 "여러분들은 나와 함께 여러분의 구원이라는 위업과 여러분의 성화라는 위업에 협력해야"하므로, 주체는 본당신도들을 직접 이끌어가는 사목활동의 주체자임을 확인시킨다. 주체는 영광시련을 성공적으로 통과하여 여러분들로부터 인정받은 주체임을 과시하는 것이다. 이제 "여러분"들은 셰노신부의 주임사제 취임식의 단순한 증인에서 셰노신부의 지도를 받는 평신도로 입장이 바뀐다. "나의 미사"(5문단)를 받음으로써 여러분들은 나를 "구원과 성화"를 이루는 자로서 인정해주었기 때문에, 주체로서 하나님과 동맹관계를 이루는 임무를 실현하게 된다. 이제 "여러분"들은 동맹관계를 새롭게 하였고, "나"도 미사를 드림으로써 여러분과 평등한 관계를 성립한다.

여기서 우리는 다섯 번째 문단에 처음으로 등장하는 1인칭 복수의 성격을 주목할 필요가 있다. 이전까지는 "여러분*vous*"과 "나*je*"라고 하는 2인칭과 1인칭만 등장하다가, 다섯 번째 문단부터 1인칭 복수인 "우리*nous*"가 처음 등장한다. "여러분"과 "나"는 영광시련을 통해, 동일한 하나님을 아버지로 생각하는 한 형제가 된 것이다. 영광시련을 성공적으로 마치면서 "나"와 "여러분"이 합쳐지면 "우리"가 된다. 다시 말하면 "내"가 없이는 "여러분"도 아무 것도 아니라는 뜻도 함유하고 있다.

다섯 번째 문단의 "나는 여러분이…목격합니다."에서 주체는 본당신도들을 불러 모은 사람이 아니고, 항상 객관적인 목격자일 뿐임을 상기시킨다. "하나님의 성전*dans le temple du Seigneur*"(5문단)도 주체인 "나"의 교회가 아니다. "수많은 형제들이 있음을 알려주는 이 모임"에서 중요한 것은 알리는 주체가 내가 아니라는 점이다. 주체인 나는 항상 겸손하다. "그리고 이 모임은 내가 미래를…가슴 속에서 발견할 것입니다."(5문단)에서 실제적 행위자는 바로 여러분이다.

여섯 번째 문단 "여러분들이 아시겠지만"에서 셰노신부는 교훈을 가르치는 것이 아니라, 단지 우리는 이 세상에서 여행객이라는 사실을 상기시킬 뿐이다. 그는 다시 한 번 자신의 겸손을 상기시키고 있다.

"우리는 오직 죽기 위해서 태어납니다*nous ne naissons que pour mourrir*"(6문단): 이 구절은 이제 우리를 평등으로 안내한다. 평등은 지상에 있는 여행객들의 조건이다. 우리는 모두 죽을 수밖에 없는 인간에 불과하다. 우리는 태어나면서 죽을 운명을 타고났다.

"우리는 오직 다시 태어나기 위해서 죽습니다"(6문단)는 갈라디아서 2장 19절("이는 율법으로 말미암아 율법을 향하여 죽었나니 이는 하나님을 향하여 살려 함이니라")을 인용한 것이다. 주체인 나는 결혼한 신부로서 그리고 박애교의 성직자로서 죽은 사람이었다. 그러나 이제 다시 태어난 것이다.

"이러한 것들이… 위로의 진리들입니다 *Telles sont…des vérités*"(6문단)에서 주어는 진리이고, 진리가 나에게 명령한다. 나는 늘 피동적이다.

"우리가 얼굴과 얼굴을 대하면서 볼 분"(6문단)은 분명히 고린도전서 13장 12절(우리가 이제는 거울로 보이는 것같이 희미하나 그때에는 얼굴과 얼굴을 대하여 볼 것이요)의 바울의 표현을 그대로 인용하고 있다. 셰노신부는 이 글 전반에 걸쳐서 바울의 사상을 인용하고 있다. "나는…여러분의 애정과 신뢰를 받을 자격이 있도록 노력할 것입니다.*je tâcherai de la mériter*"(7문단)도 마찬가지로 바울의 표현이다. "영광스러운 불멸의 면류관*la couronne du combat*"(8문단)은 디모데 후서 4장 7절에 나오는 사도 바울의 표현("내가 선한 싸움을 싸우고 나의 달려갈 길을 마치고 믿음을 지켰으니")을 인용한 것이다.

Ⓒ 종결부 : 새로운 질서의 회복: 여덟 번째 문단

종결부에 이르러 주체에게 결핍된 동맹관계가 회복되고 자격을 인정받은 주체는 이제 새로운 질서의 회복에 나서게 된다. 주체는 이제 종교적인 질서의 한 가운데에 있다.

주체는 영광시련을 성공적으로 끝낸 후에, 여덟 번째 문단에서 가짜 주체 즉 우리의 '적대자'의 정체를 밝혀내는 것으로 시작한다. 셰노신부는 안토니 본당의 주민들을 미사에 참석한 분과 불참한 분으로 구분하고, 주체는 참석한 분에, 적대자는 불참석한 분에 속한 것으로 본다. 그러나 주체는 이들 모두가 동일한 형제임을 강조함으로써 적대자의 정체는 밝혔지만 처벌하지 않는다. 왜냐하면 나도 과거에 바울처럼 교회를 박해하였지만, 이제는 바울처럼 하나님의 품에 돌아왔기 때문이다.

종결부에서 셰노는 이제 새로운 질서를 회복하고자 한다. "이 양떼를 불쌍히 여기소서, 여러분들에게 간청하는 이 목자를 불쌍히 여기소서"(8)에서 셰노신부는 자신을 "이 목자"라고 지칭하면서 끝까지 익명으로 남는다. 주체는 적대자들을 처벌하지 않고 적대자도 같은 양떼임을 강조하면서, 다만 하나님께 양떼와 목자를 불쌍히 여기시며 불멸의 면류관을 주실 것을 간청하는 것으로 끝을 맺고 있다.

그렇다면 셰노신부는 왜 강론 전반에 걸쳐 바울의 말을 끊임없이 인용하고 있을까? 셰노신부는 무엇보다 자신의 처지를 바울사도와 동일시하고자 하기 때문이다. 셰노는 바울처럼 기독교인을 박해하였지만 하나님과 동맹관계를 확립한 다음부터는 복음을 전하는 사도가 되었다는 점을 강조하고 싶은 것이다. 셰노는 이제 바울의 복음과 "동일한 복음"(3문단)을 전하는 사도이다. 셰노의 하나님은 바울의 하나님과 동일한 하나님이다. 바울이 박해했던 신도들이 하나님과 동맹을 맺은 후에는 바울의 형제들이 되었듯이, 셰노가 박해했던 신도들이 하나님과 동맹을 확립한 다음부터는 셰노신부의 형제들이 되었음을 주장하는 것이다.

따라서 우리는 셰노가 이 글 전체에서 바울 서신을 인용하는 의미를 그레마스의 의미구조분석을 통해 알아볼 수 있다.[14] 그레마스는 텍스트를 아래 도표에서 보듯이 표출단계, 표층단계, 및 심층단계의 세 단계로 나누고 있다. 텍스트의 표출단계에서는 표면으로 표상된 기호들의 표현양태와 내용으로 구분되어 의미를 표출하게 되고, 표층단계에서는 내용면을 다소 깊이 파고들어 내용표출의 단위와 내용표출의 관계로 분리되어 나타나게 되고, 심층단계에서는 이들 각각을 구성하는 의미소와 의미작용의 기초 구조 속에서 텍스트에 내재된 깊은 의미를 담고 있다.

---

14) 이 부분은 다음에서 주로 인용함. J. Courtes, 오원교 역, 『담화분석을 위한 기호학입문-방법론과 적용』(신아사, 1986), pp.67~70; 백선기, 『보도의 기호학-한국 신문과 사회의 의미구조』(성균관대학 출판부, 1995), pp.296~301.

▶ **도형 4** 텍스트의 의미 구조 단계

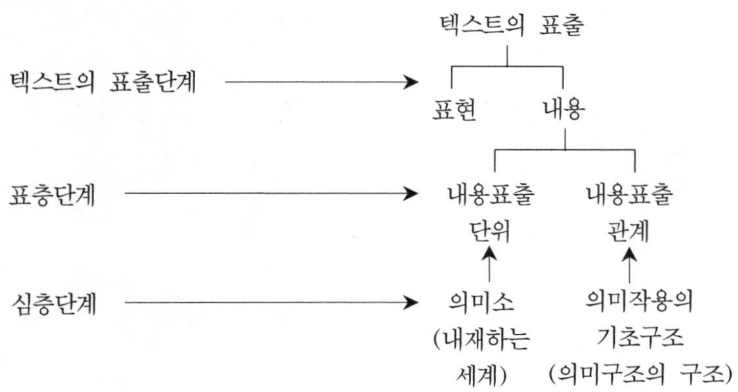

여기서 심층단계에서 나타나는 의미소라는 개념이 중요한데, 이는 표현의 변별단위, 즉 의미를 나타나게 하는 최소의 의미작용 단위를 일컫는 것이다. 이러한 의미소는 다른 의미소들과의 관계, 특히 대립과 모순의 관계 속에서 드러나게 되며, 이러한 과정을 통하여 의미의 심층구조가 드러나게 된다.

이러한 의미소는 시차적*differential*인 기능만을 지니고 있기 때문에, 특정 상황의 의미소는 그것이 사용되는 문맥이나 전체구조에서만 파악될 수 있다. 이 글에서 보면 셰노와 미사에 불참한 신자라는 기호가 "바울"과 "불신자들"이라는 의미소를 낳을 수 있다. 이와 같은 의미소의 창출은 이들 기호가 사용되는 문맥과 의도에 의해 결정되며, 바로 이러한 관계에서 의미가 발생한다.

그런데 이들 관계는 다른 기호들과 연계되는데, 즉 셰노가 아닌 사람(결혼하지 않은 신부들)이 반드시 미사에 불참한 신도라고 할 수 없듯이, 미사에 참석한 신도가 반드시 셰노는 아니다. 따라서 "셰노가 아닌 것"과 "미사에 참석한 신도"가 존재하며, 이들 역시 대립의 관계 속에 있게 되고, 그에 따른 의미소를 낳게 된다. 그리고 나서, 이들 기호들과 의미소들의 관계는 다음과 같은 복합구조 속에서 서로 연계된다.

▶ 도형 5

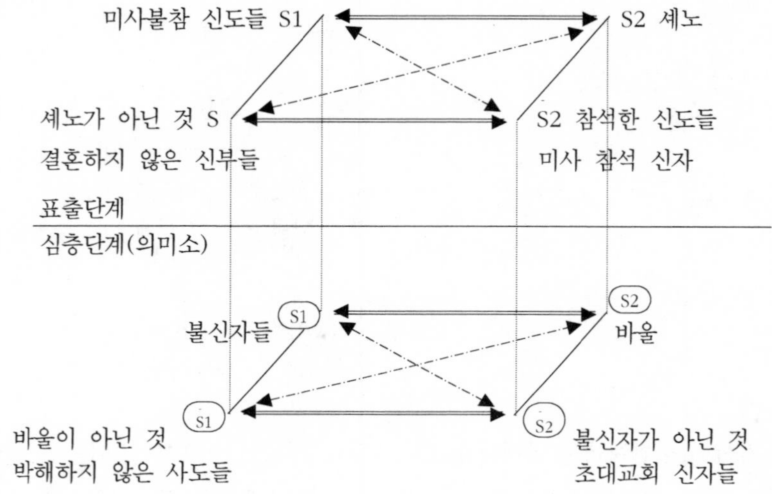

이 도표에서 보듯이, 미사 불참 신자와 셰노는 불신자와 바울의 의미소를 낳게 되고, 미사 불참 신자가 아닌 것(미사참석신자)과 셰노가 아닌 것(결혼하지 않은 신부)은 불신자가 아닌 것(초대교회신자들)과 바울이 아닌 것(박해하지 않은 사도들)이라는 의미소를 낳게 된다. 여기서 결혼하지 않은 신부와 셰노, 미사 참석 신자와 미사 불참 신자는 모순관계라고 하며, 따라서 이에 따른 의미소인 바울이 아닌 것과 바울, 신자와 불신자는 연루관계 혹은 함유관계*implication*이라고 하며, 이것은 이들 기호들이 깊은 유사성을 지니고 있음을 의미한다. 따라서 결혼하지 않은 신부들과 미사 불참신자, 바울이 아닌 것(박해하지 않은 사도)과 불신자의 의미소도 함유관계임을 나타낸다.

Ⅲ. 결론

이 텍스트는 그레마스의 구조의미론의 계기적 구조분석에 따르면, 다음과

참고자료

텍스트의 불어 원문

PREMIER DISCOURS DE CHARLES CHAISNEAU, DESSERVANT D'ANTONY, APRES LA CONCORDAT DE 1801
-BAUDOUIN, IMPRIMEUR DE L'INSTITUT NATIONAL
(A.N. AF IV 1898 dossier 8, pièce 31)

PRETRE du diocèse d'Autun, curé pendant plus de quinze ans avant la révolution, mais n'exerçant plus mes fonctions depuis long-temps, j'attendois un moment favorable pour reprendre un ministère que j'ai toujours aimé.

Dieu qui dispose tous les événements à son gré et selon ses décret éternels, Dieu a fait arriver ce moment favorable. Après une tempête affreuse, après de violentes secousses, après de longs jours de deuil et d'amertume, j'ai vu la Religion essuyer ses pleurs, et l'Eglise de J.C. se raffermir sur ses bases. De concert avec le Gouvernement français, le Saint-Père à Rome a fait entendre sa voix, et je me suis empressé de me remettre sur les rangs. Dans cet heureux concours de circonstances, un Prélat aussi vénérable par ses vertus que par son grand âge, M.l'Archvêque de Paris a bien voulu me confier la direction de la paroisse d'Antony; et je viens, M.F., commencer aujourd'hui ma mission parmi vous.

Je viens vous annoncer l'Evangile, ce même Evangile que les Apotres ont annoncé par toute la terre. Je viens vous prêcher la religion de J.C., cette religion sainte qui date de plus de dix-huit siècles, que vos pères vous ont transmise, et que vous transmettrez vous-mêmes à vos enfans comme un précieux héritage; cette religion vraiment descendue des cieux sur la terre pour le bonheur des hommes qui croiront à ces Dogmes et qui suivront ses Préceptes. Heureux, en effet, celui qui, sachant apprécier les choses d'ici-bas, s'attache fortement à son Dieu! Dans toutes les situations de sa vie, il jouit de cette paix que le monde ne peut donner ce témoignage d'une bonne conscience, cette paix intérieure, qui, selon l'expression de l'Apotre, surpasse tout sentiment.

Pour remplir dignement ma mission parmi vous, Chrétiens, j'ai besoin de la grâce du Dieu tout-puissant et miséricordieux, qui n'abandonne jamais celui qui l'invoque dans la sincérité de son coeur; sans cette grâce, sans ce don céleste, je travaillerois en vain. L'homme seul ne peut rien; il sème, il plante; mais c'est Dieu qui donne à tout la vie et l'acroissement; toute perfection vient d'en-haut. Je demanderai donc à Dieu, en offrant le S.Sacrifice de la Messe, qu'il me remplisse de son Esprit, qu'il répande sur son serviteur ses bénédictions avec abondance, comme il les répandit sur ses Apotres lorsqu'il les envoya prêcher son Evangile à toutes les nations de la terre.

Après la grâce de Dieu, j'ai besoin encore de quelque chose; j'ai besoin, mes frères, de votre assistance: il faut que vous concouriez avec moi au grand oeuvre de votre salut, au grand oeuvre de votre sanctification. Mais je vous vois réunis dans le temple du Seigneur; et cette réunion qui m'annonce un peuple de frères, reconnoissant le même dieu pour père, cette réunion me fait bien augurer de l'avenir, elle me fait déjà bénir le ministère que je viens exercer parmi vous. Sans doute je trouverai dans vos coeurs les sentimens de religion que je veux y faire germer; je n'aurai plus qu'à entretenir, qu'à augmenter les sentimens pieux dont vous êtes tous animés; et c'est ainsi qu'en rendant à Dieu les hommages publics que nous lui devons, en nous aimant, en nous secourant les uns les autres, en pratiquant, en un mot, les vertus du Christianisme, nous passerons tranquillement le cours de notre vie jusqu'à ce qu'il plaise à Dieu de nous appeler à lui.

Vous le savez, Chrétiens: nous ne sommes ici-bas que comme des voyageurs, nous ne faisons que passer; nous ne naissons que pour mourir, mais nous ne mourrons que pour renaître; et c'est dans cette autre vie, cette vie qui ne finira jamais, que Dieu promet à ses élus des biens que l'esprit de l'homme ne peut concevoir, des biens qu'aucune expression humaine ne peut rendre…..Ah! c'est DIEU, Dieu lui-même que nous verrons face à face, que nous posséderons dans toute la plénitude de sa gloire.

Telles sont, M.F., quelques-unes des véritées consolantes que j'aurai occasion de vous développer par la suite : en attendant, je vous demande votre amitié, votre confiance; je tâcherai de la mériter en me faisant tout à tous, comme l'Apotre, en rendant à chacun de vous tous les égards, tous les bons offices que mon ministère me permettra de vous rendre.

Dieu puissant et bon, qui résidez au plus haut des cieux, abaissez un regard paternel sur tous les habitans de cette paroisse, sur ceux qui sont icic présens, sur ceux qui sont absens, car ils sont tous également nos frères, et tous ils nous sont chers! Ayez pitié de ce troupeau qui m'est confié, ayez pitié du pasteur qui vous implore; et donnez-nous un jour, aux uns et aux autres, la couronne du combat, la couronne de l'immortalité glorieuse.

Ainsi soit-il.

참고문헌

프랑스혁명과 종교에 관한 사료와 문헌은 너무나 방대하기 때문에, 여기서는 이 책에서 인용한 사료들과 중요한 개설서 및 연구서만 언급하고자 한다.

A. 사료

1. 국립 기록보존소(Archives Nationales)

Serie D: Papiers des Comités 위원회 문서들

DXIX 22: 센에와즈도의 성직자 상황

DIVbis: 영토 분할 위원회

Serie F: 행정문서

F7: 경찰

F19: 예배

F20: 인구

Serie G: 재정 운영

G 8: 성직자 일반 재정

Serie AD: 인쇄된 기록물 목록

AD XII: 이민자

AD XVII: 교회

47: 성직자 연금. (1789-혁명력 10년)

Serie AF: 국무 비서

AF IV 1887-1932: 카프라라 추기경 문서

Serie MM: 신학교

2. 이블린 도와 구 센에와즈 도립 기록 보존소(Archives Départementales des Yvelines, et de l'ancien département de Seine et Oise)

Série L

1 L 1-20. 법령 모음

1 L 35-69. 도 행정 기록부

1 LM 1 1790년 센에와즈도 지도

1 LK 303-308 파견의원 기록부

1 LM 377-381 꼬뮌 행정. 인사관리 1790-혁명력 7년

1 LM 422-424 행사의식과 공식 축제

1 LM 442-444 1790-혁명력 8년 인구, 통계

1 LV 754-771 교회관련 문서들 1790-혁명력 8년

Série V.

1 V. 도행정부 문서들

35 F. Fichier Georges Staes 조르주 스타스가 각종 사료들을 종합하여 기록

한 혁명기 성직자들에 대한 약 6800개의 인사파일들
2L. Districts 센에와즈도의 군 문서들

3. 에손느 도립 기록보존소(Archives Départementales d'Essonnes)

L.35-L.92: 두르당 군 서류들
2 L K (7-8), 2 LM 19, 24, 43-53: 에땅프 군 서류들

4. 발 드와즈 도립 기록보존소(Archives départementales du Val d'Oise)

2 LK 1-17, 2 LM 18-39, 2 LV 74-84: 퐁투아즈 군 서류들
2 LK 1-15, 2LM 16-38, 2 LM à V 40-51: 고네즈 군 서류들

5. 베르사이유 시립 기록보존소(Archives municipales de Versailles)

Registre des délibérations municipales de Versailles (1790-1794): 베르사이유 시의회 기록
Registre des délibérations municipales de Sèvres (1790-1794): 세브르 시의회 기록
Registre des délibérations municipales de Longjumeau (1790-1794): 롱쥐모 시의회 기록

B. 인쇄된 사료들 SOURCES IMPRIMES

1. 당대에 출간된 저서들

MZTYINRZU M., député de Paris. *Rapport fait à l'Assemblée Nationale au nom du comité ecclésiastique*. Paris 1790.

NOLLET, *Liste des députés à l'Assemblée Constituante et ses comités*. 1789.

Cahiers des paroisses, baillages de Versailles et Meudon.

2. 익명의 저서들

Exposition des principes de la constitution civile du clergé par les évêques députés à l'Assemblée Nationale. Paris 1790.

Documents relatifs à l'histoire de Versailles pendant la Révolution T.I à III. 1789-1795.

AVOINE J.J., *Autographes*, 1791-1793.

Registres de délibérations du club des Amis de la constitution de Versailles 1790-1792.

Journal de Versailles ou affiches, annonces et avis divers 1789-1790.

Journal des débats et décrets de l'Assemblée Nationale. Août 1789-Déc. 1793.

3. 행정문서

Archives Parlementaires de 1787 à 1860, Recueil complet des débats législatifs et politiques des Chambres françaises, Première série (1787-1799), Paris, 1867-1991, 94 vol.

Proves-verbal des Séances de la Convention Nationale, Table analytique préparé par l'Institu d'Histoire de la Révolution française de la Faculté des Lettres de Paris, Paris, 1959-1963, 3 vol.

GUILLAUME M.J., *Procès-verbaux des séances du Comité d'Instruction publique de la Convention Nationale*, Paris, 1901, 6 vol.

4. 사료 목록

Abbé AULARD, *L'histoire politique de la Révolution française aux Archives Vaticanes*, dans R.H.E.F., 1913.

BOURGIN G., *Les sources manuscrites de l'histoire religieuse de la France moderne*, Paris, 1925.

CARON P., *Manuel pratique pour l'histoire de la Révolution française*, Paris, 2e édit. 1947.

CARRIERE V., *Introduction aux études d'histoire ecclésiastique locale*, Paris, 1934-1940, 3 vol. ; t I, les sources manuscrites.

LACOMBE P., *Essai d'une bibliographie des ouvrages relatifs à l'histoire religieuse de Paris pendant la Révolution* (1789-1802), Paris, 1884.

LEGRAND L., *Les sources de l'histoire religieuse aux Archives nationales*, Paris, 1914.

MARTIN A., & WALTER G., *Catalogue de l'histoire de la Révolution française*, Paris, 1946-1955, 5 vol.

TOURNEUX M., *Bibliographie de l'histoire de Paris pendant la Révolution française*, Paris, 1890-1893, 5 vol. ; t IV Paris hors les murs.

TIUETEY A., *Répertoire général des sources manuscrites de l'histoire de Paris pendant la Révolution française*, Paris, 1890-1914, 11 vol.

WALTER G., *Répertoire de l'histoire de la Révolution française*, Travaux publiés de 1800 à 1940 B.N.

C. 참고문헌

1. 사전

Catholicisme, direction G. Jacquemot, Paris, 1948.

Dictionnaire de droit canonique, dir. R. Naz, Paris, 1924.

Dictionnaire d'histoire et de géographie ecclésiastique, dir. Cal Baudrillart, Paris, 1912.

Dictionnaire des Conventionnels, KUSCINSKI, Paris, Rieder, 1917.

Dictionnaire de biographie française, dir. ROMAN D'AMAT, Paris, Letouzey et Arié, 1976.

Dictionnaire Historique et géographique de la Révolution et l'Empire, 1789-1815, J. FROBINET, Paris, 1975.

Dictionnaire de l'Atlas typographique des environs de Paris, par Dom COUTANS, Paris, 1800 (B.N. Lk7. 7761 bis).

Dictionnaire typographique des environs de Paris jusqu'à 20 lieues à la ronde de cette capitale, Charles OUDETTE, Paris, 1817 (B.N. Lk7. 7763A).

Paroisses et communes de France:Dictionnaire d'histoire administrative et démographique, Région Parisienne, Editions du CNRS, 1974.

2. 프랑스혁명과 종교 개론서

1) 방법론

CHAUNU P., ≪Une histoire religieuse sérielle, A propos du diocèse de La Rochelle (1648-1724) et sur quelques exemples normands≫, *R.H.M.C.* t. XII, 1965, pp.5-34.

LE BRAS G., *Introduction à l'histoire de la pratique religieuse en France*, Paris, 1942-1945.

PLONGERON B., *Conscience religieuse en Révolution, Regards sur l'historiographie religieuse de la Révolution française*, Paris, Ed. A. et J. Picard, 1969.

PLONGERON B., ≪Le fait religieux dans l'Histoire de la Révolution française, objet, méthodes, voies nouvelles≫, *A.H.R.F.* n° 219, jan.-mars 1975, pp.95-133.

2) 프랑스 혁명 개설서

안병직, 백인호 외 공저, ≪오늘의 역사학≫, 한겨레, 1998.

로제 샤르띠에, 백인호 역, ≪프랑스혁명의 문화적 기원≫, 일월서각, 1998.

AMANN P., *The Eighteenth Century Revolution, French or Western?*, Boston, 1963.

FURET F., & RICHET D., *La Révolution française*, Paris, 1973.

GERARD A., *La Révolution française, mythes et interprétations*, 1798-1970,

Flammarion, 1970.

GODECHOT J., *Institutions de la France sous la Révolution et l'Empire*, Paris, 2e édit. 1968.

GODECHOT J., *Les Révolutions* (1770-1799), Paris, PUF, 1963.

JAURES J., *Histoire socialiste de la Révolution française*, Paris.

LEFEBVRE G., *La Révolution française*, Paris, PUF, 1963, in-8°

MATHIEZ A., *La Révolution française*, 3 vol., Paris, A. Collin, 1922-1927.

REINHARD M., *Religion, Révolution et Contre-Révolution*, Paris, 1959-1960.

SOBOUL A., *Précis d'histoire de la Révolution française*, Paris, Editions sociales, 1962.

SOBOUL A., *Histoire de la Révolution française, "Idées"*, Paris, Gallimard, 1962, 2 vol.

SOBOUL A., *Comprendre la Révolution*, Paris, Maspero, 1981.

VINCENT G., *L'historiographie de 1789 à 1889*, Paris-Sorbonne, Doctorat d'Etat.

3) 프랑스 혁명과 교회 개설서

ASTON N., *Religion and Revolution in France 1780-1804*, MacMillan Press, 2000.

ASTON N., *Christianity and Revolutionary Europe c.1750-1830*, London, Cambridge University Press, 2002.

AULARD A., *Le Christianisme et la Révolution française*, Paris, 1925.

AUDISIO G., *Des Croyants XV-XIXe siècle*, 2 vol. Paris, Armand Colin, 1996.

BINDEL V., *Histoire religieuse de la France au XIXe siècle*, t I, Paris,

1940.

BERTAUD J.F., *La vie quotidienne en France au temps de la Révolution (1789-1795)*, Hachette, 1983.

CHRISTOPHE P., *1789, les prêtres dans la Révolution*, Les Editions Ouvrières, Paris, 1986.

COUSIN B., Cubells M., Moulinas R., *La pique et la croix-histoire religieuse de la Révolution Française*, Paris, Centurion, 1989.

DELACROIX S., *La réorganisation de l'Eglise de France après la Révolution (1801-1809)*, t I, Paris, 1962.

GIBSON R., *A Social History of French Catholicism 1789-1914*, London, Routledge, 1989.

LA GORCE P., *Histoire religieuse de la Révolution française*, Paris, 1912-1924, 5 vol.

Mgr. LEFLON J., *La crise révolutionnaire (1789-1846)*, dans Histoire de l'Eglise (dirigée par MM. FLECHE & MARTIN) t XX, Paris, 1955-1956.

LATREILLE A., *L'église catholique et la Révolution Française*, Paris, Cerf, 1970.

LE GOFF J. et REMOND R., *Histoire de la France religieuse, t.II: Du Christianisme flamboyant à la papauté d'Avignon*, Paris, Seuil, 1988.

LE GOFF J. et REMOND R., *Histoire de la France religieuse, t.III. Du Roi très Chrétien à la laicité républicaine*, Paris, Seuil, 1991.

MATHIEZ A., *Contribution à l'histoire religieuse de la Révolution française*, Paris, F. Alcan, 1907.

MATHIEZ A., *La Révolution et l'Eglise*, Paris, 1910.

MCMANNERS J., *The French Revolution and the Church*, London, 1969.

PIERRARD P., *L'Eglise et la Révolution, 1789-1889*, Paris, Nouvelle Cité, 1988.

PLONGERON B., *La vie quotidienne du clergé français au XVIIIe siècle*, Hachette, 1974.

PLONGERON B., *Théologie et politique au Siècle des Lumières (1770-1820)*, Genève, Proz, 1973.

ROGIER L.J. & HAJJAR J., *Nouvelles histoire de l'Eglise, t 4, Siècle des Lumières, Révolutions, Restaurations*, Seuil, 1966.

TACKETT T., *Priest and parish in Eighteenth Century, France*, Princeton, 1977.

TACKETT T., ≪L'Histoire sociale du clergé diocèsain dans la France du XVIIIe siècle≫, *R.H.M.C.* No. 26, 1979, pp.198-234.

DE VIGUERIE J., *Christianisme et Révolution*, NEL, Paris, 1986.

4) 혁명기 파리의 종교 및 정치사

BARROUX M., *Le département de la Seine et de la ville de Paris*, Conseil Général de la Seine, 1910.

BARRUEL Abbe, *Histoire du clergé de Paris pendant la Révolution.*

BOUSSOULADE J., *L'Eglise de Paris du 9 thermidor au Concordat*, Paris, 1950.

CARON P., *Paris pendant la Terreur, Rapports des agents secrets du ministre de l'Interieur*, Paris, 1910-1964, 6 vol.

Mgr. DELARC O. J. M., *L'Eglise de Paris pendant la Révolution française (1789-1801)*, Paris, 1884-1897, 4 vol.

DUFOUR V., ≪Etat du diocèse de Paris en 1789≫, *Bulletin de Comité d'Histoire et d'Archéologie du diocèse de Paris*, 1883-1884.

GAUTHEROT G., *Gobel, évêque métropolitan constitutionnel de Paris*, Paris, 1911.

LACONTRE J., *La politique religieuse de la Révolution française*, Paris, 1940.

LACROIX S., *Le département de Paris et de la Seine pendant la Révolution*, Paris, 1904.

LEBOEUF Abbé, *Histoire de la ville et de tout le diocèse de Paris*, annotés et continuée par Cocheris, Paris, 1867, 3 vol.

PISANI P., *L'Eglise de Paris et la Révolution*, 1789-1802, Paris, 1908-1911, 4 vol.

PLONGERON B., (dir.) *Histoire des diocèses de France, No.20, PARIS*, t. I, Paris, Beauchesne, 1987.

PLONGERON B., *Réguliers de Paris devant le serment constitutionnel, sens et conséquences d'une option 1789-1801*, Paris, 1964.

REINHARD M., *Paris sous la Révolution*, Paris, Cours de Sorbonne, 1961-1962.

REINHARD M., *Nouvelle Histoire de Paris, la Révolution*, Paris, Hachette, 1971.

REINHARD M., *Religion, Révolution et Contre-Révolution*, Paris, Cours de Sorbonne, 1959-1960.

STAES J., *La vie religieuse dans l'archidiaconé de Josas à la fin de l'Ancien Régime*, 1750-1789, thèse, Ecole des Chartres, 1969.

STAES J., ≪Etat du clergé paroissial de l'archidiaconé de Josas au 1er mai 1789 par ordre alphabétique des paroisses≫, dans *Bull. Soc.*

hist.archéol. Corbéil, 1982 (1981).

VOVELLE M., dir. *L'état de la France pendant la Révolution, (1789-1799)*, Editions La Découverte, 1988. *l'article "L'ile-de-France"*. pp.406-410. par Serge Bianchi.

3. 17-18세기 종교생활

1) 개설서

DELUMEAU J. et COTTRET M., *Le Catholicisme entre Luthur et Voltaire*, Paris, P.U.F., 2nd ed., 1996.

DEREGNAUCOURT G. et POTON D., *La vie religieuse en France aux XVIe-XVIIe-XVIIIe siècles*, Paris, Editions Ophrys, 1994.

LEBRUN F., *Histoire des catholiques en France*, Paris, 1980.

PLONGERON B., *La vie quotidienne du clergé français au XVIIIe siècle*, Paris, Hachette, 1974.

PLONGERON B.(dir.), *Pratiques religieuses dans l'Europe révolutionnaire (1770-1820), Actes du Colloque de Chantilly 1986*, Paris, Brepols, 1988.

VENARD M. et BONZON A., *La religion dans la France moderne XVIe-XVIIIe siècle*, Paris, Hachette, 1998.

WANEGFFELEN T., *La France et les Français, XVUe-milieu XVIIe siècles la vie religieuse*, Paris, Editions Ophrys, 1994.

2) 앙시앙 레짐기 인구사

BROSSARD E., *Paroles écrites, objets décrits, un monde d'encre et de papier: Etude sur la sensibilité d'après un échantillon populaire de testaments et d'inventaires après décès concernant l'actuel Val-de-Marne (1731-1820)*, mémoire de D.E.A., Paris XII, 1987.

DELASELLE C., ≪Les enfants abandonnés à Paris au XVIII° siècle≫, *A.E.S.C.*, Paris, 1975.

DUPAQUIER J., *Histoire de la population française*, PUF, 1988, t.II. De la Renaissance à 1789.

DUPAQUIER J. & LACHIVER M., ≪Sur les débuts de la contraception en France ou les deux malthsianismes ≫, *A.E.S.C.*, nov-déc 1969, n°6.

HENRY L., & HOUDAILLE J., "Fécondité des mariages dans le quart nord-ouest de la France de 1670 à 1829", *Population*, 1973, N°4-5.

HOUDAILLE J., "La fécondité des mariages de 1670 à 1829 dans le quart nord-est de la France", *Annales de Démographie Historique*, 1976.

GALLIANO P., ≪La mortalité infantile dans la banlieue sud de Paris à la fin du XVIII° siècle (1774-1794)≫, *A.D.H.*, 1966.

GOUJARD P., ≪Echec d'une sensibilité baroque : les testaments rouennais au XVIII°≫, *A.E.S.C.*, N°1, jan-fév 1981.

LACHIVER M., *Fécondités légitime et contraception dans la région parisienne*, Hommage à Marcel REINHARD.

LACHIVER M., *La population de Meulan du XVII° au XIX° siècle*, Paris, 1969.

LACHIVER M., *Vin, vigne et vignerons en région parisienne*, Pontoise, 1982.

3) 진정서

CHASSIN CH.L., *Les cahiers des curés*, Paris, 1882.

CHASSIN CH.L., *Les Elections et les cahiers de Paris en* 1789.

DENYS-BUIRETTE A., *Les Questions religieuses dans les cahiers de doléances de 1789*, Paris, 1919.

HYSLOP B., A *guide to the General Cahiers of 1789*, New York, 1936.

4) 얀센주의와 리셰리즘

BONTOUX F., *Paris janséniste au XVIIIe siècle, Les Nouvelles Ecclésiastiques*, dans Fédération des société d'Histoire d'archéologie de Paris et de l'Ile-de-France, Mémoires, 1955, pp.205-220.

CHAUNU P., ≪Jansénisme et frontière de catholicité≫, dans *Revue Historique*, No. 127, 1962, pp.115-138.

GOLDEN R., ≪The Mentality of Opposition : the Jansénisme of the Parisian Curés during the Religieus Fronde≫, *L.H.R.*, 64, 1978, pp.565-580.

PRECLIN E., *Les Jansénistes du XVIIIe siècle et la Constitution civile du clergé*, Paris, 1929.

TAVENEUX R., *Le Jansénisme en Lorraine*, Paris, 1960.

5) 성직자 소명

BERTHELOT DU CHESNAY C., ≪Le clergé diocésain français au XVIII° siècle et les registres des insinuations ecclésiastiques≫, *R.H.M.C.*, t.X, 1963.

DINET D., ≪Les ordinations sacerdotales dans les diocèses d'Auxerre, Langres et Dijon (XVII°-XVIII° siècle)≫, *R.H.E.F.*, t.66, 1980.

DINET D., ≪L'archidiaconé d'Etampes aux XVII° et XVIII° siècles-d'après les procès-verbaux de visite pastoral≫, *Paris et Ile-de-France, mémoires*, t.39, 1988.

FOUCAULT P., ≪L'origine socio-professionnelle du clergé Sarthois durant la période durant la période Concordataire (1801-1905)≫, dans *Cahiers des Annales de Normandie* N°8.

FOUCAULT P., ≪*Mentalités religieuses dans la France de l'Ouest aux XIX° siècle et XX° siècles*≫, Etudes d'histoire sérielle, 1976, Caen.

Julia D., & McKee D., ≪Le clergé paroissial dans le diocèse de Reims sous l'épiscopat de Charles-Maurice Le Tellier: Origine et Carrières≫, *R.H.M.C.*, t.29, oct.-nov. 1982.

Le Pennec Y.M., ≪Le recrutement des prêtres dans le diocèse de Coutances au XVIII°siècle≫, *Revue du département de la Manche*, t.XII, 1970.

LAMBERT J., ≪La pratique religieuse dans le diocèse de Rouen de 1707 à 1789≫, dans *Annales de Normandie*, t.5, jan. 1955.

Tackett T., ≪L'Hisoire sociale du clergé diocèsain dans la France du XVIII° siècle≫, *R.H.M.C.*, 1979.

4. 성직자민사기본법과 선서

양희영, <프랑스 혁명기 성직자들의 입헌선서에 대한 고찰>, ≪서양사연구≫, 제17집, 1995, pp.43-90.

CHRISTOPHE P., *1789, les prêtres dans la Révolution*, Les Editions Ouvrières, Paris, 1986.

CONSTANTIN C., *Constitution civile du clergé*, dans Dictionnaire de théologie catholique, vol. 3, 2e partie.

PLONGERON B., *Les réguliers de Paris devant le sermenet constitutionel, sens et consèquences d'une option 1789-1801*, Paris, 1964.

PLONGERON B., *Conscience religieuse en Révolution*, Paris, Picard, 169.

SAGNAC P., ≪Etude statistique sur le clergé constitutionnel et le clergé réfractaires en 1791≫, *Revue d'Histoire Moderne*, nov. 1906, pp.97-115.

SCIOUT L., *Histoire de la Constitution civile du clergé*, Paris, 1827-1881, 4 vol.

TACKETT T., *Religion,Revolution and Regional Culture in Eighteenth-Century France-The Ecclesiastical Oath of 1791*, Princeton University Press, 1986.

TACKETT T., *La Révolution, l'Eglise, la France*, Paris, CERF, 1986.

5. 혁명력 2년의 비기독교화

AULARD A., *Le culte de la Raison et le culte de l'Etre suprême*, Paris, 1892.

BIANCHI S., ≪Les "curés rouges" dans la Révolution française≫, dans *A.H.R.F.*, 1982, pp.364-392.

BIANCHI S., ≪La déchristianisation de l'an II, Essai d'interprétation≫, dans *A.H.R.F.*, 1978, pp.341-371.

BIANCHI S., ≪Manifestations et formes de la déchristianisation dans le district de Corbéil≫, dans *R.H.M.C.*, 1979, pp.256-286.

BIANCHI S., *Recherches sur la déchristianisation dans le district de Corbéil,*

(1793-1797), Thèse de doctorat du 3e cycle, Institut d'Histoire de la Révolution française.

BIANCHI S., *La Révolution culturelle de l'An II-Esprits et peuple 1789-1799*, Paris, Aubier, 1982.

CHARON-BORDAS J., *Inventaire des archives de la légation en France du cardinal Caprara (1801-1808)*, Archives Nationales, 1975.

CHARON-BORDAS J., *La légation en France du Cardinal Caprara (1801-1808), Répertoire des demandes de réconciliation avec l'Eglise*, Archives Nationales, 1979.

COBB R., *Les armées révolutionnaires, Instrument de la Terreur dans les départements, avril 1793-floréal an II*, Paris, 1961-1963, 2 vol.

DOMMANGET M., *La déchristianisation à Beauvais et dans l'Oise*, Besanson, 1918, p.189.

LANGLOIS C. & LE GOFF T.J.A., ≪Les Vaincus de la Révolution : Jalons pour une sociologie des prêtres mariés≫, in *Voie nouvelles pour l'histoire de la Révolution Française*, Paris, B.N., 1978, pp.281-311.

MATHIEZ A., *La theophilanthropie et le culte décadaire*, Paris, 1904.

MATHIEZ A., *Les orgines des cultes révolutionnaire*, Paris, 1904.

MATHIEZ A., *Robespierre et le culte de l'Etre suprême*, Le Puy, 1904.

PLONGERON B., ≪Les prêtres abdicataires parisiens≫, *Actes du 89° Congrès national des Sociétés savantes*, Lyon, 1964, t I., 1964, pp.25-62.

PLONGERON B., ≪Autopsie d'une Eglise constitutionnelle, Tours de 1794 à 1802≫, dans *Actes 1968*, t II pp.147-201.

REINHARD M., ≪Les prêtres abdicataires pendant la Révolution française≫, dans *Actes du 89° Congrès national des Sociétés savantes*, Lyon, 1964, t I pp.25-228.

REMOND R., *La déchristianisation : état prèsent de la question et des travaux en langue française*, Concilium, 1965.

SOBOUL A., *Les sans-culottes parisiens en l'an II*, Paris, Clavreuil, 1958.

SOBOUL A., ≪Sur la "curés rouges" dans la Révolution française≫, dans *A.H.R.F.*, 1982, pp.349-363.

VOVELLE M., *Piété baroque et déchristianisation en Province au XVIIIe siècle*, Plon, 1973.

VOVELLE M., *Religion et Révolution, La déchristianisation de l'an II*, Hachette, 1976.

VOVELLE M., ≪Déchristianisation provoquée et déchristianisation spontanée≫, dans *Bulletin de la Société d'histoire moderne et contemporaine*, 1964.

VOVELLE M., ≪*Prêtres abdicataires et déchristianisation en provence*≫, *Actes du 89° Congrès national des Sociétés savantes*, Lyon, 1964, t I, pp.63-98.

VOVELLE M., *La Révolution Contre l'Eglise-De la Raison à l'Etre Suprême*, Paris, Editions Complexe, 1988.

6. 혁명과 교회에 대한 다른 지역 연구서들

BERTHELOT DU CHESNAY C., *Les prêtres séculiers en haute Bretagne au XVIIIe siècle*, Rennes, 1984.

BOIS P., *Paysans de l'Ouest*, éd. abrégée, Paris, 1917.

BRIDOUX F., *Histoire religieuse du département de Seine-et-Marne pendant la Révolution*, 2 Vol., Melun, 1953.

DESTOMBE M., *Le clergé d'Amiens et le serment à la Constitution civile*, 1790-1791, Amiens, 1971.

EDINGTON W., ≪La Révolution et la tolérance religieuse; effets des journées révolutionnaires sur les rapports entre les corps administratifs et les prêtres insermentés en Normandie, 1790-1792≫, *Bull. Soc. Antiq. Normandie*, (1957-1958) 1959, pp.492-501.

GIRARDOT J., ≪Clergé réfractaire et clergé constitutionnel en Haute-Saône pendant la Révolution≫, *Mémoire de Société de Droit de Pays Bourguignons*, 1963, pp.123-132.

GIRAUD M., *Essai sur l'histoire religieuse dans la Sarthe de 1789 à l'an IV*, Paris, 1920.

GIRAULT CH., *Le clergé sarthois face au serment constitutionnel*, Laval, 1959.

JULIA D., ≪Le clergé paroissial dans le diocèse de Reims à la fin du XVIIIe Siècle≫, *R.H.M.C.*, t.XIII juil.-sept., 1966.

LEMOINE H., ≪Le clergé rural en Seine-et-Oise pendant la Révolution≫, *Revue de l'hist. de Versailles*, 55, 1963-1964, pp.91-102.

MEYER J.C., *La vie en Haute-Garonne sous la Révolution, (1789-1801)*, Toulouse, 1982.

PETER J., & POULET CH., *Histoire religieuse du département du Nord pendant la Révolution*, Lille, 1930.

SAUREL F., *Histoire du département de l'Hérault pendant la Révolution*, 2 vol., Paris, 1922.

SEVESTRE E., *L'Acceptation de la Constitution civile du Clergé en Normandie*,

Paris, 1922.

SEVESTRE E., *Liste critique des ecclésiastiques fonctionnaires publics insermentés et assermentés en Normandie, Janvier-Mai 1791*, Paris, 1922.

SEVESTRE E., *L'Enquête gouvermentale et l'enquête ecclésiastique sur le clergé en Normandie et du Maine de l'an IX à l'an XIII*, 2 vol., Paris, 1913-1918.

SEVESTRE E., *La vie religieuse dans les principales villes normands pendant Révolution,1787-1801*, Troisième série, Manche, Paris, 1943.

7. 센에와즈도 관련 연구서들

89 en Essonne, N°4-5. Ruptures et résistances religieuses. 1990.

ALBRAND E., *Les Etats généraux à Mantes-la-Jolie en 1789*, Paris-I, 1984.

ALLIOT J.-M., *Les curés d'arpajon*, Arpajon, 1889.

ALLIOT J.M., *Le clergé de Versailles pendant la Révolution*, Versailles, 1913.

AUDIGIE C., *Villemoisson-sur-Orge sous la Révolution*, Editions Amatteis.

AUVRAY E., ≪Le district de Dourdan-Rambouillet≫, *Mémoire de la société archéologique de Rambouillet*, N°27, 1938.

BIANCHI S., & CHANCELIER M., *Draveil et Montgeron, deux villages en Révolution*, Editions Amatteis, 1989.

BIANCHI S., BROCHOT, GOUBERT, VINCHON, *Quand Ris et Orangis s'appelaient Brutus*. Amatteis, 1989.

BILLARD M., *L'Essonne à l'heure révolutionnaire*, t.1(1789-1792), Natal,

1989.

BLOCH M., *Les régions de la France:l'Ile-de-France*, Paris, 1913.

COBB R., *Paris and its Provinces 1792-1802*, Oxford, 1977.

COBB R., ≪L'l'armée révolutionnaire dans le District de Pontoise (brumaire-germinal an II≫, dans *A.H.R.F.*, 1950.

DE FONTETTE M., ≪Ordres mendiants et urbanisation au Moyen Age≫, *Annales E.S.C.*, juillet-août 1970.

DEJOUY A., ≪La terreur, troubles à Livry≫, *Le vieux Montfermeil*, N°60, 2e tri.

DESAIVE J. P., ≪Clergé rural et documents fiscaux, les revenus et charges des prêtres de campagne au nord-est de Paris, d'après les enquêtes fiscales des XVIIe et XVIIIe siècles≫, *Revue d'histoire moderne et contemporaine*, t.17, octo.-déc. 1970.

DUBUC A., ≪Les charités du diocèse de Rouen au XVIIIe siècle≫, in *Actes du 99e congrès national des sociétés savantes*, t. I, Besançon, 1974.

DUPAQUIER J. & GRESSIER J., *Pointoise, 2000 ans d'histoire*, Paris, 1973.

En famille, echo paroissial de Longjumeau, N°65, 68, 69, 70.

FOSSE E., *Histoire de Limay, des origines à nos jours*, Edition E. Fosse, 1972.

FRACARD M. L., ≪Le recrutement du clergé séculier dans la région niortaise au XVIIIe siècle≫, *R.H.E.F.*, N°57.

FRACARD M. L., ≪Huit années de l'histoire municipale de Rambouillet, résumée des délibérations municipaless de Rambouillet de 1787 à 1795≫, *Mémoire de la société archéologique de Rambouillet*, t.13, 1898.

JANROT L., *L'activité économique autour de Paris au XVIIIe siècle.*

JOLY A., ≪Le culte clandestin à Versailles sous la Révolution:deux oratoires du quartier saint-louis≫, *Les cahiers de l'école d'Hulst Versailles*, N°64, avril 1972.

LEFEVRE-PONTALIS E., ≪Monographie de l'église de Gonesse≫, *Mem. Soc. Pont. et Vexin*, t.21, 1888.

LEMAIRE J.-B., ≪Unprêtre réfractaire de Seine-et-Oise pendant la Révolution française≫, *Bulletin de la commission des antiquités et des arts*, N°55, 1953-1955.

LEVY J.-M., ≪Quelques aspects de Pontoise pendant la Révolution française≫, *Mémoire de la société historique et archéologique de Pontoise*, t.63, 1962.

LORIN F., ≪Etat des paroisses du bailliage de Montfort≫, *Mémoire de la société archéologique de Rambouillet*, N°10, 1890-1893.

LORIN F., ≪Le curé de Boissy-Sans-Avoir devant le tribunal révolutionnaire, 24 mai-13 juillet 1794≫, *M.S.A.R.*, N° 23.

LORIN F., ≪Le district de Montfort au début de 1791 d'après un almanach du temps≫, *M.S.A.R.*, N°23.

LORIN F., ≪Un curé de Fontenay-les-Briis sous la Révolution≫, *M.S.A.R.*, N°24, 1928.

LUXARDO H., ≪Dechristianisation et fêtes révolutionnaires à Poissy(1789-1794)≫, *Chronos*, N°2, 1974.

MARECHAL F., *Essai sur l'histoire religieuse de Gonesse au diocèse de Versailles depuis ses origines jusqu'à nos jours*, Villiers-le-Bel, 1895.

MARSOULAUD D., ≪Aperçu démographique de Montmorency au XVIIIe siécle≫, *Bulletin de la société d'histoire de Montmorency*, N°7.

MENOZZI D., *Les interprétations politiques de Jésus de l'Ancien Régime à la Révolution*, Cerf, 1983.

MICHEL M.-J., ≪Clergé et pastorale jansénistes à Paris(1669-1730)≫, *Revue d'histoire moderne et contemporaine*, t.27, avril-juin 1979.

NOEL P., ≪Vie et mort des sans-culottes 1789 de Poissy-1795≫, *Chronos*, N°5, 1975.

OZANNE M., *Juziers pendant la Révolution 1789-1795*, Le Mantais, 1971.

STAES G., ≪Un prêtre du Hurepoix pendant la Révolution française, l'abbé P.-I. Hermier(1731-1807))≫, *Bulletin de la société historique et archéologique de Corbeil*, N°65, 1959.

THERY A. H., *Gonesse dans l'histoire*, Persan, 1960.

일러두기 ≪논문출처≫

1장 「18세기 앙시앙레짐하의 장기지속적 비기독교화」, 『서강인문논총』, 6집, 1997년 3월, 137-171쪽.

2장 「프랑스 혁명 시대 센에와즈도의 선서파 사제-1791년 선서에 대한 선택 동기의 사회 통계학적 분석」, 『서양사론』 50호, 1996년 9월, 47-87쪽.

3장 「프랑스혁명시대 센에와즈도 사제들의 1791년 선서에 대한 선택 동기연구-성직자 공동체와 지역공동체가 끼친 영향을 중심으로」, 『서양사연구』 22집, 1998년 9월, 87-127쪽.

4장 「프랑스 혁명 시대 선서파 사제의 선서에 관한 기호학적 분석-센에와즈도의 선서파 사제 베르투의 강론을 중심으로」, 『기호학 연구』 2집, 1996년 9월, 177-209쪽.

5장 「프랑스혁명기 혁명력 2년의 비기독교화」, 『서양사론』 40호, 1993.5. 69-126쪽.

6장 「혁명력 2년(1793.9-1794.9)의 사제직 포기신부에 관한 연구 - 프랑스혁명시대 센에와즈도를 중심으로」, 『역사학보』 147집, 1995년 9월, 273-324쪽.

7장 「미사의 재개를 통해본 센에와즈도의 재기독교화(1794-1797)」, 『역사학보』, 182집, 2004년 6월, 229-261쪽.

8장 「1802년 복권된 셰노신부의 취임강론의 기호학적 분석」, 『서양사연구』, 27집, 2001년 4월, 19-49쪽.

<부록 1 센에와즈도의 군별 사제들 선서>

사료출처: A.D. S.D. 35 F 9-14. Fichier Staes

Etat statistique des prêtres assermentés et réfractaires
dans le District de Corbeil

Nom	Paroisse	Canton	Fonction	Département de Naissance	Serment pur & simple	Serment avec restriction	Refus du serment	Rétraction
CAUVIN	Arpajon	Arpajon	V.	50			o	
DUCHEFD'EAU (DECHADEFAUX)	Egly	Arpajon	V.		19/09/1793			
FLEURY	Avrainville	Arpajon	C.		o			
GAUDREAU	Vert-le-Petit	Arpajon	C.	75				
GUERARD	Avrainville	Arpajon	C.	80	30/01/1791			
GUEZ	Nainville	Arpajon	C.		en 1791			
GUILLAUME	La Norville	Arpajon	C.		o			
GUINCHARD	Arpajon	Arpajon	C.	78			o	
LAMBOTTE	Vert-le-Grand	Arpajon	C.		o			
LE BARBANCHOU	Vert-le-Petit	Arpajon	C.	50	16/01/1791			
LEBLANC	Cheptainville	Arpajon	C.		o			
LECERF	Arpajon	Arpajon	2° V.	75				
LEDOUX	Bruyères-le-Châtel	Arpajon	V.	78	o			
LEMASNE DE CHARMONT	St.Vrain	Arpajon	C.			o	o	
LEPITRE	Saint-Germain-lès-Arpajon	Arpajon	C.	78	06/02/1791			
MAILLARD	Cheptainville	Arpajon	C.	76?			o	
MARIETTE	Marolles-en-Hurepoix	Arpajon	C. et chanoine de St.Spire	75	o		?	
PAULUS	Bruyères-le-Châtel	Arpajon	C.	75			o	
PERINET	Marolles-en-Hurepoix	Arpajon	C.	75	o			o
POSTEL	Saint-Vrain	Arpajon	C.	14?	12/06/91			
REPICHET	Saint-Vrain	Arpajon	V.	75		o		o
THOMINE	Guibeville	Arpajon	C.et aumonier	78	06/02/91			
BOULANGER	Boussy-St-Antoine	Brunoy	C.		o			
CAUDEVELLE	Villecresnes	Brunoy	V.				o	
LAURENT	Varennes	Brunoy	C.	75	o			
LEDUC	Villecresnes	Brunoy	C.(élu)	75	o			
LEGORGEU	Brunoy	Brunoy	V.	14?	o			
LEGRAND	Quincy	Brunoy	C.	75	o			
LEPITRE	Epinay-sur-Orge	Brunoy	C.	78	o			o
MACQUIN	Mandres	Brunoy	C.	77	o			
MATHUS	Brunoy	Brunoy	V.	?	o			
MICHOU	Le Plessis-Paté	Brunoy	C.		o			
MINABEL	Brunoy	Brunoy	C.	50	30/01/1791			avant an X
MUGUET	Epinay-sous-Sénart	Brunoy	C.		o			
PEYRINEL	Périgny	Brunoy	C.		o			
ROUSSEAU	Yerres	Brunoy	C.	59	o			
VAILLANT	Yerres	Brunoy	C.	62			o	
BAIN(BIN)	Etiolles	Corbeil	C.		o			
BLANCHETETE	Saint-Pierre-du-Perray	Corbeil	C.		o			
CALLAN	Bondoufle	Corbeil	C.		13/02/1791			
DORGET	Lisses	Corbeil	C.	78		o		
DOYE	Saintry	Corbeil	C.	100	o			
DUVAL	Saint-Jacques de Corbeil	Corbeil	C.				o	
GALLUCHAT	Notre-Dame de Corbeil	Corbeil	V.	75	o			
GALOPIN DE LA MAZURE	Ris	Corbeil	C.	14	o			
GIRARD	Evry	Corbeil	V.	Rhône			o	
GONTARD	Notre-Dame de Corbeil	Corbeil	C.	59	o			
GUERRE	Soisy-sous-Etiolles	Corbeil	V.		30/01/1791			
GUYOT (GUIOT)	Saint-Guénault de Corbeil	Corbeil	chanoine de St.Spire et prieur	76	o			
JAMES	Courcouronnes	Corbeil	C.	50	o			
JOZON	Saint-Germain-le-Vieux-Corbeil	Corbeil	C.	77	o			
LEBRETON	Saint.Spire de Corbeil	Corbeil	C. et chanoine de Corbeil	78	23/01/1791			

Etat statistique des prêtres assermentés et réfractaires
dans le District de

Nom	Paroisse	Canton	Fonction	Département de Naissance	Serment pur & simple	Serment avec restriction	Refus du serment	Rétraction
LUTHIER	Courcouronnes	Corbeil	C.	78		o		
MATHIEU	Villabé	Corbeil	C.		o			
MELLET	Soisy-sous-Etiolles	Corbeil	C.	78	30/01/1791			
MILLE	Evry	Corbeil	C.	80	o			
MOYNET	Essonnes	Corbeil	V.	50	26/12/1790			
SEMMERVILLE	Orangis	Corbeil	C.		o			
VAUBAILLON	St.Pierre du Perray	Corbeil	V.		o			
BERTON	Soisy-sur-Ecole	Etampes-Milly?	C.	80	o			
BARELLIER	Chevannes	Mennecy	C.		o			
BLANCHARD	Champcueil	Mennecy	C.	?	o			
BLANCPOMPIRAC de	Coudray	Mennecy	C.		13/01/1791			
BOILEAU	Les Portes	Mennecy	C.		o			
BOULLAY	Ormoy	Mennecy	C.	75	o			
BOURSIER	Ballancourt	Mennecy	V.					
BOUVIER	Fontenay-le-Vicomte	Mennecy	V.		o			
BRICOT	Fontenay-le-Vicomte	Mennecy	C.		en 1791			
CROSNIER	Auvernaux	Mennecy	C.					
DELANNEY	Mennecy	Mennecy	C.	14	o			
LAVAL	Fontenay-le-Vicomte	Mennecy	C.	?	o			
LEGROS	Ballancourt	Mennecy	C.		o			
MARTIN	Montceaux	Mennecy	C.	78	o			
PAILLOT	Ormoy	Mennecy	C.		o			
PREVOST	Echarcon	Mennecy	C.		o			
BUE	Morsang-sur-Seine	Montlhéry	C.	14?	o			
CACHEUX	Montlhéry	Montlhéry	2' V.		06/02/1791			
CALONNE	Leudeville	Montlhéry	C.	80		o		
COLLIGNON	Morsang sur Orge	Montlhéry	C.	75	o			
DELESTACHE	Leudeville	Montlhéry	C.	75	o			
DESRUAULT	Leudeville	Montlhéry	C.	14	o			
GANDILLON	Sainte-Geneviève-des-Bois	Montlhéry	C.		o			
GAUTHIER	Leuville	Montlhéry	C.	D.St.Claude	o			
GRANDJEAN	Brétigny	Montlhéry	C.		o			
HERBIN	Montlhéry	Montlhéry	C.		o			
JUNOT	Longpont	Montlhéry	V.		o			
LECHIEN DOISNEL	Villemoisson	Montlhéry	C.	27		06/02/91		
L'ECRIVAIN	Grigny	Montlhéry	C.	78	o			
L'HUILLIER	Linas	Montlhéry	C.	78	o			
PERRET	Longpont	Montlhéry	C.		o			
POURCIN	(Saint-Philibert de) Brétigny	Montlhéry	C.	04	o			
ROSE	Fleury-Mérogis	Montlhéry	C.		o			
THIBAULT	Linas	Montlhéry	V.	75	o			
VARIN	Saint-Michel-sur-Orge	Montlhéry	C.		o*			
GRANDJEAN	St.Philibert de Brétigny	Montlhéry	C.	M & M	o			
ANCELLE	Sucy	Sucy					o	
AUGIER	Vlliers-sur-Marne	Sucy	C.	Vaucluse	o			
BERGER	Amboile	Sucy	C.		o			
BUZAT	Chennevières	Sucy	V.				o	
EUDES (HEUZE DES TOUCHES)	Chennevières sur Marne	Sucy	C.	50	o			
FIRENT	Sucy	Sucy	C.		o			
GADOT	Boissy-Saint-Léger	Sucy	C.				o	
GAMAS	Santeny	Sucy	C.	?	o			
LIEGEOIS	Marolles-en-Brie	Sucy	C.		o			
ORANGE	Boissy-Saint-Léger	Sucy	C.	50	o			
PAGNON	Noiseau	Sucy	C.	Loire -42	o			
DENIS	Villeneuve St.Georges	VSG	V.		o			
DESCHAMPS-DUMESNIL	Savigny	VSG	C.	14	23/01/1791			

Etat statistique des prêtres assermentés et réfractaires
dans le District de

Nom	Paroisse	Canton	Fonction	Département de Naissance	Serment pur & simple	Serment avec restriction	Refus du serment	Rétraction
DOMMERGUE	Limeil	VSG	C.		o			
DURANT	Villeneuve St.Georges	VSG	chapelain	75	30/01/91			
FERET(FEREE)	Juvisy	VSG	C.	80	o			
FROISSARD	Villeneuve-Saint-Georges	VSG	C.					
GENAIN (GENIN)	Savigny	VSG	C.	Bas-Rhin	o			
HEBERT	Crosne	VSG	V.	?	o			
LAROCQUE (de)	Draveil	VSG	C.		o			
LAURENT	Ablon	VSG	V.	78	o			
LE BONHOMME	Montgeron	VSG	C.		o			o
LEBOULLIER	Valenton	VSG	C.		o			
LEMPERIERE	Draveil	VSG	V.		16/01/1791			
LEROY	Juvisy	VSG	V.		o(?)			
LOIZELLE	Villeneuve-Saint-Georges	VSG	V.	75	o			
PARENT	Savigny	VSG	V.	75	o			
PIGEARD	Montgeron	VSG	V.	75	o			
PLAIMPOINT (de)	Villeneuve-le-Roi	VSG	C.	75	o			1795
QUILLET	Athis-Mons	VSG	C.	75	o			
SOUCHET	Vigneux	VSG	C.		o			
TILLAT	Vitry-Châtillon	VSG	C.			o		
LAURENT (LAUREIN)	Ablon	VSG	V.	78	o			
BERTHOU	Crosne	Villeneuve St.George	C.		30/01/1791			

Etat statistique des prêtres assermentés et réfractaires
dans le District de Dourdan

Nom	Paroisse	Canton	Fonction	Département de Naissance	Serment pur & simple	Serment avec restriction	Refus du serment	Rétraction
BEAUDOUX	Prunay sous Ablis	Ablis	C.	28	o as 3fois			o 01/08/1799
CHAUVIN	Ablis	Ablis	C.	14	10/03/91	23/01/91		o
COLOT	Orphin	Ablis	C.	78	o			o ?
COUDRAY	Hattonville	Ablis	C.	28	o			o
DELAFOY ou MAMES DE LA FOY	Chatignonville	Ablis	C.	28	o			o(AD E&L Q1403)
DUBOURG	Boinville le Gaillard	Ablis	C.	28	o			
HARDY	Allainville	Ablis	V.	78	o			o 1803?
MIET	Sonchamp	Ablis	desservant	28	o			
PIGEON	Allainville	Ablis	C.	78	o			
SEJOURNE	Prunay sous Ablis	Ablis	V.	28	o			
AMY	Dourdan-94	Do	C.	28	E & L 23/1			AN II
CHARPENTIER	St.Germain de Dourdan	Do	V.	28			o non fonc	
CONARD	Dourdan	Do	V.	28	o			
GAGE	Ste.Mesme	Do	C.		pas sermen			
GEOFFROY	St.Germain de Dourdan	Do	C.	75	o			
HENRY	Le Val St.Germain	Do	C.	04 Basse Alpes		o		1793
LAMBERT	Corbreuse	Do	C.	78	o			1793?
LE MAIRE	St.Martin de Bréthencourt	Do	V.		o			
LEFORT	St.Maurice	Do	V.	78	o			1795
LEFORT	Le Val St.Germain	Do	V.	78	o			1795
LEGUEULT	Doudan	Do	V.	14	o			
L'HOMME	Sermaize	Do	C.	28			o	
MANSION	Authon la Plaine	Do	C.	78	23/01/91			
MEUNIER	Authon	Do	desservant	78	o			
MICHAN	St.Pierre de Dourdan	Do	V.		o			
MILLET	St.Pierre de Dourdan	Do	C.	28			o	
PICOT	St.Maurice Montcouronne	Do	C.	50	o			
PIEDBOURG	St.Chéron	Do	V.	28		o -refusé	=o	
RABOURDIN	Sermaise	Do	V.	78			o	
SEQUIN (SEGOUUIN)	St.Martin de Bréthenourt	Do	C.	28	o			1793
ALLAIRE	Cernay-la-Ville	Essarts	?	59 Nord				
BOURGEOIS	Auffargis	Essarts	C.		o			
BRION	St.Léger en Yvelines	Essarts	C.	28	o			
ENGUEHARD	Cernay	Essarts	C.	14	o			
FOUACE	Les Layes	Essarts	C.	50	06/01/91			
GEFROTIN/GEOFFRETIN	gambaiseuil	Essarts	C.				30/01/91	
LE BUFFE	St.Légereny	Essarts	V.	50	23/01/91			
LE PEZ	Le Bréviaires	Essarts	C.	28	o			
LEGAT	Lévy St.Nom	Essarts	C.	78			o	
LELIEVRE	Le Perray	Essarts	V.	50	o			
MARTIN	Le Perray	Essarts	C.	50	o			
MAZAR(D)	Les Essarts le Roi	Essarts	C.		o			
PONCELET	Les Bréviaires	Essarts	C.	08 Ardenne	o			
BOUTHEMARD	Hermeray	Rambouillet	C.	78	o			o
BRISSOT	St.Hilarion	Rambouillet	C.	28			o remplacé	
DESMARES/DESMARC	Gazeran	Rambouillet	C.	28	23/01/91			o ?
HEBERT	Rambouillet	Rambouillet	C.		o			avant sa mort
LE ROY	Oncemont	Rambouillet	C.	28	o			o ?
PERROT	Emancé	Rambouillet	C.	28	09/01/91			
TRAVERS	La Boissière	Rambouillet	C.	28	23/01/91			26/05/91
TRAVERS	La Boissière	Rambouillet	C.	28	o			? o
BERTHELOT	Longevilliers	Rochefort	C.	28	0			o
BOUQUIN DE LA SOUCHE	Bonnelles	Rochefort	C.	78	o			
CHAUTARD	Angervilliers	Rochefort	V.	28	o			
CHAUVEAU	Richarville ou St.Arnault	Rochefort	V.	28	o			

Etat statistique des prêtres assermentés et réfractaires
dans le District de

Nom	Paroisse	Canton	Fonction	Département de Naissance	Serment pur & simple	Serment avec restriction	Refus du serment	Rétraction
FLEURY	Angervilliers	Rochefort	C.		o			
MAZURIER	ponthévrard	Rochefort	C.	28	o			o
MOUTIER	Bullion	Rochefort	C.	78	o			
REMUSAT	St.Arnoult	Rochefort	C.	04 Basses Alpes	o			
VACOSSIN	Clairefontaine	Rochefort	C.	80 Somme	o			av.02/10/1792

Etat statistique des prêtres assermentés et réfractaires
dans le District d'Etampes

Nom	Paroisse	Canton	Fonction	Département de Naissance	Serment pur & simple	Serment avec restriction	Refus du serment	Rétraction
LANOUE	Méréville	Angerville	C.	75	02/01/91			
RANGE	Angerville	Angerville	V.	28	23/01/91			1795
FAY	Chalou la Reine	Angerville	C.		30/01/91			? (AE CH)
URDAY	Pussay	Angerville	C.	28	o			
UVE	Thionville	Angerville	C.	28	o			o
SSIER	Monnerville	Angerville	C.	02-Aisne			o	
FORT	Moulineux	Angerville	C.	Calvados	o			
URDAIN OURDAY)	Pussay	Angerville	C.		o			
ISANT	Congerville	Angerville	C.	28	o			
RON	Mérobert	Angerville	C.		o			
USSELET	Angerville	Angerville	C.	45 Loiret	23/01/91			
ERCELIN	Méréville	Angerville	V.	77	02/01/91			
TEIL	Ste.Escobille	Angerville	C.	28	o			
ERGEUR (LE ERGEUR)	Breuillet	Chamarande	V.	Orne-61	o			
AUVOT	St.Sulpice de Favière	Chamarande	C.	Nièvre			o	
UCHER (BAUCHET)	Villeconin	Chamarande	V.	78	30/01/91			
AGE	Souzy	Chamarande	C.	Aisne-02	o			
VERDISSE	St.Yon	Chamarande	C.	08-Ardennes	o			
VAU	Chauffour les Etréchy	Chamarande	C.	75?	o			
LIVIER	Mauchamp	Chamarande	C.	Puy de Dome-63	o			
ILLEN ou SILLET	La Briche	Chamarande	C.		o			
IBIER	Villeconin	Chamarande	C.	78	o			
NTAINE	Breuillet	Chamarande	C.			o		o 1792 (AE CH)
'EVEQUE	Boissy St.Yon	Chamarande	C.	14	06/02/91			
ARMENTIER	Chamarande	Chamarande	C.	78	o			
E HERON	Chamarande	Chamarande	V.	di.Bayeux	o			
ENAULT	Boissy sur St.Yon	Chamarande	V.		o			
UBEL (ISABELLE)	Breux	Chamarande	C.	Marne-52	o			o (F7.7320)
'EVEQUE	Boissy St.Yon	Chamarande	C.	14	06/02/91			
ARON	St.Pierre d'Etampes	Etampes	V.	78	23/01/91			
IRCHON	St.Georges d'Auvers	Chamarande	C.		o			
ELIANCOURT	St.Germain les Etampes	Etampes	C.	Aisne-02	30/01/91			
UGER	St.Bazile d'Etampes	Etampes	C.	Loiret-45	o			
ARAULT	St.Martin d'Etampes	Etampes	V.		20/01/91			
ELANOUE	Villeneuve sur Auvers	Etampes	C.	78	o			
OIVIN	N.D. d'Etampes	Etampes	C.	78	o			
ELIANCOURT	St.Germain les Etampes	Etampes	C.	Aisne-02	30/01/91			
ESHAYES	Brière les Scellés	Etampes	C.	E & L-28			o	
OCHES	Etampes	Etampes	C.		o			
ELANOUE	Villeneuve sur Auvers	Etampes	C.	78	o			
EGRAND	St.Martin d'Etampes	Etampes	C.	75			o	
ENET (GENEST)	La Foret le Roi	Etampes	C.	28			o	
REGY	N.D.Etampes	Etampes	V. et chanoine	75	o			
ILLET	Boutervilliers	Etampes	C.	Belgique	o			o avant an II
AIR	Bonville	Etampes	C.	14	o			
EGRAND	St.Martin d'Etampes	Etampes	C.	75			o	
ESNARD DU ONTELET	St.Bazile d'Etampes	Etampes	V.	75	o			
ERIER (PERRIER)	St.Pierre d'Etampes	Etampes	C.	78	04/01/91			o (Alliot)
OGER	St.Hilaire	Etampes	C.	28	o			
ESSON	Boissy le Sec	Etampes	C.	50-Manche	09/01/91			
OULAVIE	Hôtel-Dieu d'Etampes	Etampes	aumonier	07-Ardéche	o			o
ANDET	La Ferté Alais	La Ferté Alais	C.	Doubs-25	o			1791

Etat statistique des prêtres assermentés et réfractaires
dans le District de

Nom	Paroisse	Canton	Fonction	Département de Naissance	Serment pur & simple	Serment avec restriction	Refus du serment	Rétraction
ALLEVIN	Guignanville	La Ferté Alais	C.	77	o			
BONNARD	Itteville	La Ferté Alais	V.		o			
COLIN	Cerny	La Ferté Alais	V.	77	o			
COURBIN	Itteville	La Ferté Alais	C.			o		o
DUBOIS	d'Huison	La Ferté Alais	C.	77	o			
DUCRET (HYACINTHE)	Orveau	La Ferté Alais	V. et dess.		o			
DUMAZY	Bouray	La Ferté Alais	C.	78	o			
DURAND	Cerny	La Ferté Alais	C.		o			
D'ASTIER	Boissy le Cuté	La Ferté Alais	C.	Hautes Alpes	o			
FILLEAU	Baulne	La Ferté Alais	C.	78	o			
GENDARME	Lardy	La Ferté Alais	C.		o			
YVERT DE BELLECOURT	Mondeville	La Ferté Alais	C.	14	06/02/91			
BELLOT (BELOT)	Courdimanche	Maisse	C.		o			
BEAUDOUX	Prunay sous Ablis	Maisse	C.	28	o -3 fois			01/08/95
CHAUMETTE	Mespuits	Maisse	C.		o			
BAUDICHON	Vaires	Maisse	C.	Loiret-45	o			
AUGER	Valpuiseaux	Maisse	C.	45-Loiret	o			
DUVAL	Brouy	Maisse	C.		o			
DE BESSE (DEGLO DE BASTIER DE BESSE)	N.D. Maisse	Maisse	C.	Ardèche -07	30/01/91			
HUTTEAU	St.Médard de Maisse	Maisse	C.	45-Loiret	o			
L'ESPINAY (DELEPINAY)	Champmotteux	Maisse	C.	78	o			
LE CHARRETIER	Puiselet le Marais	Maisse	C.	50	o			
RIVET	Boigneville	Maisse	C.		o			
REGNARD	Gironville	Maisse	C.		o			
BERTOU	Soisy sur Ecole	Milly		Somme	o			
BOUTIN	Buno	Milly	C.	Cantal-15	o			
JOLY (JOLLY)	Boutigny	Milly	C.	60-Oise	o			
GOUSSET	Courances	Milly	C.	77	o		o?	
LEHARDY	Dannemois	Milly	C.		30/01/91			
LE ROY	Videlles	Milly	C.	14	o			
PASQUET DE LEYDE	Moigny	Milly	C.	69	23/01/91			
REGNARD	Bonneveau	Milly	C.		o			
SULEAU	Oncy	Milly	C.	Oise-60	o			
RUELLE	Milly	Milly	C. et Chanoine de Milly		30/01/91			
HUREAU	St.Cyr la Rivière	Saclas	C.	Loiret-45	o			
BELLEMERE	Arrancourt	Saclas	C.		o			
DELAVILLE	Saclas	Saclas	C.	78	o			
DEVAUX	Fontaine la Rivière	Saclas	C.	78	o			
SALMON	Marolles	Saclas	C.	51	12/11/91			
HUREAU	St.Cyr la Rivière	Saclas	C.	Loiret-45	o			
JAMIN (JAMAIN)	La Fôret Ste Croix	Saclas	C.	78	o			
FAUGERAS	Blandy	Saclas	C.	Corrèze-19	05/12/90			
LEGRIS	Roinvilliers	Saclas	C.	76	19/12/90			
SALMON	Marolles	Saclas	C.	51	12/11/91			
TRAVERS	Guillerval	Saclas	C.	28	o			o ? (AE CH)
PRIEUR	Abbéville la Rivière	Saclas	C.	78	o			

Etat statistique des prêtres assermentés et réfractaires
dans le District de Gonessé

Nom	Paroisse	Canton	Fonction	Département de Naissance	Serment pur & simple	Serment avec restriction	Refus du serment	Rétraction
LANGLOIS	Nointel?	Beaumont?	V.		o			
SERROT	Villers le Bel	Ecouen	1' V.		23/01/91			
BOREX	Mesnil Aubry	Ecouën	V.	84 Vauclause	0			
AVIAT	Montsoult	Ecouën	C.	75			0	
DEMAY	Mareil en France	Ecouën	V.	80 Diocèse d'Amiens	o			
FUZELIER	Domont	Ecouën	V.	78		o		
DRIANCOURT	Mareil	Ecouën	Chanoine		o			
FOURNIER	Ezanville	Ecouën	C.		o			
FLORY	Ecouën	Ecouën	V.		o			
FICHET	Ecouën	Ecouën	C.		o			
LAURENT	Vaujours	Ecouën	C.	28	o?		?	
GRAS (LE GRAS)	Attainville	Ecouën	C.		o			
HIVART	Bouffémont	Ecouën	C.	80 02 Sommes ?			o	
LEMONNIER	Villiers le Bel	Ecouën	2eme chapelain	14	23/01/91			
LUCE	Villiers le Bel	Ecouën	Ecouën		23/01/91			
MAGNAN	Le Mesnil-Aubry	Ecouën	C.		o			
TIERCE	Maffliers	Ecouën	C.		o			o
SANDRIE	Domont	Ecouën	C.			30/01/91		le même jour 15/05/91
BAILLY	Maffliers	Ecoüen	V.	78	30/01/91			
CARDINE	Villaines	Ecoüen	C.	14	o			o -1796
CARDON	Baillet	Ecoüen	C.				o	
LAURENS	Mareil en France	Ecoüen	C.	04 Basses-Alpes	o			
ANGELOT	Bonneuil en France	Go	C.				0	
ANTOINE	St.Nicolas de Gonesse	Go	V.	75	0?		?	
BARAT (BARRA)	St.Pierre de Gonesse	Go	V.		o			
BAUCE	Garges les Gonesse	Go	C.	75		0		
BOLLOGNE	Goussainville	Go	V.	04 Basse Alpes	o			
BARBIER	Gonesse	Go	C.	78			o	
DELAPLACE	Bouqueval	Go	C.	78		o- refusé		
CHAUBERT	Roissy en France	Go	C.	41 Loir et Cher			o-remplacé	
CHEVILLARD	Sarcelles	Go	V.	78			o	
BROCHIER	Le Plessis-Gassot	Go	C.	Hautes Alpes-05	o			
DESPENNES	Plessis-Luzarches	Go		?	o			
GILBERT	Blanc-Mesnil	Go	C.			o		
DESCHARD	St-Pierre de Gonesse	Go	V.	78	o			
GILLET	Vaud'herlaud	Go	C.		o			
LA CAUVE	Le Thillay	Go	V.	50	o			
LANGEVIN DU MESNIL	Aulnay sous Bois	Go	C.	14			o	
JOLLIVET	St.Pierre de Gonesse	Go	C.		o			
LE SUEUR	Goussainville	Go	C.		o			
MINIER	Arnouville les Gonesse	Go	C.	89 dio.Auxerre			o	
LEFEVRE/ LEFEBVRE-DUCLOS	Aulnay sous Bois	Go	V.		o			
LEFRANC	Goussainville	Go	chapelain	02 Aisne	o			
VIGNES	Le Thillay	Go	C.	12 Aveyron	16/01/91			
VALLEE	Roissy en France	Go	V.	50	08/05/91			
VARANGUIN	Arnouille les Gonesse	Go	V.				o	
PETIT	Le Thillay	Go	chapelain		o			
GRENTE	Noisy le Grand	Livry	C.	50	o			
BOURDEAUX	Tremblay les Gonesse	Livry	V.	23 Creuse		91		
CAMPIGNY ou CHAMIGNY	Villepinte	Livry	C.	76 Seine-Inférieure	o			
CAPLAIN	Villepinte	Livry	V.	50 Manche			o	

Etat statistique des prêtres assermentés et réfractaires dans le District de

Nom	Paroisse	Canton	Fonction	Département de Naissance	Serment pur & simple	Serment avec restriction	Refus du serment	Rétraction
BUQUET	Gagny	Livry	C.	27 Eure	jan 1791			
COLOMBY	Gournay	Livry	C.	75	o			
CLAVIERES	Livry	Livry	C.	15 Cantal	o			
DUCQUET/BUCQUET	Le Tremblay s/ Mauldre	Livry	V.		décédé			
DEMILLARD	Tremblay	Livry	C.			o		
PACRIE	Coubron	Livry	C.		o			
PEYRE	Noisy le Grand	Livry	V.	31	o			
VILLEMARD	Sévran	Livry	C.		o			
BARDONNAUD	villeron	Louvres	V.	63 Puy de Dôme-	30/01/91			
AUBRY	Fosses	Louvres	C.	75	0			
AUBERT	Epiais Rhus	Louvres	C.	75	début 1791			15/05/91
CHOLET	Fontenay les Louvres	Louvres	C.	75	23/01/91			
DELAUNAY	Fontenay les Louvres	Louvres	V.		23/01/91			
DUHAMEL	Louvres	Louvres	V.		o			
HENRY	Puiseaux les Louvres	Louvres	C.		o			
HAINSELIN	Vémars	Louvres	C.	60	30/01/91			
LA ROCHETTE	St.Witz	Louvres	C.			o		
GUERRIER	Villeron	Louvres	C.	75	20/01/91			
LEVEILLE-DUVERGER	Chennevieres les Louvres	Louvres	C.	14	12/01/91			
MALDAGNE	Louvres	Louvres	C.	08 Ardennes	o			
PAPIN	Marly la ville	Louvres	C.	75	o			
MARTIN	Chatenay en France	Louvres	C.	80	16/01/91			
VRAC OU WRAC DUBUISSON	Clichy sur Bois	Louvres	C.	75	23/04/91			o
VERNEY	Survilliers	Louvres	C.		o			
TETREL	Fontenay les	Louvres	V.	50	o			
DE LAGODINE	Marly la ville	Louvres	V.		o			
LECOMTE /LECOINTE	Belloy	Lurarches	C.	50	o			o
ARCAIS	Jagny	Luzarches	C.		0			
BLANCHET DE LA SABLIERE	St.Martin du tertre	Luzarches	C.	50	16/1/91			
BERTHELOT	Chaumontel	Luzarches	C.		0			
BOURDET	Lurarches	Luzarches	V.		o			
DELEPINAY/DE LESPINAY/DE L'ESPINAY	Champmotteux	Luzarches	C.		o			
FILLIOT	Bellefontaine	Luzarches	C.	75	o			
DESTAPPES	Seugy	Luzarches	V.	60	o			o
DESEVRE	Epinay-Champlât reux	Luzarches	C.	75	o			o immédiate
DUBOIS	Noissy-sur-Oise	Luzarches	V.		o			
LE MAIRE	Viarmes	Luzarches	C.	60	o			o
GUESTE?	St.Martin du Tertre	Luzarches	Chapelain		o			
LANON	Asnières	Luzarches	C.	Calvados-14			o	
MOUTIER	Noissy sur Oise	Luzarches	C.		o			
OUDAILLE	Luzarches	Luzarches	C.	60	o			o
PIOT	Belloy	Luzarches	V.		o			
RICARD	Lassay	Luzarches	C.	75	o			
SUPOS	Sarcelles	Luzarches	C.	75			o	
BLAVETTE	Eaubonnne	Montmorency	C.	75	o			
ANCELIN	St-Gratien	Montmorency	C.	80 Sommes	0			
ALLARDIN	Groslay	Montmorency	pretre.	45 Loiret	21/04/93?			
DAMON	Groslay	Montmorency	chapelain		o			
DAROUX (D'AROUX)	Moisselles	Montmorency	C.	75	o			
DE CAUPENNE	Montmorency	Montmorency	V.	32 Gers			o	
CHOTARD	Montmagny	Montmorency	C.	37 Indre & Loire	30/01/91			
CAMPIGNY	Neuilly sur marne	Montmorency	C.		o			
DOUCHIN/DOUCHAIN	Groslay	Montmorency	V.	50	o			
DEVILLY	Deuil	Montmorency	V.		o			o 24/05/91
DESCHAMPS	Soisy s/ Montmorency	Montmorency	C.				o	
LA GASSE	Deuil	Montmorency	C.	Belgique	23/01/91			
HIBERT	Montmorency	Montmorency	Administrateur		o			

Etat statistique des prêtres assermentés et réfractaires
dans le District de

Nom	Paroisse	Canton	Fonction	Département de Naissance	Serment pur & simple	Serment avec restriction	Refus du serment	Rétraction
LAIR DE BEAUVAIS	Andilly	Montmorency	C.	50	o			
MAURY	St.Brice	Montmorency	C.	84 Vauclause			o	
MAZE	St.Brice	Montmorency	V.	76	23/01/91			
MARIE	Eaubonne	Montmorency	V.		o			
MOBAILLE?	Groslay	Montmorency	C.		o			
LE MONIER	Piscop	Montmorency	C.				o	
VASTEL	Margency	Montmorency	C.	75	o			
TACHE	Montlignon	Montmorency	desservant	75	o			
SIMON	Groslay	Montmorency	2° V.		o			
SILLON DE GREN	Montmorency	Montmorency	Supérieur	74 Haute-Savoie	21/09/90			
RONDEAU	Montmorency	Montmorency	V.	77	21/02/91			

Etat statistique des prêtres assermentés et réfractaires
dans le District de Mantes

Nom	Paroisse	Canton	Fonction	Département de Naissance	Serment pur & simple	Serment avec restriction	Refus du serment	Rétraction
AULET	Bréval	Bréval	C.	E & L -28	o			?
CHANDELLIER	Boissy	Bréval	V.	78	o			
DRAHON	La chapelle en Vexin	Magny	C.	70 Haute Saône	22/01/91			
DESFEUX	Neauphlette	Bréval	C.	50 Avranches	o			
DRUYER	Fontenay Mauvoisin	Bréval	C.	Eure	o			o 1795
GEFFROTIN (GEOFFROTIN)	Boissy	Bréval	C.	50	05/01/91			
GERVAIS	Favrieux	Bréval	C.		o			
MARIE	Le Tertre St.Denis	Bréval	V.		o			
MARCHAND	Bréval	Bréval	V.	28	o			o
MUIDEBLED	Perdreauville	Bréval	C.	78	23/01/91			
ROLLAND	Le Tertre St.Denis	Bréval	C.		23/01/91			
SAVARIN	St.Illiers-la-v ille	Bréval	C.	78	? 23/01/91		o	
THIBAULT	St.Illiers-le-B ois	Bréval	V.		o			
PRIER	St. Iliers les Bois	Bréval	C.		? o		o ?	
BUSNOUT	Ainvourt	Fontenay St.Père	C.	14 Calvados	o			
BUFFET	Moisson	La Rocheguyon	C.	07-Ardéche	16/01/91			
BROTTELANDE	Montalet le Bois	Fontenay St.Père	C.		o			
DUSOUCHAY (DUFOURCHAY, DUSAUCHOY, DU SOUCHET)	St.Cyr en Arthies	Fontenay St.Père	C.	28 EL	o			
FOURNOT (FOURNEAU ou FOURREAU)	Fontenay St.Père	Fontenay St.Père	C.	76 Seine Inférieure			o	
GRAVET	Arthies	Fontenay St.Père	C.				o	
GUERIN	Breuil en Vexin	Fontenay St.Père	C.	14	o			
LEBLANC	Sailly	Fontenay St.Père	C.	14	23/01/91			
LE BLANC	Oinville	Fontenay St.Père	C.		23/01/91			
LEMAITRE	Jambville	Fontenay St.Père	C.	76-Seine Maritime	30/01/91	24/02/91		24/02/91
MOUTIER	Lainville	Fontenay St.Père	C.		o		o	o 23/03/91
PREVOT	Drocourt	Fontenay St.Père	C.	78	o			
LE GIGAN (GIGAND)	Breuil en Vexin	Fontenay St.Père	V.	78	o			
AVOINE	Gommecourt	La Rocheguyon	C.	76	o			
BARREAU (BARAULT)	Freneuse	La Rocheguyon	C.	28?	o			
BERTIN	La Rocheguyon	La Rocheguyon	V.	76	o			
BUFFET	Moisson	La Rocheguyon	C.	07-Ardéche	16/01/91			
CARRE	Bennecourt	La Rocheguyon	V.		10/01/91			
DEGOUVILLE DE BRETTEVILLE	Vétheuil	La Rocheguyon	C.	14	o			
BERAULT (BERAUD)	Gommécourt	La Rocheguyon	V.	Haute Loire-43? 49	16/01/91			
BAILLY	de Triplval	La Rocheguyon	V.			o		
DE LAMBLARDIE	La rocheguyon	La Rocheguyon	C.		o			
FOUET	Freneuse	La Rocheguyon	V.	76 Seine Inférieure	16/01/91			
GALLAHER	Villiers en Arthie	La Rocheguyon	C.	100 Irlande	16/01/91			
LAMBLARDIE	la Rocheguyon	La Rocheguyon	C.	Indre-et-Loi r	o			

Etat statistique des prêtres assermentés et réfractaires
dans le District de

Nom	Paroisse	Canton	Fonction	Département de Naissance	Serment pur & simple	Serment avec restriction	Refus du serment	Rétraction
LEQUESNE	Bennecourt	La Rocheguyon	C.	76	10/01/91			
LE RICHE	Limetz	La Rocheguyon	C.	76		02/02/91	o	
MICHAUX	Méricourt, annexe de Fréneuse	La Rocheguyon	V.	76?	o			
ROY	Aménucourt	La Rocheguyon	C.	Jura-39	23/01/91			
SEBIRE	Vétheuil	La Rocheguyon	V.	14-Calvados	23/01/91			
TOUSSAINT	Chérence	La Rocheguyon	C.	78	01/01/91			
SERAY	Mousseaux	La Rocheguyon	C.	78	o			
SOREL	Limetz	La Rocheguyon	V.		o			
QUENOUELLE ou QUENNOUELLE	Haute Isle	La rocheguyon	C.	Aisne	o			
BESNE	Limay	Limay	C.				o	
BRINGAND ou BRAINGAULT	Guitrancourt	Limay	C.		o			
DEBRY	Ornerville	Magny	C.		16/01/91			
DUSOUCHAY (DUFOURCHAY, DUSAUCHOY, DU SOUCHET)	St.Cyr en Arthies	Fontenay St.Père	C.	28 EL	o			
DUFOUR	Epône	Limay	C.	78		o	o	11/03/91
FAUDET	Mézières	Limay	V.		o			
GEOFFROY	Epône	Limay	V.	78	o			o
GILBERT	Mézières	Limay	C.		o			? o
HENGUEHARD (ENGUEHARD)	Juziers	Limay	V.	14	o			
DE LECLUZE	Juziers	Limay	C.		23/01/91			
MAHEU (MAHIEU)	Issou	Limay	C.	78			o	
OZANNE	Porcheville	Limay	C.				o	
BENEHARD (BESNEHARD)	Gargenville	Limay	V.	14	o		?	
HUCH OU HUEH	La Saize, annexe de Eponel	Limay	desservant		o			
BOUGON	Magny en Vexin	Magny	Chapelain des Ursuli		o			
DAIZE	Magny en Vexin	Magny	Directeur des Ursuli		o			
DEBRY	Ornerville	Magny	C.		16/01/91			
DRAHON	La chapelle en Vexin	Magny	C.	70 Haute Saône	22/01/91			
ENAULT	Magny en Vexin	Magny	2' V.		o			1792
GALIMARD	Magny en Vexin	Magny		75	o			
GRENAY (GRENET)	Buhy	Magny	C.		o			
GUINTELET (GUIGNETET)	St.Clair sur Epte	Magny	C.	10 Aube	23/01/91			
HUBERT	St.Clair sur Epte	Magny	V.	27 Eure	25/01/91			
LEFEVRE	Chaussy	Magny	C.	76 dio Rouen ?	16/01/91			
LEFEVRE	Chaussy	Magny	V.	76 ?dio Rouen	o			
LEFEVRE	MAndétour	Magny	C.	50	23/01/91			
LEHIDOUX	Montreuil sur Epte	Magny	C.		06/01/91			
LEMOINE	Genainville	Magny	V.	27	o			
LANDRIU	Magny en Vexin	Magny	prêtre habitué		o			
LOUIS	Bray et Lù	Magny	C.	27		23/01/91		
MASSELIN	Magny en Vexin	Magny	C.	76	23/01/91			
MAUGER	Magny en vexin	Magny	prêtre habitué		23/01/91			
MONTAIGNE	Mandétour	Magny	V.			o	o	o immédiate sept 1792
PORION	Ambleville	Magny	C.	Eure 27	23/01/91			
REINGARD	Banthelu	Magny	C.	Somme	o			
SANTELIN ou SANTELLAIN	Génainville	Magny	C.		o			

Etat statistique des prêtres assermentés et réfractaires
dans le District de

Nom	Paroisse	Canton	Fonction	Département de Naissance	Serment pur & simple	Serment avec restriction	Refus du serment	Rétraction
VALLEE	Magny en vexin	Magny	1er V.		23/01/91			
VERDIER	Magny en vexin	Magny	Directeur de l'Hotel	Eure-27	13/01/91			
VERDIERE	St.Gervais	Magny	C.	Eure-27	o			
VISSEAUX	St.Gervais	Magny	V.	Ardennes	o			
DABANCOURT	Jouy Mauvoisin	Bréval	C.	28	16/02/91			
COLLET	St.Maclon de Mantes	Mantes	V.	28	23/01/91			
GIROU (GIRON)	Guernes	Mantes	C.		o			
JUHEL	Senneville annexe de Guerville	Mantes	desservant	14	06/01/91			juin 1792
HELOIN	Vert	Mantes	V.	78	23/01/91			? o
HOTOT	Soindres	Mantes	V.	78	o			
HUA	St.Pierre de Mantes	Mantes	C.				o	
HUA	St.Maclon de Mantes	Mantes	C.				o	
HUVE ou HUVET	Mantes	Mantes	chanoine administrat				o	
LAINE	Gassicourt	Mantes	c.	78	o			04/09/92
LEMERCIER	Guerville	Mantes	C.	27	o			
LE ROY	St.Martin la Garenne	Mantes	C.	14	o			
MAHIEU	Magnanville	Mantes	C.		5/1/91			28/03/91
MARTIN	Buchelay	Mantes	C.	Somme -80	16/01/91			1791 ou 1792
MASSE	Mantelaville	Mantes		78	23/01/91			1795
MUIDEBLED	Mantes	Mantes	Recteur de l'Hopital	78	non astrei		?23/01/91	
NICOLLE	St.Martin la Garenne	Mantes	V.		o			
PREVOST	Ste Croix de Mantes	Mantes	V.	78	23/01/91			
QUESTIN	Soindres	Mantes	C.		09/01/91			
SALLETIE	Rosny	Mantes	C.		o			
TRIBOULAY	Mantes	Mantes	?		o			
REQUIDEL	Le Breuil Bois Robert	Mantes	desservant		o	o		o
ACHERAY	St.Martin la Garenne	Mantes	chapelain	Seine Inférieur-76	23/01/91			
HARASSE	Ste Croix de Mantes	Mantes	C.		o			o
AUBE	St.Croix de Mantes	Mantes	V.perpétuel	78	15/10/91			
CANNEE	Mantes	Mantes	chanoine chap.	78	non			
BELLANGER	Mantes	Mantes	V.perpétuel chap.	78	o			
AVICE	Mantes	Mantes	V.perpétuel chap.				o	
DELAMARRE	Mantes	Mantes	chanoine chap.	Aube -10	o			
DUVAL	Sandrancourt(St.Martin la Gare	Mantes	V.		23/01/91			
DANJOU	Mantes	Mantes	chanoine chap.	Vauclause	non?			
LENOURRI	Gommécourt	Mantes	V.		?		?	
LANDAS	Mantes	Mantes	V.perpétuel chap.	78	o			
LE PRINCE	Mantes	Mantes	V.perpetuel chap.	E & L-28			o	
PION	Mantes	Mantes	chanoine	78	non			
GIRON	Mantes	Mantes	V.perpétuel		?		?	
NAINE	Vert	Mantes	C.		o			
ALZIARI	Lommoye	Rosny	C.	04	16/01/91			?
CONSTANCIN	Rosny	Rosny	V.	Vienne 100	16/01/91			o
DELAS (DELASE)	Blaru	Rosny	V.		o			
LAMPRIERE	Port Villez	Rosny	C.	Eure	o			
LEFOUR	Jeufosse	Rosny	C.	28	23/01/91			
LOPEZ DE KENROY	Villeneuve en Chevrie	Rosny	C.	22?	o			
MARIE	La Villeneuve en Chevrie	Rosny	V.	50-Manche	12/12/90			1795 (FiCh5149)

Etat statistique des prêtres assermentés et réfractaires
dans le District de

Nom	Paroisse	Canton	Fonction	Département de Naissance	Serment pur & simple	Serment avec restriction	Refus du serment	Rétraction
MARTIN	Bonnières	Rosny	C.	78	09/01/91			
MASSON ou LE MASSON	Bonnières	Rosny	V.	Basse Normandie	o			
MERCIER	Chauffour les Bonnières	Rosny	C.	78	o			
PREVOST ou PROVOST	Cravant	Rosny	C.	28	17/11/90			
GRESLELIN	Blaru	Rosny	C.		o			
AUDANGER	Rolleboise	Rosny	C.		o			

Etat statistique des prêtres assermentés et réfractaires dans le District de Montfort

Nom	Paroisse	Canton	Fonction	Département de Naissance	Serment pur & simple	Serment avec restriction	Refus du serment	Rétraction
ANQUETIL	Flins Neuve Eglise	Dammartin	C.	14	30/01/91			18/06/91
BOUTILLIER	Flacourt	Dammartin	C.	76	30/01/91			
BOUTILLIER	Flacourt	Dammartin	C.	76	30/01/91			
DUBOIS	Dammartin	Dammartin	C.	78	30/01/91			o ? (AE CH)
DUROYE	Mondréville	Dammartin	C.		30/01/91			
DURVYE	Mondréville	Dammartin	C.	28	30/01/91			
GOSSIOME ou GOSSEAUME	Langres	Dammartin	C.	78	30/01/91			
LEGOUX	Boinvilliers	Dammartin	C.		30/01/91			
MAUDUIT (MAUD'HUY)	Boissets	Dammartin	C.	Orne	30/01/91			1795
NIBE	de la foret de Livry	Dammartin	C.		30/01/91			
NOQUET	Lognes	Dammartin	C.	14	30/01/91			?
PELLERIN	Montchauvet	Dammartin	C.	78	02/02/91			
PORQUERET	Tilly	Dammartin	chap.		30/02/91			
SURET	Boinvilliers	Dammartin	V.	28	30/01/91			o?
TOSTAIN	Tilly	Dammartin	C.		30/01/91			
DABLIN	Behoust	Garenciéres	C.	78	30/01/91			? o
DAUBINEAU (DOBINEAU)	Thoiry	Garencières	V.	28	30/01/91			
DAUBINEAU (DOBINEAU)	Thoiry	Garencières	V.	28	30/01/91			
EGASSE	Boissy sans Avoir	Garencières	V.	78		23/01/91		
GAUZES	Orgerus	Garencières	C.			25/05/91		
GUESDON ou GUEDON	Millemont	Garencières	C.	78	23/01/91			1791 ou 1792
GUILLEMIN	Flexanville	Garencières	V.	78		30/01/91	0	
LANDRIN	Garencières	Garencières	C.	78	04/01/91			
LEFRESNE	Thoiry	Garencières	C.	78	30/01/91			
LENOBLE	Orgerus	Garencières	V.			30/01/91		1792
PATTU	Flexanville	Garencières	C.	78		30/01/91	o	
PIVANT	Goupillières	Garencières	C.	80-Somme	30/01/91			? AECH
SUZANNE	Boissy sans Avoir	Garencières	C.	28	30/01/91			
THIFAIGNE	Tacoignières	Garencières	C.		06/02/91			
ARNAULT (ARNAUD)	Condé	Houdan	C.	04	20/01/91			
BADOLLIER	Dannemarié	Houdan	C.	28	20/02/91			
ENOT	Houdan	Houdan	V.	78	13/05/91			
GARNIER	Gressey	Houdan	C.	28	06/02/91			01/09/1795
GAUTHIER	Grandchamp	Houdan	C.	Orne	30/01/91			
GAUTHIER	Bazainville	Houdan	Chapelain	50	30/01/91			
GIRUALT	Gambais	Houdan	V.	28			o	
GOSSIOME	Saulx-Richebourg	Houdan	C.	78	06/03/91		30/01/91	07/06/91
HOLLANDE	Houdan	Houdan	V.	78	27/02/91			08/08/91
LAIR	Thionville	Houdan	C.	14	30/01/91			1795? (AE Ch)
LAPEYRE	La Hauteville	Houdan	C.	dio St.Flour	02/02/91			
DE LATOUCHE	Adamville	Houdan	C.	78			o	
LAURENT	Le Tartre Gaudran	Houdan	C.		07/02/91			
LETORSAY	Saulx Richebourg	Houdan	V.	78	06/03/91			17/06/91
MAILLET (MAILLIER)	Bazainville	Houdan	C.	78	23/01/91			
MOUZE	Maulette	Houdan	C.		o			
THIROUIN	Bourdonné	Houdan	C.	78			o	
DEAU	Houdan	Houdan	1er V.		o			
MOUZE	Maulette	Houdan	C.		o			
LALLOUETTE	Gambais	Houdan	C.		30/01/91			
IRRISON	Houdan?	Houdan	titulaire					
ANGER (AUGER)	Beynes	Montfort	C.	50-Manche	23/01/91			
BARAT	Tremblay sur Mauldre	Montfort	C.	78	23/01/91			02/04/91
BONNENFANT	Galluis	Montfort	C.	78		30/01/91	?o	
BOUILLERY	St.Rémy l'Honoré	Montfort	C.	75	23/01/91			
BOUVET DE BROUVILLE	Vicq	Montfort	C.	Pas de Calais	o			
DESJARDINS	Montfort	Montfort	Chapelain	28	30/01/91			
DESJARDINS	Montfort	Montfort	Chapelain	28	30/01/91			
HUARD	Les Mesnuls	Montfort	desservant	14		08/05/91	o	
HUCHEREAU	Montfort	Montfort	chapelain de l'Hotel-Dieu	78			o	

Etat statistique des prêtres assermentés et réfractaires
dans le District de

Nom	Paroisse	Canton	Fonction	Département de Naissance	Serment pur & simple	Serment avec restriction	Refus du serment	Rétraction
JACQUET	Mareil le Guyon	Montfort	C.	dio Lyon	23/01/91			
JEAN	Montfort	Montfort	C.	8	30/01/91			o et l'a retiré
LAILLIER	Grosrouvre	Montfort	V.	28	23/01/91			? o (FI CH)
LEMONNIER	Montfort l'Amaury	Montfort	V.				o	
LOISELAY (DE LA FOUCAUDIERE)	La queue les Ynes ann Gallius	Montfort	desservant	72 Sarthe	30/01/91			avant 1793 ?
MARIE	Grsrouvre	Montfort	C.		23/01/91			
MICHAU (MICHAULT)	Montfort	Montfort	V.	28			o	
PETEIL	Montfort	Montfort	V.	28	? o		o	
ROUSSEAU	Méré	Montfort	V.	28	30/01/91			? 1795 (FI CH)
THOURETTE	Méré	Montfort	C.		30/01/91			? (A EV CH)
DHILBERS	Montfort	Montfort	chapelain		30/01/91			
CHARRE	Montfort	Montfort	supérieur	75	pas astrei			
DEHOUST	Le Tremblay s/ Mauldre	Montfort		Belgique-100	non astr			
GIRODIE	Montfort	Montfort		75	26/06/91			
HUCHEREAU	St.Pierre de Montfort	Montfort	chanoine					
AUBRY	Montfort ?	Montfort?	?					
PELLERIN	Montfort	Montfort?	?	28			o	
PAVY	Neauphle le Vieux	Neauphle le Chateau	C.	76	23/01/91			
AURANT	Montainville	Nlc	V.	78	23/01/91			o
BOURDEL	Jouars	Nlc	V.	14	02/02/91			
BOULLAND	Elancourt	Nlc	C.	78	16/01/91			
BOURDEL	Jouars	Nlc	V.	14	02/02/91			
DANDRIEN	Maurepas	Nlc	C.	78	23/01/91			
COURTOIS	Coinières	Nlc	C.	78			29/01/91	
DANDRIEN	Maurepas	Nlc	C.	78	23/01/91			
DE COURTY (DECOURTY)	Villiers St.Frédéric	Nlc	C.	28	23/01/91			1795
DUBOIS	Beynes	Nlc	V.	78	23/01/91			
DESRUES	Trappes	Nlc	C.	78	30/01/91			1795 (A E CH)
DUBOIS	Beynes	Nlc	V.	78	23/01/91			
FLEURY	Jouars	Nlc	C.	75	02/02/91			10/06/91
GALAIS	Saulx Marchais	Nlc	C.	78	23/01/91			
GALLOU	Plaisir	Nlc	C.		23/01/91			
GAUTHIER	Moutainville	Nlc	C.	dio Coutances	23/01/91		o	23/03/91
HAMEL	Saulx-Marchais	Nlc	C.	14		o	o	
LAINE	Neauphle le Chateau	Nlc	C.		23/01/91			
MARTIN	l'Hopital des Bordes	Nlc	Chapelain	78			o	
OURSEL	St.Germain de la Grange	Nlc	C.	78	23/01/91			
TOULMONT (TOULLEMONT)	Neauphle le Chateau	Nlc	V.	78	23/01/91			juillet 1792
VICQ	Marcq	Nlc	C.	78	23/01/91			
MAILLET	Trappes	Nlc	V.		23/01/91			
PERONNET	Neauphle le Chateau	Nlc	V.	75	non astr			
DIRMAND	Beynes	Nlc	V.	60	non astr			
BAUNY	Hargeville	Septeuil	C.		o			
DIEUDONNE	Villette et Rosay	Septeuil	C.	78	30/01/91			o ? (A E Ch)
GAUTHIER (GAUTIER)	Prunay le Temple	Septeuil	C.	Manche-50	30/01/91			o? (AE CH)
GENET	Osmoy	Septeuil	C.	28		o		
GRANDJEAN	Goussonville	Septeuil	C.	100-Belgique	23/01/91			
GUILLE	Mulcent	Septeuil	C.		30/01/91			
LAILLIER	Septeuil	Septeuil	V.	28	30/01/91			1795(FI CH5838)
LECORNU	Jumeauville	Septeuil	C.	Orne	23/01/91			
LEGOUX	Orvilliers	Septeuil	C.	78	30/01/91			
LEJARD	Villette et Rosay	Septeuil	V.	28	30/01/91		o	27/03/91
MARCHAND	Arnouville	Septeuil	C.	28	30/01/91			o ? (A EV CH)
NEVEU	Septeuil	Septeuil	C.	78	30/01/91			1791
ROUSSIN	Courgent	Septeuil	C.	14	06/02/91			? FI CH

Etat statistique des prêtres assermentés et réfractaires
dans le District de

Nom	Paroisse	Canton	Fonction	Département de Naissance	Serment pur & simple	Serment avec restriction	Refus du serment	Rétraction
TOSTAIN	Boinville	Septeuil	C.	Manche-50	23/01/91			
ADVIELLE	Osmoy	Septeuil	C.				?	
QUENTIN	?Avernes	?Pontoise-Vigny	V.					

Etat statistique des prêtres assermentés et réfractaires dans le District de Pontoise

Nom	Paroisse	Canton	Fonction	Département de Naissance	Serment pur & simple	Serment avec restriction	Refus du serment	Rétraction
BENIT	Presles	Beaumont	C.		o			
BERTIN	Champagne sur Oise	Beaumont	C.		0			
CHAMBEL	Bruyères sur Oise	Beaumont	C.	60	o			
DORGEBRAY	Hédouville	Beaumont	C.	60-Oise		18/03/1790		
DUPLESSIER	Beaumont sur Oise	Beaumont	V.	Oise-60	o			
LANGLOIS	Nointel	Beaumont	V.		o			
LE DOUX	Bernes	Beaumont	C.		o			
LEFEBVRE	Mours	Beaumont	C.	80 Somme		23/01/91		29/05/1816
LONGUEPEE	Beaumont sous Oise	Beaumont	C.	60	o			
GARNIER	Epiais	Grisy	C.	60	o			
RIGAULT	Ronquerolles	Beaumont	C.	60	o			
GEOFFROY	Berville	Grisy	C.		o			
BAILLET	Ménouville	Grisy	C.			0		
FRICART	Haravilliers	Grisy	C.	50		o		
GEFFROY	Arronville	Grisy	V.	50		o		
LE CAUCHOIS/CAUCHOIS	Frémécourt	Grisy	C.		inconnu			
NATIVELLE	Corneilles en Vexin	Grisy	C.	50	23/04/91			
LE COUTEULX	Livilliers	Grisy	C.		o			
LE MERCIER	Corneilles en Vexin	Grisy	V.		o			
POTTIER	Gérocourt	Grisy	C.		o			o
MOREL	Arronville	Grisy	C.	39 Jura		o	o	o
NOBLET	Bréançon	Grisy	C.	78	23/01/91			
PAILLARD	Haravilliers	Grisy	V.	60		o		
VIMONT	Mèzières sur Seine	Grisy	C.	50	o			
BARBE	Frouville	Lisle Adam	V.	60		0		0
BARRIERE	Jouy-le-Comte	Lisle Adam	C.			1791		
BOUCHER	Mery sur Oise	Lisle Adam	C.	78	0			
BREARD	Auvers sur Oise	Lisle Adam	V.	14	0			
BRISSAT	L'isle Adam	Lisle Adam	prêtre	42 Loire	91			
CAILLOT	Nesles	Lisle Adam	V.		30/01/91			
CHENON	L'isle Adam	Lisle Adam	2e V.		o			
CHRETIEN	Jouy-le-Comte	Lisle Adam	V.			o		
DEFOIN	Fontenelle	Lisle Adam	C.	08 Ardennes		o		
FIEFFE	Labbéville	Lisle Adam	C.	60	o			
GUITTE	L'Isle Adam	Lisle Adam	V.		o			
LABRUNE/ BRUN LA BRUNE	Mériel	Lisle Adam	C.		o			
LAMBIN	Hérouville	Lisle Adam	C.	78		o		
LEFEVRE ou LEFEBVRE	L'isle Adam	Lisle Adam	desservant	62 Pas de Calais	o			
MARMINIA	Nesles la Vallée	Lisle Adam	C.	60	o			
MARTIN	Lisle Adam	Lisle Adam	C.	30 84 Gard ?	06/02/91			
MAURICEAU	Auvers sur Oise	Lisle Adam	C.	75	o			
PILLON	Frouville	Lisle Adam	C.			o		
PUPON	Valmondois	Lisle Adam	C.	60	o			
THEODORE	Villiers Adam	Lisle Adam	C.		o			
ANGER	Le Perchay	Marines	C.	78	0			
BAILLY	Moussy	Marines	C.			0		0
BERANGER	Gouzangrez	Marines	C.		0			
BOUTILLIER	Comményy	Marines	C.	76		0		0?
DESHAYES	Le Bellay en Vexin	Marines	C.	78		o		o
DEVICQUES	Marines	Marines	V.	78		o		
GEFFROY	Le Heaulme	Marines	C.	14		o -refusé	=o	
GUYON	Santeuil	Marines	V.		o			
LE TREMPU	Santeuil	Marines	C.	14	o			
LEBRUN	Chars	Marines	V.	60	o			
LUCAS	Chars	Marines	C.	80	o			
OUDIN	Marines	Marines	C.	51 Marne	o		1	
PELLETIER	Nucourt	Marines	C.			o		
PILLARD	Bingnancourt	Marines	C.		?	?	?	?
SIMON	Chairs	Marines	C.	27	o			
SURBLED	Neuilly en Vexin	Marines	C.	14	03/04/91			o?
TOURNIANT	Us	Marines	C.	14	o			

Etat statistique des prêtres assermentés et réfractaires
dans le District de

Nom	Paroisse	Canton	Fonction	Département de Naissance	Serment pur & simple	Serment avec restriction	Refus du serment	Rétraction
AMIOT	Pontoise	Pontoise	confesseur et Chap. de Carmèli				23/3/91	
ARNAL	Notre-Dame de Pontoise	Pontoise	2ème V.		o			
AUBERT	Notre-Dame de Pontoise	Pontoise	C.		0			02/05/1792
AUBRAY	St.André de Pontoise	Pontoise	C.	75	o			o
AUGARD ou ANGARD	St. Maclon de Pontoise	Pontoise	chapelain de la Passion	78			o	
BAILLY	Vauréal?	Pontoise	C.	77	09/01/91			
BOUCHER	Pontoise	Pontoise	Confesseur de l'Hôtel-Dieu	76			o	
CHOUQUET	Pontoise	Pontoise	C.	78	23/01/91			
COQUERET	Pontoise	Pontoise		78			o	
COTELLE	St-Ouen l'Aumône	Pontoise	V.	14-Calvados	16/01/91			
DE LA BARTHE	St.Maclon de Pontoise	Pontoise	V.	Haute Garonne-	o			
DELAHAYE/DESHAYES /DE LA HAYE	St.Pierre de Pontoise	Pontoise	V.	78	o			
DELUCHE DE LACROZE	Bragny	Pontoise	C.	33	o			
DESPEAUX	Ennery	Pontoise	C.	78	o			
DUBOSCQ ou DUBOCQ	Menucourt	Pontoise	C.	14	02/01/91			
DUPUIS	Osny	Pontoise	C.		o			
HAVARD	St.Maclon de Pontoise	Pontoise	chapelain.	78			o	
HENRY	Boisemont	Pontoise	C.	55 Meuse	23/01/91			
LAMOUCHE	Ennery	Pontoise	V.	78	o			
LE MONNIER	Puiseux	Pontoise	C.	Manche-50	06/01/91			o ?
LE ROUX	Jouy le Moutier	Pontoise	V.		o			
LE SAGE OU RAULIN-LEFAGE	St.Maclon de Pontoise	Pontoise	pretre.	14			o	
LEFEBVRE	St.Mellon de Pontoise	Pontoise	V.	78	23/01/91			
LEMAIRE	Pontoise	Pontoise	V.	60	o			
LEMAITRE	Pontoise	Pontoise	prêtre habitué	78			o	
LOUIGNY	Notre Dame de Pontoise	Pontoise	V.		o			
MASSIEU	Cergy	Pontoise	C.	78	o			
MAUBANT	Boissy l'Aillerie	Pontoise	C.	14	o			
NEEL	Cergy	Pontoise	V.	78	02/01/91			
PARMENTIER	St.Ouen l'Aumône	Pontoise	C.	75	o			
PIERRON	Génicourt	Pontoise	C.	Belgique-100	o			
PINCEBOURDE	Courdimanche	Pontoise	C.		o			
RENOUVIN	Bragny	Pontoise	V.	14	o	o		02/06/1792
SOULATRE	St.Maclon de Pontoise	Pontoise	chapelain des Ursulines	50			o	
VIEL	St.Maclon de Pontoise	Pontoise	sacristain				o	
ALLEN	Pierrelaye	Taverny		75				
BLANCHARD	Fépillon	Taverny	C.				0	
BRIDAN ou BRIDANT	St-Leu	Taverny	V.	75		30/01/91		
CAPRON	Ermont	Taverny	V.	62 Pas de Calais	27/02/91			
CARTON	Ermont	Taverny	C.	03 Allier	0			
CAVREL	Taverny	Taverny	V.	60	o			06/08/1797 (an
DAIRE	St.Leu	Taverny	C.		23/01/91			
DELAUNAY	Ermont	Taverny	desservant			o		
GUILLAUME	Chauvry	Taverny	C.		o			
LALLEMAND	Pierrelaye	Taverny	C.		o			
LE BLANC	Bessancourt	Taverny	V.	75	o			
LE PLANQUAIS	Franconville	Taverny	V.	50	o			
MOREAU	Taverny	Taverny	C.	78	o			

Etat statistique des prêtres assermentés et réfractaires
dans le District de

Nom	Paroisse	Canton	Fonction	Département de Naissance	Serment pur & simple	Serment avec restriction	Refus du serment	Rétraction
PORTEPAIX	Franconville	Taverny	C.			o		o
POSTEL	Béthemont	Taverny	C.	14	o			
ROBILLARD	Le Plessis Bouchard	Taverny	C.			o		
ROUSSEL	St.Prix	Taverny	C.			o		
SOLON	Bessancourt	Taverny	C.	78	o			
TINGOT	Frépillon	Taverny	desservant	60	o			
BALIN	Coudécourt	Vigny	C.	60	01/01/91			
BLANCHON	Théméricourt	Vigny	C.	69 Rhône	23/01/91			
BLOQUEL	Vigny	Vigny	C.	76	20/01/91			
DECAIX	Arvernes	Vigny	C.	60	o	o		
DUMORTIER	Sagy	Vigny	C.		o			
GRENON	Longuesse	Vigny	C.	60	16/01/91			
GUERIN	Gadancourt	Vigny	C.	14			o	
LE BLANC	Frémainville	Vigny	C.		o			
LE MOINE	Courcelles sur Viosne	Vigny	C.		o			
RAMET	Guiry	Vigny	C.	62 Pas de Calais			o	
THANNIER	Montgeroult	Vigny	C.		o			
BOUCHER	Hotel-Dieu de Pontoise	Pontoise	confesseur de l'Hotel-Dieu	76			o-23/03/91	
LANSOUETTE	Ableiges	Vigny	C.		o			
YVERNAL	Taverny	Taverny	V.				o	
MARECHAL	Jouy le Moutier	Pontoise	C.		o			
DARENT?	St.Pierre de Pontoise	Pontoise	C.		o			

Etat statistique des prêtres assermentés et réfractaires dans le District de Saint Germain

Nom	Paroisse	Canton	Fonction	Département de Naissance	Serment pur & simple	Serment avec restriction	Refus du serment	Rétraction
BARRIERE	Montesson	Argenteuil	C.	Dordogne (St.Privat)	06/01/91			
BENOIT de la FORGE	Cormeilles	Argenteuil	C.	50	23/01/91			
BLONDEAU	Bezons	Argenteuil	C.		14/01/91			
BURNOUF	Herblay	Argenteuil	V.		06/01/1791			
CASTEL	Argenteuil	Argenteuil	pr. habitué				30/01/1791	
CHASSOT	Houilles	Argenteuil	pr.		01/01/1791			
CHEVILLARD	Argenteuil	Argenteuil	pr.		30/01/1791			03/04/1791
DESQUIROUX	Houilles	Argenteuil	C.		01/01/1791			
DUJARDIN	Sannois	Argenteuil	V.		23/01/1791			
DUCHESNE	Cormeilles	Argenteuil	V.		23/01/1791			
DURAND	Argenteuil	Argenteuil	V.				30/01/1791	
FINET	Sartrouville	Argenteuil	C.		23/01/1791		o	o
GAIDECHON	Argenteuil	Argenteuil	C.				30/01/1791	
GANTIER	Houilles	Argenteuil	V.		01/01/1791			
GOUYET	Sartrouville	Argenteuil	V.		23/01/1797			
GRIBOUILLY	Sartrouville	Argenteuil	V.		23/01/1791			
LA VIEUVILLE	La Frette	Argenteuil	dess.		23/01/1791			
LEROY	Bezons	Argenteuil	V.		14/01/1791			
LESAGE	Carrières-Saint -Denis	Argenteuil	dess.		16/01/1791			
LEVALLOIS	Montesson	Argenteuil	V.		06/01/1791			
MARCADIER DE SAINT MACAIRE	Sannois	Argenteuil	C.				o	
DE MARIGNAC	Argenteuil	Argenteuil	3' V.				30/01/1791	
NATIVELLE	Argenteuil	Argenteuil	V.	50			30/01/1791	
NEEL	Carrières	Argenteuil	dess.		16/01/1791			
PELLIER	Montigny	Argenteuil	C.			23/01/1791		
SIMON	Herblay	Argenteuil	C.		06/01/1791			
CHASTEL	Saint Nicolas de Maulle	Maulle	V.		16/01/1791			
CHOPIER	Flins sur Seine	Maulle	C.		16/01/1791			
DESMARRES	Alluets	Maulle	C.		16/01/1791			rétracté (AE.Ch
FAUDET	Crespières	Maulle	C.		23/01/1791			o
GUEROULT	Herbeville	Maulle	C.		23/01/1791			rétracta
HERSENT	Maulle	Maulle	C.		16/01/1791			rétracté?(AEC h)
HARDOUIN	Nezel	Maulle	dess.		16/01/1791			
HUET	Mareil sur Mauldre	Maulle	C.		23/01/1791			rétracta
LE VANNIER (voir VASNIER)	Aulnay	Maulle	C.		23/01/1791			
LEVESQUE	Crespières	Maulle	V.		23/01/1791			o
O'TOOLE	Saint-Vincent de Maulle	Maulle	C.	100	16/01/1791			
ALLARD	Notre-Dame de Meulan	Meulan	V.	76	16/01/91			
BERGER	Notre-Dame de Meulan	Meulan	p.		16/01/91			
CONSTANT	Meulan	Meulan			16/01/1791			
COUPPEY	Saint Nicolas de Meulan	Meulan	V.		16/01/1791			
DARBOUSSIE	Saint Jacques de Meulan	Meulan	C.		16/01/1791			
DEPONCETON	Ecquevilly	Meulan	C.			13/02/1791	o	
DUCHESNE	Gaillon	Meulan	C.		23/01/1791			
DUTREAU	Mézy	Meulan	V.			23/01/1791		
ESNAULT	Bazemont	Meulan	C.		23/01/1791			rétracta?(AEC h)
FLABBEE ou LABBEE	Saint-Nicolas de Meulan	Meulan	dir. des dames Annonciade s		16/01/1791			
GUILLAIN	Tessancourt	Meulan	C.		23/01/1791			
HERSERANT	Mureaux	Meulan	C.		16/01/1791			
LELOUTRE ou LECOMTE	Davron	Meulan	dess.	50	30/01/1791			
LE FERRE	Mézy	Meulan	C.		23/01/1791			
LAMARIE	Aubergenville	Meulan	C.		12/12/1790			
MARTIN	Saint Jacques de Meulan	Meulan	pr.		16/01/1791			

Etat statistique des prêtres assermentés et réfractaires
dans le District de

Nom	Paroisse	Canton	Fonction	Département de Naissance	Serment pur & simple	Serment avec restriction	Refus du serment	Rétraction
OBRY	Saint-Nicolas de Meulan	Meulan	C.		16/01/1791			
PERU	Flins	Meulan	dess.		16/01/1791			
PORTIN	Meulan	Meulan			16/01/1791			
ROBERT	Bouafle	Meulan	C.		23/01/1791			
ROYER	Saint-Jacques de Meulan	Meulan	V.		16/01/1791			
VARIN	Evecquemont	Meulan	C.		16/01/1791			
VASTEL	Notre-Dame de Meulan	Meulan	C.		16/01/1791			
VASTEL	Hardricourt	Meulan	C.		16/01/1791			
VAUDICHON	Meulan	Meulan			16/01/1791			
WIGNON	Bouafle	Meulan	V.		23/01/1791			
AVELOT	Orgeval	Poissy	V.		09/01/91			1795(Fi ch 4760
BADIER	Poissy	Poissy	V.		16/01/91			
BESSIN	Poissy	Poissy	p.		16/01/91			
BRIOT	abbaye de Poissy	Poissy	dess.		16/01/1791	à fév.92		
CERCEUIL	Poissy	Poissy	C.		16/01/1791			
CHAPUIS	Poissy	Poissy	dess.		16/01/1791			
DAVENEY ou DAVERNE	l'église collégiale de Poissy	Poissy	V.				16/01/1791	
DENYAU	Aigremont	Poissy	C.		23/01/1791			
ESNAULT	Morainvilliers	Poissy	C.		23/01/1791			
GARNIER	Poissy	Poissy	dess.		16/01/1791			
GUYOT	Poissy	Poissy	V.		16/01/1791			
JOSSELIN	Achères	Poissy	C.	75	23/01/91			
LEBAS	Orgeval	Poissy	C.		06/02/1791			
MAGNIER	abbaye de Poissy	Poissy			16/01/1791			
MANUELT (MANUET)	abbaye de Poissy	Poissy			16/01/1791			
MARIE	Médan	Poissy	C.		08/12/1790			? (AE Ch)
REGNAULT	Saint-Jacques-de-Retz	Poissy	C.		23/01/1791			
SIMONIN	Poissy	Poissy			16/01/1791			
SONDE (SOUDE)	Vilaines	Poissy	C.		06/12/1790			
SUDRE	Poissy	Poissy			16/01/1791			
TUPIGNY	Chambourcy	Poissy	C.		23/01/1791			
D'ACCOLANT	St.Germain	St.Germain	p.		23/01/91			
AUMONT	Maison-sur-Seine	St.Germain	V.		23/01/91			
BALFOURIER	Mareil-Marly	St.Germain	C.		23/01/91			o
BARBIER	Mareil-Marly	St.Germain	dess.		23/01/91			
de BARDONNECHE	Feucherolles	St.Germain	C.		23/01/91			
BARON	Maison-sur-Seine	St.Germain	C.		23/01/91			
BEAUNIER	Saint-Germain en Laye	St.Germain	p.	28	23/01/91			
BENARD	Etang-la-Ville	St.Germain	C.	28	23/01/91			
BLANCHARD	Pecq	St.Germain	V.		16/01/91			
BOISMAIGRE de la ROCHE	Saint-Germain	St.Germain	V.		23/01/91			
BURNOUF	Saint-Germain	St.Germain	p.				23/01/1791	
CHAALONS	Saint-Germain	St.Germain	pr. habitué		23/01/1791			
DELASTRE (DELATTRE)	Saint-Léger en Laye	St.Germain	C. (Prieur)		19/12/1790			
DESJARDINS	Saint-Germain	St.Germain	pr.				23/01/1791	
DESPORTES	Saint-Germain	St.Germain	pr.				23/01/1791	
DONZE	Saint-Germain	St.Germain	pr. habitué		23/01/1791			rétracta?fn1796
D'XONTER ou D'ZEUTLER	Saint-Germain	St.Germain	pr.				23/01/1791	
GAUTHIER	Saint-Germain	St.Germain	pr.hab.		13/01/1791			
GERVIEUX	Saint-Germain	St.Germain	pr.				23/01/1791	
GEBERT	Lanluets-Sainte-Gemme	St.Germain	V.		23/01/1791			
GILLET	Saint-Nom	St.Germain	V.				13/02/1791	
GODDET	Chavenay	St.Germain	C.		30/01/1791			rétracté(AE Ch)
GODDE	Saint-Germain	St.Germain	pr. habitué		23/01/1791			

Etat statistique des prêtres assermentés et réfractaires
dans le District de

Nom	Paroisse	Canton	Fonction	Département de Naissance	Serment pur & simple	Serment avec restriction	Refus du serment	Rétraction
GOSSE	Saint-Germain	St.Germain	ex-chapelain & vice-dir. dess.				23/01/1791	
LAURENT	Saint-Léger	St.Germain	pr.		23/01/1791			
LAVAL	Fourqueux	St.Germain	C.		23/01/1791			
LE CLERC DE BROUIN	Saint-germain	St.Germain	chapelain		23/01/1791			
LECOMTE	Saint-Germain	St.Germain	pr.		23/01/1791			
MARION	Le Pecq	St.Germain	C.		16/01/1791			
MATHER FLINT	Mesnil	St.Germain	C.	78	30/01/1791			
MAUVE DE MOUILLEVILLIERS	Saint-Germain	St.Germain	1' V.				23/01/1791	
MAY	Croissy	St.Germain	C.		23/01/1791			
MELLIANT (MAILLAND)	Saint-Germain	St.Germain	confesseur et prédicateur		23/01/1791			
MELLON DE PRADON	Saint-Germain	St.Germain	prieur C.				23/01/1791	
MOULLE	Etang-la-Ville	St.Germain	C.	75			13/01/1791	
PASCHAL	Chatou	St.Germain	C.				24/01/1791	
PAUCHET	Saint-Germain	St.Germain	pr.				23/01/1791	
PIHAN	Saint-Germain	St.Germain	pr.		23/01/1791			o
POLLET	Saint-Germain	St.Germain	chapelain				23/01/1791	
POLLET	Saint-Germain	St.Germain	pr.				23/01/1791	
POLLET	Saint-Nom	St.Germain	C.			13/02/1791		
QUENTIN	Lanluets	St.Germain	C.		23/01/1791			? (AB Ch)
RESTOUT	Saint-Germain	St.Germain	pr.habitué		23/01/1791			o
TESSIER(TEISSIER)	Saint-Germain	St.Germain	pr. habitué				23/01/1791	o
TILLARD	Chatou	St.Germain	V.		24/01/1791			
WAREMBOURG	Mesnil	St.Germain	V.		23/01/1791			
ANQUETIL ou ANQUETIN	Chanteloup	Triel	dess.	Eure	16/01/91			
BERTINOT	Conflans	Triel	V.		16/01/91			
DE CHAMPREPUS	Conflans	Triel	V.	50	16/01/1791			
DUBOIS	Vernouillet	Triel	C.& directeur des dames Poissy	62	05/06/1791			
FEURET	Triel	Triel	prieur		16/01/1791			
GOHIN	Vaux	Triel	V.		23/01/1791			rét.le serment
JUCHEL ou JUHEL	Andrésy	Triel	C.			13/02/1791		
LAURENCE	Andrésy	Triel	V.		06/02/1791			
LETELIER	Conflans	Triel	C.		16/01/1791			
MAGNIER	Verneuil	Triel	C.		16/01/1791			? (AB Ch)
MASSON	Triel	Triel	V.		16/01/1791			o
OZET	Maurecourt	Triel	dess.		23/01/1791			
PESCHARD	Vernouillet	Triel	V.	28	16/01/1791			1795
PICHARD	Triel	Triel	chapelain		16/01/1791			
PITOU	Vaux	Triel	C.		23/01/1791			
PORQUET	Triel	Triel	V.		16/01/1791			
POSTEL	Triel	Triel	chapelain		16/01/1791			
RENOUVIN	Andrésy	Triel	V.			13/02/1791		
SAINT-MARTIN	Triel	Triel	C.		16/01/1791			
TACHAU	Vernouillet	Triel	C.		16/01/1791			
VERNESSON DE LA BEAUMONE	Conflans	Triel	chapelain		16/01/1791			
AUBUISSON de CAVARLAY	?	?			23/01/91			
DECOBERT	?	?			16/01/1791			
GUYOT	?	?	chapelain		16/01/1791			

Etat statistique des prêtres assermentés et réfractaires
dans le District de Versailles

Nom	Paroisse	Canton	Fonction	Département de Naissance	Serment pur & simple	Serment avec restriction	Refus du serment	Rétraction
ADAM	Voisins-le-Bretonneux	Chevreuse	V.	62	o			
ADANT	Chevreuse	Chevreuse	C.	100	09/01/1791			
BROCHIER	St.Forget	Chevreuse	C.	Htes.Alpes 07?				
CHEREL	Chevreuse	Chevreuse	V.	61	09/01/91			
DE VILLARD (BEVILLARD)	Senlisse	Chevreuse	C.	74?		23/01/1791		
DIEULOUARD	Voisins-le-Bretonneux	Chevreuse	C.	80	23/01/1791			
DUPUIS	Dampierre	Chevreuse	C.	60	23/01/1791			
FILZ	La Verrière	Chevreuse	C.	78	30/01/1791			
FLAMAND	St.Rémy	Chevreuse	C.	Jura	16/01/1791			
GENIN	St.Lambert	Chevreuse	C.	100?	o			o (1792)
HENRIAU	Mesnil St.Denis	Chevreuse	C.	78	16/01/1791			
HUE	Magny	Chevreuse	C.	59 Nord		30/01/1791		
LABAN	Magny	Chevreuse	V.	78	30/01/1791			
LE GRAND	Choisel	Chevreuse	C.	75	23/01/1791			
MARTIN	Milon-la-Chapelle	Chevreuse	C.	61			o	
MAZOYER DE TOUCHET	Pampierre	Chevreuse	V.		o			
ROUSSEL (LE ROUSSEL)	Chevreuse	Chevreuse	V.	Coutances	o			
VERGER	Maincourt	Chevreuse	C.	78	23/01/1791			
AUVRAY (OUVRAY)	Gif	Jouy	V.	80	16/01/1791			
BAUDOUIN	Ste Trinité Chateaufort	Jouy	C.	28	23/01/1791			
BUTTEL	Jouy	Jouy	V.	50?	23/01/1791			
CASTEL	Verrières	Jouy	V.	30	16/01/1791			
COURGENOUIL	Les Loges	Jouy	C.	78	o			
DEBAUVE (DE BAUVE)	Saclay	Jouy	C.		23/01/1791		?	
DESCHAMPS	Bièvres	Jouy	C.	75	16/01/1791			
DESCHAMPS	Igny	Jouy	C.	75	16/01/1791			
ENGUEHARD	Saclay	Jouy	V.	14	23/01/1791			
FIZES	Toussus-le-Noble	Jouy	C.	12	23/01/1791			
GUERRAUD	Toussus-le-Noble	Jouy	V.	50	23/01/1791			
HUMBERT	Jouy	Jouy	C.	75	23/01/1791			
LILLAMAND	Verrières	Jouy	C.	Avignon	16/01/1791			
MULOT	Vanhallan	Jouy	desservant	78	16/01/1791			?
PIERRE PH	Villiers-le-Bâcle	Jouy	C.	78	23/01/1791			o
PORCHELOT	Gif	Jouy	C.	75	16/01/1791			
SOUDE	St.Audin	Jouy	C.	78	23/01/1791			
TROUVAIN	St.Christophe de Chateaufort	Jouy	C.	80	13/02/1791			
VENTRE DE LA TOULOUBRE	Biéves	Jouy	C.	13	16/01/1791			
BRENON de	Riez	Limours	C.	04			o	
BRIARD	Les Troux	Limours	C.	50	09/01/1791			
DE MARS (DE MARRE)	Gometz-la-Ville	Limours	C.	Vauclause	02/01/1791			
DELANOE	Janvry	Limours	C.	50	o			o
DELIC	Vaugrigneuse	Limours	C.	75	23/01/1791			
DESGRANDS	Fontenay-les-Brus	Limours	C.	75	26/12/90			
DESNOTS (DESNOS)	Fontenay-les-Briis	Limours	V.	50	26/12/1790			
DSSELET	Forges	Limours	V.	78				
GRENIER	Forges	Limours	C.et prieur chap.	75			o	
HALLOT	Briis	Limours		78	o			
LE BIS	Briis	Limours	C.	50			o	
MAUDUIT	Limours	Limours	C.	14	06/01/1791			
NOGUETTE	Pecqueuse	Limours	C.	28	16/01/1791			
PICQUENOT	Gornetz-le-Châtel	Limours	C.	50	02/01/1791			o
RAVARY	Courson-Launay	Limours	C.	75			o	
TALAMINI	St.-Jean-de-Beauregond	Limours	C.	80	16/01/1791			o
BAILIE	Champlan	Longjumeau	C.	31	21/02/1791	13/01/1791		

Etat statistique des prêtres assermentés et réfractaires
dans le District de

Nom	Paroisse	Canton	Fonction	Département de Naissance	Serment pur & simple	Serment avec restriction	Refus du serment	Rétraction
BARRAND	Paray	Longjumeau	C.	75	23/01/1791			15/05/91
BILLECOQ	Massy	Longjumeau	V.	75	16/01/1791			
BONZE	Massy	Longjumeau	C.	75	16/01/1791			10/07/92(2LV1 67
BONZE	Champlan	Longjumeau	V.	75	o			
BOURGAREL	Wissous	Longjumeau	C.	75	16/01/1791			
CAMUS	Morangis	Longjumeau	C.	62	23/01/1791			
FILLON	Chilly-Mazarin	Longjumeau	V.	78	21/01/91			
GOMMERAT	Wissous	Longjumeau	V.	10?	16/01/1791			
GREMONT	Ballainvilliers	Longjumeau	C.	78	23/01/1791			
LA FERTE	Sault-les-Chart reux	Longjumeau	C.	75	23/01/1791			o
LE DANOIS	Morangis	Longjumeau	V.	50	23/01/1791			
LIOT	Chilly-Mazarin	Longjumeau	V.	50	21/01/1791			
NATIVELLE	Longjumeau	Longjumeau	V.	50			o	
PASSAIRE	Longjumeau	Longjumeau	C.	13	17/01/1791			
PIPAULT-DUPFRAT	Chilly-Mazarin	Longjumeau	C.	75	23/01/1791			
PRAT	Sault-les-Chart reux	Longjumeau	V.	75		23/01/1791		o
BASSET	Bailly	Marly	V.	14	23/01/91			
CAUSSIN	Marly-le-Roi	Marly	V.	78			o	
CHAPDELAINE	Villepreux	Marly	V.	50	23/01/1791			
CHENCLE (CHEUCLE)	Rueil	Marly	V.	75			o	
COUSIN	Rueil	Marly	C.	75	09/01/1791			
CROZAT	Celle St.Cloud	Marly	C.	Corrèze	o			o
DAVIGO	Louveciennes	Marly	C.	06	23/01/1791			
DE VIRGILE	Louveciennes	Marly	V.	84		23/01/1791		o
DESFORGES	Bailly	Marly	C.	75	23/01/1791			?
FOURMENTIN	Marly-le-Roi	Marly	C.	75		30/01/1791		o
GUILLARD	Bougival	Marly	V.	50	16/01/1791			
LE BASTARD	Marly-le-Roi	Marly	V.	50	16/01/1791			
LEMOINE	Port de Marly	Marly	C.				o	
PIEL	Rueil	Marly	1° V.	50			o	
PIERRON	Noisy-le-Roi	Marly	C.	D.Lyon	09/01/1791			
RENAULT	Bongival	Marly	C.	50	16/01/1791			
RIBAINS (PREVOL DE RIBAINS)	Villepreux	Marly	chap.	07 ou 43			o	
SENE	Rennemoulin	Marly	C.	Reims	23/01/1791			
TEISSIER	Villepreux	Marly	C.	84		o		o
BEAURFILS	Orsay	Palaiseau	C.	50	23/01/1791			
BERTHE	Bures	Palaiseau	C.	75	16/01/1791			?
BRILLE	Ville-du-Bois	Palaiseau	C.	60	23/01/1791			
COCHARD	Orsay	Palaiseau	V.	14	23/01/1791			
DE PAULHE	Palaiseau	Palaiseau	V.		31/01/1791			
DESHAYES	Palaiseau	Palaiseau	C.	75			o	
FAUCHIER	Nozay	Palaiseau	dess.	75	23/01/1791			
LE NOBLE	Marcoussis	Palaiseau	C.	Meuse	23/01/1791			
LEBLANC	Villebon	Palaiseau	C.	28	23/01/1791			
LEFEBURE	Villejust	Palaiseau	C.	80	16/01/1791			
MARCHAND	Palaiseau	Palaiseau	V.	78				
RAOUL	Villejust	Palaiseau	V.	78			o	
VAUDRY	Marconsis	Palaiseau	V.	14	23/01/1791			o
ARNOULT	St.Cloud	Sèvres	V.		16/01/1791			
DAVID	St. Cloud	Sèvres	V.	76	16/01/1791			
DE BEAULIEU-MALAVAL (MALAVAL DE BEAULIEU)	Sèvres	Sèvres	V.				o	
DE FAVELLY	Ville d'Avray	Sèvres	V.	15			o	
DOUAY	Marnes	Sèvres	C.	75			o	
DUGARRY	Ville d'Avray	Sèvres	C.	Landes			o	
EDARD	St.Cloud	Sèvres	chanoine	72			non	
GANDOLPHE	Sèvres	Sèvres	C.				o	
GEORGES	Chaville	Sèvres	C.	Trèves		23/01/1791	o	
GIDOIN	Vaucresson	Sèvres	C.	28?			o	
LALLEMEND	Meudon	Sèvres	V.	39-Jura			o	
LE MENTONNOIS	Garches	Sèvres	V.	50			o	
LECLERC DU BRADIN	St. Cloud	Sèvres	C.	75			o	
LORITE	St. Cloud	Sèvres	chanoine	75	non			
MONCHET	Meudon	Sèvres	2 V.	75			o	
PROZELLE	Garches	Sèvres	C.	78	16/01/1791			
RICHARD	Meudon	Sèvres	aumônier	75				
SALLES	Chaville	Sèvres	V.	14	23/01/1791			
SEJEAN	Meudon	Sèvres	C.	75			o	

Etat statistique des prêtres assermentés et réfractaires
dans le District de

Nom	Paroisse	Canton	Fonction	Département de Naissance	Serment pur & simple	Serment avec restriction	Refus du serment	Rétraction
SOREL	Sèvres	Sèvres	V.	14			o	
YVERT	St.Cloud	Sèvres	chan.	78			o	
ALABOISETTE	St. Cyr	Versailles	V.				08/01/1791	
ARNOULT	N.D.Versailles	Versailles	V.	49			o	
AVRIL	St.Louis Versailles	Versailles	V.	13			o	
BASSAL	N.D.Versailles	Versailles	V.	Hérault	o			
BLONDEAU	Vélizy	Versailles	C.	78			o	
BONARD	N.D.Versailles	Versailles	V.	Meuse 55	?			
BORNE (BORNAY)	Montigny	Versailles	V.	28				
BOURGEOIS	St.Louis Versailles	Versailles	V.	80			en 1791	
BOUVIER	St.Louis	Versailles	V.	39 Jura			o	
BRUCELLE	N.D. Versailles	Versailles	V.	02 Aisne	o			
CHRISTOPHE	N.D.Versailles	Versailles	V.	55			o	
COEFFE	St.Louis Versailles	Versailles	p.h.	78	23/01:1791			
COLLIGNON	N.D.Versailles	Versailles	V.	39			o	
COTTEREAU	St.Symphorien Versailles	Versailles	p.h.	75			o	
CROSNIER	N.D.Versailles	Versailles	V.	78			o	
DAMAS (DAMADE)	Le Chesnay	Versailles	C.	75	16/01/1791			
DE CHAMPEAU	Montigny	Versailles	C.	Langres	23/01/1791			
DE NERVEAU (DENERVAUX)	St. Louis Versailles	Versailles	V.	Besançon	?			
DEGHENDT	Buc	Versailles	V.	78	16/01/1791			o?
DELAHAYE	N.D.Versailles	Versailles	V.	50			o	
DELANGRE	N.D.Versailles	Versailles	V. professeur au séminaire	70?				
DELIBESSART	N.D.Versailles	Versailles	V.	62			o	
DESREZ	N.D.Versailles	Versailles	V.	50	o			
DORIGNY	St.Louis Versailles	Versailles	V.	62			o	
DUPARC	St.Louis Versailles	Versailles	V.	80			o	
D'ESCHODT (DESCHODT DE LA TOMBE)	St.Symphorien Versailles	Versailles	C.	Nord 59?	23/01/1791			
ESNAULT	Le Chesnay	Versailles	V.	14	16/01/91			
FRECHON	N.D.Versailles	Versailles	V.	62			o	
GALLOIS	N.D.Versailles	Versailles	V.	70 Hte Saone			o	
GAMIER	N.D.Versailles	Versailles	V.	53 Mayenne			o	
GAUMER	N.D.Versailles	Versailles	V.	70			o	
GILBERT	St.Louis Versailles	Versailles	p.h.	49			o	
GOLLIVET	Buc	Versailles	C.	75	16/01/1791			
GOSSET	N.D.Versailles	Versailles	V.	70			o	
GRUYER	St.Louis Versailles	Versailles	V.	39			o	
HENRY	St.Louis.Versailles	Versailles	V.	55			o	
JACOB	N.D.Versailles	Versailles	C.	?			o	
JACOB	St.Louis Versailles	Versailles	C.	86 ou 17 Hérault			o	
JUHEL	N.D.Versailles	Versailles	V.		o			
LAMEULE	St.Cyr	Versailles	C.	78	23/01/1791			
LANDRIN	St.Louis Versailles	Versailles	V.	78			o	
LARTIQUE	Guyancourt	Versailles	C.	31			o	
LE BRUN	N.D.Versailles	Versailles	V.	d.Turin			o	
LEDUC	Les Clayes	Versailles	C.	Lisieux?		13/02/1791	o	
LELONG	St.Louis Versailles	Versailles	p.h.				o	
LEMAIRE	Rocquencourt	Versailles	C.	78		o	o	
LETURGE	St.Louis Versailles	Versailles	V.	62			o	
MARAIS	N.D.Versailles	Versailles	V.				o	
MESSIN	St.Louis Versailles	Versailles	V.	08			o	
MONCUIT	fontenay-le-Fleury	Versailles	C.	50			o	
NICQUET	Viroflay	Versailles	C.	60	23/01/1791			

Etat statistique des prêtres assermentés et réfractaires
dans le District de

Nom	Paroisse	Canton	Fonction	Département de Naissance	Serment pur & simple	Serment avec restriction	Refus du serment	Rétraction
OTTMAN	N.D.Versailles	Versailles	V.	54	o			avril 91
PILLON DE LA TOUR	Bois d'Arey	Versailles	C.	80		23/01/1791		o
RAMONDE	St.Symphorien Versailles	Versailles	V.	47	23/01/1791			
RAVERET	St. L. Versailles	Versailles	V.	25			o	
THOIREZ	N.D.Versailles	Versailles	V.	55			o	
THOURY	St.Symphorien Versailles	Versailles	V.	50	23/01/1791			
THUOT	N.D.Versailles	Versailles	V.	55 Meuse	o			
TITEUX	St.Louis Versailles	Versailles	V.	Ardennes			o	
TOULET	St. Louis Versailles	Versailles	V.				o	
VIDAL	Viroflay	Versailles	V.	52 ou 51 Langre	o			
VINCENOT	N.D.Versailles	Versailles	V.	54			o	
WARIN	N.D.Versailles	Versailles	V.				o	
WUILLERME	N.D.Versailles	Versailles	V.	D.St.Claude			o	

찾아보기

가

라

마

사

아

자

차

카

타

파

하